## 에듀윌과 함께 시작하면,
## 당신도 합격할 수 있습니다!

대학 진학 후 진로를 고민하다 1년 만에
서울시 행정직 9급, 7급에 모두 합격한 대학생

직장생활과 병행하며 7개월간 공부해
국가공무원 세무직에 당당히 합격한 51세 직장인까지

누구나 합격할 수 있습니다.
시작하겠다는 '다짐' 하나면 충분합니다.

마지막 페이지를 덮으면,

**에듀윌과 함께
공무원 합격이 시작됩니다.**

공무원 1위

# 70개월 베스트셀러 1위
# 에듀윌 공무원 교재

## 기초부터 확실하게 기본 이론

기본서
국어 독해

기본서
국어 문법

기본서
영어 독해(생활영어·어휘 포함)

기본서
영어 문법

기본서
한국사

기본서
행정법총론

기본서
행정학

## 다양한 출제 유형 대비 문제집

단원별 기출&예상 문제집
국어

단원별 기출&예상 문제집
한국사

단원별 기출&예상 문제집
행정학

단원별 기출&예상 문제집
행정법총론

* YES24 수험서 자격증 공무원 베스트셀러 1위 (2017년 3월, 2018년 4월~6월, 8월, 2019년 4월, 6월~12월, 2020년 1월~12월, 2021년 1월~12월, 2022년 1월~12월, 2023년 1월~12월, 2024년 1월~7월, 9월~10월 월별 베스트, 매월 1위 교재는 다름)
* YES24 국내도서 해당분야 월별, 주별 베스트 기준

에듀윌 공무원

## 출제경향 파악 기출문제집

9급공무원 기출문제집
영어

9급공무원 기출문제집
한국사

9급공무원 기출문제집
행정학

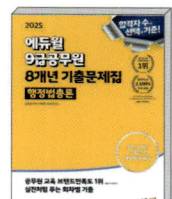
9급공무원 기출문제집
행정법총론

## 7급공무원 시험 대비 PSAT 교재 / 영어 집중 영단어 교재 / 실전 대비 모의고사

민간경력자
PSAT 기출문제집

7급공무원
PSAT 기출문제집

영어 빈출 VOCA

기출 품은 모의고사
국어

더 많은
공무원 교재

* 교재 이미지는 변경될 수 있습니다.

공무원 1위

# 1초 합격예측
# 모바일 성적분석표

1초 안에 '클릭' 한 번으로 성적을 확인하실 수 있습니다!

## STEP 1

- 교재의 QR 코드를 모바일로 스캔 후 에듀윌 회원 로그인
- QR 코드 하단의 바로가기 주소로도 접속 가능

## STEP 2

- 회차 확인 후 '응시하기' 클릭
- 모바일 OMR에 답안 입력
- 문제풀이 시간까지 측정 가능

## STEP 3

- 제출 시 자동으로 채점 완료
- 원점수, 백분위, 전체 평균, 상위 10% 평균 확인
- 영역별 정답률을 통해 취약점 파악

※ 본 서비스는 에듀윌 공무원 교재(연도별, 회차별 문항이 수록된 교재)를 구입하는 분에게 제공됨.

에듀윌 공무원

# 공무원, 에듀윌을 선택해야 하는 이유

### 합격자 수 수직 상승
### 2,100%

### 명품 강의 만족도
### 99%

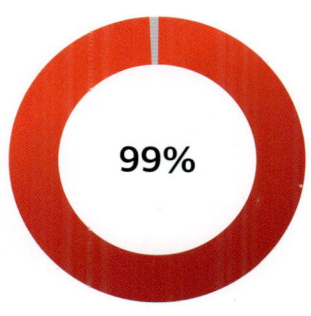

**공무원**

### 베스트셀러 1위
### 70개월(5년 10개월)

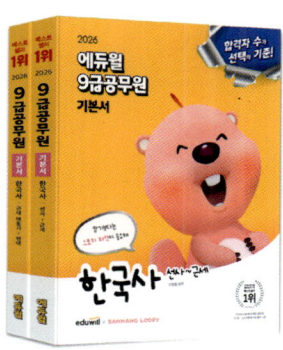

### 5년 연속 공무원 교육
### 1위

* 2017/2022 에듀윌 공무원 과정 최종 환급자 수 기준  * 9급공무원 대표 교수진 2023년 7월 ~ 2024년 4월 강의 만족도 평균(배영표, 헤더진, 한유진, 이광호, 김용철)
* YES24 수험서 자격증 공무원 베스트셀러 1위 (2017년 3월, 2018년 4월~6월, 8월, 2019년 4월, 6월~12월, 2020년 1월~12월, 2021년 1월~12월, 2022년 1월~12월, 2023년 1월~12월, 2024년 1월~7월, 9월~10월 월별 베스트, 매월 1위 교재는 다름)
* 2023, 2022, 2021 대한민국 브랜드만족도 7·9급공무원 교육 1위 (한경비즈니스) / 2020, 2019 한국브랜드만족지수 7·9급공무원 교육 1위 (주간동아, G밸리뉴스)

공무원 1위

# 1위 에듀윌만의
# 체계적인 합격 커리큘럼

원하는 시간과 장소에서, 1:1 관리까지 한번에
## 온라인 강의

① 독한 교수진의 1:1 학습관리
② 과목별 테마특강, 기출문제 해설강의 무료 제공
③ 초보 수험생 필수 기초강의와 합격필득서 무료 제공

최고의 학습 환경과 빈틈 없는 학습 관리
## 직영 학원

① 현장 강의와 온라인 강의를 한번에
② 확실한 합격관리 시스템, 아케르
③ 완벽 몰입이 가능한 프리미엄 학습 공간

쉽고 빠른 합격의 첫걸음 **합격필득서 무료** 신청

COUPON 당일 등록 회원 **시크릿 할인 혜택**

합격전략 설명회 신청 시 **당일 등록 수강 할인권** 제공

---

친구 추천 이벤트

## "친구 추천하고 한 달 만에 920만원 받았어요"

친구 1명 추천할 때마다 현금 10만원 제공
추천 참여 횟수 무제한 반복 가능

※ *a*o*h**** 회원의 2021년 2월 실제 리워드 금액 기준
※ 해당 이벤트는 예고 없이 변경되거나 종료될 수 있습니다.

친구 추천 이벤트 바로가기

---

* 2023 대한민국 브랜드만족도 7·9급공무원 교육 1위 (한경비즈니스)

# 회독플래너

실패율 Zero! 따라만 해도 5회독 가능!

| 구분 | PART | CHAPTER | 1회독 | 2회독 | 3회독 | 4회독 | 5회독 |
|---|---|---|---|---|---|---|---|
| 독해 | 독해 비문학 | 주제 찾기 유형 | 1 | 1 | 1 | 1 | 1 |
| | | 내용 일치/불일치 유형 | 2 | 2 | | | |
| | | 내용 추론 유형 | 3 | 3 | 2 | | |
| | | 밑줄/괄호 유형 | 4 | 4 | | | |
| | | 전개 순서(배열) 유형 | 5 | 5 | 3 | 2 | |
| | | 개요 수정/완성 유형 | 6 | 6 | | | |
| | | 문학 이론/비평 지문 유형 | 7 | 7 | 4 | 3 | 2 |
| | | 글/문단/문장 수정 유형 | 8 | 8 | | | |
| | | 화법 지문 유형 | 9 | 9 | 5 | | |
| | | 어휘 의미 파악 유형 | 10 | 10 | | | |
| | | 논리형 문제 유형 | 11 | 11 | 6 | 4 | 3 |
| | 이론 비문학 | 작문 | 12-13 | 12 | 7 | 5 | |
| | | 화법 | 14-15 | 13 | | | |
| | | | **15일 완성** | **13일 완성** | **7일 완성** | **5일 완성** | **3일 완성** |

승자는 시간을 관리하며 살고, 패자는 시간에 쫓기며 산다.
- J. 하비스 -

# 직접 체크하는 회독플래너

본문의 회독체크표를 한눈에!

| 구분 | PART | CHAPTER | 1회독 | 2회독 | 3회독 | 4회독 | 5회독 |
|---|---|---|---|---|---|---|---|
| 독해 | 독해 비문학 | 주제 찾기 유형 | | | | | |
| | | 내용 일치/불일치 유형 | | | | | |
| | | 내용 추론 유형 | | | | | |
| | | 밑줄/괄호 유형 | | | | | |
| | | 전개 순서(배열) 유형 | | | | | |
| | | 개요 수정/완성 유형 | | | | | |
| | | 문학 이론/비평 지문 유형 | | | | | |
| | | 글/문단/문장 수정 유형 | | | | | |
| | | 화법 지문 유형 | | | | | |
| | | 어휘 의미 파악 유형 | | | | | |
| | | 논리형 문제 유형 | | | | | |
| | 이론 비문학 | 작문 | | | | | |
| | | 화법 | | | | | |

승자는 시간을 관리하며 살고, 패자는 시간에 쫓기며 산다.
— J. 하비스 —

___일 완성  ___일 완성  ___일 완성  ___일 완성  ___일 완성

**에듀윌이 너를 지지할게**

ENERGY

시작하는 방법은
말을 멈추고
즉시 행동하는 것이다.

– 월트 디즈니(Walt Disney)

## 설문조사에 참여하고 스타벅스 아메리카노를 받아가세요!

### 에듀윌 9급 공무원 기본서 국어를 선택한 이유는 무엇인가요?

소중한 의견을 주신 여러분들에게 더욱더 완성도 있는 교재로 보답하겠습니다.

- **참여 방법**: QR코드 스캔 ▶ 설문조사 참여(1분만 투자하세요!)
- **이벤트 기간**: 2025년 6월 26일~2026년 5월 31일
- **추첨 방법**: 매월 1명 추첨 후 당첨자 개별 연락
- **경품**: 스타벅스 아메리카노(tall size)

2026
# 에듀윌 9급공무원 기본서

국어 독해

# 저자의 말

## 변화하는 공무원 시험 트렌드 맞춤 기본서

안녕하세요. 에듀윌 국어 강사 배영표입니다.

2025년은 국어 시험이 개정되어 치러진 첫해였습니다. 인사혁신처에서 예고했던 것과 같이 많은 부분에서 변화가 있었던 시험이었습니다.

각 영역의 변화는 다음과 같습니다.

**문법**
그동안 출제되던 암기 위주의 출제에서 지문을 활용한 논리, 이해, 적용 위주의 문제로 변화되었습니다. 따라서 문법에 대한 잡다한 지식을 공부하던 방식에서 문법과 관련된 지문을 읽어 낼 수 있는 능력을 키우는 방식으로 공부 방향이 변해야 합니다.

**비문학**
기존에도 출제 영역 중 가장 많은 비중을 보이던 영역이지만 2025년 시험에서는 이 비중이 약 11문제 정도로 더욱 늘어나 출제되었습니다. 이러한 변화로 시험에서 매우 다양한 유형의 비문학 문제가 출제되었고 25분이라는 시간 내에 풀기에 만만하지 않은 시험이었습니다. 따라서 꾸준히 문제를 읽고 푸는 연습과 더불어 유형에 따른 정확한 독해법을 배우고 시간을 단축하는 연습을 많이 해야 합니다.

**논리형**

2025년부터 9급공무원 시험에 새롭게 도입된 문제 유형으로, 기존 시험에서는 보기 어려웠던 형식논리학 기반의 문항들이 다수 출제되었습니다. 논리형은 PSAT, NCS 등에서 주로 다루어졌던 유형으로, 형식논리학 이론을 바탕으로 출제됩니다. 따라서 먼저 핵심 논리학 이론을 체계적으로 학습한 후, 이를 실제 문제게 적용해 보는 연습을 꾸준히 해야 실력을 높일 수 있습니다. 처음 접할 때는 낯설고 어렵게 느껴질 수 있지만, 문제 유형 자체가 매우 다양하지는 않기 때문에 충분히 익숙해질 수 있는 유형입니다.

마지막으로 출판을 허락해 주신 에듀윌에 먼저 감사의 인사를 전합니다. 그리고 긴 시간 동안 저보다 훨씬 더 많이 고생해 주신 에듀윌 공무원출판팀에 가장 큰 감사의 인사를 전합니다. 항상 지식적으로 부족함을 메워 주시는 미르마루 연구 선생님, 바쁘신 중에도 힘든 일도 마다않고 도와주시는 경태형 연구 실장님께도 깊은 감사의 인사를 전합니다.

감사합니다.

2025년 6월

배영표

## 에듀윌 기본서의 전략적 구성

### 1. 유형별 독해방법을 수록하여 전략적 학습이 가능합니다

**유형별 독해방법**

독해 비문학에서는 실전에 대비하기 위한 유형별 독해방법을 충분히 숙지할 수 있도록 하였으며, 2025년부터 새롭게 추가되는 신유형을 반영하였다.
이론 비문학에서는 비문학 독해 문제를 풀기 위한 개념적 지식을 학습할 수 있도록 구성하였다.

### 2. 신유형을 반영한 문제풀이로 문제 적용력을 향상시킬 수 있습니다

**개념 적용문제**

【개념 적용문제】에서 앞서 배운 내용을 문제에 적용하는 연습을 할 수 있도록 하였다. 특히, 2025년 국가직 9급 기출문제를 자세한 첨삭해설과 함께 대표문항으로 수록하여 변화된 출제 기조에 완벽히 적응할 수 있도록 하였다.

## 3 신유형 대비에 부족함이 없도록 부가학습자료를 제공합니다

### 회독플래너
실패율 없이 회독을 할 수 있도록 5회독플래너를 제공한다. 앞면에는 회독의 방향을 잡을 수 있도록 가이드라인을 제시하였고, 뒷면에는 직접 공부한 날짜를 매일 기록하여 누적된 회독 횟수를 확인할 수 있도록 하였다.

### 필수 어휘 & 사자성어 PDF
2025년부터 전환된 출제기조에 따라 꼭 알아두어야 할 필수 어휘와 사자성어만 선별하여 PDF로 제공한다. 어휘 분야는 출제 가능성이 높은 동음이의어와 다의어를 선별하여 구성하였다.
사자성어의 경우, 사자성어 풀이와 유사 사자성어를 수록하여 효율적으로 암기할 수 있도록 구성하였다.

에듀윌 기본서의
# 추가 혜택

## 1 최신기출 해설특강

2025 국가직 9급, 2025 지방직 9급 시험 해설특강으로 최신 경향을 파악하세요.

**수강 경로** 에듀윌 도서몰(book.eduwill.net) 접속 → 동영상강의실 → 공무원 → [최신기출 해설특강] 9급공무원 국어(국가직/지방직) 또는 우측 QR코드를 통해 바로 접속

## 2 2강으로 끝내는 논리이론

논리의 기초를 쉽고 재미있게!
시험 전 반드시 알아야 할 핵심 논리 이론을 담았습니다.

**수강 경로** 에듀윌 도서몰(book.eduwill.net) 접속 → 동영상강의실 → 공무원 → [공무원 국어 테마 특강] 2강으로 끝내는 논리이론 또는 우측 QR코드를 통해 바로 접속

# 이 책의 차례

## PART Ⅰ 독해 비문학

| | |
|---|---|
| **CHAPTER 01** 주제 찾기 유형 | 12 |
| 개념 적용문제 | 16 |
| **CHAPTER 02** 내용 일치/불일치 유형 | 33 |
| 개념 적용문제 | 38 |
| **CHAPTER 03** 내용 추론 유형 | 79 |
| 개념 적용문제 | 82 |
| **CHAPTER 04** 밑줄/괄호 유형 | 94 |
| 개념 적용문제 | 98 |
| **CHAPTER 05** 전개 순서(배열) 유형 | 114 |
| 개념 적용문제 | 118 |
| **CHAPTER 06** 개요 수정/완성 유형 | 129 |
| 개념 적용문제 | 132 |
| **CHAPTER 07** 문학 이론/비평 지문 유형 | 136 |
| 개념 적용문제 | 138 |
| **CHAPTER 08** 글/문단/문장 수정 유형 | 145 |
| 개념 적용문제 | 148 |
| **CHAPTER 09** 화법 지문 유형 | 153 |
| 개념 적용문제 | 156 |
| **CHAPTER 10** 어휘 의미 파악 유형 | 164 |
| 개념 적용문제 | 168 |
| **CHAPTER 11** 논리형 문제 유형 | 176 |
| 개념 적용문제 | 186 |

## PART Ⅱ 이론 비문학

| | |
|---|---|
| **CHAPTER 01** 작문 | 202 |
| 개념 적용문제 | 214 |
| **CHAPTER 02** 화법 | 218 |
| 개념 적용문제 | 236 |

2026 9급
공무원 기본서
국어 독해

# PART I

# 독해 비문학

## 학습목표

| | | | |
|---|---|---|---|
| **CHAPTER 01**<br>주제 찾기 유형 | ❶ 주제 찾기 유형 분석하기<br>❷ 주제 찾기 유형 접근법 익히기 | **CHAPTER 07**<br>문학 이론/비평 지문 유형 | ❶ 문학 이론/비평 지문 유형 분석하기<br>❷ 문학 이론/비평 지문 유형 접근법 익히기 |
| **CHAPTER 02**<br>내용 일치/불일치 유형 | ❶ 내용 일치/불일치 유형 분석하기<br>❷ 내용 일치/불일치 유형 접근법 익히기 | **CHAPTER 08**<br>글/문단/문장 수정 유형 | ❶ 글/문단/문장 수정 유형 분석하기<br>❷ 글/문단/문장 수정 유형 접근법 익히기 |
| **CHAPTER 03**<br>내용 추론 유형 | ❶ 내용 추론 유형 분석하기<br>❷ 내용 추론 유형 접근법 익히기 | **CHAPTER 09**<br>화법 지문 유형 | ❶ 화법 지문 유형 분석하기<br>❷ 화법 지문 유형 접근법 익히기 |
| **CHAPTER 04**<br>밑줄/괄호 유형 | ❶ 밑줄/괄호 유형 분석하기<br>❷ 밑줄/괄호 유형 접근법 익히기 | **CHAPTER 10**<br>어휘 의미 파악 유형 | ❶ 어휘 의미 파악 유형 분석하기<br>❷ 어휘 의미 파악 유형 접근법 익히기 |
| **CHAPTER 05**<br>전개 순서(배열) 유형 | ❶ 전개 순서(배열) 유형 분석하기<br>❷ 전개 순서(배열) 유형 접근법 익히기 | **CHAPTER 11**<br>논리형 문제 유형 | ❶ 논리형 문제 유형 분석하기<br>❷ 논리형 문제 유형 접근법 익히기 |
| **CHAPTER 06**<br>개요 수정/완성 유형 | ❶ 개요 수정/완성 유형 분석하기<br>❷ 개요 수정/완성 유형 접근법 익히기 | | |

CHAPTER

# 01 주제 찾기 유형

☐ 1회독  월  일
☐ 2회독  월  일
☐ 3회독  월  일
☐ 4회독  월  일
☐ 5회독  월  일

**교수님 코멘트 ▶** 주제 찾기 유형을 세부적으로 나누자면 단순 주제 찾기 유형과 추론형 주제 찾기 유형으로 나눌 수 있다. 단순 주제 찾기 유형이 본문을 정리하고 핵심 내용을 뽑아내는 것이라면, 추론형 주제 찾기 유형은 뽑은 핵심을 바탕으로 한 발 더 나아가 문제를 출제한다. 하지만 추론형 또한 결국 본문의 내용을 잘 정리한다면 누구나 쉽게 해결할 수 있는 수준의 문제이다. 즉, 핵심은 한 발 더 나아가는 데 있는 것이 아니라 본문의 내용을 올바르게 정리하는 데 있다. 따라서 본문의 핵심 내용을 뽑아내는 능력을 키워야 한다.

단권화 MEMO

## STEP 1  유형 분석하기

독해 비문학의 첫 번째 유형은 '주제 찾기'이다. 이 유형은 기존 시험에서도 많이 볼 수 있었던 유형으로 2025년부터 전환된 시험에서도 가장 중요한 유형이다.

'주제'는 글에서 글쓴이의 의도와 관련하여 핵심이 되는 내용이며, '주제 찾기 유형'은 중심 내용, 중심 문장, 제목, 추론 등의 표현과 어울리는 유형이다. 주로 길지 않은 글을 제시하고 글의 핵심 내용을 찾는 유형으로 출제가 된다. 글의 세부적인 내용보다는 글의 전반적인 내용 파악이 중요한 유형으로, 독해 유형 중 특별히 어려운 유형은 아니다.

하지만 최근에는 글의 분량이 단문 독해보다는 중문 독해 이상으로 출제되는 경향을 보인다. 실제 시험 현장에서 장문의 글을 만나게 되면 단순히 글이 길어지는 데서 끝나는 것이 아니라, 장문의 글이 시간적인 압박감을 느끼게 하고 가독성을 저하시켜서 체감 난도를 높여 시험 전반의 페이스를 잃게 만든다. 따라서 단문 독해 연습도 중요하지만, 중문 독해 이상의 글에 대해서도 시간적 압박을 극복하고 수험생 본인이 시험을 리드할 수 있도록 준비해야 한다.

## STEP 2  독해방법 알아보기

### 1 단문 독해방법

문단 두세 개 정도 분량의 글을 '단문'으로 볼 수 있다. 단문의 글이 주어졌다면 비교적 어렵지 않게 문제를 해결할 수 있다. 일반적으로 구성은 다음과 같다.

| 구성 | 종속 주제 + 뒷받침하는 세부 내용<br>(소주제문)      (전개문) |
|---|---|
| 유형 | • 두괄식: 중심 문장 + 뒷받침 문장<br>• 미괄식: 뒷받침 문장 + 중심 문장<br>• 양괄식: 중심 문장 + 뒷받침 문장 + 중심 문장<br>• 중괄식: 뒷받침 문장 + 중심 문장 + 뒷받침 문장 |

글의 전반적인 내용을 살펴보되, 글의 시작 부분과 끝나는 부분을 더 유심히 살펴보면 주제를 쉽게 찾을 수 있다. 간혹 시작 부분과 끝부분에 주제가 없는 경우, 중괄식 구성일 수도 있으므로 가운데 부분을 살펴보는 것도 요령이 될 수 있다.

● 다음 글의 주제로 가장 적절한 것은?

2013 국가직 7급

> 외래어는 원래의 언어에서 가졌던 모습을 잃어버리고 새 언어에 동화되는 속성을 가지고 있다. 외래어의 동화 양상을 음운, 형태, 의미적 측면에서 살펴보자.
> 첫째, 외래어는 국어에 들어오면서 국어의 음운적 특징을 띠게 되어 외국어 본래의 발음이 그대로 유지되지 못한다. 자음이든 모음이든 국어에 없는 소리는 국어의 가장 가까운 소리로 바뀌고 만다. 프랑스의 수도 Paris는 원래 프랑스어인데 국어에서는 '파리'가 된다. 프랑스어 [r] 발음은 국어에 없는 소리여서 비슷한 소리인 'ㄹ'로 바뀌고 마는 것이다. 그 외에 장단이나 강세, 성조와 같은 운율적 자질도 원래 외국어의 모습을 잃어버리고 만다.
> 둘째, 외래어는 국어의 형태적인 특징을 갖게 된다. 외래어의 동사와 형용사는 '-하다'가 반드시 붙어서 쓰이게 된다. 영어 형용사 smart가 국어에 들어오면 '스마트하다'가 된다. '아이러니하다'라는 말도 있는데 이는 명사에 '-하다'가 붙어 형용사처럼 쓰인 경우이다.
> 셋째, 외래어는 원래 언어의 의미와 다른 의미로 쓰일 수 있다. 일례로 프랑스어 madame이 국어에 와서는 '마담'이 되는데 프랑스어에서의 '부인'의 의미가 국어에서는 '술집이나 다방의 여주인' 의미로 쓰이고 있다.

① 외래어의 갈래
② 외래어의 특성
③ 외래어의 변화
④ 외래어의 개념

| 정답해설 |
② 제시된 글은 외래어의 특성을 외래어가 국어에 들어오는 과정에서 보이는 변화 양상을 통해 설명하고 있다. 글 앞부분의 밑줄 친 부분을 통해 주제를 드러내고 있는 두괄식 구성의 글이다.

| 정답 | ②

## 2 장문 독해방법

장문 독해도 원칙적으로 지문을 읽고 그에 맞는 주제를 찾으면 된다. 따라서 글을 처음부터 끝까지 읽을 수만 있다면 누구나 풀 수 있는 유형이다. 하지만 여기서 문제점이 두 가지 생긴다. 첫째는 글이 어렵거나 수험생이 가지고 있는 스키마*(배경지식)와 맞지 않아 글이 잘 안 읽히는 경우, 둘째는 충분히 읽을 수 있는 글이지만 빨리 읽을 수 없는 경우이다. 공무원 국어 영역은 산술적으로 20분에 20문제, 즉 1분에 1문제씩 풀어야 한다. 하지만 마킹 시간, 영어 등 어려운 영역에 투자해야 할 시간 등을 고려하면 그 이상으로 빠르게 풀어야 한다.

그렇다면 수험생이 위의 두 가지 경우 중 한 가지 경우에 해당한다면 어떻게 해야 할까? 어떻게 해서라도 지문을 읽어 내기 위해 글과 사투를 벌여야 할까? 정답은 '아니다'이다. 수험생들이 독해력 또는 배경지식이 부족해 빠르게 읽어 내지 못한 글은 시험이라는 이유로 특별히 긴장한 경우를 제외하고는, 이미 본인의 능력으로는 빠르게 읽을 수 없는 글이다. 따라서 지문에 연연할수록 결국 시험 시간 부족이라는 더 큰 문제를 만나게 될 뿐이다. 그렇다면 어떻게 해야 할까? 정답은 '건너뛰며 읽기'이다.

문제를 푸는 과정에서 가장 좋은 방법은 글 전체를 모두 읽고 푸는 것이다. 하지만 그럴 수 없는 글은 안 읽히는 부분에 연연하지 말고 건너뛸 필요가 있다. 왜냐하면 '주제 찾기' 유형은 글의 세부적인 내용의 이해보다는 글의 전반적인 내용의 이해를 요구하기 때문이다. 예를 들어 가솔린 엔진에 대해 설명하는 4문단으로 구성된 글이 있다고 가정해 보자. 그리고 주어진 글을 읽는 수험생이 4개의 문단 중에 2문단이 특히 안 읽힌다고 가정했을 때, 안 읽히는 2문단을 읽으려 노력하지 말고 건너뛰라는 것이다. 좀 더 자세히 설명하자면 2문단이 가솔린 엔진 부품 중 하나인 점화 플러그의 원리를 설명하는 문단이라고 했을 때 '점화 플러그의 원리를 설명하는 문단인데 정확히 이해가 되질 않네.' 이렇게 생각하고 바로 3문단으로 건너뛰라는 것이다. 그 대신 2문단에서 단어, 문장 등 이해가 된 일부분이 있다면 기억해 두어야 한다. 그리고 무엇보다 중요한 점은 안 읽히는 2문단이 점화 플러그의 원리를 말하고 있는 문단이라는 맥락은 잡고 건너뛰어야 한다는 점이다. 왜냐하면 그래야 3문단의 내용과 연결하여 읽는 데 맥락을 놓치지 않을 수 있기 때문이다.

*스키마(Schema)
배경지식, 사전 지식, 지식 구조, 본, 틀 이라고 부르기도 하는데, 우리의 기억 속에 저장되어 있는 경험의 총체를 의미한다. 스키마 이론에 따르면, 독자가 기존에 가지고 있는 배경지식이 독해력에 큰 영향을 미친다고 한다.

■ '주제 찾기' 유형의 요령
사실 '주제(중심 내용, 제목) 찾기' 유형은 지문의 길이와 무관하게 지문을 다 볼 필요 없이 의도적으로 건너뛰며 읽을 수 있다. 왜냐하면 그렇게 하더라도 문제를 푸는 데 아무런 지장이 없기 때문이다. 주제 파악이라는 유형 자체가 지엽적인 내용 확인이 아닌, 글 전체의 맥락을 묻는 문제이므로 건너뛰며 읽고 맥락만 파악해도 정답을 충분히 고를 수 있다.

단권화 MEMO

이러한 원리는 비단 문단에만 적용되는 것이 아니다. 크게는 문단을 건너뛸 수도 있고, 작게는 문장, 어휘를 건너뛸 수도 있는 것이다. 이렇게 건너뛰며 읽게 될 경우, 어려운 지문을 만났을 때에도 시간을 낭비하지 않으면서 맥락을 놓치지 않고 글을 읽는 효과를 얻을 수 있다.

### STEP 3  대표 발문

- 다음 글의 논지*와 가장 거리가 먼 것은?
- 다음 글의 필자가 말하고자 하는 취지에 가장 알맞은 것은?
- 다음 글의 중심 내용으로 가장 적절한 것은?
- 다음 글의 중심 생각으로 가장 적절한 것은?
- 다음 글의 요지로 가장 적절한 것은?
- 다음 글의 필자가 궁극적으로 말하고자 하는 중심 내용은?
- 다음 글의 주된 논지는?
- 다음 글의 주제로 가장 적절한 것은?
- 다음 글의 제목으로 가장 적절한 것은?

*논지
논하는 말이나 글의 취지를 말한다.

### STEP 4  기출문제 살펴보기

● 다음 글의 중심 내용으로 가장 적절한 것은?　　　　　2016 지방직 9급

> 영어에서 위기를 뜻하는 단어 'crisis'의 어원은 '분리하다'라는 뜻의 그리스어 '크리네인(Krinein)'이다. 크리네인은 본래 회복과 죽음의 분기점이 되는 병세의 변화를 가리키는 의학 용어로 사용되었는데, 서양인들은 위기에 어떻게 대응하느냐에 따라 결과가 달라진다고 보았다. 상황에 위축되지 않고 침착하게 위기의 원인을 분석하여 사리에 맞는 해결 방안을 찾을 수 있다면 긍정적 결과가 나올 수 있다는 것이다. 한편, 동양에서는 위기(危機)를 '위험(危險)'과 '기회(機會)'가 합쳐진 것으로 해석하여, 위기를 통해 새로운 기회를 모색하라고 한다. 동양인들 또한 상황을 바라보는 관점에 따라 위기가 기회로 변모될 수도 있다고 본 것이다.

① 위기가 아예 다가오지 못하게 미리 대처해야 한다.
② 위기 상황을 냉정하게 판단하고 긍정적으로 받아들인다.
③ 위기가 지나갔다고 해서 반드시 기회가 오는 것은 아니다.
④ 욕심에서 비롯된 위기를 통해 자신의 상황을 되돌아봐야 한다.

|정답해설|
제시된 글을 요약하면, 위기가 닥쳤을 때 서양인들은 상황에 위축되지 않고 위기의 원인을 분석하여 사리에 맞는 해결 방안을 찾으면 긍정적 결과가 나올 수 있다고 보았고, 동양인들은 상황을 보는 관점에 따라 위기가 기회로 변모될 수 있다고 보았다.
② 제시된 글의 중심 내용은 '위기 상황에서의 냉정한 판단과 긍정적 자세의 필요성'이라고 볼 수 있다.

|정답| ②

## STEP 5    수능형 문제 살펴보기

● 중심 화제에 대한 글쓴이의 서술 태도로 가장 적절한 것은?      2007 9월 고3 모의고사

(1) 한힌샘 주시경은 국어학자이면서 국어 교육자이다. 그는 과학적이고 독창적인 국어 연구를 통해 국어학을 하나의 학문으로 정립시켰을 뿐 아니라 국어 교육의 필요성을 널리 인식시키기 위해 노력하였다. 또한 맞춤법의 통일 같은 국어 정책의 수립에도 관심을 갖고 참여하였다.

(2) 국어학자로서 주시경은 근대 국어학의 기틀을 세운 선구적인 인물이었다. 과학적 연구 방법이 전무하다시피 했던 국어학 연구에서, 그는 단어의 원형을 밝혀 적는 형태주의적 입장을 가지고 독자적으로 문법 현상을 분석하고 이론으로 체계화하는 데 힘을 쏟았다. 이를 위해 순수 고유어를 사용하여 학술 용어를 만들기도 했다. 오늘날의 관점에서 보면 모호하거나 엄밀하지 못한 부분이 있는 것도 사실이지만, 그의 연구는 체계적이고 분석적이었을 뿐 아니라 놀라운 통찰력을 보여 주는 것이었다. 특히 '늣씨'와 '속뜻'의 개념을 도입한 것은 주목할 만하다.

(3) 그는 단어를 뜻하는 '씨'를 좀 더 작은 단위로 분석하면서 여기에 '늣씨'라는 이름을 붙였다. 예컨대 '해바라기'를 '해^바라^기', '이더라'를 '이^더라'처럼 늣씨 단위로 분석했다. 이는 그가 오늘날 '형태소'라 부르는 것과 유사한 개념을 인식하고 있었음을 보여 준다. 이것은 1930년대에 언어학자 블룸필드가 이 개념을 처음 사용하기 훨씬 이전이었다. 또한 그는 숨어 있는 구조인 '속뜻'을 통해 겉으로는 구조를 파악하기 어려운 문장을 분석했고, 말로 설명하기 어려운 문장의 계층적 구조를 그림을 그려 풀이하는 방식으로 분석했다. 이러한 방법은 현대 언어학의 분석적인 연구 방법과 유사하다는 점에서 연구사적 의의가 크다.

(4) 주시경은 국어학사에서 길이 기억될 연구 업적을 남겼을 뿐 아니라, 국어 교육자로서도 큰 공헌을 하였다. 그는 언어를 민족의 정체성을 나타내는 징표로 보았으며, 국가와 민족의 발전이 말과 글에 달려 있다고 생각하여 국어 교육에 온 힘을 다하였다. 여러 학교에서 우리말을 가르쳤을 뿐만 아니라, 국어 강습소를 만들어 장차 교사가 될 사람들에게 국어 문법을 체계적으로 교육하였다. 이러한 교육은 그의 국어학 연구가 없었더라면 불가능한 일이었다. 세종대왕이 훈민정음을 창제하였다면, 주시경은 '한글'이라는 용어를 만들고 우리말과 글을 바르게 보급하는 일에 앞장섰던 인물이었다.

(5) 그는 맞춤법을 확립하는 정책에도 자신의 학문적 성과를 반영하고자 했다. 이를 위해 연구 모임을 만들어 맞춤법의 이론적 근거를 확보하기 위한 논의를 지속해 나갔다. 그리고 1907년에 설치된 '국문 연구소'의 위원으로 국어 정책을 수립하는 일에도 적극 참여하였다. 그의 이러한 노력은 오늘날 우리에게 지대한 영향을 미치고 있다. 우리가 사용하고 있는 현행 '한글 맞춤법'도 일찍이 주시경이 취했던 형태주의적 입장으로부터 영향을 받은 바 크다.

① 중심 화제의 위상을 주관적으로 평가하고 있다.
② 중심 화제의 성격을 객관적으로 평가하고 있다.
③ 중심 화제의 의의를 권위적으로 평가하고 있다.
④ 중심 화제의 문제점을 비판적으로 접근하고 있다.
⑤ 중심 화제의 가치를 적극적으로 부각시키고 있다.

---

### 단권화 MEMO

| 정답해설 |
⑤ '주시경은 근대 국어학의 기틀을 세운 선구적인 인물', '놀라운 통찰력', '의의가 크다', '큰 공헌을 하였다', '우리에게 지대한 영향' 등의 표현에서 글쓴이는 주시경의 업적을 객관적인 입장에서 소개하는 것이 아니라, 적극적으로 가치 부여를 하고 있음을 알 수 있다.

| 유형해설 |
제시된 글과 관련하여 문제를 풀 때 만약 (3)문단이 잘 읽히지 않는다면 연연하지 말고 건너뛰어도 된다. 단, 넘어가더라도 '주시경 선생님의 업적 중 하나를 예로 들고 있는데 무슨 말인지는 잘 모르겠네.' 정도로는 생각하고 (4)문단으로 넘어가야 글 전체의 맥락을 놓치지 않고 이어서 읽을 수 있다. 그리고 넘어가기 전에 다행히 (3)문단에 밑줄 그어 놓은 부분 정도는 이해가 되었다면 기억하고 넘어가는 것도 좋다. 그 정도로도 충분하다. '주제 찾기' 유형은 세부 내용을 이해하는 것이 정답을 고르는 것과는 큰 상관이 없다. 제시된 지문에 밑줄 쳐 놓은 부분들만 파악할 수 있다면 정답을 고를 수 있다.

| 정답 | ⑤

개념 적용문제

# 01 주제 찾기 유형

## 2025 국가직 9급 대표 기출문제 분석

**다음 글의 중심 내용으로 가장 적절한 것은?**  2025 국가직 9급

> 동물이 신체의 내부 온도를 정상 범위 안에서 유지하는 과정을 '체온조절'이라고 한다. 체온조절을 위하여 동물은 신체 내부의 물질대사를 통해 열을 발생시키거나 외부 환경에서부터 열을 획득한다. 조류나 포유류는 체내의 물질대사에 의하여 생성된 열로 체온을 유지하기 때문에 '내온동물'이라고 부른다. 대부분의 내온동물은 외부 온도가 변화해도 안정적으로 체온을 유지한다. 추운 환경에 노출되어도 내온동물은 충분한 열을 생성해서 주변보다 더 따뜻하게 체온을 유지할 수 있다.
>
> 이와 달리 양서류나 많은 종류의 파충류와 어류는 열을 외부에서부터 획득하기 때문에 '외온동물'이라고 부른다. 외온동물은 체온조절을 위한 충분한 열을 생성하지는 않지만 그늘을 찾거나 햇볕을 쬐는 것과 같은 행동을 통해 체온을 조절한다. 외온동물은 열을 외부에서 얻기 때문에 체내의 물질대사를 통해 큰 에너지를 생성할 필요가 없어서 동일한 크기의 내온동물보다 먹이를 적게 섭취한다.
>
> 한편 체온의 안정성을 기준으로 동물을 '항온동물'과 '변온동물'로 구분하기도 한다. 주위 환경과 관계없이 비교적 일정한 체온을 유지하는 동물을 항온동물, 주위 환경에 따라서 체온이 변하는 동물을 변온동물이라고 부른다. 한때는 내온동물과 외온동물을 각각 항온동물과 변온동물이라고 부르기도 했다.
>
> 그런데 체온조절을 위해 열을 획득하는 방식과 체온의 안정성을 유지하는 것은 별개의 문제이다. 외온동물에 속하는 많은 종류의 해양 어류는 일정한 온도가 유지되는 물에서 서식하기 때문에 체온이 크게 변하지 않는다. 반대로 어떤 내온동물은 체온의 변화가 급격하게 일어나기도 한다. 예컨대 박쥐 중에는 겨울잠을 자면서 체온을 40℃나 떨어뜨리는 종류도 있다. 내온동물과 외온동물을 구분하는 방식과 항온동물과 변온동물을 구분하는 방식 사이에는 어떠한 상관관계도 없다.

① 내온동물과 외온동물의 특징을 통해 항온동물과 변온동물의 특징을 밝힐 수 있다.
② 체온조절을 위한 열 획득 방식과 체온의 안정성은 동물을 분류하는 서로 다른 기준이다.
③ 동물을 내온동물과 외온동물로 구분하는 기준은 항온동물과 변온동물로 구분하는 기준보다 모호하다.
④ 체온조절을 위한 열 획득 방식보다 체온의 안정성을 유지하는 방식이 동물을 분류하는 더 적합한 기준이 된다.

### 이렇게 학습하세요!

- 글의 세부 내용보다는 큰 흐름에 집중하는 연습을 많이 하세요.
- 주제 찾기 유형에 맞는 독해 접근법을 열심히 연습해 보세요.

**다음 글의 중심 내용으로 가장 적절한 것은?**

동물이 신체의 내부 온도를 정상 범위 안에서 유지하는 과정을 '체온조절'이라고 한다. 체온조절을 위하여 동물은 신체 내부의 물질대사를 통해 열을 발생시키거나 외부 환경에서부터 열을 획득한다. 조류나 포유류는 체내의 물질대사에 의하여 생성된 열로 체온을 유지하기 때문에 '내온동물'이라고 부른다. 대부분의 내온동물은 외부 온도가 변화해도 안정적으로 체온을 유지한다. 추운 환경에 노출되어도 내온동물은 충분한 열을 생성해서 주변보다 더 따뜻하게 체온을 유지할 수 있다.

▶ 1문단: 내온동물의 특징

이와 달리 양서류나 많은 종류의 파충류와 어류는 열을 외부에서부터 획득하기 때문에 '외온동물'이라고 부른다. 외온동물은 체온조절을 위한 충분한 열을 생성하지는 않지만 그늘을 찾거나 햇볕을 쬐는 것과 같은 행동을 통해 체온을 조절한다. 외온동물은 열을 외부에서 얻기 때문에 체내의 물질대사를 통해 큰 에너지를 생성할 필요가 없어서 동일한 크기의 내온동물보다 먹이를 적게 섭취한다.

▶ 2문단: 외온동물의 특징

한편 체온의 안정성을 기준으로 동물을 '항온동물'과 '변온동물'로 구분하기도 한다. 주위 환경과 관계없이 비교적 일정한 체온을 유지하는 동물을 항온동물, 주위 환경에 따라서 체온이 변하는 동물을 변온동물이라고 부른다. 한때는 내온동물과 외온동물을 각각 항온동물과 변온동물이라고 부르기도 했다.

▶ 3문단: 항온동물과 변온동물의 개념

그런데 체온조절을 위해 열을 획득하는 방식과 체온의 안정성을 유지하는 것은 별개의 문제이다. 외온동물에 속하는 많은 종류의 해양 어류는 일정한 온도가 유지되는 물에서 서식하기 때문에 체온이 크게 변하지 않는다. 반대로 어떤 내온동물은 체온의 변화가 급격하게 일어나기도 한다. 예컨대 박쥐 중에는 겨울잠을 자면서 체온을 40°C나 떨어뜨리는 종류도 있다. 내온동물과 외온동물을 구분하는 방식과 항온동물과 변온동물을 구분하는 방식 사이에는 어떠한 상관관계도 없다.

▶ 4문단: 내온동물, 외온동물과 항온동물, 변온동물의 차이점

✗ 내온동물과 외온동물의 특징을 통해 항온동물과 변온동물의 특징을 밝힐 수 있다.
➡ 4문단 마지막 부분을 보면 '내온동물과 외온동물을 구분하는 방식과 항온동물과 변온동물을 구분하는 방식 사이에는 어떠한 상관관계도 없다'라고 언급하고 있다. 따라서 내온동물과 외온동물의 특징을 통해 항온동물과 변온동물의 특징을 밝힐 수 있다는 설명은 적절하지 않다.

②체온조절을 위한 열 획득 방식과 체온의 안정성은 동물을 분류하는 서로 다른 기준이다.
➡ 4문단 마지막 부분을 보면 '내온동물과 외온동물을 구분하는 방식과 항온동물과 변온동물을 구분하는 방식 사이에는 어떠한 상관관계도 없다'라고 언급하고 있다. 따라서 '체온조절을 위한 열 획득 방식과 체온의 안정성은 동물을 분류하는 서로 다른 기준'이라는 것을 알 수 있다.

✗ 동물을 내온동물과 외온동물로 구분하는 기준은 항온동물과 변온동물로 구분하는 기준보다 모호하다.
➡ 동물을 내온동물과 외온동물로 구분하는 기준은 항온동물과 변온동물로 구분하는 기준보다 모호하다는 설명은 지문에서 찾기 어렵다.

✗ 체온조절을 위한 열 획득 방식보다 체온의 안정성을 유지하는 방식이 동물을 분류하는 더 적합한 기준이 된다.
➡ 체온조절을 위한 열 획득 방식보다 체온의 안정성을 유지하는 방식이 동물을 분류하는 더 적합한 기준이 된다는 설명은 지문에서 찾기 어렵다.

| 정답 | ②

## 01

**다음 글의 빈칸에 들어갈 결론으로 가장 적절한 것은?**

신경과학자 아이젠버거는 참가자들을 모집하여 실험을 진행하였다. 이 실험에서 그의 연구팀은 실험 참가자의 뇌를 'fMRI' 기계를 이용해 촬영하였다. 뇌의 어떤 부위가 활성화되는가를 촬영하여 실험 참가자가 어떤 심리적 상태인가를 파악하려는 것이었다. 아이젠버거는 각 참가자에게 그가 세 사람으로 구성된 그룹의 일원이 될 것이고, 온라인에 각각 접속하여 서로 공을 주고받는 게임을 하게 될 것이라고 알려 주었다. 그런데 이 실험에서 각 그룹의 구성원 중 실제 참가자는 한 명뿐이었고 나머지 둘은 컴퓨터 프로그램이었다. 실험이 시작되면 처음 몇 분 동안 셋이 사이좋게 순서대로 공을 주고받지만, 어느 순간부터 실험 참가자는 공을 받지 못한다. 실험 참가자를 제외한 나머지 둘은 계속 공을 주고받기 때문에, 실험 참가자는 나머지 두 사람이 아무런 설명 없이 자신을 따돌린다고 느끼게 된다. 연구팀은 실험 참가자가 따돌림을 당할 때 그의 뇌에서 전두엽의 전대상피질 부위가 활성화된다는 것을 확인했다. 이는 인간이 물리적 폭력을 당할 때 활성화되는 뇌의 부위이다. 연구팀은 이로부터 _____는 결론을 내릴 수 있었다.

① 물리적 폭력은 뇌 전두엽의 전대상피질 부위를 활성화한다
② 물리적 폭력은 피해자의 개인적 경험을 사회적 문제로 전환한다
③ 따돌림은 피해자에게 물리적 폭력보다 더 심각한 부정적 영향을 미친다
④ 따돌림을 당할 때와 물리적 폭력을 당할 때의 심리적 상태는 서로 다르지 않다

## 02

**다음 글의 중심 내용으로 가장 적절한 것은?**

교환가치는 거래를 통해 발생하는 가치이며, 사용가치는 어떤 상품을 사용할 때 느끼는 가치이다. 전자가 시장에서 결정된다는 점에서 객관적이라면, 후자는 개인에 따라 다르다는 점에서 주관적이다. 상품에는 사용가치와 교환가치가 섞여 있는데, 교환가치가 아무리 높아도 '나'에게 사용가치가 없다면 해당 상품을 구매하지 않을 것이다.

하지만 이 같은 상식이 통하지 않는 경우를 종종 볼 수 있다. 예를 들어 보자. 인터넷 커뮤니티에서 백만 원짜리 공연 티켓을 판매하는데, 어떤 사람이 "이 공연의 가치는 돈으로 환산할 수 없어요." 등의 댓글들을 보고서 애초에 관심도 없던 이 공연의 티켓을 샀다. 그에게 그 공연의 사용가치는 처음에는 없었으나 많은 댓글로 인해 사용가치가 있을 것으로 잘못 판단한 것이다. 안타깝게도, 그는 그 공연에서 조금도 만족하지 못했다.

이 사례에서 볼 때 건강한 소비를 위해서는 구매하려는 상품의 사용가치가 어떤 과정을 거쳐 결정된 것인지 곰곰이 생각해봐야 한다. '나'에게 얼마나 필요한가에 대한 고민 없이 다른 사람들의 말에 휩쓸려 어떤 상품의 사용가치가 결정될 때, 그 상품은 '나'에게 쓸모없는 골칫덩이가 될 수 있다.

① 사용가치보다 교환가치가 큰 상품을 구매해야 한다.
② 상품을 구매할 때 사용가치와 교환가치를 두루 고려해야 한다.
③ 상품에 대한 다른 사람들의 평가를 반영해서 상품을 구매해야 한다.
④ 상품을 구매할 때 사용가치가 자신의 필요에 의해 결정된 것인지 신중하게 따져야 한다.

## 03

**다음 글의 중심 내용으로 가장 적절한 것은?**

2018 국가직 9급

'언문'은 실용 범위에 제약이 있었는데, 이런 현실은 '언간'에도 적용된다. '언간' 사용의 제약은 무엇보다 이것을 주고받은 사람의 성별(性別)에서 뚜렷이 드러난다. 15세기 후반 이래로 숱한 언간이 현전하지만 남성 간에 주고받은 언간은 찾아보기 어렵다. 이는 남성 간에는 한문 간찰이 오간 때문이나 남성이 공적인 영역을 독점했던 당시의 현실을 감안하면 '언문'이 공식성을 인정받지 못했던 사실과 상통한다. 결국 조선시대에는 언간의 발신자나 수신자 어느 한쪽으로 반드시 여성이 관여하는 특징을 보인다고 할 수 있다.

이러한 사용자의 성별 특징으로 인하여 종래 '언간'은 '내간'으로 일컬어지기도 하였다. 그러나 이러한 명칭 때문에 내간이 부녀자만을 상대로 하거나 부녀자끼리만 주고받은 편지로 오해되어서는 안 된다. 16, 17세기의 것만 하더라도 수신자는 왕이나 사대부를 비롯하여 한글 해독 능력이 있는 하층민에 이르기까지 거의 전 계층의 남성이 될 수 있었기 때문이다. 한문 간찰이 사대부 계층 이상 남성만의 전유물이었다면 언간은 특정 계층에 관계없이 남녀 모두의 공유물이었다고 할 수 있다.

① '언문'과 마찬가지로 '언간'의 실용 범위에는 제약이 있었다.
② 사용자의 성별 특징으로 인해 '언간'은 '내간'으로 일컬어졌다.
③ 언간은 특정 계층과 성별에 관계없이 이용된 의사소통 수단이었다.
④ 조선 시대에는 언간의 발신자나 수신자 어느 한쪽으로 반드시 여성이 관여하는 특징을 보인다.

## 정답 & 해설

**01** 정답 | ④

실험에서 참가자는 따돌림을 당한다고 느끼게 되고, 그때 전두엽의 전대상피질 부위가 활성화되는 것을 확인했다고 언급하였다. 이는 인간이 물리적 폭력을 당할 때 활성화되는 뇌의 부위이므로 따돌림을 당할 때와 물리적 폭력을 당할 때의 심리적 상태는 서로 다르지 않다는 것을 알 수 있다.

| 오답해설 | ① 물리적 폭력이 뇌 전두엽의 전대상피질 부위를 활성화하는 것은 맞다. 하지만 이 내용은 따돌림을 당할 때와 물리적 폭력을 당할 때의 심리적 상태가 서로 다르지 않다는 것을 설명하기 위함이지 글 전체의 결론이라고 할 수는 없다.
② 물리적 폭력이 피해자의 개인적 경험을 사회적 문제로 전환한다는 근거는 확인하기 어렵다.
③ 따돌림이 피해자에게 물리적 폭력과 다르지 않다고 설명하고 있을 뿐 따돌림이 물리적 폭력보다 더 심각한 부정적 영향을 미친다는 근거는 찾기 어렵다.

**02** 정답 | ④

마지막 문단의 "'나'에게 얼마나 필요한가에 대한 고민 없이 ~ 골칫덩이가 될 수 있다."를 통해 건강한 소비를 위해서는 구매하려는 상품의 사용가치가 합리적인 과정을 거쳐 결정된 것인지 곰곰이 생각해 봐야 한다는 내용의 글임을 알 수 있다.

**03** 정답 | ③

제시된 글의 요지는 '언간은 발신자나 수신자 어느 한쪽으로 반드시 여성이 관여하는 특징을 보이지만 그렇다고 남성이 배제된 것은 아니었으며, 언간은 특정 계층에 관계없이 남녀 모두의 공유물이었다.'이다. 따라서 정답은 ③이다.

| 오답해설 | ①②④ 지문에 내용이 언급되기는 하지만 중심 내용으로 보기 어렵다.

## 04

**다음 글의 주장으로 가장 적절한 것은?**

> 사람은 일곱 자의 몸뚱이를 지니고 있지만 마음과 이치를 제하고 나면 귀하다 할 만한 것은 없다. 온통 한 껍데기의 피고름이 큰 뼈 덩어리를 감싸고 있을 뿐이다. 배고프면 밥 먹고 목마르면 물 마신다. 옷을 입을 줄도 알고 음탕한 욕심을 채울 줄도 안다. 가난하고 천하게 살면서 부귀를 사모하고, 부귀하게 지내면서 권세를 탐한다. 성날 때는 싸우고 근심이 생기면 슬퍼한다. 궁하게 되면 못하는 짓이 없고, 즐거우면 음란해진다. 무릇 백 가지 하는 바가 한결같이 본능에 따르니, 늙어 죽은 뒤에야 그만둘 따름이다. 그렇다면 이를 짐승이라 말하여도 괜찮을 것이다.

① 근심과 슬픔은 늙기 전까지 끊이지 않는다.
② 빈부 격차는 인간 삶의 지향성에 영향을 준다.
③ 마음으로 본능을 다스리는 삶의 자세가 필요하다.
④ 자연의 이치를 알고자 하는 욕구는 사람에게 본능적이다.

## 05

**글의 제목으로 가장 적절한 것은?**

> 평화로운 시대에 시인의 존재는 문화의 비싼 장식일 수 있다. 그러나 시인의 조국이 비운에 빠졌거나 통일을 잃었을 때 시인은 장식의 의미를 떠나 민족의 예언가가 될 수 있고, 민족혼을 불러일으키는 선구자적 지위에 놓일 수도 있다. 예를 들면 스스로 군대를 가지지 못한 채 제정 러시아의 가혹한 탄압 아래 있던 폴란드 사람들은 시인의 존재를 민족의 재생을 예언하고 굴욕스러운 현실을 탈피하도록 격려하는 예언자로 여겼다. 또한 통일된 국가를 가지지 못하고 이산되어 있던 이탈리아 사람들은 시성 단테를 유일한 '이탈리아'로 숭앙했고, 제1차 세계 대전 때 독일군의 잔혹한 압제하에 있었던 벨기에 사람들은 베르하렌을 조국을 상징하는 시인으로 추앙하였다.

① 시인의 생명(生命)
② 시인의 운명(運命)
③ 시인의 사명(使命)
④ 시인의 혁명(革命)

## 06

**다음 글의 제목으로 가장 적절한 것은?**

> 계몽주의 사상가들은 명백히 모순되는 두 개의 견해를 취했다. 그들은 인간의 위치를 자연계 안에서 해명하려고 애썼다. 역사의 법칙이란 것을 자연의 법칙과 동일한 것으로 여겼다. 다른 한편, 그들은 진보를 믿었다. 그렇다면 그들이 자연을 진보하는 것으로, 다시 말해 끊임없이 어떤 목적을 향해서 전진하는 것으로 받아들인 데에는 어떤 근거가 있었던가? 헤겔은 역사는 진보하는 것이고 자연은 진보하지 않는 것이라고 뚜렷이 구분했다. 반면, 다윈은 진화와 진보를 동일한 것으로 주장함으로써 모든 혼란을 정리한 듯했다. 자연도 역사와 마찬가지로 진보하는 것으로 본 것이다. 그러나 이것은 진화의 원천인 생물학적인 유전(biological inheritance)을 역사에서의 진보의 원천인 사회적인 획득(social acquisition)과 혼동함으로써 훨씬 더 심각한 오해에 이를 수 있는 길을 열어 놓았다. 오늘날 그 둘이 분명히 구별된다는 것은 익히 알려진 것이다.

① 자연의 진보에 대한 증거
② 인간 유전의 사회적 의미
③ 역사의 법칙과 자연의 법칙
④ 진보와 진화에 관한 견해들

## 07

**다음 글의 제목으로 가장 적절한 것은?**

어느 대학의 심리학 교수가 그 학교에서 강의를 재미없게 하기로 정평이 나 있는, 한 인류학 교수의 수업을 대상으로 실험을 계획했다. 그 심리학 교수는 인류학 교수에게 이 사실을 철저히 비밀로 하고, 그 강의를 수강하는 학생들에게만 사전에 몇 가지 주의 사항을 전달했다. 첫째, 그 교수의 말 한 마디 한 마디에 주의를 집중하면서 열심히 들을 것. 둘째, 얼굴에는 약간 미소를 띠면서 눈을 반짝이며 고개를 끄덕이기도 하고 간혹 질문도 하면서 강의가 매우 재미있다는 반응을 겉으로 나타내며 들을 것.

한 학기 동안 계속된 이 실험의 결과는 흥미로웠다. 우선 재미없게 강의하던 그 인류학 교수는 줄줄 읽어 나가던 강의 노트에서 드디어 눈을 떼고 학생들과 시선을 마주치기 시작했고 가끔씩은 한두 마디 유머 섞인 농담을 던지기도 하더니, 그 학기가 끝날 즈음엔 가장 열의 있게 강의하는 교수로 면모를 일신하게 되었다. 더욱더 놀라운 것은 학생들의 변화였다. 처음에는 실험 차원에서 열심히 듣는 척하던 학생들이 이 과정을 통해 정말로 강의에 흥미롭게 참여하게 되었고, 나중에는 소수이긴 하지만 아예 전공을 인류학으로 바꾸기로 결심한 학생들도 나오게 되었다.

① 학생 간 의사소통의 중요성
② 교수 간 의사소통의 중요성
③ 언어적 메시지의 중요성
④ 공감하는 듣기의 중요성

## 정답 & 해설

**04** 정답 | ③

필자는 마음과 이치를 제외하면 우리 몸뚱이는 귀할 것이 없다고 주장한다. 우리 몸은 다만 본능에 따르는 짐승일 뿐이라고 생각하고 이를 비판하고 있다. 따라서 마음과 이치를 통해 본능을 다스리는 삶을 살아가기를 요구한다고 볼 수 있다.

**05** 정답 | ③

제시된 글에서는 시인이 평화로운 시대에는 장식적 존재일 수 있으나 그렇지 않은 시대에는 민족의 예언가나 선구자적 지위에 놓인다고 주장하였다. 이때의 예언가, 선구자는 시인의 역할로 볼 수 있으므로, '맡겨진 임무'를 뜻하는 ③ '시인의 사명'이 글의 제목으로 가장 적절하다.

**06** 정답 | ④

글쓴이는 계몽주의 사상가인 헤겔과 다윈 등을 소개하며 진보와 진화에 대한 다양한 견해를 설명하고 있다. 따라서 ④ '진보와 진화에 관한 견해들'이 글의 제목으로 가장 적절하다.

**07** 정답 | ④

학생들이 인류학 교수에게 보인 반응은 적극적인 언어적·비언어적 메시지를 활용한 듣기이므로 공감적 듣기라고 할 수 있다. 또한 학생들의 이러한 반응은 교수를 변화시켰을 뿐 아니라 학생들의 행동과 태도의 변화도 가져왔으므로 제시된 글의 내용은 ④ '공감하는 듣기의 중요성'을 설명하고 있는 것으로 볼 수 있다.

## 08

**다음 글의 제목으로 가장 적절한 것은?**

　소설가는 자신이 인생에서 발견한 것을 이야기로 풀어 쓰는 사람이다. 그가 발견하는 것은 사회의 모순일 수도 있고 본능의 진실이거나 영혼의 전율일 수도 있다. 어쨌든 소설가는 그것을 써서 발견자로서의 책임을 짊어진다.
　인터넷 시대의 디지털 환경은 이 같은 발견자의 자신감을 뒤흔들어 놓았다. 심란한 얼굴로 소설의 위기를 말하는 작가들이 늘어났다. 멀티미디어의 등장으로 독자들의 관심이 문학에서 멀어져 가는 현상은 차라리 표면적인 위기라고 한다. 정보 혁명이 초래한 현실의 복잡성 때문에 인생을 관찰하고 뭔가를 발견하기 힘들다는 무력감이야말로 한층 더 심층적인 위기라는 것이다.
　누구나 자유롭게 자기를 표현할 수 있는 인터넷의 쌍방향성은 독자와 작가의 구별을 없애 버렸다. 또 독자 스스로 이야기의 중요 지점에 개입하여 뒷이야기를 선택할 수 있는 하이퍼텍스트 픽션이 등장했다. 미국에서 CD로 출판된 셸리 잭슨의 하이퍼텍스트 픽션 '패치워크 걸(Patchwork Girl)'은 상업적으로 성공했을 뿐만 아니라 다중 인격의 역동성과 여성적인 몸의 상징성을 잘 표현한 걸작이라는 찬사를 받고 있다. 소설은 빠른 속도로 시뮬레이션 게임에 가까워지고 있는 것이다.
　언어에 대한 날카로운 감수성으로 삶의 궁극적인 의문들을 다뤄 온 소설가들에게 작품이 네트워크 위에 떠서 음악, 사진, 동영상과 결합돼 가는 이런 변화는 확실히 당혹스럽다. 그러나 이것이 과연 소설가의 존재 이유를 뒤흔들 만큼 본질적인 변화일까. 단연코 아니라고 말하고 싶다.

① 정보 혁명과 소설의 몰락
② 디지털 시대와 소설가의 변화
③ 소설가의 사명과 소설의 본질
④ 소설과 하이퍼텍스트

## 09

**다음 글의 제목으로 가장 적절한 것은?**

　예술에 해당하는 '아트(art)'는 '조립하다', '고안하다'라는 의미를 가진 라틴어의 '아르스(ars)'에서 비롯되었고, 예술을 의미하는 독일어 '쿤스트(Kunst)'는 '알고 있다', '할 수 있다'라는 의미의 '쾬넨(können)'에서 비롯되었다. 이러한 의미 모두 일정한 목적을 가진 일을 잘 해낼 수 있는 숙련된 기술을 의미한다. 따라서 이들 용어는 예술뿐만 아니라 수공이나 기타 실용적인 기술들을 모두 포괄하고 있다고 볼 수 있다.
　미적인 의미로 한정해서 쓰이는 예술의 개념은 18세기에 들어와서야 비로소 두드러지게 나타나기 시작했으며 예술을 일반적인 기술과 구별하기 위하여 특별히 '미적 기술(영어: fine arts, 프랑스어: beaux-arts)'이라고 하는 표현이 사용되었다. 생활에 유용한 것을 만들기 위한 실용적인 기술과 구별되는 좁은 의미의 예술은 조형 예술에 국한되기도 하지만, 일반적으로는 조형 예술 이외의 음악, 문예, 연극, 무용 등을 포함한 미적 가치의 실현을 본래의 목적으로 하는 기술을 가리키는 것으로 이해된다.

① '예술'과 '기술'의 차이
② '예술'의 변천과 그 원인
③ '예술'의 속성과 종류
④ '예술'의 어원과 그 의미의 변화

## 10

**다음 글의 중심 내용으로 가장 적절한 것은?**

2014 지방직 7급

　옛날 어느 나라에 장군이 있었다. 병사들과 생사고락을 같이하는, 능력 있는 장군이었다. 하루는 전쟁터에서 휘하의 군사들을 점검하다가 등창이 나서 고생하는 한 병사를 만났다. 장군은 그 병사의 종기에 입을 대고 피고름을 빨아냈다. 종기로 고생하던 병사는 물론 그 장면을 지켜본 모든 군사들이 장군의 태도에 감동했다. 하지만 이 소식을 들은 그 병사의 어머니는 슬퍼하며 소리 내어 울었다. 마을 사람들이 의아해하며 묻자 그 어머니는 말했다. 장차 내 아들이 전쟁터에서 죽게 될 텐데, 어찌 슬프지 않겠는가.

　이 병사의 어머니는, 교환의 질서와 구분되는 증여의 질서를 정확하게 간파하고 있다. 말뜻 그대로 보자면 교환은 주고받는 것이고, 증여는 그냥 주는 것이다. 교환의 질서가 현재 우리 삶의 핵심적인 요소라는 점에는 긴 설명이 필요 없을 것이다. 자본주의 시장 경제의 으뜸가는 원리가 등가교환이기 때문이다. 그렇다면 증여의 질서란 무엇인가. 단지 주기만 하는 것인가. 일단 간 것이 있는데 오는 것이 없기는 어렵다. 위의 예에서처럼 장군은 단지 자기 휘하 병사의 병을 걱정했을 뿐이지만 그 행위는 다른 형태로 보답받는다. 자기를 배려하고 인정해 준 장군에게 병사가 돌려줄 수 있는 최고의 것은 목숨을 건 충성일 것이다. 어머니가 슬퍼했던 것이 바로 그것이기도 했다. 내게 주어진 신뢰와 사랑이라는 무형의 선물을 목숨으로 갚아야 한다는 것.

　그렇다면 교환이나 증여는 모두 주고받는 것이라는 점에서는 마찬가지가 아닌가. 이 둘은 어떻게 구분되는가. 최소한 세 가지 점을 지적할 수 있겠다. 첫째, 교환과 달리 증여는 계량 가능한 물질을 매개로 하지 않는다. 둘째, 교환에서는 주고받는 일이 동시적으로 이루어지지만, 선물을 둘러싼 증여와 답례는 시간을 두고 이루어진다. 그래서 증여는 '지연된 교환'이다. 셋째, 교환과는 달리 증여에는 이해관계가 개입하지 않는다.

① 증여와 교환의 차이
② 어머니의 자식 사랑
③ 자본주의 시장 경제의 원리
④ 장군의 헌신과 사랑

---

## 정답 & 해설

**08**　　　　　　　　　　　　　　　　　　정답 | ②

제시된 글은 인터넷 시대의 디지털 환경으로 인한 소설가들의 위기의식을 말하고 있다. 하지만 필자는 이는 소설가들의 본질을 흔들 만한 것은 아니라고 말하며, 결국 '위기'가 아닌 '변화 과정'이라는 입장을 밝히고 있다. 따라서 ② '디지털 시대와 소설가의 변화'가 글의 제목으로 가장 적절하다.

**09**　　　　　　　　　　　　　　　　　　정답 | ④

제시된 글은 예술을 의미하는 단어인 '아트(art)'와 '쿤스트(Kunst)'의 어원을 소개하면서, 해당 용어의 의미가 예술뿐만 아니라 수공이나 기타 실용적인 기술들을 모두 포괄하는 것에서 어떻게 미적인 의미로 한정해서 쓰이게 되었는지 설명하고 있다. 따라서 ④ '"예술"의 어원과 그 의미의 변화'가 글의 제목으로 가장 적절하다.

**10**　　　　　　　　　　　　　　　　　　정답 | ①

제시된 글은 '장군의 일화'를 통해 끌어온 '증여'의 개념을 바탕으로 '증여와 교환'의 의미를 3가지 관점에서 구별하고 있다. 따라서 전체 맥락을 통해 ① '증여와 교환의 차이'가 글의 중심 내용임을 알 수 있다.

## 11

**다음 글의 중심 내용으로 가장 적절한 것은?**

한 번에 두 가지 이상의 일을 할 때 당신은 마음에게 흩어지라고 지시하는 것입니다. 그것은 모든 분야에서 좋은 성과를 내는 데 필수적인 요소가 되는 집중과는 정반대입니다. 당신은 자신의 마음이 분열되는 상황에 처하도록 하는 경우도 많습니다. 마음이 흔들리도록, 과거나 미래에 사로잡히도록, 문제들을 안고 낑낑거리도록, 강박이나 충동에 따라 행동하는 때가 그런 경우입니다. 예를 들어, 읽으면서 동시에 먹을 때 마음의 일부는 읽는 데 가 있고, 일부는 먹는 데 가 있습니다. 이런 때는 어느 활동에서도 최상의 것을 얻지 못합니다. 다음과 같은 부처의 가르침을 명심하세요. '걷고 있을 때는 걸어라. 앉아 있을 때는 앉아 있어라. 갈팡질팡하지 마라.' 당신이 하는 모든 일은 당신의 온전한 주의를 받을 가치가 있는 것이어야 합니다. 단지 부분적인 주의를 받을 가치밖에 없다고 생각하면, 그것이 진정으로 할 가치가 있는지 자문하세요. 어떤 활동이 사소해 보이더라도, 당신은 마음을 훈련하고 있다는 사실을 명심하세요.

① 일을 시작하기 전에 먼저 사소한 일과 중요한 일을 구분하는 습관을 기르라.
② 한 번에 두 가지 이상의 일을 성공적으로 수행할 수 있도록 훈련하라.
③ 자신이 하는 일에 전적으로 주의를 집중하라.
④ 과거나 미래가 주는 교훈에 귀를 기울이라.

## 12

**다음 글의 주장으로 가장 적절한 것은?**

우리에게 친숙한 동물들의 사소한 행동을 살펴보면 그들이 자신의 환경을 개조한다는 것을 알 수 있다. 가장 단순한 생명체는 먹이가 그들에게 헤엄쳐 오게 만들고, 고등동물은 먹이를 구하기 위해 땅을 파거나 포획 대상을 추적하기도 한다. 이처럼 동물들은 자신의 목적을 위해 행동함으로써 환경을 변형시킨다. 이러한 생존 방식을 흔히 환경에 적응하는 것으로 설명한다. 그러나 이러한 설명은 생명체들이 그들의 환경 개변(改變)에 능동적으로 행동한다는 중요한 사실을 놓치고 있다.

가장 고등한 동물인 인간도 다른 생명체와 마찬가지로 생존이나 적응을 넘어서 환경에 대해 적극성을 보인다. 이는 인간의 세 가지 충동—사는 것, 잘 사는 것, 더 잘 사는 것—으로 인하여 가능하다. 잘 살기 위한 노력은 순응적이기보다는 능동적인 모습으로 나타나게 된다. 인간도 생명체이다. 더 잘 살기 위해서는 환경에 순응할 수만은 없다.

① 인간은 환경에 적응해 왔다.
② 삶의 기술은 생존을 위한 것이다.
③ 생명체는 환경을 능동적으로 변형한다.
④ 인간은 잘 사는 것을 삶의 목표로 한다.

## 13

다음 글의 제목으로 가장 적절한 것은?

'애매모호한, 경계가 불명확한'이라는 뜻의 'Fuzzy'를 딴 퍼지 이론은 1965년 미국 캘리포니아주 버클리 대학의 L. A. 자데(L. A. Zadeh) 교수가 발표한 이론이다. 퍼지 이론이 제안되기 전의 컴퓨터는 0과 1이라는 기준만으로 판단을 했지만, 퍼지 이론이 제안된 후에는 생각, 학습 등을 인간 수준에 좀 더 근접하게 할 수 있게 되었다. 다시 말해 '예' 또는 '아니요'의 두 가지 기준으로만 처리할 수 있었던 컴퓨터 시스템이 인간이 생각하는 것처럼 다양한 결정을 할 수 있게 된 것이다. 이렇게 이분법적 결론에서 벗어나도록 한 퍼지 이론은 컴퓨터가 사용되는 곳곳에 적용되어 우리의 생활을 더욱 윤택하게 하고 있다.

지하철에는 자동으로 정지하는 시스템이 있다. 이때 정지 명령을 내리는 시스템이 '예' 또는 '아니요'의 방법으로 사고한다면 출발할 때 갑자기 속도가 빨라지거나, 멈출 때 속도가 급격히 줄어들게 된다. 하지만 퍼지 이론을 적용함으로써 급하게 속도가 늘어나거나 줄어들면서 지하철에 타고 있는 사람들이 관성으로 인해 위험해질 수 있는 상황을 없애고, 보다 편하게 지하철을 탈 수 있도록 시스템을 구축할 수 있는 것이다.

밥을 따뜻하게 유지하는 전기밥솥도 퍼지 이론이 적용되면서 더욱 발전하게 되었다. 기존의 전기밥솥은 밥의 온도가 내려가면 자동으로 밥을 다시 데워 주고, 일정 온도가 되면 더 이상 올라가지 않도록 데우는 것을 멈추었다. 하지만 퍼지 이론이 적용된 전기밥솥은 좀 더 정교하게 온도를 통제한다. 퍼지 이론의 등장으로 '낮은 온도에서 조금 가열'과 같이 수학적으로 불명확하다고 판단되었던 명령어를 이해하고 수행할 수 있게 된 것이다.

① 퍼지 이론의 탄생 배경
② 퍼지 이론의 적용 사례
③ 퍼지 이론이 다루는 대상
④ 퍼지 이론이 적용되기 전의 컴퓨터

## 정답&해설

**11**  정답 | ③

'한 번에 두 가지 이상의 일을 같이 하지 마라. 그러면 어느 것도 최상의 것을 얻지 못한다. 당신이 하는 모든 일에 온전한 주의를 기울여라.'가 제시된 글의 핵심 내용이다. 이를 정리하면 ③ '자신이 하는 일에 전적으로 주의를 집중하라.'가 정답이다.

**12**  정답 | ③

1문단의 "우리에게 친숙한 동물들의 사소한 행동을 살펴보면 그들이 자신의 환경을 개조한다는 것을 알 수 있다."와 2문단의 "인간도 생명체이다. 더 잘 살기 위해서는 환경에 순응할 수만은 없다."를 통해 '생명체는 환경을 능동적으로 변형한다.'라는 주장을 확인할 수 있다.

**13**  정답 | ②

제시된 글에서는 애매하고 불명확한 상황을 수학적으로 판단하고 접근하는 퍼지 이론이 적용된 사례를 제시하고 있다. 퍼지 이론이 제안되기 전에는 '예' 또는 '아니요'의 두 가지 기준으로만 컴퓨터 시스템을 처리할 수 있었지만, 퍼지 이론 적용 후 '조금 더'와 '조금 덜'과 같은 상황을 수용할 수 있게 되었음을 설명하고 있다. 그리고 이 같은 퍼지 이론의 실제 적용 사례로 지하철 자동 정지 시스템의 속도가 늘어나고 줄어드는 단계를 여러 단계로 나눔으로써 사람들이 보다 편리하게 지하철을 탈 수 있게 된 것과 전기밥솥의 온도를 좀 더 정교하게 통제할 수 있게 된 것을 들고 있다.

|오답해설| ① 퍼지 이론의 개념과 퍼지 이론을 제안한 사람이 누구인지 밝히고 있으나, 퍼지 이론이 어떤 배경 아래에서 탄생하게 되었는지는 언급하지 않았다.
③ 퍼지 이론이 애매하고 불명확한 대상을 다룬다고 언급하였을 뿐 구체적으로 어떤 대상을 다루는지에 대해서는 설명하지 않았다.
④ 퍼지 이론이 적용되기 전에는 이분법적 결론만 가능했다고 간단히 언급하고 있으나, 이는 글의 일부분에 해당하는 내용이다.

## 14
**다음 글의 제목으로 가장 적절한 것은?**

공동체는 어떻게 정의되어야 할까? 공동체에 대한 사회적 관심은 왜 공동체를 추구하는가에서 시작된다. 소유의 시대에 공유를 주장하는 것이 과연 타당한가? 즉 개인의 자유보다 집단 전체의 이익이 우선인 것이 과연 타당한가에 대한 의문이 제기될 수밖에 없다. 사회학의 관점에서 공동체를 규정한다면 집단, 사회에 공동체라는 용어가 사용되면서 개념이 일반화되어 버린다. 그래서 오래된 힐러리(Hillery)의 정의에서 출발하고자 한다. 힐러리가 규정한 사회학적 의미에서, 공동체는 세 가지 측면을 가지고 있다. 첫째는 공간, 둘째는 상호작용, 셋째는 연대성이다.

첫째, 사회 집단은 일정한 물리적 공간이 필요하다. 특히 공동체는 기존과는 다른 삶을 살아가는 '곳', '장소'이다. 따라서 물리적 경계가 필요하다. 관념적, 추상적 공동체가 아닌 실제의 공동체에서는 반드시 필요한 요소이다. 물론 물리적 경계는 이념적 경계와 함께한다. 단순한 물리적 공간의 의미를 넘어선다는 의미이다.

둘째, 상호작용이다. 지속적인 관계가 존재해야 한다. 즉 관계가 제도화되어 있어야 한다. 특히 일상의 공유는 매우 중요하다. 대표적으로 공동식사, 공동노동, 공동주거가 있다. 또한, 공동체의 의사결정도 제도화되어야 한다. 상호작용은 기본적인 사회적 관계인 동시에 그 관계가 구체적인 집단으로 표면화되기 위해서 존재한다. 모든 사회적 관계에서도 당연히 상호작용은 이루어진다. 그러나 공동체에서 상호작용은 근접성과 친밀성의 강도가 깊고 시간적으로도 지속성을 가지고 있어야 한다. 그래서 단순한 상호작용의 의미를 넘어선다.

셋째, 연대성이다. 공동체와 종교의 관계에서 주목해야 될 부분이다. 뒤르켐(Durkheim)이 지적하다시피 근대사회 이후에도 집단의 연대성은 사회 집단의 한 요소였다. 연대성에 대한 언급은 공동체를 다른 사회와 구별하는 기준으로 작용한다. 유기적 연대의 강조는 '상호의존'이라는 새로운 이념이 연대성의 핵심이 된다. 뒤르켐의 유기적 연대는 퇴니스의 이익사회처럼 계약에 의한 것이 아니라, 이념과 신념의 공유를 통해서 나타난다. 특히 공동체가 유지되기 위해서는 종교, 이념, 신념을 통한 연대성은 필수적이다. 현대사회에서 물리적 공간은 이전의 시대와 다른 의미를 가진다. 정보사회의 기술은 공간이라는 개념을 더 확대시킨다. 즉 공간은 이제 과거와 다르게 물리적 한계를 넘어선다. 그럼에도 불구하고 공동체는 가상이든 실제든 간에 여전히 일정한 공간을 필요로 한다. 공간의 의미의 변화가 공동체의 공간이라는 점을 침해하지 않는다. 공동체에서 공간은 기존 사회와는 서로 다른 이념과 일상을 통해 구체화된다. 공동체에서 상호작용은 가족, 친밀한 관계를 전제로 한다. 우리는 공동체라는 말을 상식적으로 사용할 때 가족, 형제애라는 점을 굳이 드러낸다. 그래서 공동체에서는 희생, 헌신이라는 것이 덕목으로 사용된다. 마지막으로 연대성은 그 자체의 존재를 의미하지 않는다. 사실 사회집단은 연대성이라는 것이 존재한다. 그러나 공동체에서 연대성은 그 집단의 이념, 신념 그리고 그것이 종교라면 더 큰 효과를 가져온다. 공동체는 그래서 자신만의 공동체 이념을 통해 연대성을 추구하고, 그 자체를 목표로 하기도 한다.

① 사회적 공동체에서 종교의 역할
② 사회학적 의미에서의 공동체
③ 종교가 공동체에 미치는 영향
④ 공동체의 이념과 종교의 의미
⑤ 공동체에서 물리적 공간이 갖는 의미

## 15

**다음 글의 주제로 가장 적절한 것은?**

　　에티오피아 수도 아디스아바바에 있는 최대 시장 마르카토에서 여자들에게 가장 인기 있는 상품은 우리나라 돈으로 약 4,500원 정도 하는 플라스틱 물통이다. 여자들이 플라스틱 물통을 갖고 싶어 하는 이유는 무엇일까? 에티오피아에서는 물동이를 지고 마실 물을 구하기 위해 길을 나선 여자들의 모습을 흔히 볼 수 있다. 하루 최대 7~8시간을 걸어 몇 번씩 강이나 공동 수도를 찾아 물을 길어온다. 물통은 단순한 도구가 아니라 식수를 구하기 위해 매일 반복되는 에티오피아 주민의 고달픈 삶을 대변한다.

　　물은 지구상에 있는 가장 흔한 천연자원으로 언뜻 보기에는 풍부해 보이지만, 현재 전 세계에는 에티오피아처럼 심각한 물 부족으로 고통을 겪는 나라가 많다. 과연 지구에는 전 인류가 사용할 수 없을 만큼 물이 부족한가? 문제는 물의 전체적인 양이 부족한 것이 아니라 사람들이 필요로 하는 곳에서 사용할 수 없을 정도로 고갈되고 있는 곳이 많다는 데 있다. 즉, 지역에 따라 물 부족량의 편차가 크다. 캐나다, 러시아, 브라질, 미국 등은 물이 풍부한 데 반해, 강수량이 적은 튀니지·수단·파키스탄을 연결하는 서남아시아와 아프리카 일부 국가는 심각한 물 부족 문제를 겪고 있다.

　　무엇보다 물 부족 현상의 가장 큰 원인은 지속적인 인구 증가에 있다. 또 산업 발달로 물 자원에 대한 수요가 늘어남과 더불어 이상 기후 현상으로 가뭄이 지속되는 것도 큰 요인이다. 현재 세계 인구의 약 40%가 인접국의 물에 의존하고, 국제 하천은 214개에 달한다. 그러니 인접국으로부터 물 공급이 원활하지 못하면 물이 국가 간 갈등을 불러일으키는 요인이 될 수도 있다. 가까운 장래에 전 세계적인 물 부족 현상이 예상되는 가운데 이미 서남아시아와 아프리카 등 지구촌 곳곳에서 물 분쟁이 발생하고 있다. 앞으로 이러한 물 부족 사태가 더욱 심각해져 국가 간의 물 분쟁은 더욱 빈번해질 전망이다.

① 세계의 물 부족은 지속적인 인구 증가와 산업 발달로 인한 이상 기후 현상으로 가뭄이 지속되는 것이 큰 요인이다.
② 많은 국가가 물 부족으로 인해 고통을 겪고, 지역마다 물 부족 편차가 점차 심각해질 전망이다.
③ 에티오피아의 물 부족으로 인한 고달픈 삶은 다른 국가로도 이어질 것으로 예상된다.
④ 지구는 전 인류가 사용할 수 없을 만큼 물 부족이 심각한 상황에 놓여 있다.

## 16
**다음 글의 제목으로 적절한 것은?**

수면은 우리 삶의 큰 비중을 차지하는 건강의 중요한 영역이다. 불면증은 잠들기가 어려운 입면 장애와 잠은 들지만 자는 도중 자주 깨거나 너무 일찍 잠에서 깨어나는 수면유지 장애를 뜻한다. 밤에 충분히 잠을 자지 못하면 수면 부족 상태가 되어 낮 동안 졸음, 피로감, 의욕 상실 등을 초래하여 일상생활에 지장을 주고, 삶의 질을 떨어뜨린다. 잠을 하루 이틀 잘 이루지 못했다고 해서 다 불면증인 것은 아니며, 상당기간 불면으로 불편을 느끼면서 일상생활에 심각한 문제가 생겼을 때 불면증이라고 한다. 그리고 이러한 불면의 상태가 3개월 이상 지속되면 만성 불면증, 이런저런 원인으로 인해 잠을 못 자는 경우를 이차성 불면증, 불면증이 최소한 한 달 이상 계속되는데 원인을 알 수 없는 경우를 일차성 불면증이라고 한다.

불면증은 가족 내 갈등이 있는 주부, 업무에서의 스트레스 받는 직장인, 시험을 앞둔 학생처럼 명백한 스트레스가 있을 때 생기는 경우가 많다. 하지만 종종 이러한 문제가 해결된 이후에도 불면증상이 지속되기도 한다. 불면증을 일으키는 가장 흔한 약물은 카페인으로, 카페인 복용 시 잠이 들 때까지 시간이 오래 걸리고, 잠에서 자주 깨게 된다. 커피 3~5잔만 마셔도 불면증을 일으킬 수 있으니 이런 증상이 있다면 카페인 섭취를 중단하는 것이 좋다. 잠이 안 올 때 술을 먹는 사람이 있는데, 알코올은 당장 졸리게 하는 데는 효과가 있지만 수면 후반기에 자주 깨게 되므로 불면증 환자에게는 그다지 좋은 방법이 아니다. 또한 기관지 천식, 류마티스 관절염, 갑상선 항진증 등 만성적인 신체 질환이 있는 경우 증상이 불면증과 동반될 수 있다. 코골이(수면 무호흡증), 하지불안 증후군, 주기적 사지운동증 등도 불면증이 동반될 수 있다. 기분이 우울하거나 불안한 심리적인 문제도 불면증에 영향을 준다. 정신과 환자의 80% 정도가 불면증을 호소하는데 우울증 환자의 경우 잠이 드는 게 어려우며 잠이 들었다 해도 금방 깨게 되며, 조증이나 불안장애, 강박 신경증이 있을 때도 불면증이 찾아온다. 수면제 복용 기간이 너무 오래되어도 수면 단계의 변화로 불면증이 심해질 수 있고 각성제, 스테로이드제, 항우울제, 교감신경 차단제 등의 약물도 불면증의 원인이 된다.

다른 질병으로 인해 불면증이 온 경우 그 질환을 치료하면 불면증이 개선될 수 있다. 원인을 모르는 일차성 불면증인 경우에도 수면위생을 개선하는 등의 비약물적 방법이 약물치료보다 우선시되어야 한다. 수면제를 쓰면 내성과 의존성이 생길뿐더러 약을 끊은 경우 금단증상이 나타날 수 있으므로 가급적이면 짧게 쓰는 게 좋다. 비약물적 방법에는 여러 종류의 행동치료가 나와 있는데, 대표적인 것이 '침대에선 잠만 잔다'는 전략이다. 아침에는 매일 같은 시각에 잠을 깨는 습관을 들이고, 낮잠은 피하는 게 좋다. 다소 역설적인 전략도 있는데, '잠을 안 자려고 노력하기'이다. 불면증 환자들은 잠이 안 올까 봐 불안해하며, 잠을 자야 한다는 강박에 시달리는데, 그런 고통 없이 잠에 들게 하기 위해 이 전략을 활용한다.

① 불면증의 다양한 원인별 치료법
② 불면증으로 잘못 알고 있는 질환
③ 불면증의 약물적 치료 방법의 필요성
④ 불면증과 스트레스의 관계와 개선 방법
⑤ 하지불안 증후군으로 인한 불면증 치료법

## 17

**다음 글의 중심 주장으로 가장 적절한 것은?**

> 세계보건기구(WHO)가 게임 이용 장애, 즉 게임 중독을 국제질병분류 제11차 개정판에 등록하기로 결정하였다. 우리나라에서는 2026년부터 게임 중독을 질병으로 분류할 것이라고 한다. 이와 관련하여 국내에서는 게임 중독세의 도입에 대한 논의가 시작되어 입장이 대립하고 있다. 게임 중독세란 게임 중독에 대한 책임 부담의 일환으로 게임 업체에 부과하는 세금이다. 게임 업체가 납부하는 세금을 게임 중독을 예방하고 치료하는 데 쓰자는 것이다. 하지만 나는 게임 중독세 도입을 다음과 같은 이유로 반대한다.
>
> 게임 중독세는 세금 징수의 당위성이 인정되지 않는다. 세금으로 특별 목적 기금을 조성하려면 검증을 통해 그 당위성을 인정할 수 있어야 한다. 담배에 건강 증진 기금을 위한 세금을 부과하는 것은 담배가 건강에 유해한 요소들로 이루어져 있다는 것이 의학적으로 증명되어 세금 징수의 당위성이 인정되기 때문이다. 하지만 게임은 유해한 요소들로 이루어져 있다는 것이 의학적으로 증명되지 않았다.
>
> 게임 중독세는 게임 업체에 조세 부담을 과도하게 지우는 것이다. 게임 업체는 이미 매출에 상응하는 세금을 납부하고 있는데, 여기에 게임 중독세까지 내도록 하는 것은 지나치다. 카지노, 복권 등 사행 산업을 대상으로 연 매출의 일부를 세금으로 추가 징수하는 경우가 있긴 하지만, 게임 산업은 문화 콘텐츠 산업이지 사행 산업이 아니다. 또한 스마트폰 사용 중독 등에 대해서는 세금을 부과하지 않는데, 유독 게임 중독에 대해서만 세금을 부과하는 것은 형평성에 맞지 않는다.

① 게임에 중독성이 존재한다는 과학적 근거가 존재하지 않으므로 이에 관련된 인식들을 개선해야 한다.
② 정부의 지나친 과세가 산업계에 악영향을 미치므로 세율을 하향해야 한다.
③ 게임 중독에 대해 기업에게 세금을 부과하는 것은 그 당위성이 부족하므로 적절하지 않은 행위이다.
④ 스마트폰 중독과 게임 중독은 별도의 문제이므로 스마트폰 중독에 대한 예방책을 별도로 마련해야 한다.

## 18

**다음 글의 핵심 내용으로 옳은 것은?**

대체의학이란 간단히 말하여 정통의학이 아닌 모든 치료법을 말한다. 증명되지 않은 비정통적·보조적인 요법으로 과학자나 임상의사의 평가에 근거하여 증명되지 않았거나 현재 권장되지 않는 예방·진단·치료에 사용되는 검사나 치료의 방침을 통틀어 지칭한다. 이러한 치료법을 시술하는 사람들은 자신들의 기술이 효과가 있다는 것을 증명하기 위해, 오랫동안 끈질기게 힘겨운 투쟁을 벌여 왔다.

대체의학이 지닌 문제점의 일부는 상식에 반하는 그 치료법에 있다. 대체의학의 치료법들은 종종 치료하고자 하는 질환과는 아무 상관이 없는 것처럼 보인다. 그렇지만 대체의학의 효험을 보았다고 증언하는 사람들은 수도 없이 많다. 그렇다면 왜 이 의문스러운 치료법들은 엄격한 과학적 검증을 거치는 과정을 시도하지 않았는가? 그것은 말처럼 그렇게 쉬운 일이 아니기 때문이다. 우선 대체의학은 대개, 치료에 목적을 두기보다 예방에 목적을 두고 있다. 예컨대 영양 및 비타민 요법은 신체를 최적의 건강 상태로 유지하여, 감기나 암을 비롯한 질병이 침투하지 못하게 하는 것을 목표로 삼고 있다.

어쩌면 보다 중요한 요인일 수도 있는데, 대체의학에서 사용되는 치료법들은 엄격하게 통제된 실험으로 인해 검증이 어렵다는 사실도 지적할 수 있다. 예를 들면 미국 식품의약국의 승인을 얻으려면 이중맹검법이라는 테스트를 거쳐야 한다. 즉, 똑같은 환자들로 이루어진 두 집단을 대상으로, 한 집단에는 진짜 약을 주고 다른 집단에는 가짜 약을 준다. 있을 수 있는 모든 선입견을 없애기 위해, 대상 환자들이나 실험자들은 연구가 끝날 때까지 어느 집단이 어떤 약을 복용했는지 알지 못하게 한다. 그래서 이중맹검법이란 이름이 붙었다. 이것은 오랜 시간을 거쳐 유효한 방법으로 증명된 과학적 연구 방법이다. 하지만 맹검법은 대부분의 대체의학 요법들에 대해서는 실시하기 곤란하다. 그것은 심장 절개 수술 같은 정통의학의 치료법에 대해 맹검법의 실시가 어려운 것과 마찬가지 이유에서이다.

그러나 많은 사람들의 대체의학의 효험에 대한 증언은 대체의학자들의 입지를 충분히 굳혀 준다. 대체의학자들은 확실한 과학적 증명이 부재한 상황에서, 그들이 겪은 특수한 경험들을 신뢰하는 것이다. 또한 정통의학이 질환의 원인은 확실하게 밝혀내지만 안전하고 확실한 치료법을 제시하지 못하고 있는 상황에서, 대체의학자들은 오히려 희망을 이야기 하며, 수술이나 의약품보다 상대적으로 공포심이 적은 방식으로 치료하기 때문에 대체의학을 따르는 사람들이 늘어나는 것이다.

① 대체의학의 의미와 특성
② 대체의학의 역사와 전망
③ 대체의학의 비과학적 문제점
④ 대체의학과 정통의학의 관계
⑤ 대체의학의 문제와 해결 방안

## 19

**다음 글의 제목으로 가장 적절한 것은?**

색은 빛의 파장에 의해 결정되는데, 우리가 인식할 수 있는 빛의 파장 범위는 380~780nm로 이를 가시광선이라 한다. 가시광선은 파장 범위에 따라 다양한 색으로 나타나는데, 이를 극단적으로 단순화하면 600~700nm대의 빨강(R), 500~600nm대의 초록(G), 400~500nm대의 파랑(B)으로 나타낼 수 있으며 이를 색광의 3원색이라고 한다. 색광의 3원색이 모두 섞이면, 즉 각 영역의 파장이 합쳐지면 흰색이 되고, 색광의 3원색 중 둘이 섞이면 중간색인 자홍, 청록, 노랑이 만들어진다. 이때 두 색을 섞어 흰색이 만들어지는 경우를 보색이라 한다. 즉 자홍의 보색은 초록, 청록의 보색은 빨강, 노랑의 보색은 파랑이다. 한편 자홍, 청록, 노랑은 색료의 3원색이 되는데, 색료의 3원색이 모두 섞이면 검정이 되고, 둘이 섞이면 중간색인 빨강, 초록, 파랑이 만들어진다. 색료에서 보색은 두 색을 섞어 검정이 만들어지는 경우이다. 이렇게 색을 만들기 위해 여러 색광을 섞는 방법을 '가법 혼합', 여러 색료를 섞는 방법을 '감법 혼합'이라고 한다.

① 색광의 3원색과 색료의 3원색 및 그 종류들
② 가법 혼합과 감법 혼합의 장단점
③ 인간의 색 인식 방법과 그 한계점
④ 보색의 판별법과 사용법

## 20

**글쓴이의 중심 생각으로 가장 적절한 것은?**

> 우리 가정 내에는 많은 전자 제품이 있다. 그런데 우리가 전자 제품을 사용할 때 직접 사용하지 않은 전기 에너지에 대한 요금을 내고 있다는 사실을 알고 있을까? 전자 제품의 작동과 관계없이 소비되는 에너지가 의외로 많다는 사실을 알고 있는 사람은 드물 것이다.
>
> 이렇게 소비되는 에너지를 '대기전력'이라 한다. 즉, 대기전력이란 전원이 꺼진 상태에서 전기 제품이 소비하는 전력으로, 실질적으로 사용되지 않고 낭비되는 에너지를 말한다. 그러면 대기전력이 발생하는 원인은 무엇일까?
>
> 이는 전자레인지나 오디오와 같이 표시창이 있는 제품, 텔레비전처럼 리모컨으로 켜고 끌 수 있는 제품의 경우 내부 전원이 살아 있기 때문이다. 이러한 제품을 사용할 때 플러그를 찾아 콘센트에 꽂는 일이 불편하다고 그냥 내버려두면 우리도 모르게 전력을 소비하게 되는 것이다.
>
> 가정 내 대기전력으로 인한 에너지 소비 현실에 관해 알아보기 위해 한국전기연구원은 최근 전국 105개 표본 가구를 대상으로 대기전력을 실측했다. 그 결과에 따르면 셋톱박스, 인터넷 모뎀, 에어컨 등은 대기전력이 가장 많이 발생하는 기기임에도 불구하고 콘센트에 꽂아 두는 경우가 많았다.
>
> 전자 제품의 사용이 많아질수록 이러한 대기전력은 더욱 늘어난다. 하지만 가정에서 몇 가지 간단한 실천으로 대기전력을 줄일 수 있다. 첫 번째 방법은 전원 버튼에 표시되어 있는 마크를 보고 대기전력이 있는 제품과 없는 제품을 구별한 후, 대기전력이 있는 제품은 외출이나 취침 전에 플러그를 뽑는 것이다. 또, 대기전력을 차단하는 절전형 멀티탭을 사용하는 것도 좋다. 멀티탭의 개별 스위치를 끄는 것은 플러그를 뽑는 것과 같은 효과를 얻을 수 있다. 그리고 가정에서 새로 가전제품을 구입할 때 먼저 에너지절약 마크를 확인하는 것도 좋은 방법이다. 에너지절약 마크가 있는 대기전력 저감 우수 제품을 구입하여 사용한다면 대기전력을 줄일 수 있기 때문이다.

① 에너지의 과도한 사용을 지양해야 한다.
② 대기전력이 발생하는 제품들에 대한 정부의 규제가 필요하다.
③ 에너지 효율이 좋은 제품에 부여되는 마크를 확인하고 구매하는 소비습관이 필요하다.
④ 개개인이 일상에서 실천할 수 있는 여러 방법으로 대기전력을 줄여야 한다.

---

### 정답&해설

**18**  정답 | ①

제시된 글은 대체의학의 의미와 특성을 설명하는 글이다. 1~2문단에서 대체의학이란 증명되지 않은 비정통적·보조적인 요법으로 과학자나 임상의사의 평가에 근거하여 증명되지 않았거나 현재 권장되지 않는 예방·진단·치료에 사용되는 검사나 치료의 방침을 통틀어 지칭한다고 언급하였다. 3~4문단에서 대체의학에서 사용되는 치료법들은 엄격하게 통제된 실험으로 인해 검증이 어렵지만, 과학적 증명이 어려운 상황에서 대체의학의 효험에 대한 증언은 정통의학이 할 수 없는 특수한 경험으로 대체의학의 효과를 증명하며 대체의학을 따르는 사람들이 늘어나고 있다고 언급하였다.

**19**  정답 | ①

제시된 글에서는 색광과 색료의 3원색이 각각 어떤 색들인지에 대해 서술하고 있다.

| 오답해설 | ② 가법 혼합과 감법 혼합에 대해 이야기하고 있지만 그 장단점에 대해서는 언급하고 있지 않다.
③ 인간이 인식할 수 있는 색의 범위가 제시되고 있지만 그 한계에 대해서는 언급하고 있지 않다.
④ 보색의 개념과 보색을 어떻게 찾을 수 있는지에 대해서는 이야기하고 있지만 그 사용법에 대해서는 언급하고 있지 않다.

**20**  정답 | ④

제시된 글은 대기전력 문제에 대해 이야기하며 그 해결 방안으로 가정에서 실천할 수 있는 것들을 제시하고 있다. 특히, 마지막 문단에서 개인이 대기전력을 줄일 수 있는 방법들을 나열하고 에너지 절약에 동참할 것을 촉구하고 있다.

| 오답해설 | ① 에너지 절약의 방법으로 대기전력 차단에 대해 이야기하고 있지만 에너지 사용에 대해 이야기하고 있지는 않다.
② 정부 차원의 이야기는 언급하고 있지 않다.
③ 제시된 글에서 언급된 마크는 대기전력 저감 우수 제품에 대한 마크이다. 에너지 효율에 대한 정보는 언급하고 있지 않다.

## 21

**다음 글의 중심 생각으로 가장 적절한 것은?**

인류 역사에서 가장 오래된 산업이자 인류의 운명과 함께할 산업은 무엇일까? 신석기 시대 이래 지속적으로 발전되어 온 농업은 인류의 생존과 직결된 가장 기본적인 산업이다. 이제 농업은 정보 통신 기술 기반의 빅데이터 활용 기술과 환경 제어 기술의 발달과 함께 빠르게 변화하고 있다.

기상과 병충해 같은 농업 관련 정보를 수집, 처리, 활용하는 빅데이터 활용 기술이 농업에 도입되면 농산물의 생산량을 적절하게 조절하는 것이 가능해져 농가가 안정적인 수익을 올릴 수 있다. 지금까지는 농산물을 기를 때 기상 상태나 병충해와 같은 외부 환경으로 인한 피해가 생산량에 미치는 영향이 컸기 때문에 생산량을 예측하고 조절하는 것이 어려웠다. 이로 인해 농산물 가격이 폭등하거나 폭락하는 경우가 많았다. 농업과 관련된 빅데이터가 더 많이 축적되고 이를 실시간으로 활용할 수 있게 된다면 계획적인 생산과 체계적인 관리가 가능해질 것이다. 실제로 농업 관련 빅데이터를 활용해 농사를 지은 농가의 생산성이 향상된 사례도 있다.

재배 환경 정보를 실시간으로 수집·처리하여 최적화된 정보에 따라 재배 환경을 조절하고 자동 재배 시설을 제어하는 기술이 도입되면 실내에서의 대규모 농업도 가능해진다. 온도와 습도, 이산화탄소 농도, 빛의 양 등 농작물 성장에 필수적인 요소들을 자동으로 조절해 주는 시설이 완비된 식물 공장이 확산되면 농업은 이전과 달리 장소의 제약에서 벗어날 수 있다. 또한 식물 공장을 고층 건물 형태로 지으면 공간이 한정된 도시에서도 좋은 품질의 농작물을 대량으로 생산할 수 있다. 도심 곳곳의 고층 건물에서 층마다 농산물을 재배하는 모습을 영화가 아닌 현실에서 보게 될 것이다.

발달된 정보 통신 기술이 농업에 도입되면 농가는 안정적인 수익을 올릴 수 있고, 도시의 고층 건물에서도 대규모로 농작물을 재배하는 것이 가능할 것이다. 물론 이와 같은 기대가 실현되기 위해서는 높은 초기 투자비용 등 많은 문제점들을 해결해야 한다. 이러한 문제점들을 하나씩 해결해 나갈 때 우리 농업은 계속 발전할 수 있을 것이다.

① 농산물의 가격 변동에 대해 정부가 대책을 마련해야 한다.
② 농업의 양상을 기존의 실외 농업에서 실내 농업으로 변경해야 한다.
③ 인류의 생존과 직결된 산업인 농업에 대한 장려 정책이 필요하다.
④ 농업의 발전을 위해 농업에 혁신적인 기술을 접목해야 한다.

### 정답&해설

**21**  정답 | ④

제시된 글은 농업에 발달된 정보 통신 기술을 도입했을 경우 얻을 수 있는 여러 장점들을 제시하고 있다. 이를 종합하여 마지막 문단에서는 초기 투자 비용의 문제점들이 있으나 이를 해결하고 농업에 혁신적 기술을 접목해야 농업이 발전할 수 있다고 글을 마무리한다.

CHAPTER

# 02 내용 일치/불일치 유형

☐ 1회독    월    일
☐ 2회독    월    일
☐ 3회독    월    일
☐ 4회독    월    일
☐ 5회독    월    일

**교수님 코멘트 ▶** 내용 일치/불일치 유형은 단순 일치/불일치 유형과 추론형 일치/불일치 유형으로 나눌 수 있다. 단순 일치/불일치 유형이 본문 속에 정답의 근거가 표면적으로 드러나는 유형이라면, 추론형 일치/불일치 유형의 경우는 정답의 근거가 표면적으로 드러나지 않고 행간의 의미를 고려하여 근거를 찾는 유형이라 할 수 있다. 하지만 추론형 또한 실제 시험 문제에서는 단순 일치/불일치 유형과 크게 다르지 않은 모습을 보인다. 언뜻 내용을 바탕으로 추론을 하게 하는 문제인 듯 보이지만 결국 표면적으로 드러난 내용에서 '아' 다르고 '어' 다른 수준으로 행간의 맥락을 묻기 때문이다.

## STEP 1    유형 분석하기

단권화 MEMO

독해 비문학의 두 번째 유형은 '내용 일치/불일치'이다. 이 유형 역시 기존 시험에서도 많이 볼 수 있었던 유형으로 2025년 전환된 시험에서도 '주제(중심 내용, 제목 등) 찾기' 유형과 함께 매우 중요한 유형이다.

'내용 일치/불일치' 유형은 일반적으로 길지 않은 글을 제시하고 선택지의 정보를 확인하게 하는 유형으로 출제된다. 글의 전반적인 내용 파악보다는 글의 세부적인 내용 파악이 중요한 유형으로, '주제 찾기' 유형보다는 상대적으로 어렵게 느낄 수 있는 유형이다. 글의 전체 내용을 놓치는 부분 없이 세부적으로 살펴봐야 하기 때문이다.

단문 독해인 경우에는 큰 문제가 되지 않을 수 있는 유형이지만, '주제 찾기'와 마찬가지로 요즈음은 단문 독해보다는 중문 독해 이상으로 출제되는 경향을 보이기 때문에 수험생 입장에서 다소 어렵게 느낄 수 있다. 따라서 짧은 지문보다는 긴 지문으로 제시되는 문항 위주로 학습하고 훈련하여야 한다.

## STEP 2    독해방법 알아보기

### 1 단문 독해방법

'내용 일치/불일치' 유형은 '주제 찾기' 유형에 비해 지문을 더 자세히 읽어야 하는 부담이 있다는 점을 제외하고는 접근법에 있어 '주제 찾기' 유형과 다르지 않다. 문단 두세 개 정도 분량의 글이 주어졌다면 특히나 어렵지 않게 해결할 수 있다. 단문 독해의 경우 설령 글을 잘 읽지 못했다 하더라도 선택지의 근거가 되는 단어 또는 단어의 또 다른 표현을 지문에서 찾고 선택지를 소거해 나가면 된다.

| 단권화 MEMO

|정답해설|
① 마지막 문장 "책 읽기에는 ~ 습관 또한 요구된다."를 통해 책 읽기에는 상당한 정신 에너지와 훈련이 요구됨을 알 수 있다. 따라서 책 읽기는 별다른 훈련이나 노력 없이도 가능하다는 ①의 진술은 적절하지 않다.

|오답해설|
②③④ 제시된 글에서 밑줄 친 ❷~❹를 통해 파악할 수 있다.

|정답| ①

● 다음 글의 내용에 부합하지 않는 것은?

2014 지방직 9급

> 책은 인간이 가진 그 독특한 네 가지 능력의 유지, 심화, 계발에 도움을 주는 유효한 매체이다. 하지만, ❷ 문자를 고안하고 책을 만들고 책을 읽는 일은 결코 '자연스러운' 행위가 아니다. 인간의 뇌는 애초부터 책을 읽으라고 설계된 것이 아니기 때문이다. 문자가 등장한 역사는 6천 년, 지금과 같은 형태의 책이 등장한 역사 또한 6백여 년에 불과하다. 책을 쓰고 읽는 기능은 생존에 필요한 다른 기능들을 수행하도록 설계된 뇌 건축물의 부수적 파생 효과 가운데 하나이다. 말하자면 그 능력은 덤으로 얻어진 것이다.
> 그런데 이 '덤'이 참으로 중요하다. ❸ 책이 없어도 인간은 기억하고 생각하고 상상하고 표현할 수 있기는 하나 책과 책 읽기는 인간이 이 능력을 키우고 발전시키는 데 중대한 차이를 낳기 때문이다. 또한 ❹ 책을 읽는 문화와 책을 읽지 않는 문화는 기억, 사유, 상상, 표현의 층위에서 상당한 질적 차이를 가진 사회적 주체들을 생산한다. 그렇기는 해도 모든 사람이 맹목적인 책 예찬자가 될 필요는 없다. 그러나 중요한 것은, 인간을 더욱 인간적이게 하는 소중한 능력들을 지키고 발전시키기 위해서 책은 결코 희생할 수 없는 매체라는 사실이다. 그 능력을 지속적으로 발전시키는 데 드는 비용은 적지 않다. 무엇보다 책 읽기는 결코 손쉬운 일이 아니기 때문이다. ❶ 책 읽기에는 상당량의 정신 에너지와 훈련이 요구되며, 독서의 즐거움을 경험하는 습관 또한 요구된다.

① 책 읽기는 별다른 훈련이나 노력 없이도 마음만 먹으면 가능한 일이다.
② 책을 쓰고 읽는 기능은 인간 뇌의 본래적 기능은 아니다.
③ 책과 책 읽기는 인간의 기억, 사유, 상상 등과 관련된 능력을 키우는 데 상당히 중요한 변수로 작용한다.
④ 독서 문화는 특정 층위에서 사회적 주체들의 질적 차이를 유발한다.

## 2 장문 독해방법

장문 독해방법은 앞에서 언급한 단문 독해방법과 접근법이 다르지 않다. 장문 독해 또한 설령 글을 잘 읽지 못했다 하더라도 선택지의 근거가 되는 단어 또는 단어의 또 다른 표현을 지문에서 찾고 선택지를 소거해 나가면 된다. 다만, 단문 독해보다 지문이 길어 세부 정보를 확인할 때 복잡하게 느낄 수 있다.

따라서 장문 독해의 경우에는 발문과 선택지를 먼저 보고 지문을 읽은 후 문제를 푸는 것이 요령이 될 수 있다. 선택지를 먼저 보고 그다음에 지문을 읽으며 선택지와 관련된 단어나 문장이 나오면 밑줄을 그어 가며 읽는 것이 좋다. 이때 지문을 놓치는 것 없이 읽고, 선택지에 제시된 단어나 문장을 놓치지 않고 밑줄을 그었다면, 문제를 풀 때 속도를 높일 수 있을 것이다. 만약 지문을 100% 파악하며 읽지 못했더라도 지문에 표시한 밑줄이 선택지의 맥락을 비교해 보며 정답을 구성하는 데 중요한 구심점 역할을 할 것이다.

장문에서 근거를 찾는 문제는 무엇보다 많은 문제를 풀어 보는 연습이 중요하다. 특히 잘 안 읽히는 글을 놓고 선택지의 근거를 찾는 연습을 많이 하면 할수록 실력이 향상된다. 오히려 잘 읽히는 글을 읽고 근거를 확인하는 연습은 실력이 향상되는 데 큰 도움이 되지 않을 수도 있다.

## STEP 3  대표 발문

- 다음 글에서 다루고 있는 내용이 <u>아닌</u> 것은?
- 다음 글의 내용에 부합되지 <u>않는</u> 것은?
- 다음 글의 내용과 일치하지 <u>않는</u> 것은?
- 필자의 견해로 볼 수 <u>없는</u> 것은?
- 다음 글의 내용과 <u>무관한</u> 것은?
- 다음 글을 통해 알 수 있는 내용으로 적절하지 <u>않은</u> 것은?
- 다음 글의 내용과 관련이 가장 <u>적은</u> 것은?
- 다음 글의 내용과 사실이 <u>다른</u> 것은?
- 다음 글에 대한 이해로 적절하지 <u>않은</u> 것은?
- 다음 글에서 말하는 '발전 기술'의 효과를 전망한 것으로 적절하지 <u>않은</u> 것은?

## STEP 4  기출문제 살펴보기

● 필자의 견해로 볼 수 <u>없는</u> 것은?      2017 국가직 9급

> 우리는 우리가 생각한 것을 말로 나타낸다. 또 다른 사람의 말을 듣고, 그 사람이 무슨 생각을 가지고 있는가를 짐작한다. 그러므로 생각과 말은 서로 떨어질 수 없는 깊은 관계를 가지고 있다.
> 그러면 말과 생각이 얼마만큼 깊은 관계를 가지고 있을까? 이 문제를 놓고 사람들은 오랫동안 여러 가지 생각을 하였다. 그 가운데 가장 두드러진 것이 두 가지 있다. 그 하나는 말과 생각이 서로 꼭 달라붙은 쌍둥이인데 한 놈은 생각이 되어 속에 감추어져 있고 다른 한 놈은 말이 되어 사람 귀에 들리는 것이라는 생각이다. 다른 하나는 생각이 큰 그릇이고 말은 생각 속에 들어가는 작은 그릇이어서 생각에는 말 이외에도 다른 것이 더 있다는 생각이다.
> 이 두 가지 생각 가운데서 앞의 것은 조금만 깊이 생각해 보면 틀렸다는 것을 즉시 깨달을 수 있다. 우리가 생각한 것은 거의 대부분 말로 나타낼 수 있지만, 누구든지 가슴속에 응어리진 어떤 생각이 분명히 있기는 한데 그것을 어떻게 말로 표현해야 할지 애태운 경험을 가지고 있을 것이다. 이것 한 가지만 보더라도 말과 생각이 서로 안팎을 이루는 쌍둥이가 아님은 쉽게 판명된다.
> 인간의 생각이라는 것은 매우 넓고 큰 것이며 말이란 결국 생각의 일부분을 주워 담는 작은 그릇에 지나지 않는다. 그러나 아무리 인간의 생각이 말보다 범위가 넓고 큰 것이라고 하여도 그것을 가능한 한 말로 바꾸어 놓지 않으면 그 생각의 위대함이나 오묘함이 다른 사람에게 전달되지 않기 때문에 생각이 형님이요, 말이 동생이라고 할지라도 생각은 동생의 신세를 지지 않을 수가 없게 되어 있다. 그러니 말을 통하지 않고는 생각을 전달할 수가 없는 것이다.

① 말은 생각보다 범위가 좁다.
② 말은 생각을 나타내는 매개체이다.
③ 말과 생각은 불가분의 관계에 놓여 있다.
④ 말을 통하지 않고도 얼마든지 생각을 전달할 수 있다.

| 정답해설 |
④ 마지막 문단을 보면, 말은 생각보다 범위가 좁지만 말을 통하지 않고는 생각을 전달할 수 없다는 것을 분명히 제시하고 있다.

| 정답 | ④

| 단권화 MEMO |

**STEP 5** 수능형 문제 살펴보기

|정답해설|
② 기업의 이익에는 장기 이익과 단기 이익이 있다. 이 둘은 상충하기도 하지만 단기적 손해를 감수한다고 해서 장기적 이익을 얻는 것은 아니다. 2문단에 '기업은 단기 이익의 극대화가 장기 이익의 극대화와 상충할 때에는 단기 이익을 과감히 포기하기도 한다.'라는 내용이 있다. 그러나 이를 '단기적 손해를 감수함으로써 장기적 이익을 얻는다'로 해석하는 것은 잘못이다.

|유형해설|
장문 독해 또한 단문 독해와 마찬가지로 비록 글을 100% 이해하지는 못했다 하더라도 선택지의 근거를 충분히 찾을 수 있다. 선택지의 단어를 지문에서 확인하고 맥락이 맞는지를 살펴보면 된다. 다만 지문의 길이가 길다 보니 다소 복잡하게 느껴질 뿐이다. 아무리 복잡해도 모든 근거는 지문 속에 있다. 자신감을 갖고 근거를 찾아 밑줄을 긋는 연습을 해 보자.

|정답| ②

● 이 글의 내용과 일치하지 않는 것은?

2002 수능

　　자본주의 경제 체제는 이익을 추구하려는 인간의 욕구를 최대한 보장해 주고 있다. ❶ 기업 또한 이익 추구라는 목적에서 탄생하여, 생산의 주체로서 자본주의 체제의 핵심적 역할을 수행하고 있다. 곧, 이익은 기업가로 하여금 사업을 시작하게 하는 동기가 된다.
　　이익에는 단기적으로 실현되는 이익과 장기간에 걸쳐 지속적으로 실현되는 이익이 있다. 기업이 장기적으로 존속, 성장하기 위해서는 단기 이익보다 장기 이익을 추구하는 것이 더 중요하다. 실제로 ❷ 기업은 단기 이익의 극대화가 장기 이익의 극대화와 상충할 때에는 단기 이익을 과감히 포기하기도 한다. 하루 세 번 칫솔질할 것을 권장하는 치과 의사의 경우를 생각해 보자. 모두가 이처럼 이를 닦으면 사람들의 치아 상태가 좋아져서 치과 의사의 단기 이익은 줄어들 것이다. 하지만 많은 사람들이 치아를 오랫동안 보존하게 되므로 치과 의사로서는 장기적인 고객을 확보하는 셈이 된다. 반대로 칫솔질을 자주 하지 않으면 단기 이익은 증가하겠지만, 의치를 하는 사람들이 많아지면서 장기 이익은 오히려 감소하게 된다.
　　자본주의 초기에는 기업이 단기 이익과 장기 이익을 구별하여 추구할 필요가 없었다. 소자본끼리의 자유 경쟁 상태에서는 단기든 장기든 이익을 포기하는 순간에 경쟁에서 탈락하기 때문이다. 그에 따라 기업은 치열한 경쟁에서 살아남기 위해 주어진 자원을 최대한 효율적으로 활용하여 가장 저렴한 가격으로 상품을 공급하게 되었다. ❸ 이는 기업의 이익 추구가 결과적으로 사회 전체의 이익도 증진시켰다는 의미이다. 이 단계에서는 기업의 소유자가 곧 경영자였기 때문에, 기업의 목적은 자본가의 이익을 추구하는 것으로 집중되었다.
　　그러나 기업의 규모가 점차 커지고 경영 활동이 복잡해지면서 전문적인 경영 능력을 갖춘 경영자가 필요하게 되었다. 이에 따라 소유와 경영이 분리되어 경영의 효율성이 높아졌지만, 동시에 기업이 단기 이익과 장기 이익 사이에서 갈등을 겪게 되는 일도 발생하였다. ❹ 주주의 대리인으로 경영을 위임받은 전문 경영인은 기업의 장기적 전망보다 단기 이익에 치중하여 경영 능력을 과시하려는 경향이 있기 때문이다. 주주는 경영자의 이러한 비효율적 경영 활동을 감시함으로써 자신의 이익은 물론 기업의 장기 이익을 극대화하고자 하였다.
　　오늘날의 기업은 경제적 이익뿐 아니라 사회적 이익도 포함된 다원적인 목적을 추구하는 것이 일반적이다. ❺ 현대 사회가 어떠한 집단도 독점적 권력을 행사할 수 없는 다원(多元) 사회로 변화하였기 때문이다. 이는 많은 이해 집단이 기업에게 상당한 압력을 행사하기 시작했다는 것을 의미한다. 기업 활동과 직·간접적 이해 관계에 있는 집단으로는 노동 조합, 소비자 단체, 환경 단체, 지역 사회, 정부 등을 들 수 있다. 기업이 이러한 다원 사회의 구성원이 되어 장기적으로 생존하기 위해서는, 주주의 이익을 극대화하는 것은 물론 다양한 이해 집단들의 요구도 모두 만족시켜야 한다. 그래야만 기업의 장기 이익이 보장되기 때문이다.

① 기업은 자본주의 체제의 생산 주체이다.
② 기업은 단기적 손해를 감수하면 장기적 이익을 보장받는다.
③ 자본주의 초기에도 기업은 사회 전체의 이익을 증진시켰다.
④ 전문 경영인에 대한 적절한 감시가 없으면 기업의 장기 이익이 감소할 수도 있다.
⑤ 현대 사회에서 기업은 직·간접적으로 관계되는 이해 집단을 모두 만족시켜야 한다.

## STEP 6　NCS 문제 살펴보기

● 다음 글의 내용과 일치하지 않는 것을 고르면?　　　2021 10월 시행 한국전력공사 기출 변형

　　거리 예술은 예술이 주로 공연장, 전시관 등 정형화된 장소에서 소수의 특권층에게만 전유되던 시기에 예술을 즐길 기회를 갖지 못하는 대중에게 예술을 제공한다는 명분으로 시작되었다. 거리는 쉽게 대중을 만날 수 있는 장소이지만 예술 행위를 하기에는 너무 소란스럽고 산만하다. 예술을 추구하자니 거리와 대중을 떠나야 할 것 같고, 거리의 대중을 좇자니 예술을 포기해야 할 것처럼 보인다. 하지만 거리 예술은 예술이 향유되는 장소가 다수의 사람을 만날 수 있는 거리라는 점에서 큰 의의를 갖는다.
　　거리 공연의 풍경은 우리에게 친숙하다. 보통은 도심의 광장 같은 데서 노래하거나 악기를 연주하는 버스킹을 떠올리기 쉽다. 그러나 실제로는 음악 이외에도 춤, 마임, 코미디, 마술 등 그 종류가 매우 다양하다. 공연자가 목재를 들고 사다리를 타면서 집 짓는 흉내를 내는 건축적 마임 등은 거리 공연의 재미있는 예다. 일상 공간을 무대로 삼는 거리 예술은 삶과 밀접한 소재를 다루며 사회적 메시지를 담아내기도 한다. 우리나라 거리극의 시초라 할 수 있는 마당극이 시대정신을 담은 것처럼 현대 거리 예술도 대중에게 삶과 사회에 대한 질문을 던진다.
　　야외에서 진행되는 작품일지라도 무대 세트를 그대로 옮겨와 극장과 같은 환경을 갖추어 진행하는 작품들은 거리 예술의 범주에 포함되지 않는다. 거리 예술에서 공간을 읽어내고 이에 작품을 반영하는 것이 무엇보다도 중요한 지점임을 알 수 있다. 이와 더불어 거리 예술은 극장처럼 객석이 완비된 환경과는 달리 밀집된 공간에서 군중을 상대하는 만큼, 예술가와 관객의 상호작용을 전제하므로 관객의 참여를 이끌어 내는 것이 매우 중요하다.
　　유럽의 경우 공간적, 문화적인 면에서 거리 예술이 발달하기 좋은 환경을 갖추고 있다. 거리 예술의 무대가 되는 유럽의 광장, 공원, 도로, 지하철역 등은 번잡하지 않고 그 터가 넓어 거리 예술을 하는 데 최적의 환경을 가지고 있다. 특히 영국과 프랑스를 비롯한 많은 유럽 국가의 지하철역은 역사가 오래되어 낡고 좁다는 단점을 지니고 있지만 사이사이 구역을 지정하여 지하철역에서 공연을 하도록 배려하여 삭막한 환경을 개선하는 효과를 누리고 있다.
　　오늘날 우리나라의 지하철역도 문화 예술의 공간으로 다양한 탈바꿈을 시도하고 있다. 정거장을 하나의 상설 무대로 인식하고 승객을 관람객으로 연결하려는 노력이 이어지고 있다. 사람들이 일상생활 속에서 자주 오가는 도심의 거리, 그리고 지하철역 등의 공공시설에서 거리 예술이 보편적으로 행해진다면 사람들에게 예술은 굳이 공연장이나 전시관을 찾지 않아도 쉽게 접할 수 있는 분야로 자리 잡을 수 있을 것이다.

① 거리에서 행해지더라도 거리 예술로 분류되지 않을 수 있다.
② 마당극은 관객에게 시대정신을 담은 사회적 메시지를 전달하기도 했다.
③ 거리 예술가들은 관객과 상호작용하며 참여를 유도해야 한다.
④ 유럽에서는 지하철역을 제외하고 거리 어느 곳에서나 거리 공연을 할 수 있다.
⑤ 거리 예술은 소수의 특권층이 예술을 전유하던 시기에 등장하였다.

---

**단권화 MEMO**

|정답해설|
④ 4문단에서 많은 유럽 국가의 지하철역은 역사가 오래되어 낡고 좁지만 사이사이 구역을 지정하여 지하철역에서 공연을 하도록 배려하여 삭막한 환경을 개선하고 있다고 하였으므로 ④의 설명은 적절하지 않다.

|오답해설|
① 3문단에서 야외에서 진행되는 작품일지라도 무대 세트를 그대로 옮겨와 극장과 같은 환경을 갖추어 진행하는 작품들은 거리 예술의 범주에 포함되지 않는다고 하였으므로 적절하다.
② 2문단에서 거리 예술은 삶과 밀접한 소재를 다루며 사회적 메시지를 담아내기도 하는데, 우리나라 거리극의 시초라 할 수 있는 마당극이 시대정신을 담은 것처럼 현대 거리 예술도 대중에게 삶과 사회에 대한 질문을 던진다고 하였으므로 적절하다.
③ 3문단에서 거리 예술은 예술가와 관객의 상호작용을 전제하므로 관객의 참여를 이끌어 내는 것이 매우 중요하다고 하였으므로 적절하다.
⑤ 1문단에서 거리 예술은 예술이 주로 공연장, 전시관 등 정형화된 장소에서 소수의 특권층에게만 전유되던 시기에 예술을 즐길 기회를 갖지 못하는 대중에게 예술을 제공한다는 명분으로 시작되었다고 하였으므로 적절하다.

|정답| ④

# 02 내용 일치/불일치 유형

## 01
*2025 출제기조 전환 예시문제*

**다음 글을 이해한 내용으로 적절하지 않은 것은?**

한국 신화에 보이는 신과 인간의 관계는 다른 나라의 신화와 견주어 볼 때 흥미롭다. 한국 신화에서 신은 인간과의 결합을 통해 결핍을 해소함으로써 완전한 존재가 되고, 인간은 신과의 결합을 통해 혼자 할 수 없었던 존재론적 상승을 이룬다.

한국 건국신화에서 주인공인 신은 지상에 내려와 왕이 되고자 한다. 천상적 존재가 지상적 존재가 되기를 바라는 것인데, 인간들의 왕이 된 신은 인간 여성과의 결합을 통해 자식을 낳음으로써 결핍을 메운다. 무속신화에서는 인간이었던 주인공이 신과의 결합을 통해 신적 존재로 거듭나게 됨으로써 존재론적으로 상승하게 된다. 이처럼 한국 신화에서 신과 인간은 서로의 존재를 필요로 한다는 점에서 상호의존적이고 호혜적이다.

다른 나라의 신화들은 신과 인간의 관계가 한국 신화와 달리 위계적이고 종속적이다. 히브리 신화에서 피조물인 인간은 자신을 창조한 유일신에 대해 원초적 부채감을 지니고 있으며, 신이 지상의 모든 일을 관장한다는 점에서 언제나 인간의 우위에 있다. 이러한 양상은 북유럽이나 바빌로니아 등에 퍼져 있는 신체 화생 신화에도 유사하게 나타난다. 신체 화생 신화는 신이 죽음을 맞게 된 후 그 신체가 해체되면서 인간 세계가 만들어지게 된다는 것인데, 신의 희생 덕분에 인간 세계가 만들어질 수 있었다는 점에서 인간은 신에게 철저히 종속되어 있다.

① 히브리 신화에서 신과 인간의 관계는 위계적이다.
② 한국 무속신화에서 신은 인간을 위해 지상에 내려와 왕이 된다.
③ 한국 건국신화에서 신은 인간과의 결합을 통해 완전한 존재가 된다.
④ 한국 신화에 보이는 신과 인간의 관계는 신체 화생 신화에 보이는 신과 인간의 관계와 다르다.

## 02
*2024 국가직 9급*

**다음 글을 이해한 내용으로 가장 적절한 것은?**

A가 주장한 다중지능이론은 기존 지능이론의 대안으로 제시되었다. 그는 기존 지능이론이 언어지능이나 논리수학지능 등 인간의 인지 능력에만 초점을 맞추고 있다고 비판하면서 이뿐 아니라 신체와 정서, 대인 관계의 능력까지 포괄한 총체적 지능 개념을 창안해 냈다. 다중지능이론은 뇌과학 연구에 일정 부분 영향을 받았는데, 뇌과학 연구에 따르면 인간의 좌뇌는 분석적, 논리적 능력을 담당하고, 우뇌는 창조적, 감성적 능력을 담당한다. 다중지능이론에서는 좌뇌의 능력에만 초점을 둔 기존의 지능 검사에 대해 반쪽짜리 검사라고 혹평한다.

그런데 다중지능이론에 대해 비판적인 연구자들은 다음과 같은 점들을 지적한다. 우선, 다중지능이론에서 주장하는 새로운 지능의 종류들이 기존 지능이론에서 주목했던 지능의 종류들과 상호 독립적일 수 있는가 하는 점이다. 그들에 따르면, 전자는 후자의 하위 영역에 속해 있고, 둘 사이에는 유의미한 상관 관계가 있으므로 서로 독립적일 수 없으며, 따라서 '다중'이라는 개념이 성립하지 않는다. 다음으로, 다중지능을 정확하게 측정할 수 있는 도구가 만들어질 수 있겠는가 하는 점이다. 그들은 지능이라는 말이 측정 가능한 인지 능력을 전제하는 것인데, 다중지능이론이 설정한 새로운 종류의 지능들을 정확하게 측정할 수 있는 도구가 만들어지기는 어려울 것이라 주장한다.

① 논리수학지능은 다중지능이론의 지능 개념에 포함되지 않는다.
② 대인 관계의 능력과 관련된 지능을 정확하게 측정할 수 있는 도구의 개발 가능성에 대해 회의적인 사람들이 있다.
③ 다중지능이론에서는 인간의 우뇌에서 담당하는 능력과 관련된 지능보다 좌뇌에서 담당하는 능력과 관련된 지능에 더 많이 주목한다.
④ 다중지능이론에 대해 비판적인 연구자들은 인간의 모든 지능 영역들이 상호 독립적이라는 이유에서 '다중' 개념이 성립하지 않는다고 주장한다.

## 03

**다음 글에 대해 평가한 내용으로 가장 적절한 것은?**

> 영국의 유명한 원형 석조물인 스톤헨지는 기원전 3,000년경 신석기시대에 세워졌다. 1960년대에 천문학자 호일이 스톤헨지가 일종의 연산장치라는 주장을 하였고, 이후 엔지니어인 톰은 태양과 달을 관찰하기 위한 정교한 기구라고 확신했다. 천문학자 호킨스는 스톤헨지의 모양이 태양과 달의 배열을 나타낸 것이라는 의견을 제시해 관심을 모았다.
> 그러나 고고학자 앳킨슨은 그들의 생각을 비난했다. 앳킨슨은 스톤헨지를 세운 사람들을 '야만인'으로 묘사하면서, 이들은 호킨스의 주장과 달리 과학적 사고를 할 줄 모른다고 주장했다. 이에 호킨스를 옹호하는 학자들이 진화적 관점에서 앳킨슨을 비판하였다. 이들은 신석기시대보다 훨씬 이전인 4만 년 전의 사람들도 신체적으로 우리와 동일했으며 지능 또한 우리보다 열등했다고 볼 근거가 없다고 주장했다.
> 하지만 스톤헨지의 건설자들이 포괄적인 의미에서 현대인과 같은 지능을 가졌다고 해도 과학적 사고와 기술적 지식을 가지지는 못했다. 그들에게는 우리처럼 2,500년에 걸쳐 수학과 천문학의 지식이 보존되고 세대를 거쳐 전승되어 쌓인 방대하고 정교한 문자 기록이 없었다. 선사시대의 생각과 행동이 우리와 똑같은 식으로 전개되지 않았으리라는 점은 매우 중요하다. 지적 능력을 갖췄다고 해서 누구나 우리와 같은 동기와 관심, 개념적 틀을 가졌으리라고 생각하는 것은 잘못이다.

① 스톤헨지가 제사를 지내는 장소였다는 후대 기록이 발견되면 호킨스의 주장은 강화될 것이다.
② 스톤헨지 건설 당시의 사람들이 숫자를 사용하였다는 증거가 발견되면 호일의 주장은 약화될 것이다.
③ 스톤헨지의 유적지에서 수학과 과학에 관련된 신석기시대 기록물이 발견되면 글쓴이의 주장은 강화될 것이다.
④ 기원전 3,000년경 인류에게 천문학 지식이 있었다는 증거가 발견되면 앳킨슨의 주장은 약화될 것이다.

## 04

다음 글에 대한 이해로 적절하지 않은 것은?

> 국가정보자원관리원과 ○○시는 빅데이터 기반의 맞춤형 복지 서비스 분석 사업을 수행했다. 국가정보자원관리원은 자체 확보한 공공 데이터와 ○○시로부터 받은 복지 사업 관련 데이터를 활용하여 '복지 공감 지도'를 제작하고, 복지 기관 접근성 분석을 통해 취약 지역 지원 방안을 제시했다.
> 복지 공감 지도는 공간 분석 시스템을 활용하여 ○○시에 소재한 복지 기관들의 다양한 지원 항목과 이를 필요로 하는 복지 대상자, 독거노인, 장애인 등의 수급자 현황을 한눈에 확인할 수 있도록 구현한 것이다. 이 지도를 활용하면 복지 혜택이 필요한 지역과 수급자를 빨리 찾아낼 수 있으며, 생필품 지원이나 방문 상담 등 복지 기관의 맞춤형 대응이 가능하고, 최적의 복지 기관 설립 위치를 선정할 수 있다.
> 이 사업을 통해 ○○시는 그동안 복지 기관으로부터 도보로 약 15분 내 위치한 수급자에게 복지 혜택이 집중되고 있는 것도 확인했다. 이에 교통이나 건강 등의 문제로 복지 기관 방문이 어려운 수급자를 위해 맞춤형 복지 서비스가 절실하게 필요한 상황임을 발견하고, 복지 셔틀버스 노선을 4개 증설할 계획을 수립했다.

① 빅데이터를 활용하여 복지 사각지대를 줄이는 방안을 마련할 수 있다.
② 복지 기관과 수급자 거주지 사이의 거리는 복지 혜택의 정도에 영향을 준다.
③ 복지 기관 접근성 분석 결과는 복지 셔틀버스 노선 증설의 근거가 된다.
④ 복지 공감 지도로 복지 혜택에 대한 수급자들의 개별 만족도를 파악할 수 있다.

## 05

다음 글에 대한 이해로 적절하지 않은 것은?

> △△시 시장님께
> 안녕하십니까? 저는 △△시에서 농장을 운영하는 □□□입니다. 이렇게 글을 쓰게 된 것은 우리 농장 근처에 신축된 골프장의 빛 공해 문제에 대해 말씀드리기 위함입니다. 빛이 공해가 될 수 있다는 말이 다소 생소하실 수도 있습니다. 하지만 지나친 야간 조명이 식물의 성장에 부정적인 영향을 끼쳐 작물 수확량을 감소시킬 수 있음은 이미 여러 연구를 통해 입증된 바 있습니다. 좀 늦었지만 △△시에서도 이 문제에 대해 경각심을 가질 필요가 있습니다. 실제로 골프장이 야간 운영을 시작했을 때를 기점으로 우리 농장의 수확률이 현저히 낮아졌음을 제가 확인했습니다. 물론, 이윤을 추구하는 골프장의 야간 운영을 무조건 막는다면 골프장 측에서 반발할 것입니다. 그래서 계절에 따라 야간 운영 시간을 조정하거나 운영 제한에 따른 손실금을 보전해 주는 등의 보완책도 필요합니다. 또한 ○○군에서도 빛 공해 문제를 해결하기 위해 야간 조명의 조도를 조정하는 프로젝트를 진행한 바 있으니 참고해 보시기 바랍니다. 모쪼록 시장님께서 이 문제에 관심을 가지고 농장과 골프장이 상생할 수 있는 정책을 펼쳐 주시기를 부탁드립니다.

① 시장에게 빛 공해로 농장이 겪는 어려움에 대해 관심을 촉구하고 있다.
② 건의에 대한 신뢰성을 높이기 위해 인용한 자료의 출처를 밝히고 있다.
③ 다른 지역에서 야간 조명으로 인한 폐해를 해결하기 위해 노력한 사례를 언급하고 있다.
④ 골프장의 야간 운영을 제한할 때 예상되는 문제점과 그 해결 방안에 대해 제시하고 있다.

# 06

## 다음 글에 대한 이해로 적절하지 않은 것은?

아동이 부모의 소유물 또는 종족의 유지나 국가의 방위를 위한 수단으로 간주되었던 전근대사회에서는 아동의 권리에 대한 인식이 존재하지 않았다. 산업혁명으로 봉건제도가 붕괴되고 자본주의가 탄생한 근대사회에 이르러 구빈법에 따른 국가 개입과 민간단체의 자발적인 참여로 아동보호가 시작되었다.

1922년 잽 여사는 아동권리사상을 담아 아동권리에 대한 내용을 성문화하였다. 이를 기초로 1924년 국제연맹에서는 전문과 5개의 조항으로 된 「아동권리에 관한 제네바 선언」을 채택하였다. 여기에는 "아동은 물질적으로나 정신적으로 정상적인 발달을 위해 필요한 조건이 충족되어야 한다."라든지 "아동의 재능은 인류를 위해 쓰인다는 자각 속에서 양육되어야 한다." 등의 내용이 포함되었다.

그러나 여기에서도 아동은 보호의 객체로만 인식되었을 뿐 생존, 보호, 발달을 위한 적극적인 권리의 주체로 인식되지는 않았다. 최근에 와서야 국제사회의 노력에 힘입어 아동은 보호되어야 할 수동적인 존재에서 자신의 권리를 주장할 수 있는 능동적인 존재로 자리매김할 수 있게 되었다. 1989년 유엔총회에서 채택된 「아동권리협약」이 그것이다.

우리나라는 이를 토대로 2016년 「아동권리헌장」 9개 항을 만들었다. 이 헌장은 '생존과 발달의 권리', '아동이 최선의 이익을 보장받을 권리', '차별받지 않을 권리', '자신의 의견이 존중될 권리' 등 유엔의 「아동권리협약」의 네 가지 기본 원칙을 포함하고 있다. 또한 전문에는 아동의 권리와 더불어 "부모와 사회, 국가와 지방자치단체는 아동의 이익을 최우선으로 고려해야 하며, 다음과 같은 아동의 권리를 확인하고 실현할 책임이 있다."라고 명시하여 아동을 둘러싼 사회적 주체들의 책임을 명확히 하였다.

① 아동의 권리에 대한 인식은 근대 이후에 형성되었다.
② 「아동권리헌장」은 「아동권리협약」을 토대로 만들어졌다.
③ 「아동권리에 관한 제네바 선언」, 「아동권리협약」, 「아동권리헌장」에는 모두 아동의 발달에 대한 내용이 들어가 있다.
④ 「아동권리에 관한 제네바 선언」은 아동을 적극적인 권리의 주체로 인식함으로써 아동의 권리에 대한 진전된 성과를 이루었다.

## 07

**글쓴이의 견해에 부합하는 것은?**

> 문화란 공동체의 구성원들이 공유하는 생각과 행동 양식의 총체라고 할 수 있다. 문화를 연구하는 사람들의 주된 관심사는 특정 생각과 행동 양식이 하나의 공동체 안에서 전파되는 기제이다.
> 이에 대한 견해 중 하나는 문화를 생각의 전염이라는 각도에서 바라보는 것이다. 예컨대, 리처드 도킨스는 '밈(meme)'이라는 개념을 통해 생각의 전염 과정을 설명하고자 했다. 그에 따르면 문화는 복수의 밈으로 이루어져 있는데, 유전자에 저장된 생명체의 주요 정보가 번식을 통해 복제되어 개체군 내에서 확산되듯이, 밈 역시 유전자와 마찬가지로 공동체 내에서 복제를 통해 확산된다.
> 그러나 문화 전파의 기제를 설명하는 이론으로는 밈 이론보다 의사소통 이론이 더 적절해 보인다. 일례로, 요크셔 지역에 내려오는 독특한 푸딩 요리법은 누군가가 푸딩 만드는 것을 지켜본 후 그것을 그대로 따라 하는 방식으로 전파되었다기보다는 요크셔 푸딩 요리법에 대한 부모와 친척, 친구들의 설명을 통해 입에서 입으로 전파되고 공유되었을 가능성이 크다.
> 생명체의 경우와 달리 문화는 완벽하게 동일한 형태로 전파되지 않는다. 전파된 문화와 그것을 수용한 결과는 큰 틀에서는 비슷하더라도 세부적으로는 다를 수밖에 없다. 다시 말해 요크셔 지방의 푸딩 요리법은 다른 지방의 푸딩 요리법과 변별되는 특색을 지니는 동시에 요크셔 지방 내부에서도 가정이나 개인에 따라 약간씩의 차이를 보인다. 이는 푸딩 요리법의 수신자가 발신자가 전해 준 정보에다 자신의 생각을 덧붙였기 때문인데, 복제의 관점에서 문화의 전파를 설명하는 이론으로는 이와 같은 현상을 설명하기 어렵다. 반면, 의사소통 이론으로는 설명 가능하다. 이에 따르면 사람들은 자신이 들은 이야기를 남에게 전달할 때 들은 이야기에다 자신의 생각을 더해서 그 이야기를 전달하기 때문이다.

① 문화의 전파 기제는 밈 이론보다는 의사소통 이론으로 설명하는 것이 적절하다.
② 의사소통 이론에 따르면 문화의 수용 과정에는 수용 주체의 주관이 개입하지 않는다.
③ 의사소통 이론에 따르면 특정 공동체의 문화는 다른 공동체로 복제를 통해 전파될 수 있다.
④ 요크셔 푸딩 요리법이 요크셔 지방의 가정이나 개인에 따라 세부적인 차이를 보이는 현상은 밈 이론에 의해 설명할 수 있다.

## 08

**(가)와 (나)를 통해서 추정하기 어려운 내용은?**

> (가) 찬성공 형제께서 정경부인의 상(喪)을 당하였다. 부윤공의 부인 이 씨가 우연히 언문 소설을 읽다가 그 소리가 밖으로 들렸다. 찬성공이 기뻐하지 않으며 제수를 계단 아래에 서게 하고, "부녀자의 무식을 심하게 책망할 필요는 없지만, 어찌 상중(喪中)에 있으면서 예의에 어긋난 책을 소리 내어 읽어서 스스로 평민과 같아지려 할 수 있는가?" 하고 꾸짖었다.
> (나) 전기수: 늙은이가 동문 밖에 살면서 입으로 언문 소설을 읽었는데, 「숙향전」, 「소대성전」, 「심청전」, 「설인귀전」과 같은 전기 소설이었다. …(중략)… 잘 읽었기 때문에 옆에서 구경하는 사람들이 빙 둘러섰다. 가장 재미있고 긴요하여 매우 들을 만한 구절에 이르면 갑자기 침묵하고 소리를 내지 않았다. 사람들이 다음 이야기를 듣고 싶어서 다투어 돈을 던졌다. 이를 바로 '요전법(돈을 요구하는 법)'이라 한다.

① 상층 남성들은 상중의 예법에 대해 매우 엄격하였다.
② 혼자 소설을 보면서 소리 내어 읽기도 하였다.
③ 하층에서도 소설을 창작하는 사람이 많았다.
④ 상층이 아닌 하층에서도 소설을 즐겼다.

## 09

2019 국가직 9급

**다음 글의 글쓰기 전략으로 볼 수 없는 것은?**

고전파 음악은 어떤 음악인가? 서양 음악의 뿌리는 종교 음악에서 비롯되었다. 바로크 시대까지는 음악이 종교에 예속되어 있었으며, 음악가들 또한 종교에 예속되어 있었다. 고전파는 이렇게 종교에 예속되었던 음악을, 음악을 위한 음악으로 정립하려는 예술 운동에서 출발하였다. 따라서 종래의 신을 위한 음악에서 탈피해 형식과 내용의 일체화를 꾀하고 균형 잡힌 절대 음악을 추구하였다. 즉 '신'보다는 '사람'을 위한 음악, '음악'을 위한 음악을 이루어 나가겠다는 굳은 결의를 보여 준 것이다.

또한 고전파 음악은 음악적 형식과 내용의 완숙을 이룬 음악이기도 하다. 이 시기에는 하이든, 모차르트, 베토벤 등 음악의 역사에서 가장 위대한 작곡가들이 배출되기도 하였다. 이때에는 성악이 아닌 기악만으로도 음악이 가능하게 되었으며, 교향곡의 기본을 이루는 소나타 형식이 완성되었다. 특히 옛 그리스나 로마 때처럼 보다 정돈된 형식을 가진 음악을 해 보자고 주장하였기에 '옛것에서 배우자는 의미의 고전'과 '청정하고 우아하며 흐림 없음, 최고의 예술적 경지에 다다름으로서의 고전'을 모두 지향하게 되었다.

이렇듯 역사적으로 고전파 음악은 종교의 영역에서 음악 자체의 영역을 확보하였으며 최고 수준의 음악적 내용과 형식을 수립하였다. 고전파 음악이 서양 전통 음악 전체를 대표하게 된 것은 고전파 음악이 이룩한 역사적인 성과에서 비롯된 것일지도 모른다. 따라서 고전 음악의 개념을 이해하기 위해서는 고전파 음악의 성격과 특질에 대한 이해가 선행되어야 할 것이다.

① 고전파 음악이 지닌 음악사적 의의를 밝힌다.
② 고전파 음악의 음악가를 예시하여 이해를 돕는다.
③ 고전파 음악의 특징이 형식과 내용의 분리에 있음을 강조한다.
④ 질문을 통해 화제를 제시함으로써 호기심을 유발한다.

---

## 정답&해설

**07** 정답 | ①

3문단의 '문화 전파의 기제를 설명하는 이론으로는 밈 이론보다 의사소통 이론이 더 적절해 보인다.'를 통해 확인할 수 있다.

|오답해설| ② 4문단의 '수신자가 발신자가 전해 준 정보에다 자신의 생각을 덧붙였기 때문인데'에서 문화 수용 과정에서 수용 주체의 주관이 개입한다는 것을 알 수 있다.
③ 2문단의 '밈 역시 유전자와 마찬가지로 공동체 내에서 복제를 통해 확산된다.'에서 특정 공동체의 문화가 다른 공동체로 복제를 통해 전파되는 것은 '밈 이론'이라는 것을 알 수 있다.
④ 4문단은 '의사소통 이론'의 예이다. 따라서 '요크셔 푸딩 요리법'의 경우는 의사소통 이론에 의해 설명할 수 있다.

**08** 정답 | ③

(나)를 보면 하층의 인물인 전기수가 소설을 읽고 하층의 사람들이 전기수의 이야기를 재미있게 즐기고 있음을 알 수 있다. 그러나 하층에서도 소설을 창작했다는 내용은 찾을 수 없다.

|오답해설| ① (가)의 '어찌 상중에 있으면서 ~ 하고 꾸짖었다.'를 통해 상층 남성들이 상중의 예법에 대해 매우 엄격하였다는 것을 알 수 있다.
② (가)의 '언문 소설을 읽다가 그 소리가 밖으로 들렸다.'를 통해 알 수 있다.
④ (가)가 상층이라면 (나)는 하층이므로 적절한 설명이다.

**09** 정답 | ③

1문단의 '형식과 내용의 일체화를 꾀하고 ~'를 통해 형식과 내용의 '분리'가 아닌 형식과 내용의 '일체화'를 꾀하는 것이 고전파 음악의 특징임을 알 수 있다.

|오답해설| ① 1문단의 마지막 부분인 "'신'보다는 '사람'을 위한 음악 ~ 보여 준 것이다.', 2문단의 처음 부분인 '또한 고전파 음악은 ~ 완숙을 이룬 음악이기도 하다.' 등을 통해 알 수 있다.
② '하이든, 모차르트, 베토벤' 등을 예로 들고 있다.
④ 1문단의 시작 부분 '고전파 음악은 어떤 음악인가?'를 통해 알 수 있다.

## 10

**다음 글에 대한 설명으로 적절하지 않은 것은?**

> 믿기 어렵겠지만 자장면 문화와 미국의 피자 문화는 닮은 점이 많다. 젊은 청년들이 오토바이를 타고 배달한다는 점에서 참으로 닮은꼴이다. 이사한다고 짐을 내려놓게 되면 주방 기구들이 부족하게 되고 이때 자장면은 참으로 편리한 해결책이다. 미국에서의 피자도 마찬가지다. 갑자기 아이들의 친구들이 많이 몰려왔을 때 피자는 참으로 편리한 음식이다.
>
> 남자들이 군에 가 훈련을 받을 때 비라도 추적추적 오게 되면 자장면 생각이 제일 많이 난다고 한다. 비가 오는 바깥을 보며 따뜻한 방에서 입에 자장을 묻히는 장면은 정겨울 수밖에 없다. 프로 농구 원년에 수입된 미국 선수들은 하루도 빠지지 않고 피자를 시켜 먹었다고 한다. 음식이 맞지 않는 탓도 있겠지만 향수를 달래고자 함이 아닐까?
>
> 싸게 먹을 수 있는 이국 음식이란 점에서 자장면과 피자는 특별한 의미를 갖는다. 외식을 하기엔 부담되고 한번쯤 식단을 바꾸어 보고 싶을 즈음이면 중국식 자장면이나 이탈리아식 피자는 한국이나 미국의 서민에겐 안성맞춤이다. 그런데 한국에서나 미국에서나 변화가 생기기 시작했다. 한국에서는 피자 배달이 보편화되기 시작했다. 피자를 간식이 아닌 주식으로 삼고자 하는 아이들도 생겼다. 졸업식을 마치고 중국집으로 향하던 발걸음들이 이제 피자집으로 돌려졌다. 피자보다 자장면을 좋아하는 아이들을 찾아보기가 힘들어졌다.

① 피자는 쉽게 배달시켜 먹을 수 있는 편리한 음식이다.
② 자장면과 피자는 이국적인 음식이다.
③ 자장면과 피자는 값이 싸면서도 기분 전환이 되는 음식이다.
④ 자장면은 특별한 날에 어린이들에게 여전히 가장 사랑받는 음식이다.

## 11

**다음 글에 대한 설명으로 적절하지 않은 것은?**

> (가) 20세기 들어서 생태학자들은 지속성 농약이 자연 생태계에 어떤 악영향을 미치는지를 밝힐 수 있었다. 예컨대 제2차 세계 대전 이후 전 세계에서 해충 구제용으로 널리 사용됨으로써 농업 생산량 향상에 커다란 기여를 한 디디티(DDT)는 유기 염소계 살충제의 대명사이다.
>
> (나) 그렇지만 이 유기 염소계 살충제는 물에 잘 녹지 않고 자연에서 햇빛에 의한 광분해나 미생물에 의한 생물학적 분해가 거의 이루어지지 않는다. 그래서 디디티는 토양이나 물속의 퇴적물 속에 수십 년간 축적된다. 게다가 디디티는 지방에는 잘 녹아서 먹이 사슬을 거치는 동안 지방 함량이 높은 동물 체내에 그 농도가 높아진다. 이렇듯 많은 양의 유기 염소계 살충제를 체내에 축적하게 된 맹금류는 물질대사에 장애를 일으켜서 껍질이 매우 얇은 알을 낳기 때문에, 포란 중 대부분의 알이 깨져 버려 멸종의 길을 걷게 된다.
>
> (다) 디디티는 쉽게 분해되지 않기 때문에 한번 뿌려진 디디티는 물과 공기, 생물체 등을 매개로 세계 전역으로 퍼질 수 있다. 그래서 디디티에 한 번도 노출된 적이 없는 알래스카 지방의 에스키모 산모의 젖에서도 디디티가 검출되었고, 남극 지방의 펭귄 몸속에서도 디디티가 발견되었다. 이러한 생물 농축과 잔존성의 특성이 밝혀짐으로써 미국에서는 1972년부터 디디티 생산이 전면 중단되었고, 1980년대에 이르러서는 유기 염소계 농약의 사용이 대부분 금지되었다.
>
> (라) 이와 같이 디디티의 생물 농축 현상에서처럼 생태학자들은 한 생물 종에 미치는 오염의 영향이 오랫동안 누적되면 전체 생태계를 훼손시킬 수 있다는 사실을 발견하였다. 그래서인지 최근 우리나라에서도 사소한 환경 오염 행위가 장차 어떠한 재앙을 몰고 올 수 있는지에 대한 연구가 활발히 이루어지고 있다.

① (가)는 중심 화제를 소개하고, 핵심어를 제시함으로써 전개될 내용을 암시하고 있다.
② (나)는 디디티가 끼칠 생태계의 영향을 인과 분석의 방법으로 설명하고 있다.
③ (다)는 디디티의 악영향을 제시하고, 그것의 사용 금지를 주장하고 있다.
④ (라)는 환경 오염에 대한 경각심을 암시적으로 드러내고 있다.

## 12

**다음 글쓴이의 입장에 부합하는 것은?**

2019 지방직 9급

> 효(孝)가 개인과 가족, 곧 일차적인 인간관계에서 일어나는 행위를 규정한 것이라면, 충(忠)은 가족이 아닌 사람들과의 관계, 곧 이차적인 인간관계에서 일어나는 사회적 행위를 규정한 것이었다. 그런데 언제부터인가 우리는 효를 순응적 가치관을 주입하는 봉건 가부장제 사회의 유습이라고 오해하는가 하면, 충과 효를 동일시하는 오류를 저지르는 경향이 많아졌다. 다음을 보자.
>
> "부모에게 효도하고 형제를 사랑하는 사람은 윗사람의 명령을 거역하는 경우가 드물다. 또 윗사람의 명령을 어기지 않는 사람은 난동을 일으키는 경우도 드물다. 군자는 근본에 힘쓴다. 근본이 확립되면 도가 생기기 때문이다. 효도와 우애는 인(仁)의 근본이다."
>
> 위 구절에 담긴 입장을 기준으로 보면 효는 윗사람에 대한 절대 복종으로 연결된다. 곧 종족 윤리의 기본이 되는 연장자에 대한 예우는 물론이고 신분 사회의 엄격한 상하 관계까지 포괄적으로 인정하는 것이다. 하지만 이 구절만을 근거로 효를 복종의 윤리라고 보는 것은 성급한 판단이다. 왜냐하면 원래부터 효란 가족 윤리 또는 종족 윤리로서 사회 윤리였던 충보다 우선시되었을 뿐만 아니라, 유교의 기본 입장은 설사 부모의 명령이라 하더라도 옳고 그름을 가리지 않는 맹목적인 복종은 그 자체가 불효라고 보았기 때문이다. 유교에서는 부모와 자식의 관계가 자연에 의해서 결정된다고 한다. 이 때문에 부모와 자식의 관계는 인위적으로 끊을 수 없다고 본다. 이에 비해 임금과 신하의 관계는 공동의 목표를 위한 관계로서 의리에 의해서 맺어진 관계로 본다. 의리가 맞지 않는다면 언제라도 끊을 수 있다고 생각하는 것이다.

① 효는 봉건 가부장제 사회에서 비롯한 일차적 인간관계이다.
② 효는 부모와 자식 간의 관계이므로 조건 없는 신뢰에 기초한 덕목이다.
③ 윗사람에 대한 복종을 절대시하지 않는 것이 유교적 윤리의 한 바탕이다.
④ 충의 도리를 다함으로써 효의 도리에 도달할 수 있다는 것이 인의 이치다.

# 13

**다음 글을 읽고 이해한 내용으로 가장 적절한 것은?**

> 미생물은 오늘날 흔히 질병과 연관된 것으로 여겨진다. 1762년 마르쿠스 플렌치즈는 미생물이 체내에서 증식함으로써 질병을 일으키고, 이는 공기를 통해 전염될 수 있다고 주장했으며, 모든 질병은 각자 고유의 미생물을 갖고 있다고 말했다. 그러나 유감스럽게도 그 주장에 대한 증거가 없었으므로 플렌치즈는 외견상 하찮아 보이는 미생물들도 사실은 중요하다는 점을 다른 사람들에게 납득시킬 수가 없었다. 심지어 한 비평가는 그처럼 어처구니없는 가설에 반박하느라 시간을 허비할 생각이 없다며 대꾸했다.
> 
> 그런데 19세기 중반 들어 프랑스의 화학자 루이 파스퇴르에 의해 상황이 바뀌기 시작했다. 파스퇴르는 세균이 술을 식초로 만들고 고기를 썩게 한다는 사실을 연달아 증명한 뒤 만약 세균이 발효와 부패의 주범이라면 질병도 일으킬 수 있을 것이라고 주장했다. 이러한 배종설은 오랫동안 이어져 내려온 자연발생설에 반박하는 이론으로서 플렌치즈 등에 의해 옹호되었지만 아직 논란이 많았다. 사람들은 흔히 썩어가는 물질이 내뿜는 나쁜 공기, 즉 독기가 질병을 일으킨다고 생각했다. 1865년 파스퇴르는 이런 생각이 틀렸음을 증명했다. 그는 미생물이 누에에게 두 가지 질병을 일으킨다는 사실을 입증한 뒤, 감염된 알을 분리하여 질병이 전염되는 것을 막음으로써 프랑스의 잠사업을 위기에서 구했다.
> 
> 한편 독일에서는 로베르트 코흐라는 내과 의사가 지역농장의 사육동물을 휩쓸던 탄저병을 연구하고 있었다. 때마침 다른 과학자들이 동물의 시체에서 탄저균을 발견하자, 1876년 코흐는 이 미생물을 쥐에게 주입한 뒤 쥐가 죽은 것을 확인했다. 그는 이 암울한 과정을 스무 세대에 걸쳐 집요하게 반복하여 번번이 똑같은 현상이 반복되는 것을 확인했고, 마침내 세균이 탄저병을 일으킨다는 결론을 내렸다. 배종설이 옳았던 것이다.
> 
> 파스퇴르와 코흐가 미생물을 효과적으로 재발견하자 미생물은 곧 죽음의 아바타로 캐스팅되어 전염병을 옮기는 주범으로 여겨지기 시작했다. 탄저병이 연구된 뒤 20년에 걸쳐 코흐를 비롯한 과학자들은 한센병, 임질, 장티푸스, 결핵 등의 질병 뒤에 도사리고 있는 세균들을 속속 발견했다. 이러한 발견을 견인한 것은 새로운 도구였다. 이전에 있었던 렌즈를 능가하는 렌즈가 나왔고, 젤리 비슷한 배양액이 깔린 접시에서 순수한 미생물을 배양하는 방법이 개발되었으며, 새로운 염색제가 등장하여 세균의 발견과 확인을 도왔다.
> 
> 세균을 확인하자 과학자들은 거두절미하고 세균을 제거하는 작업에 착수했다. 조지프 리스터는 파스퇴르에게서 영감을 얻어 소독 기법을 실무에 도입했다. 그는 자신의 스태프들에게 손과 의료 장비와 수술실을 화학적으로 소독하라고 지시함으로써 수많은 환자들을 극심한 감염으로부터 구해냈다. 또, 다른 과학자들은 질병 치료, 위생 개선, 식품 보존이라는 명분으로 세균 차단 방법을 궁리했다. 그리고 세균학은 응용과학이 되어 미생물을 쫓아내거나 파괴하는 데 동원되었다. 과학자들은 미생물과의 전쟁을 선포하고, 병든 개인과 사회에서 미생물을 몰아내는 것을 목표로 삼은 것이다. 이렇게 미생물에 대한 인식이 형성되었으며 그 부정적 태도는 오늘날에도 지속되고 있다.

① 미생물이 질병을 일으킨다는 플렌치즈의 주장은 당시 모든 사람들의 긍정적 반응을 이끌었다.
② 플렌치즈는 썩어가는 물질이 내뿜는 독기가 질병을 일으킨다는 주장이 틀렸음을 증명하였다.
③ 코흐는 동물의 시체에서 탄저균을 발견한 후 미생물을 쥐에게 주입하는 실험을 실시하였다.
④ 파스퇴르는 프랑스의 잠사업과 환자들을 감염으로부터 보호하는 일에 긍정적인 영향을 미쳤다.

## 14

2019 국가직 7급

**다음 글에서 알 수 없는 것은?**

팰럼시스트(palimpsest)란 원래 양피지 위에 글자가 여러 겹 겹쳐서 보이는 것을 일컫는다. 종이가 발명되기 전에는 양피지에 글을 썼는데 양피지는 귀했기 때문에 이를 재활용하기 위해 이미 쓰여 있는 글자를 지우고 그 위에 다시 글자를 쓰는 일이 빈번했다. 이로 인해 이전에 쓴 글자 위로 새로 쓴 글자가 중첩되어 보이는 현상이 벌어졌다. 건축에서는 이러한 팰럼시스트를 오래된 역사적 흔적이 현재의 공간에 영향을 미칠 때 그것을 은유적으로 설명하기 위해 원용하고 있다.

가장 손쉬운 예로 서울 강북의 복잡한 도로망을 들 수 있다. 조선 시대 한양에는 상하수도 시설이 부재하였다. 하지만 물은 인간 생활에 가장 필요한 기본 요건인 바, 물을 효율적으로 사용하기 위해 이 당시 주거들은 한강의 지류 하천을 따라서 형성될 수밖에 없었다. 실개천 주변으로 주거들이 들어서게 되고 그 옆으로 사람과 말들이 지나다니면서 자연 발생적으로 도로가 만들어지게 되었다. 수변(水邊) 공간에서 일상생활을 영위하고 하천을 상하수도 시설처럼 사용하는 커뮤니티가 자연스럽게 형성되었다고 볼 수 있다.

그러나 이후 인구 밀도가 높아지면서 위생 문제가 심각해지고, 동시에 자동차가 급증하여 자동차 도로를 확보하는 것이 도시 형성의 필수 조건으로 부각되면서 하천 주변은 상당 부분 자동차 도로로 바뀌었다. 강북의 도로망 가운데 많은 부분이 구불구불한 자연 하천과도 같은 모습을 갖게 된 것은 이러한 연유에서이다. 산업화 이후 대형 간선 도로의 등장이 본격화되면서 하천을 중심으로 형성되었던 기존 커뮤니티는 간선 도로에 의해 나눠지게 된 것이다.

① 팰럼시스트는 종이가 발명되기 이전, 양피지를 재활용하면서 빚어진 현상을 말한다.
② 하천이 커뮤니티의 중심이었던 과거와 달리 지금은 간선 도로가 커뮤니티를 나누고 있다.
③ 도시 주거의 기본 요건 중 하나가 상하수도 시설이기 때문에 하천 주변이 자동차 도로가 된 것은 필연적이다.
④ 강북의 복잡한 도로망은 상하수도 시설이 없었던 시절의 흔적이 현재의 공간에 영향을 미친 팰럼시스트의 예이다.

## 15

다음 글의 내용과 부합하는 것은?

> 동양의 음식 중에는 특별한 의미가 담긴 것들이 있다. 우리나라 대표적인 명절 음식 중 하나인 송편은 반달의 모습을 본뜬 음식으로 풍년과 발전을 상징한다. 『삼국사기』에 따르면, 백제 의자왕 때 궁궐 땅속에서 파낸 거북이 등에 쓰여 있는 '백제는 만월(滿月) 신라는 반달'이라는 글귀를 두고 점술사가 백제는 만월이라서 다음 날부터 쇠퇴하고 신라는 앞으로 크게 발전할 징조라고 해석했다고 한다. 결과적으로 점술가의 예언이 적중했다. 이때부터 반달은 더 나은 미래를 기원하는 뜻으로 쓰이며, 그러한 뜻을 담아 송편도 반달 모양의 떡으로 빚었다고 한다.
> 
> 중국에서는 반달이 아닌 보름달 모양의 월병을 빚어 즐겨 먹었다. 옛날에 월병은 송편과 마찬가지로 제수 용품이었다. 점차 제례 음식으로서 위상을 잃었지만 모든 가족이 모여 보름달을 바라보면서 함께 나눠 먹는 음식으로 자리 잡았다. 이 때문에 보름달 모양의 월병은 둥근 원탁에 온가족이 모인 것을 상징한다. 한국에서 지역의 단합을 위해 수천 명분의 비빔밥을 만들듯이 중국에서는 수천 명이 먹을 수 있는 월병을 만들 정도로 이는 의미 있는 음식으로 대접받고 있다.

① 중국의 월병은 제수 음식으로서의 명맥을 유지하고 있다.
② 신라인들은 더 나은 미래를 기원하는 마음을 담아 송편을 빚었다.
③ 중국의 월병은 한국에서 비빔밥을 만들어 먹는 것을 본떠 만든 음식이다.
④ 『삼국사기』에 따르면 점술가의 예언 덕분에 신라가 크게 발전할 수 있었다.

## 16

하버마스의 주장에 부합하는 사례로 가장 적절한 것은?

> 하버마스는 18세기부터 현대까지 미디어의 등장 배경과 발전 과정을 분석하면서, 공공 영역의 부상과 쇠퇴를 추적했다. 하버마스에게 공공 영역은 일반적 쟁점에 대한 토론과 의견을 형성하는 공공 토론의 민주적 장으로서 역할을 한다.
> 
> 하버마스는 17세기와 18세기 유럽 도시의 살롱에서 당시의 공공 영역을 찾았다. 비록 소수의 사람들만이 살롱 토론 문화에 참여했으나, 공공 토론을 통해 정치적 문제를 해결하는 논리를 도입할 수 있었기 때문에 살롱이 초기 민주주의 발전에 중요한 역할을 했다고 그는 주장한다. 적어도 살롱 문화의 원칙에서 공개적 토론을 위한 공공 영역은 각각의 참석자들에게 동등한 자격을 부여했다.
> 
> 그러나 하버마스에 따르면, 현대 사회에서 민주적 토론은 문화 산업의 발달과 함께 퇴보했다. 대중매체와 대중오락의 보급은 공공 영역이 공허해지는 원인으로 작용했다. 상업적 이해관계는 공공의 이해관계에 우선하게 되었다. 공공 여론은 개방적이고 합리적 토론을 통해서가 아니라 광고에서처럼 조작과 통제를 통해 형성되고 있다.
> 
> 미디어가 점차 상업화되면서 하버마스가 주장한 대로 공공 영역이 침식당하고 있다. 상업화된 미디어는 광고 수입에 기대어 높은 시청률과 수익을 보장하는 콘텐츠 제작만을 선호하게 되었다. 그 결과 공적 주제에 대한 시민들의 논의와 소통의 장이 줄어들어 결과적으로 공공 영역이 축소되었다. 많은 것을 약속한 미디어는 이제 민주주의 문제의 일부로 변해 버린 것이다.

① 살롱 문화에서 특정 사회 계층에 대한 비판적인 토론은 허용되지 않았다.
② 인터넷의 발달과 보급은 상업적 광고뿐만 아니라 공익 광고도 증가시켰다.
③ 글로벌 미디어가 발달하더라도 국제 사회의 공공 영역은 공허해지지 않는다.
④ 수익성 위주의 미디어 플랫폼과 콘텐츠가 더 많아지면서 민주적 토론이 감소되었다.

## 17

**다음 글을 읽은 독자의 반응으로 적절하지 않은 것은?**

> 인간의 변화는 단지 성숙의 산물만은 아니다. 성숙에 의한 변화는 대체로 신체적, 성적 발달에 국한되는 경우가 많다. 인간은 자기가 속한 환경 속에서 여러 가지를 경험하고 배우며 살아간다. 이러한 경험과 배움을 학습이라고 하는데, 인간의 지적, 정의적 특성은 특히 그와 같은 후천적 학습의 영향이 크다 할 수 있다.
> 
> 그런데 학습이라 할 때는 경험한 것 모두를 다 지칭하지는 않는다. 학습이란 경험의 결과 상당히 지속적으로 변화가 일어나는 경우를 두고 말한다. 약을 복용한 후나 우리 몸이 피로할 때 일어나는 일시적 변화는 학습이라 하지 않는다.
> 
> 학습을 개념화하는 데는 어떤 측면을 강조하여 보느냐에 따라 약간 차이가 있을 수 있다. 행동에 초점을 맞추어 행동의 변화를 학습이라 하기도 하고, 지식에 초점을 두어 지식의 획득을 학습으로 보기도 하며, 정의적 측면을 강조하여 유의미한 인간적 경험, 예를 들면 무엇을 배운 결과 삶의 보람을 느낀 것을 학습이라 보기도 한다.
> 
> 따라서 좀 더 넓은 뜻으로 학습을 정의하자면, 학습은 경험에 의한 비교적 지속적인 지적, 정서적, 행동적 변화를 의미한다고 볼 수 있다.

① 인간의 변화에는 성숙만이 아니라 학습도 있는 거야.
② 아이가 자라서 키가 커지는 것은 성숙에 의한 변화겠네.
③ 학습의 개념이 성립되려면 비교적 지속적인 변화라는 성격을 지녀야 해.
④ 과학을 배워서 보람을 느꼈다면, 이는 지적 변화에 초점을 둔 학습 개념이지.

## 18
**다음 글을 통해 알 수 있는 내용으로 적절하지 않은 것은?**

> 우리나라를 찾는 외국인들이 가장 즐겨 찾는 곳은 이태원이다. 여기서 '원(院)'이란 이곳이 과거에 여행자들을 위한 휴게소였다는 것을 말해 준다. 사리원, 조치원 등의 '원'도 마찬가지이다. 조선 전기에는 여행자가 먹고 자고 쉴 수 있는 휴게소를 '원'이라고 불렀다. 1530년에 발간된 『신증동국여지승람』에 따르면 원은 당시 전국에 무려 1,210개나 있었다고 한다.
>   조선 전기에도 여행자를 위한 편의 시설은 잘 갖추어져 있었다. 주요 도로에는 이정표와 역(驛), 원(院)이 일정한 원칙에 따라 세워졌다. 10리마다 지명과 거리를 새긴 작은 장승을 세우고, 30리마다 큰 장승을 세워 길을 표시했다. 그리고 큰 장승이 있는 곳에는 역과 원을 설치했다. 주요 도로마다 30리에 하나씩 원이 설치되다 보니, 전국적으로 1,210개나 될 정도로 많아진 것이다.
>   역이 국가의 명령이나 공문서, 중요한 군사 정보의 전달, 사신 왕래에 따른 영송(迎送)과 접대 등을 위해 마련된 교통통신 기관이었다면, 원은 그런 일과 관련된 사람들을 위해 마련된 일종의 공공 여관이었다. 원은 주로 공공 업무를 위한 여관이었지만 민간인들에게 숙식을 제공하기도 했다.
>   원은 정부에서 운영했기 때문에 재원도 정부에서 마련했는데, 주요 도로인 대로와 중로, 소로 등에 설치된 원에는 각각 원위전(院位田)이라는 땅을 주어 운영 경비를 마련하도록 했다. 그렇다면 누가 원을 운영했을까? 역에는 종육품 관리인 찰방(察訪)이 파견되어 여러 개의 역을 관리하며 역리와 역노비를 감독했지만, 원에는 정부가 일일이 관리를 파견할 수 없었다. 그래서 대로변에 위치한 원에는 다섯 가구, 중로에는 세 가구, 소로에는 두 가구를 원주(院主)로 임명했다. 원주는 승려, 향리, 지방 관리 등이었는데 원을 운영하는 대신 각종 잡역에서 제외시켜 주었다.
>   조선 전기에는 원 이외에 여행자를 위한 휴게 시설이 따로 없었으므로 원을 이용하지 못하는 민간인 여행자들은 여염집 대문 앞에서 "지나가는 나그네인데, 하룻밤 묵어 갈 수 있겠습니까?"라고 물어 숙식을 해결할 수밖에 없었다. 그러나 임진왜란과 병자호란을 거치면서 점사(店舍)라는 민간 주막이나 여관이 생기고, 관리들도 지방 관리의 대접을 받아 원의 이용이 줄어들게 되면서 원의 역할은 점차 사라지고 지명에 그 흔적만 남게 되었다.

① 여행자는 작은 장승 두 개를 지나 10리만 더 가면 '역(驛)'이 나온다는 것을 알았을 것이다.
② '원(院)'을 운영하는 승려는 나라에서 요구하는 각종 잡역에서 빠졌을 것이다.
③ 외국에서 사신이 오면 관리들은 '역(驛)'에서 그들을 맞이하거나 보냈을 것이다.
④ 민간인 여행자들도 자유롭게 '원(院)'에서 숙식을 해결했을 것이다.

## 19
**다음 글의 내용과 부합하는 것은?**

> 미국의 어머니들은 자녀와 함께 놀이를 할 때 특정 사물에 초점을 맞추고 그 사물의 속성을 아이들에게 가르친다. 사물의 속성 자체에 관심을 기울이도록 훈련받은 아이들은 스스로 독립적인 행동을 하도록 교육받는다. 미국에서는 아이들에게 의사소통을 가르칠 때 자신의 생각을 분명하게 표현하고 말하는 사람의 입장에서 대화에 임해야 하며, 대화 과정에서 오해가 발생하면 그것은 말하는 사람의 잘못이라고 강조한다.
>   반면에 일본의 어머니들은 대상의 '감정'에 특별히 신경을 써서 가르친다. 특히 자녀가 말을 안 들을 때에 그러하다. 예를 들어 "네가 밥을 안 먹으면, 고생한 농부 아저씨가 얼마나 슬프겠니?", "인형을 그렇게 던져 버리다니, 저 인형이 울잖아. 담장도 아파하잖아." 같은 말들로 꾸중하는 모습을 자주 볼 수 있다. 다른 사람과의 관계에 초점을 맞춘 훈련을 받은 아이들은 자신의 생각을 드러내기보다는 행동에 영향을 받는 다른 사람들의 감정을 미리 예측하도록 교육받는다. 곧 일본에서는 아이들에게 듣는 사람의 입장에서 말할 것을 강조한다.

① 미국의 어머니는 듣는 사람의 입장, 일본의 어머니는 말하는 사람의 입장을 강조한다.
② 일본의 어머니는 사물의 속성을 아는 것이 관계를 아는 것보다 더 중요하다고 생각한다.
③ 미국의 어머니는 어떤 일을 있는 그대로 보지 말고 이면에 있는 감정을 읽어야 한다고 생각한다.
④ 미국의 어머니는 자녀가 독립적인 행동을 하도록 교육하며, 일본의 어머니는 자녀가 타인의 감정을 예측하도록 교육한다.

## 20

**다음 글의 결론으로 가장 적절한 것은?**

> 인공지능(AI)은 비즈니스 패러다임을 획기적으로 바꾸고 있다. 인공지능은 생물학 분야에도 광범위하게 영향을 미칠 것이며, 애완동물이 인공지능(AI)으로 대체될 수도 있을 것이다. 인공지능(AI)은 스스로 수학도 풀고 글도 쓰고 바둑을 두며 사람을 이길 수도 있다. 어느 영화에서처럼 실제로 인간관계를 대신할 수도 있다. 인공지능(AI)은 배우면서 성장할 수도 있다. 인공지능(AI)이 사람보다 똑똑해질 수 있을지도 모른다.
>
> 인공지능(AI)이 사람보다 똑똑해질 수 있는지는 차치하고, 인공지능(AI)이 사람을 게으르게 만들 수도 있지 않을까? 이 게으름은 우리의 건강과 행복, 그리고 일상생활의 패턴을 바꿔 놓을 수도 있다.
>
> 인공지능(AI)이 앱을 통해 좀 더 편리한 삶을 제공하여 사람의 뇌를 어떻게 바꾸는지를 일상에서 보여 주는 대표적 사례가 바로 GPS다. 불과 몇 년 전만 해도 지도를 보고 스스로 거리를 가늠하고 도착 시간을 계산했던 운전자들은 이 내비게이션의 등장으로 어디에서 어떻게 가라는 기계 속 음성에 전적으로 의존하기 시작했다. 예전의 방식으로도 충분히 잘 찾아가던 길에서조차 습관적으로 내비게이션을 켠다. 이것이 없으면 자주 다니던 길도 제대로 찾지 못하고 멀쩡한 어른도 길을 잃는다.
>
> 이와 같이 기계에 의존해서 인간이 살아가는 사례는 오늘날 우리의 두뇌가 게을러진 것을 보여 주는 여러 사례 가운데 하나일 뿐이다. 삶을 더 편하게 해 준다며 지름길을 제시하는 도구들이 도리어 우리의 기억력과 창조력을 퇴보시키고 있다. 인간을 태만하고 나태하게 만들어 뇌의 가장 뛰어난 영역인 상상력을 활용하지 않도록 만드는 것이다.

① 인간의 인공지능(AI)에 대한 독립성은 지속적으로 증가하게 될 것이다.
② 인공지능(AI)으로 인해 인간의 두뇌가 게을러지는 부작용이 발생하게 될 것이다.
③ 인공지능(AI)은 인간을 능가하는 사고력을 가질 것이다.
④ 인공지능(AI)은 궁극적으로 상상력을 가지게 될 것이다.

## 21

**(가)와 (나)에서 주장하는 내용으로 옳은 것은?**

> (가) 인천지역 내 통행량이 많은 대로변에는 횡단보도 없이 육교나 지하보도만 설치되어 있는 경우가 있다. 횡단보도를 찾아 먼 길을 돌아가지 않는 이상 이 시설물을 이용해야 하는데, 장애인이나 노약자 등 교통약자에 대한 배려는 찾아볼 수 없는 실정이다. 인천 중구 장애인복지관에서 만난 ○○○ 씨는 지팡이와 같은 도구 없이는 제대로 걷기 힘든 뇌병변 2급 장애인이다. ○○○ 씨가 복지관에서 일과를 보내고 집으로 향할 시간. ○○○ 씨의 발걸음이 무겁다. 장애인 셔틀버스를 타기 위해선 넘어야 할 장애물이 많기 때문이다. 처음으로 만난 장애물은 육교. 경사가 60~70도 정도 되어 보이는 이 육교를 오르내리는 시간은 3분. 비장애인의 걸음으론 1분이면 충분한 거리이지만, ○○○ 씨의 절뚝거리는 걸음으로 지나가기엔 위태롭기 짝이 없다. ○○○ 씨는 "우리 같은 장애인들에게 육교 계단은 물론 경사로도 너무 힘들고 날씨가 좋지 않으면 더 심하다. 인천지역 대부분이 다 이러한 것 같다."라고 말한다. 이를 해결하기 위한 현실적인 방안은 사실 간단하다. 횡단보도를 설치하는 것이다. 장애인이나 노약자, 임산부 등 교통약자들이 육교 계단을 오르내리는 불편을 없애고, 걷는 사람이 편안한 도로를 위해 육교 철거와 횡단보도 복원을 추진하면 된다. 다만 철저한 교통 흐름 조사와 더불어 인근 주민들의 의견 청취가 중요할 것이다. 선진 교통문화 정착을 위해 교통약자를 배려하는 기준 마련과 행정적 뒷받침이 필요한 시점이다.
>
> (나) 최근 보행자 중심의 교통환경을 만든다는 명목하에 노량진 육교와 남대문 육교 등 유서 깊은 육교들이 역사 속으로 사라졌다. 그러나 이 같은 육교 철거에 모든 시민이 찬성하는 것은 아니다. 최근 서울 종로구에서는 육교 철거와 재건설을 두고 시민들 간 갑론을박이 벌어지고 있다. 현재 종로구에 남은 3개의 육교 중 하나인 신영동 세검보도육교가 논란의 주인공이다. 지어진 지 40년이 지나 안전등급 D등급 판정을 받은 세검보도육교에 대해 존폐 여부를 묻는 주민투표를 거쳐 노약자용 엘리베이터를 포함한 육교의 재건설 공사가 추진되었다. 그런데 지난해 12월 말 완공을 목표로 진행되던 육교 재설치 공사가 갑자기 중단이 됐다. 주민들은 육교 인근에 횡단보도가 없는 데다 마을 방향의 좌회전 신호가 없어서 매번 수백 미터를 돌아서 마을에 들어오는 불편이 있기 때문이다. 반면 육교 인근 초등학교 학부모들은 안전을 이유로 육교 재설치를 주장하고 있다. 교통량이 많은 왕복 4차선 도로에서 횡단보도를 건너면 사고의 위험이 크다는 이유에서다. 육교를 둘러싼 갈등이 커질수록 사회적 비용이 소모되며 피로감만 늘 뿐이다. 관할 행정기관과 주민들의 치열한 토론이 필요할 때이다.

① (가)에서는 교통약자를 위한 육교 엘리베이터 설치에 대해 건의하고 있다.
② (나)에서는 노후 육교 철거의 필요성을 주장하고 있다.
③ (가)와 (나)에서는 모두 육교와 횡단보도 설치 논란에 따른 사회적 비용에 대해 문제를 제기하고 있다.
④ (가)에서는 횡단보도 설치를 주장하고 (나)에서는 육교 재설치를 주장하고 있다.
⑤ (가)와 (나)에서는 모두 횡단보도 설치를 위해서는 사회적 합의 도출이 우선되어야 한다고 주장한다.

## 22

**다음 글의 내용과 일치하는 것은?**

> 유엔 재난위험경감사무국이 최근 20년 동안 발생한 재해가 이전보다 2배 늘었다고 발표했다. 기후변화로 인한 자연재해가 급격히 늘어난 것을 주요 원인으로 꼽았다. 유엔 재난위험경감사무국은 오늘 유엔이 지정한 국제재난위험 경감의 날을 맞아 2000~2019년에 발생한 재해 데이터와 1980~1999년에 발생한 재해 데이터를 비교·분석한 리포트를 발표했다.
>
> 리포트에 따르면 2000~2019년 전 세계에서 총 7,348건의 재해가 발생해 123만 명이 목숨을 잃었고, 약 2조 9,700억 달러(약 3,400조)의 경제적 손실이 발생했다. 1980~1999년에는 4,212건의 재해가 발생해 119만 명이 사망하고 1조 6,300억 달러(약 1,870억)의 피해를 입었다. 사망자 수는 비슷하지만, 재해 발생 횟수와 경제적 손실이 약 2배씩 늘었다. 산불, 가뭄, 극한 기온을 포함한 여러 재해 항목 중 기후변화로 인해 날씨 관련 재해의 수가 3,656건에서 6,681건으로 늘어난 것이 주요 원인이었다. 홍수와 태풍의 경우, 홍수는 최근 20년 동안 심각한 수준의 홍수가 과거 1,389건에서 3,254건으로 약 2배 많이 발생하여 최근 20년 동안 가장 많이 발생한 재해이고, 태풍의 발생 빈도는 과거 1,457건에서 2,034건으로 늘었다.
>
> 재난은 아시아 지역에서 가장 많이 발생했다. 최근 20년 동안 발생한 7,348건 중 절반에 가까운 3,068건이 아시아에서 발생했으며 중국이 577건, 인도가 321건으로 아시아 국가 중 중국에서 가장 많은 재해가 발생했다. 가장 많은 인명 피

해가 발생한 재해는 2004년 인도에서 발생한 쓰나미로, 총 22만 6,400명의 목숨을 앗아갔다. 다음은 2010년 아이티에서 발생해 22만 2,000명의 사망자를 낸 아이티 대지진, 2008년 인도 서남부를 강타해 13만 8,000명의 사상자를 낳은 사이클론 나르기스가 뒤를 이었다. 유엔 재난위험경감사무국은 기후변화와 재해 발생을 줄이기 위해 각 국가들에 '센다이 프레임워크'를 실천하라고 권장했다. 센다이 프레임워크는 2015년 유엔 회원국이 재해로 인한 인명과 재산 피해를 줄이기 위해 채택한 지침으로, 2030년까지 재해로 인한 사망률과 경제적 손실위험을 일정 수준까지 줄이는 것과 조기 경보 시스템 도입을 비롯해 총 7가지 지침이 담겨 있다.

재난역학연구소 ○○○ 교수는 "이 보고서는 신종 코로나바이러스 감염증(COVID-19, 코로나19) 같은 생물학적 재해를 빼고 분석한 것"이라며 "향후 20년 동안 기후변화로 인한 재해가 이런 속도로 늘어나면 인류의 미래는 암울하다"라고 말했다. 더불어 "재난을 줄일 수 있는 실용적인 방법이 많이 있다"라며 "이런 재난은 자원이 부족한 저소득 국가나 중소득 국가에 더 큰 피해를 주므로 이 국가들에는 의료나 교육 서비스를 제공해야 한다"라고 말했다.

① 시간이 흐를수록 재해 발생 횟수는 줄고 있다.
② 최근 20년 동안 가장 많이 발생한 재해는 산불이다.
③ 최근 20년 동안 재해로 인한 인명 피해가 가장 큰 국가는 중국이다.
④ 최근 20년 동안 재해로 인한 경제적 손실의 주요 원인은 기후변화에 의한 날씨 관련 재해의 증가이다.
⑤ 코로나19와 같은 질병도 자연재해에 속한다.

### 정답&해설

**21** 정답 | ⑤

(가)는 교통약자를 위한 횡단보도 설치를 주장하는 글이고, (나)는 육교 철거에 대한 찬반 논쟁을 다룬 글이다. (가)와 (나)의 마지막 부분을 보면 알 수 있듯이, (가)와 (나)에서는 모두 횡단보도 설치를 위해서는 사회적인 합의가 반드시 필요하다고 주장하고 있다.

|오답해설| ① (가)에서는 교통약자를 위해 육교를 철거하고 횡단보도를 설치할 것을 주장하고 있다.
② (나)에서는 육교 철거와 재설치에 대한 주민 갈등을 언급하며 올바른 해결을 위해 기관과 주민들이 토론할 것을 주장하고 있다.
③ (나)에서는 논란에 대한 사회적 비용을 언급하였지만 (가)에서는 사회적 비용에 대해 문제를 제기하고 있지 않다.
④ (가)에서는 교통약자를 위한 횡단보도 설치를 주장하고 있지만 (나)에서는 육교 철거와 재설치에 대한 논란을 말하고 있을 뿐, 육교 철거 또는 재설치를 주장하고 있지는 않다.

**22** 정답 | ④

2문단에 따르면 최근 20년간 약 2조 9,700억 달러의 경제적 손실이 발생했는데, 기후변화로 인한 날씨 관련 재해의 증가를 주요 원인으로 보고 있으므로 옳은 진술이다.

|오답해설| ① 2문단에 따르면 2000년대에 발생한 재해는 1980년대에 비해 재해 발생 횟수와 경제적 손실이 약 2배씩 늘었음을 알 수 있다.
② 2문단에 따르면 최근 20년간 가장 많이 발생한 재해는 3,254건이 발생한 홍수이다.
③ 3문단에 따르면 재해 발생 횟수는 중국이 가장 많지만, 가장 많은 인명 피해가 발생한 지역은 인도임을 알 수 있다.
⑤ 마지막 문단에 따르면 코로나19는 자연재해가 아닌 생물학적 재해에 속한다.

## 23

**다음 글에 대한 설명으로 옳지 않은 것은?**

근대 철학을 대표하는 철학자로 데카르트, 라이프니츠, 그리고 스피노자를 손에 꼽는다. 많은 철학자들은 수학을 자신의 철학의 모델로 삼았다. 특히 데카르트는 음악에 대한 글에서 수학적 모델을 가장 완벽하게 사용하였다. 미적분학의 창시자인 라이프니츠는 집합들과 부분들 간의 차이에 대해 썼고, 숨겨진 수학에 의거해 음악을 설명하려 하였다.

합리론자들은 대체로 예술을 지식의 한 형태로 보았고, 그 지식이 혼연하긴 해도, 수학과 규칙성의 규범과 연관된 것은 사실이다. 합리론자들이 예술에 관해 써놓은 것은 많지 않다. 특기할 만한 역사적 사실은 라이프 니치의 합리론을 옹호한 바움가르텐이 학명을 지었다는 사실이다. 1735년 바움가르텐은 『시에 관한 성찰』에서 '사물들을 감각적으로 아는 저급한 인식능력을 인도할 수 있는 학문'을 위한 근거를 마련하고자 했다. 미학은 여기서 탄생했다. 미학은 감각적 지식의 학문이다. 그것은 예술 이론, 저급한 종류의 지식에 관한 이론, 아름답게 사유하는 기술, 그리고 유비 추리 등을 포함한다. 그리하여 미는 감각적 지각의 완전성이며, 이는 미학의 목적이 된다.

바움가르텐은 심상(心像, images)들은 감각적 표상들이며 감각 인상들보다 덜 명확하다고 주장한다. 바움가르텐이 미적인 것(aesthetic)이라는 말을 사용한 것을 칸트가 마지못해 받아들였다는 사실은 18세기 미학의 전개와 표상 이론, 특히 상상력 이론의 정교함을 고려해 볼 때 흥미로운 일이다. 칸트는 '미적인 것'이라는 용어를 설명하기 위해 '합리적 원리 아래 미를 비판적으로 다루기 위해, 그리고 그(취미)의 규칙들을 과학의 서열에 올려놓으려던 바움가르텐의 시도'의 원천을 밝히고 있다. 칸트는 바움가르텐을 찬양할 만한 분석적인 사상가라고 부르면서도 합리론자들이 과학적 탐구가 가능하다고 믿는 것은 결코 선험적 규칙을 낳지 못할 것이라고 주장한다. 경험적인 칸트의 좀 더 강한 제안에 의하면, '미적인 것'이라는 용어는 취미판단과 연관되어 사용되어서는 안 되며, 참된 과학인 감수성의 이론을 위해서는 유보되어야 한다는 것이다.

라이프니츠는 칸트와 마찬가지로 '아름다운 그림을 관조'함으로써 즐거움을 얻는 이는 무관심적 사랑으로 그림을 사랑하는 것이라고 믿었다. 칸트는 취미판단이 무관심적이라고 믿었지만, 그의 이 주장은 관심이란 대상의 존재에 대한 만족을 함의하는 것이라는 믿음에 근거한 것이다. 라이프니츠의 예술철학과 칸트의 미학이 분명한 차이점을 보여 주는 지점은 이런 대목들에서이다.

① 수학은 많은 철학자들의 철학적 근간으로 활용되었다.
② 합리론자들은 예술을 규칙성의 규범과 연관된 것으로 보았다.
③ 바움가르텐은 미학이라는 학명을 만들었다.
④ 칸트는 바움가르텐의 사상을 전면 부정하였다.
⑤ 칸트는 관조적 아름다움을 믿었다.

## 24

2020 국가직 9급

**다음 글에 대한 이해로 적절하지 않은 것은?**

희극의 발생 조건에 대하여 베르그송은 집단, 지성, 한 개인의 존재 등을 꼽았다. 즉 집단으로 모인 사람들이 자신들의 감성을 침묵하게 하고 지성만을 행사하는 가운데 그들 중 한 개인에게 그들의 모든 주의가 집중되도록 할 때 희극이 발생한다고 보았다. 그러나 그가 말하는 세 가지 사항은 웃음을 유발하는 것이 아니라 그러한 것을 가능케 하는 조건들이다. 웃음을 유발하는 단순한 형태의 직접적인 장치는 대상의 신체적인 결함이나 성격적인 결함을 들 수 있다. 관객은 이러한 결함을 지닌 인물을 통하여 스스로 자기 우월성을 인식하고 즐거워질 수 있게 된다. 이와 관련해 "한 인물이 우리에게 희극적으로 보이는 것은 우리 자신과 비교해서 그 인물이 육체의 활동에는 많은 힘을 소비하면서 정신의 활동에는 힘을 쓰지 않는 경우이다. 어느 경우에나 우리의 웃음이 그 인물에 대하여 우리가 지니는 기분 좋은 우월감을 나타내는 것임은 부정할 수 없다."라는 프로이트의 말은 시사적이다.

① 베르그송에 의하면 희극은 관객의 감성이 집단적으로 표출된 결과이다.
② 베르그송에 의하면 집단, 지성, 한 개인의 존재는 희극 발생의 조건이다.
③ 한 개인의 신체적·성격적 결함은 집단의 웃음을 유발하는 직접적인 장치이다.
④ 프로이트에 의하면 상대적으로 정신 활동보다 육체 활동에 힘을 쓰는 상대가 희극적인 존재이다.

## 25

**다음 글의 내용과 일치하지 않는 것은?**

국가보훈처가 새로운 국가 유공자 상징을 도입했다. 국가 유공자 단독으로 상징 체계를 만드는 것은 이번이 처음이다. 새로운 국가 유공자 상징은 국가 유공자의 거주지 출입문과 국가 유공자증, 국가 유공자 관련 각종 서식류에 쓰인다. 국가 유공자가 살고 있는 집에 새로운 명패가 붙는 것이다.

국가 유공자의 새로운 상징 마크는 헌신과 희생으로 지금의 대한민국을 지켜온 수많은 국가 유공자들에 대한 예우와 감사를 표함과 동시에 국가의 역사적 의의와 정신적 가치를 모두 반영한 의미 있는 디자인이다. 대한민국을 상징하는 태극 마크에 불꽃 도형을 결합하여 우리나라의 모든 역사 가운데 빛이 되어 준 국가 유공자들의 존재 가치와 숭고한 희생을 함축적으로 표현했다. 불꽃 도형은 태극기의 건괘를 상징하는 것으로 순국선열의 나라 사랑 정신을 본받고 넋을 기리도록 하였다. 또한 영원히 꺼지지 않는 불꽃과 하늘을 공경하는 우리 민족의 정신과 사상을 의미하기도 한다. 전체적인 디자인 구조를 훈장 형태로 하여 유공자에 대한 감사, 예우, 품격을 높일 수 있도록 표현하였다.

새로운 국가 유공자 상징을 디자인한 업체 측에서는 "국가 유공자 상징물이 지금껏 통일되지 않아 사회 속의 유공자들을 드러내기가 어려웠다"라고 말하며, "국가 유공자를 존경해야 한다는 구구절절한 설명보다 통일된 상징 하나가 유공자에 대한 존경과 예우의 구심점이 될 것이다"라고 강조했다.

① 국가 유공자 단독 상징 체계가 최초로 도입되었다.
② 새로운 국가 유공자 상징은 태극기의 태극과 불꽃을 결합하여 만들었다.
③ 국가 유공자의 새로운 상징 마크는 태극기의 곤괘를 본떠 디자인하였다.
④ 새로운 국가 유공자 상징은 국가 유공자에 대한 존경과 예우의 뜻을 담고 있다.

## 26

다음 글을 읽고 NGO가 사회적으로 기여하는 바로 적절하지 않은 것을 고르면?

> NGO(Non-Governmental Organization)의 역할에 관한 논의는 시민사회의 역할강조와 국가의 역할 강조에 의해 발달되었다. 시민사회의 NGO에 대한 요구는 시민의 삶과 직결되는 요인이다. 예를 들어 오늘날 환경문제는 먼 훗날의 문제가 아닌 당장 시민사회에 큰 해악을 가져오는 문제이며, 이에 대한 위기의식이 전 세계적으로 팽배해 있다. 오존층의 파괴나 지구온난화, 엘리뇨와 같은 많은 자연환경의 파괴의 극복은 전 세계적인 연대를 필요로 한다. 그러나 환경문제는 경제문제와도 연계되는 정부정책의 전략적인 부분으로 정부 간의 연대에는 한계가 있으며, 이렇게 정부가 충족시켜 주지 못하는 시민사회의 급박한 요구가 NGO의 발전을 촉진시키고 있다.
> 
> NGO는 시민들의 욕구에 의해 만들어진 조직이므로 자발적인 조직이다. 조직의 활동이나 경영에 인적·물적 자원을 통한 자발적인 참여, 즉 강제성 없이 통제를 받지 않고 자율적인 활동으로 공익을 추구할 때에만 자기정체성을 확보할 수 있다. NGO는 여러 기능을 수행한다. 먼저 NGO의 견제 기능은 국가 권력에 의한 인권 탄압, 정부의 부정부패, 그리고 기업의 환경파괴, 소비자권리 침해, 불공정 거래 등을 감시하고 이에 대해 저항하는 것이다. 예를 들어 이기적인 기업의 제품 불매 운동이 있다. 또한 NGO는 시민들이 다양하고 질 높은 복지 서비스를 원하지만, 신자유주의의 확산으로 정부의 역할과 복지가 축소되고 있으며 정부의 거대한 관료제가 획일적인 서비스를 제공하는 데 그치는 상황에서 복지기능을 수행한다. 유연하면서도 지역에 기반을 두고 있는 NGO가 보다 효과적으로 복지 서비스를 제공할 수 있으며, 빈곤구제, 재난구호, 미혼모상담 등 다양한 영역에서 효율적인 서비스가 가능해진다. NGO의 대변기능은 다양한 가치관이 공존하는 현대사회에서도 세력이 강한 거대조직의 영향이 크기 때문에 NGO는 사회적 약자의 목소리를 반영한다. 이에 NGO는 사회적 약자나 소수자의 권익을 위해 로비를 하거나 입법을 청원하고 각종 정부 공청회에 참석해 이들에게 유리한 정책을 유도한다. NGO의 조정기능은 정부와 정부, 정부와 이익집단, 그리고 이익집단 사이에 분쟁이 발생할 때 조정자로 나서 대화통로를 열고, 해결 방법을 제안하고, 합의를 구축한다. NGO의 교육기능은 시민이 NGO 활동을 통해 참여정신, 비판정신, 공익정신을 학습하고, 리더십을 경험하며, 상호존중과 관용을 배우게 된다.
> 
> NGO의 사회적 역할로는 첫째, 민주주의의 원리를 강화하고 민주주의를 실천하는 것이라 할 수 있다. NGO 활동에 참여함으로써 주권자로서 의식하고 정책과정에 참여하여 의견 표명의 기회를 갖는다. 또한 사회적 약자에 대한 권익을 대변하는 역할도 한다. 둘째, 자본주의의 모순을 완화시키는 역할을 들 수 있다. NGO는 자본주의 사회에서 불공정한 거래, 대기업의 독점, 부의 세습, 노동자의 착취, 사회적 삶의 상품화 등을 비판하고 견제한다. 셋째, 사회자원 축적의 역할을 수행한다. NGO는 시민의 자발적 참여로 결성되어 자원 활동을 통하여 각종 사회 문제를 해결하는 단체로서, 그 자체로 넓은 의미의 사회자본이라고 할 수 있다. NGO는 개인 자율성과 주체성, 활발한 커뮤니케이션, 상호존중과 관용, 민주적인 의사결정, 협력과 연대의 문화, 도덕성과 정당성, 투명성과 공공성 등 각종 사회자본이 풍부하게 생성되는 곳이다.
> 
> 자유민주주의 사회에서도 소수가 권력을 독점하고 정치적 무관심이 팽배한 것이 사실인데, NGO는 이슈를 제기하고, 정책 과정에 참여해 정보를 제공하고 의견을 표명하며, 사회적 약자의 목소리를 대변한다. 이러한 NGO 활동을 통해 사상과 표현, 언론, 결사의 자유가 활발하게 구현되는데 이것이 민주주의 발전의 토대가 된다.

① 이익집단 사이에 분쟁이 발생할 때 합의를 구축한다.
② 사회적 약자와 소수자의 권익을 위한 정책을 유도한다.
③ 소수가 권력을 독점하고 이익을 배분하는 데 기여한다.
④ NGO 활동에 참여함으로써 주권자로서 의식하고 의견 표명의 기회를 갖는다.
⑤ 신자유주의의 확산으로 인한 양극화 문제를 개선하기 위한 서비스를 제공한다.

## 27

**다음 글에 대한 설명으로 적절하지 않은 것은?**

한 조사 기관에 따르면, 해마다 척추 질환으로 병원을 찾는 사람들이 늘어나고 있다. 특히나 그중 청소년들이 연평균 5만 명에 이르며 그 수가 지속적으로 증가하고 있다. 청소년의 척추 질환은 성장을 저해하고 학업의 효율성을 저하시킬 수 있다. 그렇기 때문에 적절한 대응 방안이 마련되지 않으면 문제가 더욱 심각해질 것이다. 따라서 청소년 척추 질환의 원인을 알고 예방하기 위한 노력이 필요하다.

전문가들은 앉은 자세에서 척추에 가해지는 하중이 서 있는 자세에 비해 1.4배 정도 크기 때문에 책상 앞에 오래 앉아 있는 청소년들의 경우, 척추 건강에 적신호가 켜질 가능성이 매우 높다고 말한다. 또한 전문가들은 청소년들의 운동 부족도 청소년 척추 질환의 원인이라고 강조한다. 척추 건강을 위해서는 기립근과 장요근 등을 강화하는 근력 운동이 필요하다. 그런데 실제로 질병관리본부의 조사에 따르면, 청소년들 가운데 주 3일 이상 근력 운동을 하고 있다고 응답한 비율은 남성이 약 33%, 여성이 약 9% 정도밖에 되지 않았다.

청소년들이 생활 속에서 비교적 쉽게 척추 질환을 예방할 수 있는 방법은 무엇일까? 첫째, 바른 자세로 책상 앞에 앉아 있는 습관을 들여야 한다. 의자에 앉아 있을 때는 엉덩이를 의자 끝까지 밀어 넣고 등받이에 반듯하게 상체를 기대 척추를 꼿꼿하게 유지해야 한다. 또한 책을 보기 위해 고개를 아래로 많이 숙이는 행동은 목뼈가 받는 부담을 크게 늘려 척추 질환을 유발하므로 책상 높이를 조절하여 목과 허리를 펴고 반듯하게 앉아 책을 보는 것이 좋다. 둘째, 틈틈이 척추 근육을 강화하는 운동을 해 준다. 허리를 곧게 펴고 앉아 어깨를 뒤로 젖히고 고개를 들어 하늘을 본다. 그리고 발을 어깨보다 약간 넓게 벌리고 서서 양손을 허리에 대고 상체를 서서히 뒤로 젖혀 준다. 이러한 동작들은 척추를 지지하는 근육과 인대를 강화시켜 척추가 휘어지거나 구부러지는 것을 막아 준다. 따라서 이런 운동은 척추 건강을 위해 반드시 필요하다.

① 공신력 있는 기관을 출처로 삼는 동시에 구체적인 수치를 제시하여 글의 신뢰도를 높이고 있다.
② 관련 분야 전문가의 의견을 직접 인용하며 글을 설득력 있게 전개하고 있다.
③ 문제를 제기하는 것에서 멈추지 않고, 이에 대한 예방 방안까지 언급하고 있다.
④ 현재 상황이 특정 대상에게 더욱 문제가 됨을 언급하며 문제의 심각성을 드러내고 있다.

## 28

**다음 글의 내용과 일치하지 않는 것을 고르면?**

오늘날의 대중매체 문제를 종래의 대중매체가 정보 산업의 제왕으로 군림하던 시절의 시각에서 접근하면 그 해답을 찾기 어렵다. 대중매체의 배타적 전문성이 IT 기술 발달로 사라진 상황에서 과거에 집착하는 것은 시대착오라는 비판을 면하기 어렵다. 정보환경의 비약적 발전 속에서 SNS의 전면적인 보급으로 정보 생산과 유통 과정에서 나타난 탈 대중매체 현상은 더욱 심화될 전망이다.

대중매체는 서구에서 자본주의 발달 과정에서 상업정보 제공과 광고를 통한 시장 활성화라는 두 기능이 강화되었다. 이런 측면은 정보 공급이 대중매체에 의해서만 일방적으로 이뤄지는 상황까지 유지되었지만 오늘날 첨단 미디어의 등장으로 정보 생산과 소비가 뒤섞이는 상황이 되면서 그 위상이 축소되는 위기에 처해졌다. 또한 대중매체는 최근까지 뉴스라고 하는 가장 큰 정보 상품의 생산을 전담해왔다. 그러나 정보와 IT 산업의 발달에 따라 정보 생산이 대중매체 밖에서도 이루어지게 되었다. 누구나 스마트폰으로 정보를 생산해서 대중매체에 전달하거나 스스로 1인 미디어에 올리면 전 사회를 상대로 확산시킬 수 있게 된 것이다. 정보 소비자들은 과거와 달리 정보 생산에도 참여하면서 정보 생산과 소비의 구분이 모호해졌다. 이는 대중매체의 시각에서 보면 오랜 기간 보장되던 밥그릇이 깨져나가고 있는 최악의 위기라고 할 만하다.

정보 소비 부분에도 오늘날 뉴스를 포함한 모든 정보에 대해 소비자는 좋아하는 것만 듣고 기억하면서 확증편향이 심화된다는 우려가 나온다. 확증편향은 원래 가지고 있는 생각이나 신념을 확인하기 위해 자신의 가치관, 신념, 판단 따위와 부합하는 정보에만 주목하고 그 외의 정보는 무시하는 사고방식으로 지칭된다. 확증편향은 실제 현실 사회의 한 부분이기도 하다. 예를 들어 인종차별적 시각, 지역감정, 종교교리, 성 소수자 등 사회적 소수자에 대한 고정관념이 그것이다. 국회에서 여야가 갈등하는 모습은 바로 확증편향의 가장 대표적인 경우의 하나라고 할 수 있다.

21세기 정보환경으로 초래된 부작용의 하나는 가짜뉴스의 대량 생산과 유포이다. 가짜뉴스가 제조, 유포되는 동기는 정치, 경제, 사회적 이익을 부당한 방법으로 손에 넣겠다는 것으로 압축되는데 이는 대중매체와 포털, 플랫폼 등을 이용하는 형식으로 이루어지고 있다. 대중매체가 자본의 영향을 더 심하게 받는 상황에서 가짜뉴스가 등장한 것은 엎친 데 덮친 악재라 볼 수 있다. 가짜뉴스는 해외의 경우 선거 판세를 뒤집을 정도의 위력을 발휘하면서 포털을 통한 광고 수입을 노리는 식의 범죄사업 형태로 진화하고 있다.

대중매체가 생존 영역을 고수하고 확대하기 위해서는 공익을 추구하고 공정한 정보의 양산 기능을 강화하여 유럽연합(EU)의 경우처럼 국가 차원의 대중매체 지원책을 강구해야 할 것이다. 즉 대중매체 등이 양질의 정보를 양산하도록 지원하고 소비자들에게 정보와 미디어에 대한 기본 지식을 갖추도록 초중고 및 대학 교육 기관이나 성인들이 참여하는 관련 교육이 강화되어야 한다는 것이다. 그러나 이는 중장기적인 성격을 띠면서 현실적으로 미디어교육 전문가 등의 양성이 선행되어야 한다는 점에서 범정부 차원의 대책이 수립되어야 할 것이다. 이와 함께 가짜뉴스를 사이버 공간에서 포착해내는 기술 개발에 정부의 적극적인 지원이 필요하다는 점도 지적되고 있다. 거짓 정보의 범람과 함께 대중매체의 위상 변화는 자본주의 체제의 특성, 첨단 뉴미디어의 개발, 가짜뉴스 등의 영향을 받아 앞으로 더욱 심화될 가능성이 크다. 표현의 자유의 영역이 1인 미디어의 등장으로 대중매체가 누리던 기존의 특화된 영역은 더욱 도전을 받으면서 그로 인한 그늘도 짙어질 가능성이 적지 않다. 이런 점을 충분히 살펴 대처하면서 대중매체가 공익, 공공성 정보를 생산 공급하는 전담매체로 각인될 경우 새로운 기회의 창이 열릴 수도 있을 것이다.

① 대중매체의 위기를 극복하기 위해 공익 추구와 공정한 정보를 생산하는 기능을 강화해야 한다.
② 과거 미디어는 정보 산업을 독점하였기 때문에 공익과 공공성을 지키기 쉬웠다.
③ 뉴미디어의 개발, 가짜뉴스 등의 영향을 받아 대중매체는 기존의 위상을 위협받고 있다.
④ SNS는 정보 소비자들이 과거와 달리 정보 생산에도 참여할 수 있게 하였다.
⑤ 자기가 좋아하는 정보를 생산하는 1인 미디어를 찾아가는 것은 이상한 현상이 아니다.

## 29

다음 글의 내용과 부합하지 않는 것은?

비트겐슈타인은 철학의 관심사가 사람이 '생각하는 바'가 아닌 사람이 '생각하는 바를 표현하는 것'이어야 한다고 주장했다. 그는 정신이나 이성에 관심을 가졌던 종래의 철학이 명제와 사실의 관계를 간과했다고 지적하며, 새로운 철학은 '말할 수 있는 것'과 '말할 수 없는 것'의 한계를 명확하게 설정할 수 있어야 한다고 보았다.

이를 위해 비트겐슈타인은 먼저 명제와 사실의 관계를 분명히 했다. 그에 의하면 명제는 사실과 대응한다. 그래서 그는 명제와 사실을 비교해서 명제가 사실과 일치하면 참, 사실과 일치하지 않으면 거짓이라고 보았다. 이를테면 '지구는 태양 주위를 돈다.'라는 명제는 지구가 태양 주위를 돌고 있다는 실제 경험할 수 있는 사실과 비교할 때 사실과 일치하기 때문에 참이 된다. 반면 '태양은 지구 주위를 돈다.'라는 명제는 사실과 비교할 때 거짓이 된다. 이처럼 비트겐슈타인은 하나의 명제는 하나의 사실과 대응하여 참 또는 거짓으로 판단할 수 있다고 보았다.

그렇다면 '지구는 태양 주위를 돌고, 달은 지구 주위를 돈다.'와 같은 명제도 하나의 사실에 대응하는 것일까? 비트겐슈타인은 진리함수이론을 통해 이 같은 고민을 해결하고자 했다. 그는 어떤 명제는 그 안에 좀 더 단순한 형태의 명제들을 포함할 수 있다고 생각했다. 그래서 명제와 사실의 관계에 있어 논리적 기초가 되는 '요소명제'라는 언어 단위를 도입하였다. 그에 따르면 요소명제는 더 이상 분석할 수 없는 최소의 언어 단위로, 최소의 사실 단위인 '원자사실'에 대응한다. 그래서 그는 요소명제가 원자사실과 일치하면 '참(T)'이라는 진리값을, 일치하지 않으면 '거짓(F)'이라는 진리값을 갖는다고 보았으며, 명제의 진리값이 나올 수 있는 경우의 수를 진리가능성이라고 불렀다.

① 비트겐슈타인은 이성에 주된 관심을 가졌던 철학의 문제점을 지적하였다.
② 비트겐슈타인이 말하는 명제는 사실과 비교하여 참과 거짓을 분별할 수 있다.
③ 비트겐슈타인은 자신의 철학을 전개하기 위해 새로운 언어의 단위를 도입하였다.
④ 요소명제는 원자사실에 대응할 수도, 대응하지 않을 수도 있다.

## 30
**다음 글의 내용으로 적절하지 않은 것은?**

최근 예술 분야에서는 과학 기술을 이용하여 새로운 장르를 개척하려는 시도가 이루어지고 있다. 이러한 배경을 바탕으로 등장한 예술의 하나가 바로 '엑스레이 아트(X-ray Art)'이다. 엑스레이 아트는 엑스레이 사진을 활용하여 만든 예술 작품을 의미한다.

엑스레이 아트의 거장인 닉 베세이는 엑스레이를 활용하여 오브제의 내부에 주목한 작품을 만들었다. 그는 「튤립」이라는 작품을 통해 꽃봉오리에 감추어진 암술과 수술을 드러냄으로써, 꽃의 보이지 않는 내부의 아름다움을 탐색하였다. 또한 「셀피」라는 작품을 통해 현대 사회의 외모 지상주의를 비판하기도 했다. 이 작품은 자기 얼굴을 찍는 사람의 모습을 엑스레이로 촬영한 것으로, 엑스레이로 인체를 촬영할 경우 외양이 드러나지 않는 점을 이용하여 창작 의도를 나타낸 것이다.

엑스레이 아트의 창작 의도를 구현하기 위해서는 오브제의 특성을 고려해야 한다. 이는 오브제의 재질과 두께에 따라 엑스레이의 투과율이 달라지기 때문이다. 이러한 이유로 엑스레이 아트에서는 엑스레이가 투과되지 않는 물질이 포함된 오브제를 배제하기도 하고, 역으로 이를 활용하기도 한다. 촬영을 할 때에는 오브제의 두께에 따라 엑스레이의 강도와 오브제에 엑스레이가 투과되는 시간을 조절해야 의도하는 명도의 사진을 얻을 수 있다. 또한 오브제와 근접한 거리에서 촬영해야 하는 엑스레이의 특성상, 가로 35cm, 세로 43cm인 엑스레이 필름의 크기보다 오브제가 클 경우 오브제를 여러 부분으로 나누어서 촬영한다. 한편 작품 창작 의도를 구현하는 데 오브제의 모든 구성 요소가 필요하지 않다면 오브제의 일부 구성 요소만 선택하여 창작 의도를 드러낼 수도 있다. 그리고 오브제가 겹쳐 있을 경우, 창작 의도와 다른 사진이 나올 수 있으므로 이를 고려하여 오브제를 적절하게 배치하고 촬영 각도를 결정한다.

이렇게 촬영한 엑스레이 사진은 컴퓨터 그래픽 작업을 거치는데, 창작 의도를 드러내기 위해 여러 장의 사진을 합성하기도 한다. 특히 항공기 동체와 같이 크기가 큰 대상을 오브제로 삼아 여러 날에 걸쳐 촬영할 경우, 촬영할 당시의 기온, 습도 등의 영향으로 각각의 사진들마다 명도가 다르게 나타날 수 있다. 그러므로 그래픽 작업을 통해 사진들의 명도를 보정한 뒤, 이 사진들을 퍼즐처럼 맞추어 하나의 사진으로 합성하여 작품을 완성한다.

엑스레이는 대상의 골격이나 구조를 노출하는 기술이라는 점에서 예술이라기에는 차가운 느낌을 주기도 한다. 하지만 이를 활용한 엑스레이 아트는 발상의 전환을 통해 감상자들에게 기존의 예술 작품과는 다른 미적 감수성을 불러일으킨다는 점에서 현대 예술의 외연을 넓히는 데 기여하였다는 평가를 받고 있다.

① 엑스레이를 활용하여 평상시에는 보이지 않는 대상의 내부를 작품에 반영할 수 있다.
② 엑스레이로 촬영할 경우 외양이 드러나지 않아 작가의 창작 의도를 나타내기에 적절하지 않다는 단점이 있다.
③ 엑스레이 필름보다 큰 오브제더라도 엑스레이 아트로 표현될 수 있다.
④ 촬영할 당시의 날씨는 엑스레이 사진의 결과물에 영향을 줄 수도 있다.

## 31
**다음 글에서 '비트겐슈타인'이 비판하는 대상이 아닌 것은?**

삶의 형식의 일치가 언어 규칙의 작동 가능성의 전제라는 것은 사적 언어가 존재할 수 없다는 것을 함축한다. 사적 언어는 '나의 의식'을 출발점으로 삼는 유아론적 세계의 언어이다. 언어의 규칙이 작동 가능한 영역은 '나의 의식'의 유아론적 세계가 아니라 너와 나 그리고 타인들을 포함한 공동체, 즉 '우리들의 삶'의 세계이다. 이것은 비트겐슈타인의 입장에서 사적 언어의 가능성을 함축하는, '나의 의식'을 출발점으로 삼는 철학적 제재들의 허구성을 시사한다.

① 사적 언어
② 유아론적 세계의 언어
③ 우리들의 삶의 세계
④ 나의 의식을 출발점으로 삼는 철학적 제재

## 32

다음 글의 내용에 부합하는 것은?

조선시대 시조 문학의 주된 향유 계층은 사대부들이었다. 그들은 '사(士)'로서 심성을 수양하고 '대부(大夫)'로서 관직에 나아가 정치 현실에 참여하는 것을 이상으로 여겼다. 세속적 현실 속에서 나라와 백성을 위한 이념을 추구하면서 동시에 심성을 닦을 수 있는 자연을 동경했던 것이다. 이러한 의식의 양면성에 기반을 두고 시조 문학은 크게 강호가류(江湖歌類)와 오륜가류(五倫歌類)의 두 가지 경향으로 발전하게 되었다.

강호가류는 자연 속에서 한가롭게 지내는 삶을 노래한 것으로, 시조 가운데 작품 수가 가장 많다. 강호가류가 크게 성행한 시기는 사화와 당쟁이 끊이지 않았던 16~17세기였다. 세상이 어지러워지자 정치적 이상을 실천하기 어려웠던 사대부들은 정치 현실을 떠나 자연으로 회귀하였다. 이때 사대부들이 지향했던 자연은 세속적 이익과 동떨어진 검소하고 청빈한 삶의 공간이자 안빈낙도(安貧樂道)의 공간이었다. 그 속에서 사대부들은 강호가류를 통해 자연과 인간의 이상적 조화를 추구하며 자신의 심성을 닦는 수기(修己)에 힘썼다.

한편 오륜가류는 백성들에게 유교적 덕목인 오륜을 실생활 속에서 실천할 것을 권장하려는 목적으로 창작한 시조이다. 사대부들이 관직에 나아가면 남을 다스리는 치인(治人)을 위해 최선을 다했고, 그 방편으로 오륜가류를 즐겨 지었던 것이다. 오륜가류는 쉬운 일상어를 활용하여 백성들이 일상생활에서 마땅히 행하거나 행하지 말아야 할 것들을 명령이나 청유 등의 어조로 노래하였다. 이처럼 오륜가류는 유교적 덕목인 인륜을 실천함으로써 인간과 인간이 이상적 조화를 이루고, 이를 통해 천하가 평화로운 상태까지 나아가는 것을 주요 내용으로 하였다.

① 강호가류의 창작 목적에는 백성들에게 들려주기 위한 목적도 있었다.
② 강호가류는 자신의 정치적 목표를 실천에 옮기지 못한 사대부들이 주로 창작했다.
③ 오륜가류에는 '사(士)'의 모습이 담겨 있다고 볼 수 있다.
④ 오륜가류는 강호가류와 달리 인간과 자연의 조화를 추구하였다.

## 33

**다음 글의 내용과 부합하는 것은?**

'노동 가능 인구*'는 경제 활동에 참여할 의사와 능력이 있는 '경제 활동 인구'와 육아, 가사, 취학, 취업 준비 등의 이유로 경제 활동에 참여할 의사나 능력이 없는 '비경제 활동 인구'로 구분한다. 경제 활동 인구는 현재 직업에 종사하고 있는 '취업자'와 일할 능력과 의사가 있음에도 불구하고 지난 4주 동안 일자리를 구하지 못한 '실업자'로 나뉜다.

경제 활동 인구 중에서 실업자가 차지하는 비율인 '실업률'은 국가 경제를 드러내는 지표의 하나로, 보통 실업률이 낮으면 고용 상황이 매우 좋은 것으로 인식될 수 있다. 하지만 지난 1주간 1시간 이상 수입을 목적으로 일을 한 사람을 취업자로 보기 때문에 이에 해당하는 부업 노동자나 일용직 노동자도 모두 취업자에 해당한다. 또한 능력이 있으나 지난 4주 동안 구직 활동을 하지 않고 구직 활동을 포기한 사람인 '구직단념자'는 비경제 활동 인구로 분류되어 실업자에 포함되지 않는다. 따라서 실업률만으로는 정확한 고용 상황을 파악할 수 없기 때문에 최근에는 노동 가능 인구 중 취업자가 차지하는 비율인 '고용률'을 더 중시하는 경향을 보이고 있다.

일반적으로 국가 경제에서 실업률이 높고 고용률이 낮으면 실업으로 인한 문제가 발생할 수 있다. 이러한 실업 문제를 해결하기 위해서는 먼저 원인에 따른 실업 형태를 파악해 볼 필요가 있다. 실업은 크게 '수요 부족 실업'과 '비수요 부족 실업'으로 나눌 수 있는데 수요 부족 실업이란 어떤 경제의 노동력에 대한 총수요가 전체 노동력을 고용할 수 있을 만큼 크지 않을 때 발생하는 실업이며 그것의 단기적 현상이 경기적 실업이다. 즉, 경기적 실업이란 경기 침체로 인한 기업의 인원 감축의 결과로 발생하는 비자발적 실업인 것이다. 비수요 부족 실업에는 마찰적 실업, 구조적 실업 그리고 계절적 실업이 있다. 마찰적 실업이란 노동자들이 이사나 이직 등으로 새로운 일자리를 찾는 과정에서 고용 정보의 불충분으로 인해 발생하는 자발적 실업으로 경제 상황과 관계없이 항상 일정 수준만큼은 나타난다. 구조적 실업은 빈 일자리와 실업이 공존하더라도 생산 설비 자동화와 같은 기술 혁신에 따라 산업 구조를 재편하는 과정에서 수요자가 요구하는 기술을 가진 노동자가 부족하거나 노동자의 지역 간의 이동이 불완전하기 때문에 발생한다. 구조적 실업은 노동력에 대한 총수요가 증가하더라도 수요자가 요구하는 기술 수준을 노동자가 갖추지 못하면 사라지지 않고 장기화되는 경향이 있다. 계절적 실업이란 농림, 어업, 관광업 등에서 특정 계절에 일시적으로 실업자가 증가하는 것과 같이 계절의 변화로 인해 특정 시기에 반복적으로 발생하는 실업을 말한다.

\* 노동 가능 인구: 노동력의 관점에서 군인과 수감자를 제외하고 경제 활동이 가능한 만 15세 이상의 인구.

① 실업자는 일할 의사와 능력이 있음에도 불구하고 4년 이상 일자리를 구하지 못한 사람을 의미한다.
② 실업률을 통해 구직단념자 발생의 추이를 알 수 있다.
③ 마찰적 실업의 발생은 경기 상태와 무관하다.
④ 구조적 실업은 산업의 재편 과정에서 발생하는 만큼 단기적으로만 발생한다.

## 34

**다음 글에 대한 이해로 적절하지 않은 것은?**

소비자가 어떤 상품을 구매하기 위하여 지불할 용의가 있는 금액보다 실제로 지불한 가격이 낮아 얻는 이득을 소비자 잉여라고 하고, 생산자가 어떤 상품을 판매하여 얻은 실제 수입이 그 상품을 판매하여 꼭 얻어야겠다고 생각한 금액보다 많아 얻는 이득을 생산자 잉여라고 한다. 그리고 소비자 잉여와 생산자 잉여의 합을 총잉여라고 한다. 상품이 거래되지 않을 때에 비해 어떤 상품이 시장에서 거래될 때에 소비자 잉여는 소비자에게, 생산자 잉여는 생산자에게 혜택이 될 수 있다. 그런데 시장 가격을 임의의 수준으로 결정할 수 있는 독점적 지위를 가진 생산자는 소비자 잉여를 생산자의 이윤으로 흡수하기 위해 이부가격을 설정하기도 한다.

① 소비자 잉여는 물건을 구매하는 사람에게 유익한 요소이다.
② 생산자가 예상보다 물건을 싸게 팔 경우 생산자 잉여가 발생한다.
③ 독점적 상황에서의 이부가격 설정은 생산자에게 이득이 된다.
④ 총잉여는 생산자 잉여와 소비자 잉여의 합으로 이루어져 있다.

## 35

**다음 글의 내용과 부합하지 않는 것은?**

> '콘크리트'는 건축 재료로 다양하게 사용되고 있다. 일반적으로 콘크리트가 근대 기술의 산물로 알려져 있지만 콘크리트는 이미 고대 로마 시대에도 사용되었다. 로마 시대의 탁월한 건축미를 보여 주는 판테온은 콘크리트 구조물인데, 반구형의 지붕인 돔은 오직 콘크리트로만 이루어져 있다. 로마인들은 콘크리트의 골재 배합을 달리하면서 돔의 상부로 갈수록 두께를 점점 줄여 지붕을 가볍게 할 수 있었다. 돔 지붕이 지름 45m 남짓의 넓은 원형 내부 공간과 이어지도록 하였고, 지붕의 중앙에는 지름 9m가 넘는 원형의 천창을 내어 빛이 내부 공간을 채울 수 있도록 하였다.
>
> 콘크리트는 시멘트에 모래와 자갈 등의 골재를 섞어 물로 반죽한 혼합물이다. 콘크리트에서 결합재 역할을 하는 시멘트가 물과 만나면 점성을 띠는 상태가 되며, 시간이 지남에 따라 수화 반응이 일어나 골재, 물, 시멘트가 결합하면서 굳어진다. 콘크리트의 수화 반응은 상온에서 일어나기 때문에 작업하기에도 좋다. 반죽 상태의 콘크리트를 거푸집에 부어 경화시키면 다양한 형태와 크기의 구조물을 만들 수 있다. 콘크리트의 골재는 종류에 따라 강도와 밀도가 다양하므로 골재의 종류와 비율을 조절하여 콘크리트의 강도와 밀도를 다양하게 변화시킬 수 있다. 그리고 골재들 간의 접촉을 높여야 강도가 높아지기 때문에, 서로 다른 크기의 골재를 배합하는 것이 효과적이다.

① 콘크리트는 근대 이전에도 사용되던 건축 재료이다.
② 콘크리트는 시멘트에 여러 골재를 섞은 혼합물이다.
③ 콘크리트는 골재의 종류와 비율을 변화시켜 다양한 물성(物性)치를 얻을 수 있는 재료이다.
④ 콘크리트의 강도를 높이기 위해서는 균일한 크기의 골재를 배합하는 것이 좋다.

## 36
**다음 글을 읽고 이해한 것으로 적절한 것은?**

조선 시대 실학자 최한기의 인체관을 함축하는 개념 중 하나는 '몸기계'였다. 그는 이 개념을 본격적으로 사용하기에 앞서 인체를 형체와 내부 장기로 구성된 일종의 기계로 파악하고 있었다. 이러한 생각은 『전체신론(全體新論)』등 홉슨의 저서를 접한 후 더 분명해져서 인체를 복잡한 장치와 그 작동으로 이루어진 몸기계로 형상화하면서도, 인체가 외부 동력에 의한 기계적 인과 관계에 지배되는 것이 아니라 그 자체가 생명력을 가지고 자발적인 운동을 한다고 보았다. 이는 인체를 '신기(神氣)'와 결부하여 이해한 결과였다. 기계적 운동의 인과관계를 설명하려면 원인을 찾는 과정이 꼬리에 꼬리를 물고 이어지게 된다. 따라서 이러한 무한 소급을 끝맺으려면 운동의 최초 원인을 상정해야만 한다. 이 문제를 해결하기 위해 의료 선교사인 홉슨은 창조주와 같은 질적으로 다른 존재를 상정하였다. 기독교적 세계관을 부정했던 최한기는 인체를 구성하는 신기를 신체 운동의 원인으로 규정하여 이 문제를 해결하려 하였다.

최한기는 『전체신론』에 수록된, 뇌로부터 온몸에 뻗어 있는 신경계 그림을 접하고, 신체 운동을 주관하는 뇌의 역할과 중요성을 인정하였다. 하지만 뇌가 운동뿐만 아니라 지각을 주관한다는 홉슨의 뇌주지각설(腦主知覺說)에 관심을 기울이면서도, 뇌주지각설은 완전한 체계를 이루기에 불충분하다고 보았다. 뇌가 지각을 주관하는 과정을 창조주의 섭리로 보고 지각 작용과 기독교적 영혼 사이의 연관성을 부각하려 한 『전체신론』의 견해를 부정하고, 대신 '심'이 지각 운용을 주관한다는 심주지각설이 더 유용하다고 주장하였다.

그러나 종래의 심주지각설을 그대로 수용한 것은 아니었다. 기존의 심주지각설이 '심'을 심장으로 보았던 것과 달리 그는 신기의 '심'으로 파악하였다. 그에 따르면, 신기는 신체와 함께 생성되고 소멸되는 것으로, 뇌나 심장 같은 인체 기관이 아니라 몸을 구성하면서 형체가 없이 몸속을 두루 돌아다니는 것이다. 신기는 유동적인 성질을 지녔는데 그 중심이 '심'이다. 신기는 상황에 따라 인체의 특정 부분에 더 높은 밀도로 몰린다. 그래서 특수한 경우에는 다른 곳으로 중심이 이동하는데, 신기가 균형을 이루어야 생명 활동과 지각이 제대로 이루어질 수 있다. 그는 경험 이전에 아무런 지각 내용을 내포하지 않고 있는 신기가 감각 기관을 통한 지각 활동에 의해 외부 세계의 정보를 받아들여 기억으로 저장한다고 파악하였다. 신기는 한 몸을 주관하며 그 자체가 하나로 통합되어 있기 때문에 감각을 통합할 수 있으며, 지각 내용의 종합과 확장, 곧 스스로의 사유를 통해 지각 내용을 조정하고, 그러한 작용에 적응하여 온갖 세계의 변화에 대응할 수 있다고 보았다.

최한기의 인체관은 서양 의학과 신기 개념의 접합을 통해 새롭게 정립된 것이었다. 비록 양자 사이의 결합이 완전하지는 않았지만, 서양 의학을 맹신하지 않고 주체적으로 수용하여 정합적인 체계를 이루고자 한 그의 시도는 조선 사상사에서 주목할 만한 성취라 평가할 수 있을 것이다.

① 최한기의 '몸기계' 개념은 홉슨의 전체신론을 읽은 후 생겨난 개념이겠군.
② 홉슨은 사람의 몸에 대한 논의를 의학의 범주에서만 해결하려 했겠군.
③ 최한기는 뇌가 지각을 운용한다는 뇌주지각설을 부정하고, 심장이 지각을 운용한다는 심주지각설을 긍정했겠군.
④ 몸에 이상이 있는 환자가 최한기를 찾아갔다면, 그는 이런 상황을 '신기'의 불균형으로 해석했겠군.

## 37

**다음 글의 내용과 부합하는 것은?**

일반적이지는 않지만 청약자의 의사표시의 특성이나 거래상의 관습 등에 의해 승낙의 의사표시를 통지하지 않아도 성립하는 계약이 있다. 예를 들어 인터넷을 통해 호텔 객실을 예약하는 청약이 있은 후, 호텔 측이 청약자에게 별도의 의사표시를 통지하지 않고 객실을 마련하는 경우가 이에 해당한다. 이처럼 승낙의 의사표시를 통지하지 않고 승낙의 의사표시로 인정되는 사실만 있어도, 그 사실이 발생한 때에 계약은 성립한다. 이를 의사실현에 의한 계약의 성립이라 한다. 또한 청약만 두 개가 존재하더라도 의사표시의 내용이 결과적으로 일치하면 계약이 성립하는데, 이를 교차청약에 의한 계약의 성립이라 한다. 가령 모임에서 A와 B는 각각 자동차를 팔고, 사고 싶다는 서로의 마음을 알게 된 후, A는 자동차를 천만 원에 팔겠다는 청약의 의사표시를 B에게 보냈다고 하자. 이것이 B에게 도착하기 전에 B가 A에게 자동차를 천만 원에 사겠다는 청약의 의사표시를 보낸다면 계약은 양 청약의 의사표시가 A, B에게 모두 도달한 때에 성립한다.

이러한 계약들이 성립되는 과정에서 매매 대상이 불에 타 없어진 것처럼 계약의 이행이 불가능한 상황이 발생할 수 있다. 만약 청약자가 매매 대상이 없어졌다는 사실을 계약 성립 당시에 알았거나 그 사실을 쉽게 확인할 수 있었음에도 확인하지 않았고, 승낙자는 매매 대상이 없다는 것을 몰랐거나 알 수 없었다면 청약자는 계약의 유효를 전제로 한 경비나 이자 비용과 같이 승낙자가 그 계약이 유효하다고 믿음으로 인해 입은 손해를 배상해 주어야 한다. 이때 그 배상액은 계약이 이행되었다면 승낙자에게 생길 이익, 이를테면 매매가와 시가 사이의 차액을 초과할 수 없다.

① 모든 계약은 청약에 대한 승낙의 의사표시가 있어야만 성립된다.
② 호텔 객실을 예약하는 과정에서 계약의 성립을 위해 호텔은 예약자에게 승낙의 의사를 표시해야만 한다.
③ 계약의 성립 과정에서 매매 대상이 사라지더라도 계약의 이행이 불가능해지는 경우는 발생하지 않는다.
④ 결과적으로 내용이 일치한다면 청약만 두 개 존재하는 경우에도 계약이 성립될 수 있다.

## 38

**다음 글의 내용으로 적절하지 않은 것은?**

> 서구에서 '자연'은 중요한 개념으로 다루어졌는데, 이 개념에는 자연이라는 말로 지칭되는 대상 자체뿐만 아니라 이와 관련된 상태나 특성 등이 모두 포함된다. 자연이라는 개념에 부여되는 의미는 철학자의 관점에 따라 다양했는데, 근대에 홉스와 루소는 자연 개념을 중심으로 자신의 철학을 구축하였다.
>
> 홉스는 인간이 자연 상태에서 벗어나 문명화된 사회에서 안정된 삶을 살아야 한다고 주장하였다. 이러한 주장은 그가 자연을 통제 불능의 무자비한 경쟁 상태로 인식했던 것에서 비롯되었다. 계속되는 전쟁과 내란이라는 현실 속에서 홉스는 자연 상태에서의 인간 삶이 보여 주는 잔혹함과 폭력성을 깨닫게 되었다. 즉, 인간은 자연 상태에서 가혹한 싸움을 겪고 이 과정에서 자신의 생존과 이익을 위해 이기주의자가 되어 결국 폭력이 난무하게 되었다고 본 것이다. 그는 인간이 인간다운 삶을 살려면 이러한 자연 상태에서 벗어나야 한다고 주장했는데 이를 위해, 개인이 자신을 지키기 위해 행사하는 자의적 권리를 포기하고 절대 권력을 지닌 군주가 지배하는 국가를 세워야 한다고 제안했다.
>
> 반면 루소는 인간이 문명을 뒤로 하고 자연으로 돌아가 순수한 삶을 살아야 한다고 주장하였다. 이러한 주장은 그가 자연을 생명이 충만한 아름다운 전원으로 여긴 것에서 비롯되었다. 그의 자연관은 당시 문명에 대한 비판에서 나온 것이다. 루소는 인간 욕망의 결과물인 문명을 부정적으로 인식하고, 문명에 의해 형성된 도시의 퇴폐적이고 위선적인 삶을 혐오하였다. 이 때문에 문명을 자연보다 열등한 것으로 폄하했다. 그는 자연의 아름다움을 일깨워 주는 감성으로 인해 건강하고 평화로운 삶을 살아 왔던 인간이 문명의 출현으로 퇴폐적인 삶을 살게 되었다고 보았다. 그래서 자연 속에서 감성을 따르는 인간을 이상적인 인간으로 여겼다.
>
> 니체는 홉스와 루소가 그들이 지향하는 인간 삶의 방향성을 규정하기 위해 인간의 도덕적 가치 판단만으로 자연의 개념을 규정했음을 비판했다. 그는 이런 도덕적 가치 판단에 선행하는, 자연 그 자체를 규정하고자 한다. 니체가 보기에 자연 속의 모든 것들은 자신을 지키고 힘을 키우기 위해 다른 것들과 끊임없이 경쟁을 한다. 이는 홉스의 관점과 유사해 보이기도 한다. 그러나 홉스가 자연이 경쟁으로 인해 빈곤할 수밖에 없다고 본 반면, 니체는 자연이 활력이 넘치며 풍요롭다고 보았다. 니체는 도덕이라는 것이 인간의 이성에 최고의 가치를 부여해 인간을 다른 생명체보다 더 우월한 존재로 만들었다고 본다. 그 결과 인간 중심적 사고방식이 지배적인 것이 되었고, 이는 인간이 자신의 해석과 가치 판단을 중심으로 자연을 재단하게 만들었다고 본다. 그 과정에서 인간은 자연을 자신과 분리된 존재로 대상화하면서 자연의 일부로서 인간이 지닌 본능을 따르는 활력이 억압당하고 축소되었다고 니체는 생각하였다. 그래서 그는 인간이 자연으로 돌아가야 한다고 주장한다. 이는 루소의 주장과 유사해 보이지만, 니체가 보기에 루소의 자연은 문명의 삶에 지친 인간이 선한 가치를 부여함으로써 미화된 자연일 뿐이다. 니체에게 자연으로 돌아가는 것은, 단순히 인간이 문명을 떠나 자연으로 이동하는 것을 의미하는 것이 아니라 자신이 근본적으로 자연의 일부라는 것을 깨닫고 자연의 넘치는 활력을 되찾아 삶을 고양하는 것을 의미한다.

① 자연이라는 개념에 대한 해석은 철학자마다 의견이 분분했다.
② 홉스는 인간이 자연의 상태에 머무는 것을 부정적으로 보았다.
③ 니체는 홉스와 달리 자연을 풍요로운 것으로 인식했다.
④ 니체는 인간중심적 사고를 통해 자연으로부터 분리되어야 자연의 무한 경쟁으로부터 탈출할 수 있다고 보았다.

## 39

**다음 글에 대한 이해로 가장 적절한 것은?**

> 그리스어인 '에우다이모니아(eudaimonia)'는 일반적으로 '행복'이라고 번역된다. 막스 뮐러는 에우다이모니아에 시간적 속성을 부여하여 현대적 관점의 행복과는 다르게 설명하였다. 막스 뮐러의 견해는 다음과 같다.
>
> 공동체적 삶을 통해 실현할 수 있는 에우다이모니아는 공동체 속에서 인간이 자유를 누리면서도 이성을 발휘하여 책임 있는 행동을 함으로써 얻게 되는 것이다. 인간의 이성은 공동체의 훈육을 통해서만 개발될 수 있으므로 인간은 공동체를 떠나서 에우다이모니아를 구하려고 해서는 안 된다. 그런데 공동체에서의 인간의 행위는, 수시로 변화하는 역사적 상황 속에서 이루어지기 때문에 이러한 에우다이모니아는 역사적 시간에 의해 규정되는 것이다.
>
> 관조(觀照)의 삶을 통해 실현할 수 있는 에우다이모니아는 인간이 세계의 영원한 질서를 인식하게 됨으로써 얻을 수 있는 것이다. 여기서 '관조'란 쾌락을 목적으로 하는 향락적 활동이나 부를 목적으로 하는 영리적 활동이 아니라, 감각적으로 포착할 수 없는 영원불변한 진리를 학문을 통해 바라보는 영혼의 활동을 말한다. 이는 이성을 통해 이루어지며 인간에게 가장 궁극적인 에우다이모니아를 가져다준다. 이러한 에우다이모니아는 시간적 한계를 뛰어넘는 영원성을 갖는다.
>
> 뮐러에 따르면 인간의 이성을 통해 실현되는 에우다이모니아는 모두 그 자체로 의미가 있다. 그리고 그는 에우다이모니아의 역사성, 영원성이 서로 무관한 것이 아니므로, 인간은 전 생애에 걸쳐 이 모든 에우다이모니아를 함께 구현하기 위해 노력해야 한다고 보았다.

① 개인의 수련과 고찰을 통해 역사적 시간에 의해 규정되는 에우다이모니아를 구할 수 있다.
② 시간적 한계를 지니는 에우다이모니아와 달리 시간적 한계를 뛰어넘는 에우다이모니아가 더 고귀한 가치를 지닌다.
③ 학문을 통해 진리를 바라보는 행동은 인간은 궁극적인 에우다이모니아를 구할 수 있다.
④ 스스로의 쾌락을 만족시키는 것을 통해 인간은 세계의 영원한 질서를 인식할 수 있게 된다.

## 40

**다음 글의 내용과 부합하는 것은?**

근대 철학은 근대 과학의 양적인 크기를 중시하는 사고를 수용하며 발달했다. 고대 과학이 사물 변화의 질적인 부분에 주목했던 것과 달리 근대 과학은 갈릴레오의 "자연이라는 책을 펴 보라. 거기에는 수(數)라는 글자로 가득 차 있다."라는 발언에 나타나듯 양적으로 수치화할 수 있는, 즉 양화할 수 있는 것을 과학으로 간주하였음을 알 수 있다. 또한 근대 과학은 미리 수학적으로 설정한 믿음을 통해 자연에 접근하였다. 일례로 케플러는 우주가 기하학적인 원리에 의해 만들어졌다는 믿음에 따라, 이에 맞는 결과를 도출하기 위해 노력하였다. 자연 세계에 대하여 기하학과 같은 수학적 관점의 선험적 태도를 취한 것이다. 이런 태도는 근대 철학의 이성론에 많은 영향을 주었다.

특히 수학에 심취했던 근대 철학자 데카르트는 선험적으로 가지고 있다고 믿는 직관을 통해 인식한 것들로 세계에 접근하려 하였다. 직관은 '순수한 정신의 의심할 여지없는 파악이며, 이것은 오직 이성의 빛에서 유래하는 것'으로 그 어떠한 의심 없이 분명한 인식을 얻을 수 있는 것이었다. 데카르트는 의심할 수 없는 것을 찾기 위해 대상을 직관으로 분절하여 더 나눌 수 없는 단순 본성을 찾고, 이 단순 본성들을 복합한 개념을 통해 세계에 대한 이해를 확장하려 했던 것이다. 그리고 이러한 태도는 이후 근대 철학의 흐름에 지대한 영향을 주었다.

그런데 현대 철학자 베르그송은 이러한 근대 철학의 흐름에 반발한다. 그는 이성이 세계를 분절시키며, 질적인 시간마저 양적으로 쪼개는 일을 한다고 이야기한다. 베르그송은 세계의 사물들이 서로 경계가 모호한 채로 연속적인 전체를 이루고, 서로 수많은 관계 속에 처해 있다고 한다. 그런데 이성이 이러한 세계를 분절시킴으로써 전체성을 잃게 되었기 때문에 아무리 노력해도 세계에 대한 통찰에 실패할 수밖에 없다는 것이다.

그래서 베르그송은 세계를 통찰하기 위한 방법으로 이성 대신 직관과 지속을 제시한다. 그의 직관은 공감적 경험이자 통합적 경험을 의미한다. 즉 그의 직관은 사물의 내부로 들어가 서로를 느끼게 되는 공감적 경험을 통해 각각의 이질성을 유지하면서도 동시에 하나가 다른 하나로 스며가면서 전체를 향해 통합되는 경험인 것이다. 예를 들어 우리가 오렌지색에 공감하는 과정을 보자. 이 과정에서 우리가 직관을 통해 공감을 확장하려는 노력을 하면, 가장 어두운색으로서의 붉은색과 가장 밝은색으로서의 노란색 사이의 이질적인 다양한 색들이 있음을 경험할 수 있으며, 다시 그것들이 모호한 경계속에서 스며가면서 통합되는 과정도 느낄 수 있다는 것이다.

① 데카르트는 대상을 잘게 쪼개어 이해하려 했다.
② 베르그송은 세계를 분절시키는 이성을 통해 세계를 이해할 수 있다고 보았다.
③ 베르그송의 직관은 경험과는 무관한 속성을 지닌다.
④ 케플러는 우주를 관찰했다는 경험을 통해 우주가 수학적으로 이루어졌다는 믿음을 얻게 됐다.

## 41

**다음 글에서 언급된 내용으로 적절하지 않은 것은?**

재활용은 환경을 보호하면서 자원도 재생산할 수 있다는 장점이 있다. 도시 광산은 폐전자제품에서 금속을 추출하여 자원으로 되돌리는 재활용 산업이다. 그런데 도시 광산이 원료인 폐전자제품을 충분히 확보하지 못해 운영에 어려움을 겪고 있다고 한다.

도시 광산은 천연 광산에 비해 효율성이 높다. 동일한 무게의 원료에서 더 많은 양의 금속 자원을 얻을 수 있기 때문이다. 예를 들어, 금광석 1톤에서는 약 5g의 금이, 같은 양의 휴대전화에서는 약 400g의 금이 추출된다. 또한 도시 광산은 몰리브덴, 니켈 등과 같은 희소금속의 확보 수단이 된다. 희소금속은 지구상에 존재하는 양이 적은 금속을 말하는데 가격이 높고, 수요에 비해 공급이 불안정하다. 도시 광산은 이로 인한 문제를 해결할 수 있다.

그렇다면 도시 광산을 활성화하기 위해서 우리가 할 수 있는 일은 무엇일까? 먼저, 도시 광산의 원료가 되는 폐전자제품 수거에 적극적으로 참여해야 한다. 폐휴대전화, 고장 난 액정 모니터나 PC 등을 일반 쓰레기로 버리지 말고 집 근처 관공서에 설치된 폐전자제품 수거함을 이용해 배출해야 한다. 또한 폐전자제품 무상 방문 수거 서비스도 있다고 하니 SNS와 같은 매체를 활용하여 많은 사람들에게 이를 알려야 할 것이다.

① 도시 광산의 개념
② 도시 광산의 활성화를 위한 공공 기관의 적극적인 노력
③ 천연 광산과 도시 광산의 효율성 비교
④ 도시 광산에서 얻을 수 있는 희소금속의 종류

## 42

**다음 글의 서술 방법에 대한 설명으로 옳지 않은 것은?**

다음 상황을 생각해 보자. A가 등교하는 길에 다리가 불편한 할머니가 횡단보도 건너는 것을 도와 달라고 하였다. 지금 학교에 가지 않으면 지각을 하여 벌점을 받게 된다. A는 할머니를 도와야 할까, 아니면 학교에 가야 할까? 이런 상황을 도덕적 딜레마라 한다. 이런 상황에서 개인 행위의 옳고 그름을 판단하는 기준이 필요하다. 이러한 기준을 우리는 크게 두 가지 관점에서 제시할 수 있다. 하나는 의무론적 관점이고 다른 하나는 목적론적 관점이다.

의무론적 관점은 행위에 대한 도덕적 판단이 도덕 법칙에 따라 이루어져야 한다고 보았다. 이 관점은 도덕 법칙을 지키려는 의지를 의무로 보았으며 결과와 무관하게 행위 자체의 옳고 그름에 주목하였다. 도덕 법칙은 언제나 타당하고 보편적인 것이기에 '왜'라는 질문은 성립하지 않는다. 따라서 좋지 않은 결과를 초래하더라도 도덕 법칙은 지켜야 한다. 이런 의미에서 의무론적 관점을 법칙론이라고도 한다.

그러나 의무론적 관점에는 한계가 있다. 두 개의 옳은 도덕 법칙이 충돌할 때 의무론적 관점에 따르면 결정을 내릴 수 없다. 예를 들어 1번 철로에는 3명의 인부가, 2번 철로에는 5명의 인부가 일을 하고 있을 때 브레이크가 고장 난 기차의 기관사는 어떤 길을 선택해야 할까? 의무론적 관점은 이 상황에서 어떤 철로를 선택해야 할지 결정을 내릴 수 없다.

한편, 목적론적 관점은 행복이나 쾌락을 인간이 추구해야 할 목적으로 보았다. 이 관점은 오로지 최선의 결과를 가져오는 행위가 옳은 행위이며, 경험을 통하여 도덕을 얻을 수 있다고 생각하였다. 도덕은 '보다 많은 사람들에게 보다 많은 행복을 가져오는 행위'이다. 따라서 어떤 행위를 결정할 때는 미래에 있을 결과를 고려해야 한다. 이런 의미에서 목적론적 관점을 결과론이라고도 한다.

그러나 목적론적 관점도 한계가 있다. 똑같은 결과라도 사람마다 판단이 달라질 수 있기 때문이다. 위의 예에서 1번 철로를 선택하는 것이 목적론적 관점에서는 옳은 선택이지만 1번 철로에 있던 인부의 가족에게 물었을 경우 대답은 달라질 것이다. 이런 문제 때문에 목적론적 관점은 도덕 법칙에 대해 많은 예외를 허용할 우려가 있다.

① 개념에 대한 설명과 한계에 대해 언급하고 있다.
② 하나의 문제에 대한 두 가지 서로 다른 관점을 제시하고 있다.
③ 상반된 두 주장에서 절충안을 이끌어 내고 있다.
④ 상황적 예시를 통해 설명하고 있다.

## 43

**다음 글의 내용과 일치하지 않는 것은?**

20세기까지 공감은 '이론-이론(Theory-Theory)'과 '모의 이론(Simulation Theory)'을 통해 주로 설명되어 왔다. 이론-이론은, 사람이 세상을 접하면서 마음의 작동 방식에 대한 개념적 이론을 갖게 되는데 이를 바탕으로 논리적 추론을 함으로써 타인의 마음을 이해할 수 있다는 이론이다. 사람은 누구나 넘어졌던 경험이 있다. 이러한 경험을 통해, 자신이 다쳤다는 사건, 통증을 느낀다는 마음, 소리를 지른다는 표현, 이 세 가지 사이에는 인과적 법칙이 있다는 개념적 이론을 갖게 된다. 그렇기 때문에 사람은 넘어져 다친 타인이 소리를 지르는 모습을 관찰했을 때 개념적 이론에 근거하여 그가 통증을 느꼈을 것이라고 추론할 수 있다. 이와 달리 모의 이론은 자신이 타인과 같은 상황에 처했다면 어떠할지를 상상함으로써 타인을 이해할 수 있다는 이론이다. 모의 이론에 따르면, 사람은 타인의 상황에 자신을 투사시킨 후 그 상황에서 자신의 마음 상태를 상상하는 모의실험을 하고, 그로 인해 얻은 생각을 다시 타인에게 투사함으로써 타인의 마음을 이해할 수 있다. 넘어져 다친 사람이 소리를 지르는 것을 보았을 때, 그 상황에서 자신이라면 어떤 마음이었을지를 상상으로 재현해 봄으로써 타인의 마음을 이해할 수 있다는 것이다. 이는 동일한 상황에서는 모의실험을 한 자신의 마음과 타인의 마음이 서로 유사하다는 것, 타인의 마음보다 자신의 마음에 접근하기가 더 쉽다는 것을 전제로 한다.

이론-이론과 모의 이론은 한동안 상호 배타적인 논쟁을 해 왔다. 모의 이론 측에서는 마음의 작동 방식에 대한 개념적 이론이 실제로 존재하지 않는다고 지적하였고, 이론-이론 측에서는 모의실험이 타인의 마음을 정확하게 재현할 수 없다고 지적하였다.

최근에는 두 이론을 통합하려는 움직임이 활발해지고 있다. 대표적으로 리버먼은 두 이론을 통합한 두 체계 이론을 내세운다. 리버먼에 따르면 사람은, 모의 이론에서 말하는 모의실험으로 타인의 마음을 이해하는 '거울 체계'뿐만 아니라 이론-이론에서 말하는 마음의 작동 방식에 대한 개념적 이론을 통해 타인의 마음을 이해하는 '심리화 체계'를 모두 가지고 있다. 그런데 "타인이 무엇을 하고 있는가?"라는 질문을 통해 타인의 상황을 곧바로 이해할 수 있을 때는 거울 체계가 작동하고, "타인이 왜 그렇게 했는가?"라는 질문을 통해 추상적 이유를 알고자 할 때는 심리화 체계가 작동한다. 다시 말해 낮은 수준에서 타인의 행위를 이해하기 위해 '무엇'에 대한 질문을 던지는 순간에는 거울 체계가, 높은 수준에서 타인의 신념이나 동기를 이해하기 위해 '왜'에 대한 질문을 던지는 순간에는 심리화 체계가 작동한다는 것이다. 리버먼의 주장에서 주목할 점은 두 체계의 서로 다른 작동 방식과 두 체계 사이의 순차적인 관계이다. 한 사람이 타인의 행위를 관찰할 경우 거울 체계가 무의식적이면서 자동적으로 작동한다. 이후 의식적인 노력을 기울여 생각에 몰입할 수 있을 때에 비로소 심리화 체계가 작동한다. 이는 어떤 사람이 '무엇'을 하고 있는지를 이해하는 과정이 '왜' 그렇게 하는지를 이해하기 위한 과정에 선행하면서 논리적 추론의 전제가 됨을 의미한다.

다만, 리버먼은 더욱 복잡한 과정을 거치지 않으면 공감이 완성되지 않는다면서 진정한 공감은 거울 체계와 심리화 체계의 작동을 바탕으로 정서적 일치와 실천적 동기까지 나아가야 가능하다고 설명한다. 즉, 타인의 감정 상태와 동일한 느낌을 가지게 되고, 이후 타인을 도와야겠다는 마음이 형성되었을 때 비로소 공감이 완성된다고 보는 것이다.

① '이론-이론' 관점은 사람이 공감을 하기 위해서는 스스로가 충분한 개념적 이론을 가지고 있어야 한다고 본다.
② '이론-이론'과 '모의 이론'이 처음 제시되었을 때에는 서로 간의 관점을 인정하지 않았다.
③ 리버먼은 그의 주장에서 두 가지의 체계를 제시했다.
④ 리버먼은 공감을 위해서는 거울 체계와 심리화 체계를 작동시켜야 한다고 주장했다.

## 44

**다음 글의 서술 방식에 대한 설명으로 적절하지 않은 것은?**

자연에서 발생하는 모든 일은 목적 지향적인가? 자기 몸통보다 더 큰 나뭇가지나 잎사귀를 허둥대며 운반하는 개미들은 분명히 목적을 가진 듯이 보인다. 그런데 가을에 지는 낙엽이나 한밤중에 쏟아지는 우박도 목적을 가질까? 아리스토텔레스는 모든 자연물이 목적을 추구하는 본성을 타고나며, 외적 원인이 아니라 내재적 본성에 따른 운동을 한다는 목적론을 제시한다. 그는 자연물이 단순히 목적을 갖는 데 그치는 것이 아니라 목적을 실현할 능력도 타고나며, 그 목적은 방해받지 않는 한 반드시 실현될 것이고, 그 본성적 목적의 실현은 운동 주체에 항상 바람직한 결과를 가져온다고 믿는다. 아리스토텔레스는 이러한 자신의 견해를 "자연은 헛된 일을 하지 않는다!"라는 말로 요약한다.

근대에 접어들어 모든 사물이 생명력을 갖지 않는 일종의 기계라는 견해가 강조되면서, 아리스토텔레스의 목적론은 비과학적이라는 이유로 많은 비판에 직면한다. 갈릴레이는 목적론적 설명이 과학적 설명으로 사용될 수 없다고 주장하며, 베이컨은 목적에 대한 탐구가 과학에 무익하다고 평가하고, 스피노자는 목적론이 자연에 대한 이해를 왜곡한다고 비판한다. 이들의 비판은 목적론이 인간 이외의 자연물도 이성을 갖는 것으로 의인화한다는 것이다. 그러나 이런 비판과는 달리 아리스토텔레스는 자연물을 생물과 무생물로, 생물을 식물, 동물, 인간으로 나누고, 인간만이 이성을 지닌다고 생각했다.

일부 현대 학자들은, 근대 사상가들이 당시 과학에 기초한 기계론적 모형이 더 설득력을 갖는다는 일종의 교조적 믿음에 의존했을 뿐, 아리스토텔레스의 목적론을 거부할 충분한 근거를 제시하지 못했다고 비판한다. 이런 맥락에서 볼로틴은 근대 과학이 자연에 목적이 없음을 보이지도 못했고 그렇게 하려는 시도조차 하지 않았다고 지적한다. 또한 우드필드는 목적론적 설명이 과학적 설명은 아니지만, 목적론의 옳고 그름을 확인할 수 없기 때문에 목적론이 거짓이라 할 수도 없다고 지적한다.

① 질문과 대답의 형식으로 글을 전개하고 있다.
② 여러 관점을 제시하며 각 관점이 서로 간에 어떤 관계를 지니는지 보여 주고 있다.
③ 상충하는 주장들 중에서 어떤 주장이 가장 바람직한지 설명하고 있다.
④ 적절한 예시를 통해 읽는 이의 해를 돕고 있다.

## 45

**다음 글의 내용에 부합하지 않는 것은?**

대상을 있는 그대로 재현하는 데 중점을 두었던 과거의 작가들과 달리 현대의 많은 작가들은 자신이 인식하고 해석한 세계를 표현하는 것에 중점을 두었다. 그중 M. C. 에셔는 기하학적 표현을 활용하여 공간에 대한 자기만의 새로운 인식을 표현한 작가이다. 에셔는 먼저 '평면의 규칙적 분할'을 활용하여 2차원의 평면 구조를 표현하는 것에 관심을 가졌다. 우선 그는 새, 물고기 등 구체적이고 일상적인 사물들을 단순화하여 평면 구조를 표현하기 위한 기본 형태로 설정했다. 이것을 반복하여, 상하좌우로 평행 이동시키거나 한 지점을 축으로 다양한 각도로 회전시키기도 하고, 평행 이동한 후 거울에 비친 것처럼 반사시키기도 하면서 분할된 평면을 빈틈없이 채웠다. 또한 기본 형태를 점점 축소하거나 확대하는 과정을 반복하여 평면을 무한히 분할하는 듯한 효과를 주어 평면이 가진 무한성을 드러내고자 하였다.

이때 인접한 기본 형태들은 명도 대비를 이루며 윤곽선을 공유하면서 반복된다. 일반적으로 인간이 사물의 형태를 인지하기 위해서는 해당 사물의 윤곽선을 기준으로 그 윤곽선의 밖을 배경으로 인식해야 한다. 예를 들어 에셔의 작품 「대칭 105」에서는 평행 이동하는 형태들의 윤곽선을 기준으로 흰 말을 사물의 형태로 인지할 경우 다른 색의 말은 사물이 아닌 배경으로 인식되고, 반대로 다른 색의 말을 사물의 형태로 인지할 경우 흰 말은 배경으로 인식된다. 이를 통해 에셔는 어떠한 형태들이 배경이나 사물로 인식되는 것은 절대적으로 정해져 있는 것이 아니라, 관찰자의 선택에 의해 상대적으로 달라질 수 있음을 드러낸다. 이는 어떠한 형태도 배경 없이는 스스로 존재할 수 없다는 인식을 드러낸 것이기도 하다. 그리고 그는 평면 분할에서 나아가 3차원의 형태인 원통이나 원뿔, 구의 표면을 평면 분할 기법을 적용하여 분할하기도 하고, 이를 다시 평면으로 그려낸 작품을 만들기도 했다. 더 나아가 하나의 작품 안에서 평면과 공간을 넘나드는 순환 체계를 드러내기도 했다. 이러한 작품에서는 2차원의 평면 분할에 활용된 기본 형태를 3차원의 실제 사물처럼 입체적으로 변형시켜 표현하고, 이를 다시 평면의 기본 형태로 바꾸는 과정을 통해 2차원과 3차원을 넘나드는 새로운 차원을 드러내고자 하였다.

에셔의 작품에 사용된 평면의 규칙적 분할은 현재 다양한 제품의 디자인에 활용되고 있으며, 차원을 넘나들며 순환하는 환상적 공간 구성은 영화 및 광고 매체의 중요한 모티프로 응용되고 있다. 이러한 점에서 에셔의 작품 세계는 오늘날 다양한 분야에 영향을 끼쳤다고 할 수 있다.

① 에셔는 자신만의 표현 방식으로 평면의 무한함을 보여주고자 하였다.
② 에셔의 작품은 별도의 두 윤곽선을 통해 분할하는 듯한 효과를 준다.
③ 에셔는 「대칭 105」라는 작품을 통해 배경과 사물의 분류가 상대적임을 보여주었다.
④ 에셔의 작품은 그 표현적인 부분에서 하나의 차원에 한정되지 않는다.

## 46

**다음 글의 내용과 일치하지 않는 것은?**

지휘자와 오케스트라가 작곡가의 악보를 소리로 바꾸는 과정에서 '음악 해석'이라는 것이 이루어진다. 지휘자는 단지 박자만 맞추는 것이 아니라 음악을 해석하고 있는 것이다.

지휘자나 연주자는 악보에 쓰여 있는 대로 음악을 지휘하거나 연주를 하면 될 테니 연주의 차이도 거기서 거기 아니냐고 할 수도 있다. 작곡가가 아무리 악보를 정교하게 그린다 해도 작곡가는 연주자들에게 자신이 의도한 음악을 정확하게 전달해 낼 수 없다. 이것이 바로 '악보의 불완전성'이며 이 불완전성이야말로 다양한 음악 해석을 가능하게 한다.

그럼 베토벤의 「교향곡 5번」이 지휘자의 관점에 따라 얼마나 다르게 연주될 수 있는지 살펴보자. 1악장 도입부만 해도 지휘자마다 천차만별이다. 베토벤 「교향곡 5번」을 여는 '따 따 따딴~'의 네 음은 베토벤의 운명이 문을 두드리는 소리라고 해서 흔히 '운명의 동기'라고 불린다. 운명의 동기가 나타나는 1악장의 첫 페이지에 베토벤은 '알레그로 콘 브리오' 즉 '빠르고 활기 있게' 연주하라고 적어 놓았다. 그리고 그 옆에는 정확한 템포를 지시하기 위해 2분 음표를 메트로놈 108로 연주하라고 적어 놓았다. 1악장은 2/4박자의 곡이므로 2분 음표의 템포는 곧 한 마디의 템포인 셈인데, 한 마디를 메트로놈 108의 속도로 연주한다는 것은 연주자들을 긴장시킬 만한 매우 빠른 템포이다.

하지만 정확하고 무자비하기로 유명한 지휘자 토스카니니는 정확하게 베토벤이 원하는 템포 그대로 운명의 동기를 연주한다. 그리고 운명의 동기를 반복적으로 구축하며 운명이 추적해 오는 것 같은 뒷부분도 사정없이 몰아친다. 그의 해석으로 베토벤 음악의 추진력은 더욱 돋보인다.

반면 음악을 주관적으로 해석하기로 유명한 푸르트벵글러는 베토벤이 적어 놓은 메트로놈 기호에 별로 신경을 쓰지 않았다. 푸르트벵글러의 지휘로 재탄생한 운명의 노크 소리는 매우 느린 템포로 연주된다. 그럼에도 불구하고 한 음 한 음 힘 있고 또렷하게 표현된 그 소리는 그 어느 노크 소리보다 가슴을 울리는 웅장함을 담고 있다. 두 번째 노크 소리의 여운이 끝나기가 무섭게 시작되는 '운명의 추적' 부분에서도 푸르트벵글러는 이 작품에 대한 독특한 시각을 보여 준다. 그는 여기서 도입부의 느린 템포와는 전혀 다른 매우 빠른 템포로 음악을 이끌어가면서 웅장하게 표현된 운명의 동기와는 대조적으로 더욱 긴박감 넘치는 운명의 추적을 느끼게 한다. 푸르트벵글러는 비록 1악장 도입부에서 베토벤이 적어 놓은 메트로놈 기호를 지키지는 않았다. 하지만 도입부에 나타난 두 번의 노크 소리를 느리고 웅장하게 연주한 후 뒷부분의 음악은 빠르고 긴박감 넘치게 이끌어 감으로써 베토벤 음악이 지닌 웅장함과 역동성을 더욱 잘 부각시키고 있다. 그렇다면 푸르트벵글러의 해석이 틀렸다고 할 수 있을까? 악보에 충실하고자 했던 토스카니니와 악보 너머의 음악적 느낌에 더 충실하고자 했던 푸르트벵글러 중 누가 옳은 것일까?

① 지휘자는 단순히 악단 연주의 박자를 맞추는 역할로 끝나지 않는다.
② 베토벤은 자신의 '교향곡 5번'의 도입부를 몹시 빠르게 연주하길 원했다.
③ 푸르트벵글러는 베토벤의 '교향곡 5번'을 독특하게 해석하여 일관적이게 느린 템포로 이끌어간다.
④ 작곡가의 의도는 악보에 완전하게 담길 수 없다.

## 정답&해설

**45** 정답 | ②

2문단의 '윤곽선을 공유하면서 반복된다.'를 통해 에셔의 작품에서 반복되는 기본 형태들은 하나의 윤곽선을 공유하며 반복된다는 것을 알 수 있다.

|오답해설| ① 1문단의 '기본 형태를 점점 축소하거나 확대하는 과정을 반복하여 평면을 무한히 분할하는 듯한 효과를 주어 평면이 가진 무한성을 드러내고자 하였다.'를 통해 확인할 수 있다.
③ 2문단의 '형태들이 배경이나 사물로 인식되는 것은 절대적으로 정해져 있는 것이 아니라, 관찰자의 선택에 의해 상대적으로 달라질 수 있음을 드러낸다.'를 통해 확인할 수 있다.
④ 2문단 마지막 부분의 '2차원과 3차원을 넘나드는 새로운 차원을 드러내고자 하였다.'를 통해 확인할 수 있다.

**46** 정답 | ③

5문단을 통해 푸르트벵글러는 도입부는 느리게, 이후 부분은 매우 빠른 템포로 음악을 이끌어갔다는 사실을 확인 할 수 있다.

|오답해설| ① 1문단의 '지휘자는 단지 박자만 맞추는 것이 아니라 음악을 해석하고 있는 것이다.'를 통해 확인할 수 있다.
② 3문단의 '한 마디를 메트로놈 108의 속도로 연주한다는 것은 연주자들을 긴장시킬 만한 매우 빠른 템포'라는 설명을 통해 베토벤은 「교향곡 5번」의 도입부를 몹시 빠르게 연주하길 원했다는 것을 알 수 있다.
④ 2문단의 '작곡가가 아무리 악보를 정교하게 그린다 해도 작곡가는 연주자들에게 자신이 의도한 음악을 정확하게 전달해 낼 수 없다.'를 통해 확인할 수 있다.

## 47

**다음 글에 대한 설명으로 적절하지 않은 것은?**

일정 기간 오직 자신의 상품 가격만을 아는 한 기업이 있다고 하자. 이 기업의 상품 가격이 상승했다면, 그것은 통화량의 증가로 전반적인 물가 수준이 상승한 결과일 수도 있고, 이 상품에 대한 소비자들의 선호도 변화 때문일 수도 있다. 전반적인 물가 상승에 의한 것이라면 기업은 생산량을 늘릴 이유가 없다. 하지만 일정 기간 자신의 상품 가격만을 아는 기업에서는 아무리 합리적 기대를 한다 해도 가격 상승의 원인을 정확히 판단할 수 없다. 따라서 전반적인 물가 수준이 상승한 경우에도 그것이 선호도 변화에서 온 것으로 판단하여 상품 생산량을 늘릴 수 있다. 이렇게 되면 근로자의 임금은 상승하고 경기 역시 상승하게 된다. 그러나 일정 시간이 지나 가격 상승이 전반적인 물가 수준의 상승에 의한 것임을 알게 되면, 기업은 자신이 잘못 판단했음을 깨닫고 생산량을 줄이게 된다.

그러나 이러한 루카스의 견해로는 대규모의 경기 변동을 모두 설명하기 어렵다는 비판이 제기되었다. 이에 따라 일부 학자들은 경기 변동의 주원인을 기술 혁신, 유가 상승과 같은 실물적 요인에서 찾게 되었는데, 이를 '실물적 경기 변동 이론'이라고 한다. 이들에 의하면 기업에서 생산성을 향상시킬 수 있는 기술 혁신이 발생하면 기업들은 더 많은 근로자를 고용하려 할 것이다. 그 결과 고용량과 생산량이 증가하여 경기가 상승하게 된다. 반면 유가가 상승하면 기업은 생산 과정에서 에너지를 덜 쓰게 되므로 고용량과 생산량이 줄어들게 된다. 최근 일부 학자들은 한 나라의 경기 변동을 설명하는 중요한 요소로 해외 부문을 거론하고 있다. 이들은 세계 각국의 경제적 협력이 밀접해지면서 각국의 경기 변동이 서로 높은 상관관계를 가진다고 보고, 그에 따라 경기 변동이 국제적으로 전파될 수 있다고 생각한다.

① 통화량이 증가하면 기업의 상품 가격이 상승할 수 있다.
② 실물적 경기 변동 이론에 따르면, 기술의 혁신은 경기 변동을 유발할 수 있다.
③ 루카스는 경기 변동을 설명함에 있어서 경제 주체들이 가진 정보가 불완전하다는 점을 언급했다.
④ 한 나라의 경기 변동을 설명할 때에 그 원인을 다른 나라에서 찾는 시도는 이전부터 있어 왔다.

## 48

**다음 글을 읽고 알 수 있는 사실이 아닌 것은?**

현대 예술 철학의 대표적인 이론가이자 비평가인 단토는 예술의 종말을 선언하였다. 그는 자신이 예술의 종말을 주장할 수 있었던 계기를 1964년 맨해튼의 스테이블 화랑에서 열린 앤디 워홀의 「브릴로 상자」의 전시회에서 찾고 있다. 그는 워홀의 작품 「브릴로 상자」가 일상의 사물, 즉 슈퍼마켓에서 판매하고 있는 브릴로 상자와 지각적 측면에서 차이가 없음에 주목하여 예술의 본질을 찾는 데 몰두하기 시작하였다. 워홀의 「브릴로 상자」를 통해, 그는 동일하거나 유사한 두 대상이 있을 때, 하나는 일상의 사물이고 다른 하나는 예술 작품인 이유를 탐색하였다. 그 결과 어떤 대상이 예술 작품이 되기 위해서는 그것이 '무엇에 관함(aboutness)'과 '구현(embody)'이라는 두 가지 요소를 필수적으로 갖추고 있어야 한다는 결론에 이르렀다. 여기서 '무엇에 관함'은 내용 또는 의미, 즉 예술가가 의도한 주제를 가지고 있어야 함을 가리키며, '구현'은 그것을 적절한 매체나 효과적인 방식을 통해 나타내는 것을 말한다. 따라서 그에 따르면 예술 작품은 해석되어야 할 주제를 가질 수 있어야 한다.

이후 단토는 예술의 역사에 대한 성찰을 통해 워홀의 「브릴로 상자」가 1964년보다 훨씬 이른 시기에 등장했다면 예술 작품으로서의 지위를 부여받지 못했을 것이라고 주장하면서, '예술계(artworld)'라는 개념을 도입하였다. 그가 말하는 '예술계'란 어떤 대상을 예술 작품으로 식별하기 위해 선행적으로 필요한 것으로, 당대 예술 상황을 주도하는 지식과 이론 그리고 태도 등을 포괄하는 체계를 가리킨다. 1964년의 「브릴로 상자」가 예술 작품으로서의 지위를 갖는 것은, 일상의 사물과 유사하게 보이는 대상도 예술 작품으로 인정할 수 있다는 새로운 믿음 체계가 있었기에 가능했다는 것이다.

① 워홀의 「브릴로 상자」의 등장 시기와 작품성 여부의 관계
② 단토가 예술의 종말을 주장하게 된 계기
③ 단토가 주장하는 예술의 필수 요소
④ 「브릴로 상자」가 예술로 인정받을 수 있는 예술계가 형성된 이유

## 49

**글쓴이의 견해로 적절하지 않은 것은?**

반려 동물을 기르는 사람들이 많아지면서 학대받거나 유기되는 반려 동물도 많아졌다. 반려 동물의 학대와 유기 문제는 이제 특정한 사람들만의 문제가 아니라 우리 사회가 함께 고민하고 해결해야 할 문제가 된 것이다. 우리나라에서는 이러한 문제를 해결하기 위한 제도적 장치들을 갖추어 가고 있지만, 이들이 아직 제대로 작동하지 못하고 있다.

동물 등록제는 반려 동물의 유기를 예방하기 위해 반려 동물의 소유자가 자신의 반려 동물을 공공기관에 등록하게 만든 제도로, 2014년부터 그 대상 동물을 반려견으로 한정하여 등록을 의무화하고 있다. 현행 제도에 의하면 반려견을 제외한 다른 반려 동물들은 등록 대상이 아니며, 아직까지 반려견의 등록률도 높지 않은 실정이다.

동물 보호 센터는 유기된 반려 동물을 보호하고 새로운 주인에게 입양될 수 있게 해주는 기관이다. 동물 보호 센터가 제 기능을 안정적으로 수행할 경우, 유기된 반려 동물이 좋은 주인을 만나 적절한 보호를 받을 수 있다. 그러나 현재 대부분의 동물 보호 센터는 운영 여건이 열악하여 반려 동물의 유기나 학대 문제를 해결하는 데 크게 기여하지 못하고 있다. 현행 동물보호법에서는 반려 동물을 학대하거나 유기할 경우 벌금을 부과하거나 형사 처분을 할 수 있도록 규정하고 있다. 그러나 불법 행위에 대한 단속이 적극적으로 이루어지지 않고, 불법 행위가 적발되는 경우에도 이에 대한 처벌이 미미하여 반려 동물에 대한 학대와 유기를 방치하는 결과를 초래하고 있다.

위와 같은 문제를 해결하기 위해서는 동물 등록제의 적용 대상을 확대하고 등록률을 제고해야 한다. 또한 동물 보호 센터에 대한 지원을 확대하여 보호 센터가 안정적으로 운영될 수 있도록 하고, 반려 동물을 학대하거나 유기하는 사람에 대한 처벌도 강화해야 한다. 아울러 많은 사람들이 이 문제에 관심을 갖고 문제 해결을 위한 노력에 동참할 수 있도록 유도해야 한다. 이를 위해서는 반려 동물 보호에 대한 사회적 관심을 환기하고 보호 활동에의 참여를 촉구하는 홍보가 수반되어야 할 것이다.

① 동물 학대 및 유기 문제는 사회 전반적으로 함께 해결해야 할 문제이다.
② 동물 등록제는 아직 문제를 제대로 해결하지 못하고 있다.
③ 동물 보호 센터는 동물 유기 문제를 해결하기에는 부족한 수단이다.
④ 동물 학대 및 유기 문제를 해결하기 위해 많은 사람들의 관심을 유도해야 한다.

---

### 정답 & 해설

**47** 정답 | ④

한 나라의 경기 변동의 요소로 해외 부문을 거론하고 있는 것은 '최근 일부 학자들'이다.

|오답해설| ① 1문단을 통해 통화량의 증가는 전반적인 물가 상승을 일으키며, 이로 인해 기업의 상품 가격이 증가할 수 있음을 알 수 있다.
② 마지막 문단의 '기술 혁신이 발생하면 기업들은 더 많은 근로자를 고용하려 할 것이다. 그 결과 고용량과 생산량이 증가하여 경기가 상승하게 된다.'를 통해 경기가 상승, 즉 경기 변동이 있음을 알 수 있다.
③ 1문단에 제시된 예시를 통해 경제 주체(기업)가 가진 정보가 불완전하고, 이로 인해 잘못된 판단을 내릴 수 있다는 사실을 알 수 있다.

**48** 정답 | ④

「브릴로 상자」가 발표된 당시의 예술계의 상태가 해당 작품을 예술로 인정할 수 있는 상태라는 사실은 알 수 있지만, 그러한 예술계가 형성된 이유에 대해서는 제시된 글에서 확인할 수 없다.

|오답해설| ① 마지막 문단의 1964년의 「브릴로 상자」가 예술 작품으로서의 지위를 갖는 것은. 일상의 사물과 유사하게 보이는 대상도 예술 작품으로 인정할 수 있다는 새로운 믿음 체계가 있었기에 가능했다는 것이다.'라는 문장을 통해 알 수 있다.
② 1문단의 「브릴로 상자」의 전시회에 대한 지적 탐구를 통해 예술의 종말을 '그는 자신이 예술의 종말을 주장할 수 있었던 계기를 1964년 맨해튼의 스테이블 화랑에서 열린 앤디 워홀의 「브릴로 상자」의 전시회에서 찾고 있다.'를 통해 알 수 있다.
③ 1문단의 '그 결과 어떤 대상이 예술 작품이 되기 위해서는 그것이 '무엇에 관함(aboutness)'과 '구현(embody)'이라는 두 가지 요소를 필수적으로 갖추고 있어야 한다는 결론에 이르렀다.'를 통해 알 수 있다.

**49** 정답 | ③

동물 보호 센터 자체의 효과에 대해 문제를 제기하는 것이 아닌, 센터의 안정적인 운용이 이루어지고 있지 않은 상태에 대해 문제를 제기하고 있다.

|오답해설| ① 1문단의 '우리 사회가 함께 고민하고 해결해야 할 문제가 된 것이다.'를 통해 확인할 수 있다.
② 2문단의 '현행 제도에 의하면 반려견을 제외한 다른 반려 동물들은 등록 대상이 아니며, 아직까지 반려견의 등록률도 높지 않은 실정이다.', 마지막 문단의 '위와 같은 문제를 해결하기 위해서는 동물 등록제의 적용 대상을 확대하고 등록률을 제고해야 한다.'를 통해 확인할 수 있다.
④ 마지막 문단의 '이 문제에 관심을 갖고 문제 해결을 위한 노력에 동참할 수 있도록 유도해야 한다.'를 통해 확인할 수 있다

## 50

**다음 글에 대한 설명으로 적절하지 않은 것은?**

　모더니즘 예술가들은 예술의 순수성과 독자성을 강조하여 서로 다른 문화 간의 양식이나 이미지 차용을 거부했다. 이와 달리 개념미술가들은 예술적 메시지의 전달을 위해 통속적이라 인식되었던 기성품들까지 작품의 오브제*로 사용함으로써 기존의 예술 작품과 다른 양식의 작품을 창조했다. 특히 볼탕스키는 비전문가가 사적 일상이나 행사를 기록할 목적으로 찍은 아마추어 사진을 자신의 작품에 오브제로 사용하여 전시 공간으로 옮김으로써 새로운 미적 기능을 가지게 했다.
　볼탕스키가 아마추어 사진을 오브제로 활용한 것은 그것이 갖는 특징인 이데오그램과 소시오그램에 주목했기 때문이다. 이데오그램은 사회가 공유하는 사진의 전형적 스타일을 의미하는데, 아마추어 사진에서의 정면을 바라보는 모습, 고정된 시선, 상황에 따른 정형화된 자세와 같은 전형적인 포즈 등을 예로 들 수 있다. 그리고 소시오그램은 개인들 간의 사회 문화적 관계 양상을 드러내는 사회적 지표이다. 결혼식이나 축제 등을 기록하고 기념할 목적으로 찍은 아마추어 사진은 가족이나 사회 구성원들 간의 관계를 드러냄으로써 그들이 공동체의 구성원으로서 가지는 감정을 재확인하고 공동체의 결속을 이끄는 역할도 한다. 볼탕스키는 이러한 특징을 지닌 아마추어 사진을 오브제로 활용하여 감상자로 하여금 오랫동안 고착화된 사회적 규범체제나 공동체의 특징과 같은 일종의 문화적 코드를 읽게 함으로써, 작품 해석에 능동적으로 참여할 수 있게 한다. 예를 들어 일상적인 가족사진을 오브제로 사용한 작품을 바라보는 감상자는 오브제인 아마추어 사진이 나타내는 이데오그램을 통해 문화적 코드를 읽어낼 수 있고, 소시오그램을 통해 특정 가족의 삶의 모습에서 연상되는 자신의 과거나 동시대 가족의 모습을 떠올리며 능동적으로 감상할 수 있는 것이다.
　한편 그는 사람들이 사진을 진짜라고 믿는 마음을 역이용하여 사진이 갖는 사실성과 허구성이라는 양면성을 드러냄으로써, 사진에 부여된 진실성을 의심하고 사진을 다의적으로 읽을 수 있도록 다양한 시도를 했다. '진짜'처럼 여기도록 아마추어 사진을 반복적으로 재촬영하여 원래 사진의 이미지를 일부러 흐리게 만들거나 자신의 의도에 따라 사진을 재배열하기도 했다. 또 드러내 놓고 제목이나 설명과 같은 텍스트를 사진과 엉터리로 조합하여 감상자가 이를 쉽게 알아챌 수 있도록 함으로써 사진이 보여 주는 것이 진실인지, 텍스트가 보여 주는 것이 진실 인지 감상자를 혼란에 빠뜨리기도 했다.
　이처럼 볼탕스키는 일상적인 아마추어 사진을 오브제로 사용함으로써, 보편적이고 공통된 문화적 특징을 이해하게 하고 사실과 허구가 공존하는 사진의 양면성을 작품을 통해 드러냈다. 이를 통해 현대 사회가 만들어 내는 이미지의 홍수 속에서 감상자의 의식적인 이미지 읽기를 권고하고 있다.

*오브제: 어떤 대상이 작품의 소재가 되어 그 본래의 용도나 기능은 사라지고 새로운 느낌을 일으켜 예술 작품화될 때의 사물을 이르는 말.

① 특정 인물에게 집중하여 글을 전개하고 있다.
② 전문적인 용어에 대한 설명을 통해 읽는 이의 이해를 돕고 있다.
③ 실제 미술 작품을 예시로 들어 글의 생동감을 높이고 있다.
④ 작품을 통해 작가가 전하고자 했던 메시지에 대해 설명하고 있다.

## 51

**다음 글을 읽고 이해한 내용으로 적절하지 않은 것은?**

　플라톤은 현상계와 이데아계가 구분되어 존재한다고 주장했다. 영원불변의 이데아계는 현상계에 나타난 모든 사물의 근본이 되는 보편자, 즉 형상(form)이 존재하는 곳으로 이성으로만 인식될 수 있는 관념의 세계이다. 반면, 아리스토텔레스는 이데아계가 존재한다고 보지 않았다. 예컨대 사람은 나이가 들며 늙는데, 만약 이데아계의 변하지 않는 어린아이의 형상과 성인의 형상을 바탕으로 각각 현상계의 어린아이와 성인이 생겨났다면, 현상계에서 어린아이가 성인으로 성장하는 것을 설명할 수 없기 때문이다.
　아리스토텔레스는 형상이 항상 사물의 생성과 변화의 바탕이 되는 질료에 내재한다고 보고, 이를 가능태와 현실태라는 개념을 통해 설명하였다. 가능태란 형상을 실현시킬 수 있는 가능적 힘이자 질료를 의미하며, 현실태란 가능태에 형상이 실현된 어떤 상태이다. 가령 도토리는 떡갈나무가 되기 위한 가능태라면, 도토리가 떡갈나무가 된 상태가 현실태이다. 이처럼 생성·변화하는 모든 것은 목적을 향해 움직이므로 가능태에 있는 것은 형상이 완전히 실현된 상태인 '완전 현실태'를 향해 나아가는데, 이 이행 과정이 운동이다. 즉 운동의 원인은 외부가 아닌 가능태 자체에 내재한다.
　아리스토텔레스에게 있어 예술의 목적은 개개의 사물에 내재하고 있는 보편자, 즉 형상을 표현해 내는 것이다. 이런 점에서 그는 시가 역사보다 우월하다고 주장했다. 역사는 개별적 사건들의 기록일 뿐이지만 시는 개별적 사건에 깃들어 있는 보편자를 표현한 것이기 때문이다.

> 아리스토텔레스는 인간이 예술을 통해 쾌감을 느낄 수 있다고 보았다. 특히 비극시는 파멸하는 주인공을 통해 인간의 근본적 한계를 다루기 때문에, 시를 창작하면 인간 존재의 본질을 인식하는 앎의 쾌감을 느낄 수 있다고 하였다. 비극시 속 이야기는 음유시인이 경험 세계의 개별자들 속에서 보편자를 인식해 내어, 그것을 다시 허구의 개별자로 표현한 결과물인 것이다. 또한 관객은 음유시인의 비극시 연기를 통해 앎의 쾌감을 느낄 수 있을 뿐 아니라 그와 다른 종류의 쾌감도 경험할 수 있다. 관객은 고통을 받는 인물의 이야기를 통해 그에 대한 연민과 함께, 자신도 유사한 고통을 겪을 수 있다는 공포를 느낀다. 이러한 과정에서 감정이 고조됐다가 해소되면서 얻게 되는 쾌감, 즉 카타르시스를 경험한다.

① 아리스토텔레스는 사람이 성장하는 과정을 설명하지 못함을 근거로 이데아계의 존재를 부정했다.
② 아리스토텔레스는 변화하는 모든 것들에게는 최종적인 목적이 있다고 보았다.
③ 아리스토텔레스에게 각 사물의 보편자는 사물 그 자체에 내재되어 있는 것이며, 이런 점에서 역사가 시보다 나음을 주장하였다.
④ 아리스토텔레스는 음유시인이 연기하는 비극시를 보는 관객들이 공포감을 느끼게 된다고 평가했다.

### 정답&해설

**50** 정답 | ③

작품의 특징에 대해서는 언급이 되고 있지만 실제 미술 작품을 예시로 언급하고 있지는 않다.

|오답해설| ① 제시된 글은 볼탕스키와 그의 작품에 대해 이야기하고 있다.
② 이데오그램, 소시오그램 등의 용어에 대한 설명을 확인할 수 있다.
④ 마지막 문단에서 볼탕스키가 자신의 작품을 통해 '현대 사회가 만들어 내는 이미지의 홍수 속에서 감상자의 의식적인 이미지 읽기를 권고'했음을 밝힌다.

**51** 정답 | ③

아리스토텔레스가 사물의 보편자가 사물 그 자체에 내재되어 있는 것이라고 보긴 했지만, 이런 점에서 역사가 더 나음을 주장하지는 않았다. 오히려 그는 시가 역사보다 우월하다고 주장하였다. 3문단의 '시가 역사보다 우월하다고 주장했다.'를 통해 확인할 수 있다.

|오답해설| ① 1문단을 통해 아리스토텔레스는 어린아이가 성인으로 성장하는 과정을 이야기하며, 이를 설명하지 못하는 이데아계의 존재를 부정했음을 확인할 수 있다.
② 2문단의 '생성·변화하는 모든 것은 목적을 향해 움직이므로 ~ 완전 현실태'를 향해 나아가는데'를 통해 확인할 수 있다. 여기서 '완전 현실태'가 변화하는 모든 것들의 최종적인 목적에 해당한다.
④ 4문단의 '자신도 유사한 고통을 겪을 수 있다는 공포를 느낀다.'를 통해 확인할 수 있다. 이러한 공포감은 이 내 해소의 쾌감, 카타르시스로 이어진다.

## 52

**다음 글의 내용과 부합하지 <u>않는</u> 것은?**

상표법에 따르면, 상표란 자기의 업무에 관련된 상품을 타인의 상품과 식별되도록 하기 위해 사용하는 기호나 문자, 도형 등의 표장(標章)을 말한다. 어떤 표장이 상표로 등록받아 배타적 독점권을 보호받기 위해서는 우선 그 표장이 자기의 상품과 타인의 상품을 구별해 주는 식별력이 있다고 인정받아야 한다.

상표법 제6조 '상표 등록의 요건'에 따르면, 상품의 보통명칭만으로 된 상표나 그 상품에 대하여 관용하는 상표는 기본적으로 식별력이 인정되지 않는다. 보통명칭이란 사과, 소금 등 통상 그 상품을 지칭하는 것으로 사용되는 명칭을 말한다. 그러나 보통명칭이라 하더라도 문자의 의미를 직감할 수 없을 정도로 도안화된 경우, 또는 다른 식별력 있는 문자나 도형 등과 결합되어 전체적으로 식별력이 인정되는 경우에는 상표로 등록받을 수 있다. 관용하는 상표란 특정인의 상표였던 것이지만 상표권자가 상표 관리를 허술히 하여 동업자들이 자유롭고 관용적으로 사용하게 된 것이다. 이러한 관용 표장도 다른 식별력이 있는 표장과 결합될 경우에는 상표로 등록받을 수 있다.

상품의 산지, 품질, 효능, 생산 방법 등을 나타내는 기술적(記述的) 표장만으로 된 상표 역시 등록을 받을 수 없다. 이러한 표장만으로는 그 상품의 출처가 식별될 수 없으며, 경쟁 업자도 자기 상품의 특성을 나타내기 위해 이러한 표장을 자유로이 사용할 수 있어야 하기 때문이다.

이 밖에 국가명이나 대도시명 등의 현저한 지리적 명칭만으로 된 상표, '박'이나 '이'와 같이 흔히 있는 성(姓) 또는 법인명 등 흔히 있는 명칭만으로 된 상표, 그리고 간단하고 흔히 있는 표장만으로 된 상표 등도 식별력이 인정되지 않는다. 그러나 현저한 지리적 명칭과 기술적 표장에 해당하는 상품의 산지는, 그 지리적 표시를 사용할 수 있는 상품을 생산, 제조, 가공하는 자만으로 구성된 법인이 직접 사용할 경우 단체 표장으로 상표 등록을 받을 수 있다.

\*출원: 청원이나 원서를 냄.

① 사과, 소금 등의 명칭은 일반적으로 상표가 될 수 없다.
② 상품의 기술적 표장만으로는 해당 상품의 출처가 식별될 수 없다.
③ 상표권자가 관리를 허술히 할 경우 해당 상표는 관용하는 상표가 되어 식별력을 상실할 수도 있다.
④ 실제로 본인의 성을 사용하는 경우, 해당 개인을 나타내는 것이므로 식별력이 인정되기도 한다.

CHAPTER

# 03 내용 추론 유형

| 1 회독 | 월 일 |
| 2 회독 | 월 일 |
| 3 회독 | 월 일 |
| 4 회독 | 월 일 |
| 5 회독 | 월 일 |

**교수님 코멘트 ▶** 내용 추론 유형은 겉보기에는 주제 찾기나 내용 일치/불일치 유형과 유사하지만, 선택지의 근거가 지문의 행간에 숨겨진 함축적 정보에 기반한다. 다만 9급공무원 시험에서는 비교적 표면적 근거로 출제되어 난도가 낮은 편이다. 내용 추론 유형도 기존 유형과 동일한 독해 방식으로 접근하되, 선택지의 함축적 표현을 지문과 연결하는 분석 연습이 필요하다.

## STEP 1  유형 분석하기

독해 비문학의 세 번째 유형은 '내용 추론'이다. 이 유형은 사실 '주제 찾기', '내용 일치/불일치' 유형과 크게 다르지는 않은 유형으로 지문의 난도, 지문의 길이 등에서 특별함을 갖는 유형은 아니다. 대신 선택지 근거가 지문에 그대로 드러난 표면적 근거가 아닌 지문의 행간에서 근거를 찾아야 하는 함축적 근거로 출제된다는 점에서 차이점이 있다. 예를 들어 일반 내용 일치/불일치 유형의 경우 지문에서 '우리 조상들은 상상 속 동물들을 믿었다'를 언급하였다면 선택지 역시 지문과 다르지 않은 내용을 언급한다. 반면 내용 추론 유형의 경우 지문에서 '우리 조상들은 상상 속 동물들을 믿었다'를 언급하였다면 선택지에서 '봉황은 조상들의 믿음 속에 있었을 것이다'와 같이 출제된다. 따라서 기본적인 주제 찾기 유형이나 내용 일치/불일치 유형에 비해 난도가 있는 유형으로 볼 수 있다. 이런 이유로 추론형 문제는 수능 등 다른 시험에서 보통 매우 고난도 문제로 꼽힌다. 하지만 공무원 9급 독해 문제는 비록 추론형 문제이지만 기본적으로 난도가 높지 않게 출제되는 경향이 강하다. 난도가 높지 않다는 것은 추론의 깊이가 깊지 않다는 것을 의미하고 이는 일반 주제 찾기 유형이나 내용 일치/불일치 유형과 마찬가지로 함축적 근거가 아닌 표면적 근거에 가까운 문제로 출제된다는 것을 의미한다. 즉, 우형은 추론형 유형이지만 사실 진정한 추론형 문제는 아니라고 볼 수 있는 것이다. 따라서 앞서 다뤘던 주제 찾기, 내용 일치/불일치 유형과 다르지 않은 지문 접근, 문제 접근이 이 유형에도 역시나 중요하다. 주제 찾기, 내용 일치/불일치 유형과 함께 묶어 공부하면 좋은 유형이다.

## STEP 2  독해방법 알아보기

앞서 언급한 것처럼 내용 추론 유형 역시 실제로는 주제 찾기, 내용 일치/불일치 유형과 크게 다르지 않은 유형과 난도로 출제되므로 독해 방법 역시 크게 다르지 않다. 주체 찾기에서 언급한 '건너뛰며 읽기', 내용 일치/불일치에서 언급한 '선택지 먼저 보고 지문 읽기, 지문 읽으며 선택지 관련 내용 밑줄 긋기' 등 기본적으로 앞선 유형과 같은 방법으로 독해 연습을 많이 해야 한다. 여기에 선택지 근거가 함축적일 수 있으므로 선택지 분석 연습 역시 필요하다. 지문의 내용을 선택지에서 어떻게 변형하고 있는지를 지문과 비교 분석하는 연습을 많이 해야 한다. 앞서 언급한 것처럼 선택지에서 언급한 '봉황'을 지문의 '상상 속 동물'과 연계할 수 있어야 하기 때문이다.

단권화 MEMO

## STEP 3  대표 발문

• 다음 글에서 추론할 수 있는 것은?
• 다음 글을 읽고 추론한 내용으로 가장 적절한 것은?
• 다음 글에서 추론한 내용으로 적절하지 않은 것은?
• 다음 지문에 대한 독자의 반응으로 적절한 것은?
• (가)와 (나)를 통해서 추정하기 어려운 내용은?

## STEP 4  기출문제 살펴보기

● 다음 글에서 추론할 수 있는 것은?

2021 지방직(= 서울시) 9급

포도주는 유럽 문명을 대표하는 술이자 동시에 음료수다. 우리는 대개 포도주를 취하기 위해 마시는 술로만 생각하기 쉬우나 유럽에서는 물 대신 마시는 '음료수'로서의 역할이 크다. 유럽의 많은 지역에서는 물이 워낙 안 좋아서 맨 물을 그냥 마시면 위험하기 때문에 제조 과정에서 안전성이 보장된 포도주나 맥주를 마시는 것이다. 이런 용도로 일상적으로 마시는 식사용 포도주로는 당연히 고급 포도주와는 다른 저렴한 포도주가 쓰이며, 술이 약한 사람들은 여기에 물을 섞어서 마시기도 한다.

소비의 확대와 함께, 포도주의 생산을 다른 지역으로 확산시키려는 노력도 계속되어 왔다. 포도주 생산의 확산에서 가장 큰 문제는 포도 재배가 추운 북쪽 지역으로 확대되기 힘들다는 점이다. 자연 상태에서는 포도가 자라는 북방한계가 이탈리아 정도에서 멈춰야 했지만, 중세 유럽에서 수도원마다 온갖 노력을 기울인 결과 포도 재배가 상당히 북쪽까지 올라갔다. 대체로 대서양의 루아르강 하구로부터 크림반도와 조지아를 잇는 선이 상업적으로 포도를 재배할 수 있는 북방한계선이다.

적정한 기온은 포도주 생산 가능 여부뿐 아니라 생산된 포도주의 질을 결정하는 중요한 요인이다. 너무 추운 지역이나 너무 더운 지역에서는 포도주의 품질이 떨어질 수밖에 없다. 추운 지역에서는 포도에 당분이 너무 적어서 그것으로 포도주를 담그면 신맛이 강하게 된다. 반면 너무 더운 지역에서는 섬세한 맛이 부족해서 '흐물거리는' 포도주가 생산된다(그 대신 이를 잘 활용하면 포르토나 셰리처럼 도수를 높인 고급 포도주를 만들 수 있다). 그러므로 고급 포도주 주요 생산지는 보르도나 부르고뉴처럼 너무 덥지도 않고 너무 춥지도 않은 곳이다. 다만 달콤한 백포도주의 경우는 샤토 디켐(Chateau d'Yquem)처럼 뜨거운 여름 날씨가 지속하는 곳에서 명품이 만들어진다.

포도주의 수요는 전 유럽적인 데 비해 생산은 이처럼 지리적으로 제한됐기 때문에 포도주는 일찍부터 원거리 무역 품목이 됐고, 언제나 고가품 취급을 받았다. 그런데 한 가지 기억해야 할 점은 이렇게 수출되는 고급 포도주는 오래된 포도주가 아니라 바로 그해에 만든 술이라는 점이다. 우리는 포도주는 오래될수록 좋아진다고 믿는 경향이 있지만, 대부분의 백포도주 혹은 중급 이하 적포도주는 시간이 지날수록 오히려 품질이 떨어진다. 시간이 흐를수록 품질이 개선되는 것은 일부 고급 적포도주에만 한정된 이야기이며, 그나마 포도주를 병에 담아 코르크 마개를 끼워 보관한 이후의 일이다.

① 고급 포도주는 모두 너무 덥지도 춥지도 않은 곳에서 재배된 포도로 만들어졌다.
② 루아르강 하구로부터 크림반도와 조지아를 잇는 선은 이탈리아보다 남쪽에 있을 것이다.
③ 유럽에서 일상적으로 마시는 식사용 포도주는 저렴한 포도주거나 고급 포도주에 물을 섞은 것이다.
④ 병에 담겨 코르크 마개를 끼운 고급 백포도주는 보관 기간에 비례하여 품질이 개선되지는 않을 것이다.

|정답해설|
④ 4문단의 '일부 고급 적포도주에만 한정된 이야기이며'를 통해 '백포도주'와는 관련이 없음을 알 수 있다.
|오답해설| ① 3문단의 '그 대신 이를 잘 활용하면 ~ 만들 수 있다.', '달콤한 백포도주의 ~ 명품이 만들어진다.'를 통해 모든 고급 포도주가 너무 덥지도 춥지도 않은 곳에서 재배된 포도로만 만들어지는 것은 아님을 알 수 있다.
② 2문단의 '이탈리아 정도에서 ~ 북방한계선이다.'를 통해 이탈리아보다 '남쪽'이 아닌 '북쪽'임을 알 수 있다.
③ 1문단의 '이런 용도로 일상적으로 ~ 마시기도 한다.'를 통해 '고급 포도주와는 다른 저렴한 포도주'가 일상적으로 마시는 용도임을 알 수 있다.
|정답| ④

80 • PART Ⅰ 독해 비문학

## STEP 5    수능형 문제 살펴보기

● 다음 글에서 추론한 내용으로 적절하지 <u>않은</u> 것은?     2018학년도 9월 고1 전국연합학력평가

> 기존 범죄학의 큰 흐름들은 범죄를 억제하려는 그동안의 법체계와 정책의 근간이 되어 왔다. 하지만 1970년대 이후 이러한 시도들의 범죄 감소 효과에 대한 비판이 일면서, 환경에 의한 범죄 유발 요인과 환경 개선을 통한 범죄 기회의 감소 효과 등을 연구하는 '환경 범죄학'이 주목받기 시작했다. 이러한 가운데 건축학이나 도시 설계 전문가들은 범죄의 원인과 예방의 해법을 환경과 디자인에서 찾아야 한다고 주장하였다. 바로 '셉테드(CPTED)'라 불리는 범죄 예방 설계가 그것이다. 셉테드는 건축 설계나 도시계획 등을 통해 대상 지역의 방어적 공간 특성을 높여, 범죄 발생 가능성을 줄이고 지역 주민들이 안전감을 느끼도록 하여 궁극적으로 삶의 질을 향상시키는 종합적인 범죄 예방 전략을 의미한다.
>
> 셉테드는 다음의 원리로 이루어진다. 우선 '자연적 감시의 원리'는 공간과 시설물에 대한 가시권을 확보하고 잠재적 범죄자의 은폐 장소를 최소화시킴으로써 내부인이나 외부인의 행동을 주변 사람들이 자연스럽게 관찰할 수 있게 만드는 것이다. 다음으로 '접근 통제의 원리'는 보행로, 조경, 문 등을 통해 사람들의 통행을 일정한 경로로 유도하여 허가 받지 않은 사람들의 출입을 통제하거나 차단하는 것을 말한다. '영역성의 원리'는 안과 밖이라는 공간 영역을 조성하여 외부인의 침범 기준을 명확히 확립하는 것을 말한다. 이 외에도 공공장소 및 시설에 대한 내부인들의 활발한 사용을 유도하여 그 근방의 범죄를 감소시킨다는 '활동의 활성화 원리', 공공장소와 시설물이 처음 설계된 대로 지속적으로 유지 및 관리되어야 한다는 '유지 및 관리의 원리'가 있다. 이 모든 원리는 범죄 예방의 전략과 목표를 범죄자 개인이 아닌 도시 및 건축 환경의 설계와 계획에 두고 있다는 점에서 공통적이다.
>
> 우리나라는 2005년 즈음부터 셉테드를 도입하여 도시 설계와 건축물에 범죄 예방 설계 활용을 본격화하기 시작했다. 그동안의 법과 정책, 그리고 셉테드가 동시에 강화된다면 좀 더 안전한 사회를 만들 수 있을 것이다.

① 기존의 범죄학이 효과적으로 범죄를 예방했다면 셉테드가 등장하지 않았을 수도 있겠군.
② 시설물의 한쪽 벽에 전면 유리창을 설치하여 가시성을 확보한다면 범죄율의 하락에 일조하겠군.
③ 셉테드를 도입하여 도시와 건축물을 설계한다면 기존의 법과 정책 없이도 안전한 사회가 되겠군.
④ 사람들이 드나들지 않고 유지, 관리가 허술한 폐공장이 있다면 범죄가 발생할 확률이 높아지겠군.

---

| 정답해설 |
③ 셋째 문단 "그동안의 법과 정책, 그리고 셉테드가 동시에 강화된다면 좀 더 안전한 사회를 만들 수 있을 것이다."에서 셉테드는 기존의 법을 대체할 수 있는 것이 아니라 기존의 법과 상호 보완적인 관계임을 추론할 수 있다.

| 오답해설 |
① 셉테드는 기존 범죄학의 범죄 감소 효과에 대한 비판과 함께 등장했다. 만일 기존의 범죄학이 충분한 범죄 감소 효과를 냈다면 셉테드가 등장할 필요가 없었을 것이다.
② 가시성의 확보는 셉테드의 원리 중 하나인 자연적 감시의 원리에 해당한다.

| 정답 | ③

개념 적용문제

# 03 내용 추론 유형

## 2025 국가직 9급 대표 기출문제 분석

**다음 글에서 추론한 내용으로 가장 적절한 것은?**

2025 국가직 9급

이집트 벽화에서 신, 파라오, 귀족은 특이한 모습으로 표현된다. 신체의 주요 부위를 이상적으로 보여줄 수 있도록 눈은 정면, 얼굴은 측면, 가슴은 정면, 발은 측면을 향하게 조합하여 그린 것이다. 이는 단일한 시점에서 대상을 표현한 것이 아니라 여러 시점에서 바라본 모습을 하나의 형상에 집약한 것이다. 이렇게 그려진 그들의 모습은 이상적인 부분끼리의 조합을 통해 완전하고 완벽하며 장중한 형상을 보여 주고자 한 의도의 결과이다. 그런데 벽화에 표현된 대상들 중 신, 파라오, 귀족과 같은 고귀한 존재는 이렇게 그려지고, 평범한 일반인은 곧잘 이런 방식과 관계없이 꽤 사실적으로 그려졌다. 그들을 서로 다른 방식으로 표현하였다는 점은 이집트 미술이 특정한 이데올로기를 통해 양식화되어 있음을 선명하게 보여 준다.

이 이데올로기에 따르면, 신과 파라오, 나아가 귀족은 '존재하는 자'이고, 죽을 운명을 가진 평범한 사람들은 그저 '행위하는 자'이다. 평범한 사람들이 일하는 모습을 그릴 때 사실적으로, 그러니까 얼굴이 측면이면 가슴도 측면으로 자연스럽게 그리는 것은, 그들이 썩어 없어질 찰나의 인생을 살고 있기 때문이다. 그러기에 그들은 이 세상에서 실제로 행위하는 모습 그대로 그려진다. 반면 고귀한 존재는 삼라만상의 변화와 관계없이 영원한 세계의 이상을 반영한다. 그러기에 그들은 이상적 규범에 따라 불변의 양식으로 그려진다.

이렇게 같은 인간을 표현해도 위계에 따라 표현 방식을 달리한 것은 이집트 종교의 영향 때문이다. 이집트 종교는 수직적이고 이원적인 정신성에 그 토대를 두고 있다. 이런 이원론적인 정신성은 양식화된 이상주의적 미술로 표현되는 경향이 있다. 이집트의 벽화가 바로 그 대표적인 사례이다.

① 이집트의 벽화에서는 존재와 행위를 동등한 가치로 표현하고 있다.
② 이집트의 종교가 가지는 정신성은 이집트의 미술 양식에 영향을 끼쳤다.
③ 이집트의 이상주의적 미술에서는 평범한 사람들은 그리지 않고 고귀한 존재들만 표현하였다.
④ 이집트인들은 신체를 바라보는 독특한 시점을 토대로 예술에 관한 이데올로기를 형성하였다.

## 이렇게 학습하세요!

- 글속에서 선택지 근거를 정확하게 찾는 연습을 많이 하세요.
- 내용 추론 유형에 맞는 독해 접근법을 열심히 연습해 보세요.

### 다음 글에서 추론한 내용으로 가장 적절한 것은?

이집트 벽화에서 신, 파라오, 귀족은 특이한 모습으로 표현된다. 신체의 주요 부위를 이상적으로 보여줄 수 있도록 눈은 정면, 얼굴은 측면, 가슴은 정면, 발은 측면을 향하게 조합하여 그린 것이다. 이는 단일한 시점에서 대상을 표현한 것이 아니라 여러 시점에서 바라본 모습을 하나의 형상에 집약한 것이다. 이렇게 그려진 그들의 모습은 이상적인 부분끼리의 조합을 통해 완전하고 완벽하며 장중한 형상을 보여 주고자 한 의도의 결과이다. 그런데 벽화에 표현된 대상들 중 신, 파라오, 귀족과 같은 고귀한 존재는 이렇게 그려지고, 평범한 일반인은 곧잘 이런 방식과 관계없이 꽤 사실적으로 그려졌다. 그들을 서로 다른 방식으로 표현하였다는 점은 이집트 미술이 특정한 이데올로기를 통해 양식화되어 있음을 선명하게 보여 준다.

▶ 1문단: 신분에 따라 달리 표현된 이집트 벽화 속 인물들

이 이데올로기에 따르면, 신과 파라오, 나아가 귀족은 '존재하는 자'이고, 죽을 운명을 가진 평범한 사람들은 그저 '행위하는 자'이다. 평범한 사람들이 일하는 모습을 그릴 때 사실적으로, 그러니까 얼굴이 측면이면 가슴도 측면으로 자연스럽게 그리는 것은, 그들이 썩어 없어질 찰나의 인생을 살고 있기 때문이다. 그러기에 그들은 이 세상에서 실제로 행위하는 모습 그대로 그려진다. 반면 고귀한 존재는 삼라만상의 변화와 관계없이 영원한 세계의 이상을 반영한다. 그러기에 그들은 이상적 규범에 따라 불변의 양식으로 그려진다.

▶ 2문단: 이집트 벽화 속 인물과 이데올로기의 관련성

이렇게 같은 인간을 표현해도 위계에 따라 표현 방식을 달리한 것은 이집트 종교의 영향 때문이다. 이집트 종교는 수직적이고 이원적인 정신성에 그 토대를 두고 있다. 이런 이원론적인 정신성은 양식화된 이상주의적 미술로 표현되는 경향이 있다. 이집트의 벽화가 바로 그 대표적인 사례이다.

▶ 3문단: 이집트 벽화 속 인물과 이집트 종교와의 관련성

✗ 이집트의 벽화에서는 존재와 행위를 동등한 가치로 표현하고 있다.
→ 2문단 시작 부분을 보면 '신과 파라오, 나아가 귀족은 '존재하는 자'이고, 죽을 운명을 가진 평범한 사람들은 그저 '행위하는 자'라고 설명하고 있다. 따라서 존재와 행위를 동등한 가치로 표현하고 있지 않음을 알 수 있다.

② 이집트의 종교가 가지는 정신성은 이집트의 미술 양식에 영향을 끼쳤다.
→ 3문단 시작 부분을 보면 '이렇게 같은 인간을 표현해도 위계에 따라 표현 방식을 달리한 것은 이집트 종교의 영향 때문이다'라고 설명하고 있다. 따라서 이집트의 종교가 가지는 정신성은 이집트의 미술 양식에 영향을 끼쳤다는 설명은 적절하다.

✗ 이집트의 이상주의적 미술에서는 평범한 사람들은 그리지 않고 고귀한 존재들만 표현하였다.
→ 1문단을 보면 '평범한 일반인은 곧잘 이런 방식과 관계없이 꽤 사실적으로 그려졌다'라고 설명하고 있다. 따라서 평범한 사람들은 그리지 않았다는 설명은 적절하지 않다.

✗ 이집트인들은 신체를 바라보는 독특한 시점을 토대로 예술에 관한 이데올로기를 형성하였다.
→ 1문단 마지막 부분을 보면 '이집트 미술이 특정한 이데올로기를 통해 양식화되어 있음'이라고 설명하고 있다. 따라서 이데올로기가 '선'이고 그로 인한 이집트 미술이 '후'임을 알 수 있다.

| 정답 | ②

## 01

**다음 글에서 추론한 내용으로 가장 적절한 것은?**

'크로노토프'는 그리스어로 시간과 공간을 뜻하는 두 단어를 결합한 것으로, 시공간을 통합적으로 이해하기 위한 개념이다. 크로노토프의 관점에서 보면 고소설과 근대소설의 차이를 명확하게 파악할 수 있다.

고소설에는 돌아가야 할 곳으로서의 원점이 존재한다. 그것은 영웅소설에서라면 중세의 인륜이 원형대로 보존된 세계이고, 가정소설에서라면 가장을 중심으로 가족 구성원들이 평화롭게 공존하는 가정이다. 고소설에서 주인공은 적대자에 의해 원점에서 분리되어 고난을 겪는다. 그들의 목표는 상실한 원점을 회복하는 것, 즉 그곳에서 향유했던 이상적 상태로 돌아가는 것이다. 주인공과 적대자 사이의 갈등이 전개되는 시간을 서사적 현재라 한다면, 주인공이 도달해야 할 종결점은 새로운 미래가 아니라 다시 도래할 과거로서의 미래이다. 이러한 시공간의 배열을 '회귀의 크로노토프'라고 한다.

근대소설 「무정」은 회귀의 크로노토프를 부정한다. 이것은 주인공인 이형식과 박영채의 시간 경험을 통해 확인된다. 형식은 고아지만 이상적인 고향의 기억을 갖고 있다. 그것은 박 진사의 집에서 영채와 함께하던 때의 기억이다. 이는 영채도 마찬가지기에, 그들에게 박 진사의 집으로 표상되는 유년의 과거는 이상적 원점의 구실을 한다. 박 진사의 죽음은 그들에게 고향의 상실을 상징한다. 두 사람의 결합이 이상적 상태의 고향을 회복할 수 있는 유일한 방법이겠지만, 그들은 끝내 결합하지 못한다. 형식은 새 시대의 새 인물이 되어야 한다고 생각하며 과거로의 복귀를 거부한다.

① 「무정」과 고소설은 회귀의 크로노토프를 부정한다는 점에서 공통적이다.
② 영웅소설의 주인공과 「무정」의 이형식은 그들의 이상적 원점을 상실했다는 공통점을 가지고 있다.
③ 「무정」에서 이형식이 박영채와 결합했다면 새로운 미래로서의 종결점에 도달할 수 있었을 것이다.
④ 가정소설은 가족 구성원들이 평화롭게 공존하는 결말을 통해 상실했던 원점으로의 복귀를 거부한다.

## 02

**(가)를 바탕으로 (나)에 담긴 글쓴이의 생각을 적절히 추론한 것은?**

(가) 철학사에서 합리론의 전통은 감각에 대해 매우 비판적이었다. 예컨대 플라톤은 감각이 보여 주는 세계를 끊임없이 변화하는, 전적으로 불안정한 세계로 간주하고 이에 근거하여 지식을 얻는 것은 불가능하다고 생각했다. 반대로 경험론자들은 우리의 모든 관념과 판단은 감각 경험에서 출발한다고 주장하면서 어떤 지식도 절대적으로 확실할 수는 없다고 결론짓는다.

(나) 모든 사람은 착시 현상 등을 경험해 본 적이 있기에 감각이 우리를 속일 수 있다는 것을 분명히 알고 있고 감각에 대한 어느 정도의 경계심을 지니고 있다. 하지만 그렇다고 해서 일상생활에서 자신의 감각을 신뢰하고 이에 따라 행동하는 것은 잘못이 아니다. 모든 감각적 정보를 검증 절차를 거친 후 받아들이다가는 정상적 생활을 영위하는 것 자체가 불가능해질 것이기 때문이다. 반대로, 실용적 기술 개발이나 평범한 일상적 행동과는 달리 과학적 연구는 상당한 정도의 정확성을 요구하므로 경험적 자료에 대해 어느 정도의 경계심을 유지하는 것도 당연하다.

① 실용적 기술을 개발하는 것은 일차적으로 경험론적 사고에 토대를 둔다.
② 세계는 끊임없이 변화하므로 일상생활에서는 합리론적 사고를 우선하여야 한다.
③ 과학 연구는 합리론을 버리고 철저히 경험론을 바탕으로 이루어져야 한다.
④ 감각에 대한 신뢰는 어느 분야에나 전적으로 차별 없이 요구된다.

## 03

2021 국가직 9급

**다음 글에서 추론한 내용으로 적절하지 않은 것은?**

> 　과학의 개념은 분류 개념, 비교 개념, 정량 개념으로 구분할 수 있다. 식물학과 동물학의 종, 속, 목처럼 분명한 경계를 가지고 대상들을 분류하는 개념들이 분류 개념이다. 어린이들이 맨 처음에 배우는 단어인 '사과', '개', '나무' 같은 것 역시 분류 개념인데, 하위 개념으로 분류할수록 그 대상에 대한 정보가 더 많이 전달된다. 또한, 현실 세계에 적용 대상이 하나도 없는 분류 개념도 있을 수 있다. 예를 들어 '유니콘'이라는 개념은 '이마에 뿔이 달린 말의 일종임' 같은 분명한 정의가 있기에 '유니콘'은 분류 개념으로 인정되는 것이다.
> 　'더 무거움', '더 짧음' 등과 같은 비교 개념은 분류 개념보다 설명에 있어서 정보 전달에 더 효과적이다. 이것은 분류 개념처럼 자연의 사실에 적용되어야 하지만, 분류 개념과 달리 논리적 관계도 반드시 성립해야 한다. 예를 들면, 대상 A의 무게가 대상 B의 무게보다 더 무겁다면, 대상 B의 무게가 대상 A의 무게보다 더 무겁다고 말할 수 없는 것처럼 '더 무거움' 같은 비교 개념은 논리적 관계를 반드시 따라야 한다.
> 　마지막으로 정량 개념은 비교 개념으로부터 발전된 것인데, 이것은 자연의 사실로부터 파악할 수 있는 물리량을 측정함으로써 만들어진다. 물리량을 측정하기 위해서는 몇 가지 규칙이 필요한데, 그 규칙에는 두 물리량의 크기를 비교하는 경험적 규칙과 물리량의 측정 단위를 정하는 규칙 등이 포함된다. 이러한 정량 개념은 자연에 의해서 주어지는 것이 아니라 우리가 자연현상에 수를 적용하는 과정에서 생겨나는 것이다. 정량 개념은 과학의 언어를 수많은 비교 개념 대신 수를 사용할 수 있게 하여 과학 발전의 기초가 되었다.

① '호랑나비'는 '나비'와 동일한 종에 속하지만, 나비에 비해 정보량이 적다.
② '용(龍)'은 현실 세계에 적용할 수 있는 지시물이 없더라도 분류 개념으로 인정된다.
③ '꽃'이나 '고양이'와 같은 개념은 논리적 관계를 따라야 하는 것은 아니기 때문에 비교 개념에 포함되지 않는다.
④ 물리량을 측정할 수 있는 'cm'나 'kg'과 같은 측정 단위는 자연현상에 수를 적용할 수 있게 해 주었다.

## 04

다음 글을 통해 추론할 수 없는 것은?

> 자신의 신념과 일치하는 정보는 받아들이고 그렇지 않은 정보는 무시하는 경향을 확증 편향(confirmation bias)이라 한다. 자신의 믿음이나 견해와 일치하는 정보는 수용하고 그에 반대되는 정보는 무시하거나 부정하는 심리 경향이다. 사회 심리학자인 로버트 치알디니는 자신이 가진 기존의 견해와 일치하는 정보는 두 가지 이점을 가지고 있다고 한다. 첫째, 그러한 정보는 어떤 문제에 대해 더 이상 고민하지 않고 마음의 휴식을 취할 수 있게 해 준다. 둘째, 그러한 정보는 우리를 추론의 결과에서 자유롭게 해 준다. 즉 추론의 결과 때문에 행동을 바꿔야 할 필요가 없다. 첫째는 생각하지 않게 하고, 둘째는 행동하지 않게 함을 말한다.
>
> 일례로 특정 정치 성향을 가진 사람들을 대상으로 조사했을 때, 사람들은 반대당 후보의 주장에서는 모순을 거의 완벽하게 찾은 반면, 지지하는 당 후보의 주장에서는 모순을 절반 정도만 찾아냈다. 이 판단의 과정을 자기 공명 영상 장치로도 촬영했다. 그 결과, 자신이 동의하지 않는 정보를 접했을 때는 뇌 회로가 활성화되지 않았고, 자신이 동의하는 주장을 접했을 때는 긍정적인 반응을 보이면서 뇌 회로가 활성화되는 것을 확인할 수 있었다.

① 사람에게는 자신의 신념이나 행동을 바꾸려 하지 않는 경향이 있다.
② 사람에게는 정보를 객관적으로 판단하지 못하는 심리적 특성이 있다.
③ 사람에게는 지지자들의 말만 듣고 자기 신념을 강화하는 경향이 있다.
④ 사람에게는 새로운 정보를 접했을 때 심리적 불안을 느끼는 특성이 있다.

## 05

다음 글을 읽고 추론한 것으로 가장 적절한 것은?

> 형법을 위반한 범죄가 발생하면, 먼저 수사 기관이 수사를 한다. 수사를 개시하는 단서로는 고소, 고발, 인지가 있는데, 이 중 고소는 피해자가 하는 반면 고발은 제3자가 한다. 일반적으로 범죄는 수사기관이 인지하는 것만으로도 수사를 시작할 수 있다. 하지만 명예훼손죄, 폭행죄 등은 수사를 진행했더라도 피해자가 원하지 않으면 처벌하지 않는다. 수사 결과 피의자*가 죄를 범했다고 의심할 만한 충분한 이유가 있다면 구속 영장을 받아 체포해 구속한다. 만약 범죄를 실행 중인 경우는 구속 영장 없이 체포 가능한데, 이 경우 48시간 이내에 구속 영장을 신청해야 하고, 법원은 신청서가 접수된 시간으로부터 48시간 이내에 구속 영장의 발부 여부를 결정해야 한다. 수사 결과 범죄 혐의가 인정되면 검사는 재판을 청구하는데 이를 기소라고 한다. 이때 검사는 피의자의 나이, 환경, 동기 등을 참작하여 기소를 하지 않을 수 있다. 기소로 재판 절차가 시작되면 법원은 사건을 심리*하여 범죄 사실이 확인된 경우 유죄를 선고한다. 유죄가 인정되면 법원이 형을 선고하고 집행 절차에 들어간다.
>
> 그런데 만약 동물이 위법한 행동을 하여 다른 사람에게 손해를 끼치면 어떻게 될까? 결론부터 말하면 동물은 아무런 책임이 없다. 법에서는 인간 이외의 것들은 생명의 유무와 상관없이 모두 물건으로 보는데 물건에는 법적 권리가 없다. 법적 권리가 없는 것은 의무와 책임도 없다. 그러므로 동물은 민, 형법상의 책임을 지지 않아도 된다. 다만 손해를 입은 사람은 민법에 따라 동물의 점유자*에게 배상을 받을 수 있다.
>
> *피의자: 수사 기관으로부터 범죄의 의심을 받게 되어 수사를 받고 있는 자.
> *심리: 재판의 기초가 되는 사실이나 법률적 판단을 심사하는 행위.
> *점유자: 어떤 물건을 소유하고 사실상 지배하는 사람.

① 중고 거래의 상대방이 나에게 사기 행각을 벌였을 경우, 수사 기관에 고발하여 수사를 시작하게 할 수 있겠군.
② 피의자의 나이가 몹시 많다면 검사의 판단에 따라 기소되지 않을 수도 있겠군.
③ 피해자가 보고되지 않았다면, 수사 기관이 적법하게 수사에 착수할 수 없겠군.
④ 수사 결과 피의자의 혐의가 입증되어 기소된 이후에는 형의 집행 절차에 들어가게 되겠군.

## 06

**다음 글을 읽고 추론한 내용으로 적절하지 않은 것은?**

> 스팸 메일이란 대량으로 반복해서 전달되는 영리 목적의 광고성 메일을 가리킨다. 대부분의 스팸 메일은 수신자에게 심리적 불쾌감을 야기할 뿐만 아니라 불필요한 정보를 삭제하는 데 시간과 노력을 낭비하게 됨은 물론, 개인 정보 유출 등의 피해를 입히기도 한다. 이 때문에 스팸 메일은 당연히 금지되어야 할 대상으로 인식되는 경향이 있다.
>
> 그러나 스팸 메일 금지와 관련해서는 복잡한 문제들이 존재한다. 우선, 스팸 메일도 일종의 표현이라는 점에서 헌법상의 기본권으로 보호되어야 한다는 견해가 있다. 또 스팸 메일이 수신자의 알 권리 행사와 자기 정보 통제권 행사의 대상이 될 수 있다는 견해가 있다. 스팸 메일 금지는 사회적 차원의 논쟁도 야기한다. 스팸 메일을 기업의 기본적 영업 행위의 하나인 광고라고 본다면 스팸 메일을 금지하는 것은 기업의 영업상 자유를 침해할 수 있기 때문이다. 특히 스팸 메일은 저렴한 비용으로 마케팅 효과를 창출할 수 있는 수단이기에 더 많은 논란을 낳는다.
>
> 스팸 메일의 규제 방식은 옵트인(opt-in) 방식과 옵트아웃(opt-out) 방식으로 대별된다. 전자는 광고성 메일을 금지하지는 않되 수신자의 동의를 받아야만 발송할 수 있도록 하는 방식이다. 이 방식은 수신 동의 과정에서 발송자와 수신자 양자에게 모두 비용이 발생하며, 시행 이후에도 스팸 메일이 줄지 않았다는 조사 결과도 나오고 있다.
>
> 반면, 옵트아웃 방식은 일단 스팸 메일을 발송할 수 있도록 하되 수신자가 이를 거부하면 이후에는 메일을 재발송할 수 없도록 하는 방식이다. 그런데 이러한 방식은 수신자가 수신 거부를 하는 데 불편과 비용이 따르며, 불법적으로 재발송되는 메일을 통제하기 어렵다. 또한 청소년들이 스팸 메일에 무차별적으로 노출되어 피해를 입을 수 있다.

① 스팸 메일에는 수신자가 필요로 하는 정보가 포함될 수도 있다.
② 스팸 메일을 금지하는 것은 수신자가 정보를 취사선택할 수 있는 권리를 침해할 수 있다.
③ 스팸 메일을 금지하면 기업 입장에서 마케팅 비용 부담이 더 적어질 것이다.
④ 옵트아웃 방식을 택할 경우 수신 거부의 의사 표시를 쉽게 할 수 있는 조치가 필요하다.

## 07

**다음 글의 내용을 추론한 것으로 적절하지 않은 것은?**

　4차 산업혁명은 최신 ICT의 결합으로 모든 사물과 산업을 제어하고 실재와 가상이 통합되는 초연결 지능화 융합사회를 가져올 것이다. 그리고 인구 감소 및 장수 사회화, 글로벌화 및 소득 증가, 가치관 및 문화 다양화, 기후변화 등 메가트렌드와 결합하여 미래도시를 크게 변모시킬 것이다.
　4차 산업혁명은 정보통신, 물리학, 생물학, 기계공학 등의 기술과 산업 사이의 경계를 허무는 기술적 융합이 특징이다. 도시 산업은 단순 제조업이나 서비스업 시대에서 디지털 기반의 첨단융합산업으로 재편될 것이다. 도시는 경제 및 인구 저성장기를 맞아 새로운 성장 동력 창출이 절실하여 첨단융합산업을 통한 양질의 일자리 창출이 도시경쟁력의 핵심이 되고 있다. 개별 도시는 첨단융합산업에 매력적인 입지가 되기 위해서 고급 인력 조달과 암묵적 지식 획득이 용이하고, 교통·통신 등 기반서비스와 업무·생활환경이 양호한 환경 조성에 적극적으로 나설 것이다. 글로벌 도시의 공간에서는 첨단융합산업을 수용하기 적합하도록 업무 및 제조업, 쇼핑 및 여가문화, 의료 및 복지 등 기능 복합화와 함께 고층화 및 지하화와 같이 3차원 입체적 이용이 두드러지게 나타날 것이다.
　한편, 생산의 로봇화 및 무인화 그리고 그에 대한 원격제어가 보편화될 것이므로 생산시설의 공간적 분산이 이루어질 것이다. 미래 도시에서는 디지털화로 노동시간과 근무시간의 구분이 어렵게 되었고, 재택근무의 활성화로 집과 사무실의 구분이 어려워질 것이다. 과거 도시계획의 십계명과 같은 엄격한 토지의 용도 구분 역시 그 의미를 상실하게 될 것이다. 유연근무, 온라인 서비스 등은 어느 한 곳에서 거주, 노동, 소비, 여가 등 여러 활동이 가능하게 하므로 탈공간화를 가속시킬 것이다. 여기에 자율주행의 보편화가 결합된다면 집과 직장의 거리가 유연해져서 주거입지의 분산화가 이루어질 것이다. 다만 주거입지의 공간적 분산이라는 대세 속에서도 의료, 업무 등에서 면대면 접촉의 필요성, 청년층이나 고령층의 도시 선호로 인하여 도심이나 간선 대중교통망 접근성이 높은 지역에 대한 주거 선호는 지속될 것이다.
　초고속화, 디지털화 등으로 도시는 면적 확장에서 벗어나서 기능 중심으로 초연계될 것이다. 도시는 온라인 서비스 기능을 주고받으며 다른 모든 지역과 연계된다. 도시의 세력은 외형적인 산업입지나 주거지의 확산이 아니라, 도시가 제공하는 기능의 유형과 강도에 의해 결정된다. 초고속 ICT와 교통망으로 대도시 집중도가 완화되고 전국적으로 분산이 이루어질 것이다. 분산형 공간구조 속에서도 중추관리업무와 자동화된 시설의 원격제어업무가 이루어지는 공간은 긴급사태에 대한 신속한 대응이 가능한 중심도시나 전국을 대상으로 신속하게 교통 접근이 가능한 간선교통망 결절지에서 집적될 것이다.

① 유연근무, 온라인 서비스 등은 탈공간화를 가속화시킬 것이다.
② 글로벌 도시의 공간은 복합화와 입체적 이용이 두드러지게 나타날 것이다.
③ 도시는 기능 중심으로 연계되고 대도시 집중도가 완화될 것이다.
④ 융복합시대의 도시 계획은 토지의 용도 구분이 우선되어야 한다.
⑤ 도시 산업은 디지털 기반의 첨단융합산업을 중심으로 변화할 것이다.

## 08

**다음 글을 읽고 추론한 것으로 적절하지 않은 것은?**

세원이란 조세가 부과되는 원천인데, 소득은 대표적인 세원 중 하나이다. 조세를 부과할 때 세율을 적용하는 부분은 세원 전체가 아니다. 가령 우리나라는 부양가족이 있는 사람에게는 개인의 총소득 중 일부를 공제한 뒤에 세율을 적용한다. 과세 대상 소득으로부터 얻는 만족감이 동일한 자에게, 동일한 조세 부담을 요구하는 것이 공평하다고 생각되기 때문이다. 개인의 총소득에서 공제를 한 뒤, 세율이 적용되는 소득을 과세 표준이라 한다. 그리고 납세 부담액, 즉 세액은 과세 표준에 세율을 곱함으로써 산출된다. 납세자가 부담할 세액을 결정하는 데 활용되는 세율은 한계 세율이다. 한계 세율이란 세액의 증가분이 과세 표준의 증가분에서 차지하는 비중을 말하는데, 세액의 증가분을 과세 표준의 증가분으로 나눈 값이다. 이 밖에도 세율에는 세액을 과세 표준으로 나눈 값인 평균 세율, 세액을 과세 이전 총소득으로 나눈 값인 실효 세율 등이 있다.

다음 예를 통해 세율에 대해 이해해 보자. 소득세의 세율이 과세 표준 금액 1천만 원 이하는 10%, 1천만 원 초과 4천만 원 이하는 20%라 하자. 이처럼 과세 표준을 몇 개의 구간으로 나누는 까닭은 소득에 대응하는 세율을 일일이 획정하는 것이 현실적으로 어렵기 때문이다. 과세 표준 금액이 3천만 원인 사람의 세액은 '1천만 원×0.1(10%)+2천만 원×0.2(20%)=5백만 원'으로 계산된다. 이 경우 평균 세율은 약 16.7%(5백만 원 / 3천만 원)가 된다. 과세 표준에 세율을 어떻게 적용할 것인지에 따라 세율 구조가 결정된다. 과세 표준이 클수록 높은 세율로 과세하는 것을 누진 세율 구조라고 한다. 그런데 누진 세율 구조가 아니더라도 고소득일수록 세액이 증가할 수 있으므로 세율 구조는 평균 세율의 증가 여부로 판단하는 것이 적절하다. 즉 과세 표준이 증가할 때 평균 세율이 유지되면 비례 세율 구조, 평균 세율이 오히려 감소하면 역진 세율 구조, 함께 증가하면 누진 세율 구조이다.

① 총소득이 동일하더라도 납부해야 하는 세금의 양이 다를 수 있다.
② 과세 표준이 동일한 상황에서 세액이 줄어든다면 평균 세율 또한 줄어들 것이다.
③ 과세 표준 금액이 구백만 원인 경우와 천백만 원인 경우 소득세의 세율은 다르게 적용될 것이다.
④ 역진 세율 구조에서는 고소득일수록 세액이 감소하게 된다.

## 09

**다음 글을 읽고 추론한 것으로 적절하지 않은 것은?**

> 대한민국 정부가 해외에서 발행한 채권의 CDS 프리미엄은 우리가 매체에서 자주 접하는 경제 지표의 하나이다. 이 지표를 이해하기 위해서는 채권의 '신용 위험'과 '신용 파산 스와프(CDS)'의 개념을 살펴볼 필요가 있다.
>
> 채권은 정부나 기업이 자금을 조달하기 위해 발행하며 그 가격은 채권이 매매되는 채권 시장에서 결정된다. 채권의 발행자는 정해진 날에 일정한 이자와 원금을 투자자에게 지급할 것을 약속한다. 채권을 매입한 투자자는 이를 다시 매도하거나 이자를 받아 수익을 얻는다. 그런데 채권 투자에는 발행자의 지급 능력 부족 등의 사유로 이자와 원금이 지급되지 않을 가능성인 신용 위험이 수반된다. 이에 따라 각국은 채권의 신용 위험을 평가해 신용 등급으로 공시하는 신용 평가 제도를 도입하여 투자자를 보호하고 있다.
>
> 우리나라의 신용 평가 제도에서는 원화로 이자와 원금의 지급을 약속한 채권 가운데 발행자의 지급 능력이 최상급인 채권에 AAA라는 최고신용 등급이 부여된다. 원금과 이자가 지급되지 않아 부도가 난 채권에는 D라는 최저 신용 등급이 주어진다. 그 외의 채권은 신용 위험이 커지는 순서에 따라 AA, A, BBB, BB 등 점차 낮아지는 등급 범주로 평가된다. 이들 각 등급 범주 내에서도 신용 위험의 상대적인 크고 작음에 따라 각각 '-'나 '+'를 붙이거나 하여 각 범주가 세 단계의 신용 등급으로 세분되는 경우가 있다. 채권의 신용 등급은 신용 위험의 변동에 따라 조정될 수 있다. 다른 조건이 일정한 가운데 신용 위험이 커지면 채권 시장에서 해당 채권의 가격이 떨어진다.
>
> CDS는 채권 투자자들이 신용 위험을 피하려는 목적으로 활용하는 파생 금융 상품이다. CDS 거래는 '보장 매입자'와 '보장 매도자' 사이에서 이루어진다. 여기서 '보장'이란 신용 위험으로부터의 보호를 뜻한다. 보장 매도자는, 보장 매입자가 보유한 채권에서 부도가 나면 이에 따른 손실을 보상하는 역할을 한다. CDS 거래를 통해 채권의 신용 위험은 보장 매입자로부터 보장 매도자로 이전된다. CDS 거래에서 신용 위험의 이전이 일어나는 대상 자산을 '기초 자산'이라 한다.
>
> 가령 은행 갑은, 기업 을이 발행한 채권을 매입하면서 그것의 신용 위험을 피하기 위해 보험 회사 병과 CDS 계약을 체결할 수 있다. 이때 기초 자산은 을이 발행한 채권이다. 보장 매도자는 기초 자산의 신용 위험을 부담하는 것에 대한 보상으로 보장 매입자로부터 일종의 보험료를 받는데, 이것의 요율이 CDS 프리미엄이다. CDS 프리미엄은 기초 자산의 신용 위험이나 보장 매도자의 유사시 지급 능력과 같은 여러 요인의 영향을 받는다. 다른 요인이 동일한 경우, 기초 자산의 신용 위험이 크면 CDS 프리미엄도 크다. 한편 보장 매도자의 지급 능력이 우수할수록 보장 매입자는 유사시 손실을 보다 확실히 보전받을 수 있으므로 보다 큰 CDS 프리미엄을 기꺼이 지불하는 경향이 있다. 만약 보장 매도자가 발행한 채권이 있다면, 그 신용 등급으로 보장 매도자의 지급 능력을 판단할 수 있다. 이에 따라 다른 요인이 동일한 경우, 보장 매도자가 발행한 채권의 신용 등급이 높으면 CDS 프리미엄은 크다.

① 대한민국의 신용 등급이 낮을 때 구매한 채권을 대한민국의 신용 등급이 높아졌을 때 팔면 이득을 볼 수 있을 것이다.
② CDS 거래를 진행한 보장 매도자의 채권 신용 등급이 AA에서 AAA가 되었다면 이에 따른 CDS 프리미엄이 상승할 것이다.
③ CDS 거래를 진행한 기초 자산의 신용 등급이 AA에서 A가 되었다면 해당 거래의 CDS 프리미엄 역시 하락할 것이다.
④ 특정 경우, 채권의 가격이 구매 당시보다 올랐더라도 채권 투자자는 해당 채권을 다른 사람에게 다시 팔지 않는 것이 나을 수도 있다.

## 10
**다음 글을 읽고 추론한 것으로 적절하지 않은 것은?**

　감정노동 종사자들은 감정 부조화에 따른 부정적 감정을 해소하기 위해 여러 가지 감정조절 전략을 구사한다. 우선 자신이 경험한 부정적 감정에 대하여 스스로 평가를 한다. 그 후 이에 어떻게 대처할 것인가를 결정하여 적절한 감정조절 전략을 구사한다. 이러한 감정조절 전략에는 대표적으로 세 가지가 있다. 첫째, 능동 전략은 부정적 감정에 적극적으로 대처하는 전략이다. 부정적인 감정을 있는 그대로 받아들이고, 자신이 왜 이러한 기분을 느끼게 되었는지 이해하고자 노력한다. 또한 과거 유사한 상황을 떠올리거나 문제에 따른 긍정적 측면을 보면서 자신이 더 성숙할 수 있는 기회로 삼기도 한다. 나아가 부정적인 감정을 유발한 상황을 개선하거나 해결할 수 있는 구체적인 행동을 취하기도 한다. '자꾸 짜증이 나는 이유가 뭘까?', '옛날에도 비슷한 일이 있었는데 잘 극복했으니 이번에도 잘 이겨내면 좋은 경험이 될 거야.'라고 생각하는 경우가 그 예에 해당한다.

　둘째, 회피·분산 전략은 부정적인 감정 상태에 있을 때 의도적으로 다른 생각들을 떠올려 현재의 부정적인 상황을 피하거나 주의를 분산시키는 전략이다. '별것 아닐 거야.', '불쾌한 감정은 금방 지나갈 거야.'라고 생각하며 부정적 상황을 외면하거나, 부정적인 상황과 상관없는 즐거운 상황을 떠올리는 것이 그 예에 해당한다. 하지만 이 전략을 자주 쓰다 보면 자신의 문제뿐만 아니라 주위의 문제에도 무관심한 태도를 가지게 될 수도 있다.

　셋째, 지지 추구 전략은 자신을 지지하는 사람들과의 교류를 통하여 자아 개념과 자존감을 안정되게 유지함으로써 부정적인 감정을 해소하려는 전략이다. 친밀한 사람을 만나 자기 감정을 토로하여 공감을 얻거나 주위 사람으로부터 조언이나 도움을 구하는 것 등이 그 예이다. 이 전략은 타인과의 상호 작용 과정을 통해 감정을 조절하는 것으로, 부정적 감정을 누그러뜨릴 수 있기에 많은 사람들이 활용한다. 세 가지 감정조절 전략 중 회피·분산 전략과 지지 추구 전략은 일시적인 감정조절에는 유용한 전략이나 근본적인 문제를 해결할 수 없다는 한계를 지닌다. 따라서 궁극적인 감정조절을 위해서는 능동 전략을 활용하는 것이 바람직하다.

① 부정적인 감정을 느낀 후, 이를 인식하고 개선하기 위해 노력했다면 능동 전략을 사용했다고 볼 수 있겠군.
② 힘든 일이 있을 때 친구를 만나 토로하는 행위를 통해 단기적으로 감정을 조절할 수 있겠군.
③ 과거의 즐거운 시절을 회상하며 현재의 고난을 견디는 것은 능동 전략에 해당하겠군.
④ 부정적 감정을 유도하는 상황이더라도 해당 상황에서 긍정적 측면을 보려 노력한다면 궁극적으로는 스스로를 성장시킬 수도 있겠군.

## 11

**다음 글에 대한 추론으로 적절하지 않은 것은?**

세계관이란 인간과 세계를 이해하는 일관된 견해로 세계관의 차이에 따라 도덕적인 삶을 살아가는 방법을 달리 제시하는 경우가 많다.

성리학은 이(理)와 기(氣)의 개념에 바탕을 둔 세계관을 통해 도덕적 삶의 방향을 제시한다. 이(理)는 인간을 포함한 만물에 내재된 보편적인 이치나 원리를 말한다. 이러한 이(理)는 모든 사물에 본성으로 내재한다. 특히 성리학에서는 모든 인간에게 보편적인 이치로서의 선한 본성이 선천적으로 내재되어 있다고 본다. 한편 성리학은 개개인의 도덕성을 현실에서 실현하는 데에 차이가 생겨나는 이유를 기(氣)에서 찾는다. 기는 개인마다 차이가 있는 것으로, 악으로 흐를 가능성이 있다고 보았다. 따라서 개인의 도덕성을 완성하기 위해서는 자칫 악으로 흐를 수 있는 기를 다스리기 위한 부단한 수양을 통해 순수한 본성이 오롯이 발현되는 경지에 이르는 것을 강조하였다. 이것을 위해 성리학에서는 내면에 대한 관조를 통해 경건한 마음의 상태를 유지하여 악으로 흐를 수 있는 기를 통제하고자 하였다.

실학자 정약용은 성선설에 바탕을 둔 기존의 성리학적 세계관을 비판하고, 인간의 본성을 선과 악을 구분하여 선을 좋아하고 악을 미워할 줄 아는 분별 능력을 갖춘 윤리적 욕구라고 말하며 새로운 인성론을 주창하였다. 인간에게는 선을 좋아하는 윤리적인 욕구만이 주어졌을 뿐이므로 선을 선택하고 지속적으로 선을 실천해야만 비로소 도덕성이 갖추어진다는 것이다. 즉 도덕성이란 선천적인 것이 아니라 구체적인 행위 속에서 이루어지는 것이며, 선에 대한 주체적인 선택과 지속적인 실천의 결과물이라는 것이다. 또한 이런 실천이 이루어질 때 선에 대한 욕구가 충족된다고 보았다. 그리고 정약용은 선의 실천이 나와 타인뿐만 아니라 외부 세계와의 관계에서도 이루어져야 한다고 생각했다.

① 겉으로 드러나는 어떠한 행위가 없더라도 성리학적 관점에서의 선을 만족시킬 수 있겠군.
② 정약용은 성선설이 바탕이 된 성리학에 대해 비판적인 실학자로서 인간은 근본적으로 악한 존재라고 생각했군.
③ 정약용은 그저 자리에 앉아 책을 읽으며 공부하는 사람들을 보며 이들은 도덕을 충족하지 못한다고 생각했겠군.
④ 자신 안에 내재된 속성을 오롯이 발현하는 것이 성리학에서 말하는 이상적인 상태이겠군.

## 12

**다음 글을 읽고 추론한 것으로 적절하지 않은 것은?**

상속과 증여에 항상 세금이 부과되는 것은 아니다. 일정 금액을 제외하고 세금을 부과하는 공제 제도가 있어서 상속과 증여가 그 금액 이하에서 이루어지면 세금이 부과되지 않는다. 공제 금액은 상속과 증여가 이루어지는 상황과 조건에 따라 달라진다. 상속세와 증여세는 모두 공제 후 남은 금액에 대해 금액이 클수록 세율이 높아지는 누진 세율이 동일하게 적용된다. 따라서 공제 후에 남은 총액이 같으면 상속세와 증여세가 같다고 생각하기 쉽다. 하지만 그렇지 않은 경우가 있다. 상속세는 사망자의 상속 재산 총액에 대해 세율이 적용되지만, 증여세는 증여 받는 사람 각자를 기준으로 세금이 부과되므로 재산을 나누어 증여하면 상속세보다 더 낮은 세율을 적용받을 수 있다. 이러한 점을 악용하여 높은 비율의 세금 부담을 피하기 위해 일부 재산을 미리 증여하는 폐단이 있다. 이를 최소화하기 위해 증여와 상속 모두 재산을 준 후 10년이 지나야 완전히 이전된 것으로 본다. 그래서 10년 이내의 기간에 동일인에게 증여한 금액이 있는 경우 모두 합산해 증여세를 다시 계산하고, 그 기간에 증여자가 사망하면, 그 증여했던 재산도 상속 재산에 포함하여 세금을 재산정한다.

세금을 재산정할 때, 부동산에 대해서는 주의할 점이 있다. 부동산은 증여 당시의 가치를 기준으로 세금을 정하기 때문이다. 예를 들어, 아버지가 아들에게 시세 2억 원 아파트를 주면서 아들이 증여세를 납부했다고 하자. 그런데 10년이 경과하기도 전에 아버지가 사망하면 그 아파트도 상속세 부과 대상에 포함된다. 이 경우 현재 그 아파트 가격이 3억 원으로 올랐다 해서 3억 원에 대해 상속세를 계산하는 것이 아니라, 증여한 시점의 가격인 2억 원을 대상으로 상속세를 계산한다.

① 일시에 증여하는 것과 여러 번에 나눠서 증여하는 것에 세금 차이가 발생할 수 있는 이유는 그 금액에 따라 세율이 산정되기 때문이다.
② 증여받는 사람의 현재 재산 규모에 따라 증여세의 세율이 달라질 수 있다.
③ 아버지가 아들에게 부동산을 증여한 후 12년이 지난 후 사망한다면 해당 부동산의 현재 가치는 상속세에 아무런 영향을 주지 않을 것이다.
④ 재산을 충분히 작은 단위로 나눈 후 충분히 긴 시간 동안 증여한다면 증여세가 하나도 발생하지 않을 것이다.

## 13

**다음 글을 읽고 추론한 내용으로 가장 적절한 것은?**

> 한 연구원이 어떤 실험을 계획하고 참가자들에게 이렇게 설명했다.
> "여러분은 지금부터 둘씩 조를 지어 함께 일을 하게 됩니다. 여러분의 파트너는 다른 작업장에서 여러분과 똑같은 일을, 똑같은 노력을 기울여야 할 것입니다. 이번 실험에 대한 보수는 각 조당 5만 원입니다."
> 실험 참가자들이 작업을 마치자 연구원은 참가자들을 세 부류로 나누어 각각 2만 원, 2만 5천 원, 3만 원의 보수를 차등 지급하면서, 그들이 다른 작업장에서 파트너가 받은 액수를 제외한 나머지 보수를 받은 것으로 믿게 하였다.
> 그 후 연구원은 실험 참가자들에게 몇 가지 설문을 했다. '보수를 받고 난 후에 어떤 기분이 들었는지, 나누어 받은 돈이 공정하다고 생각하는지'를 묻는 것이었다. 연구원은 설문을 하기 전에 3만 원을 받은 참가자가 가장 행복할 것이라고 예상했다. 그런데 결과는 예상과 달랐다. 3만 원을 받은 사람은 2만 5천 원을 받은 사람보다 덜 행복해했다. 자신이 과도하게 보상을 받아 부담을 느꼈기 때문이다. 2만 원을 받은 사람도 덜 행복해한 것은 마찬가지였다. 받아야 할 만큼 충분히 받지 못했다고 생각했기 때문이다.

① 인간은 공평한 대우를 받을 때 더 행복해한다.
② 인간은 남보다 능력을 더 인정받을 때 더 행복해한다.
③ 인간은 타인과 협력할 때 더 행복해한다.
④ 인간은 상대를 위해 자신의 몫을 양보했을 때 더 행복해한다.

CHAPTER

# 04 밑줄/괄호 유형

- □ 1회독    월    일
- □ 2회독    월    일
- □ 3회독    월    일
- □ 4회독    월    일
- □ 5회독    월    일

**교수님 코멘트 ▶** 밑줄/괄호 유형은 실제 시험에서 단순 어휘부터 문단을 다루는 문제까지 매우 다양한 유형으로 제시된다. 하지만 이 유형의 공통점을 생각해 보면 모두 전체 맥락과 괄호, 밑줄 근처의 맥락을 함께 고려해야 문제를 정확하게 풀 수 있다는 점을 알 수 있다. 따라서 글의 전체 맥락과 세부 맥락을 고려하는 연습이 필요하다.

**단권화 MEMO**

## STEP 1  유형 분석하기

독해 비문학의 네 번째 유형은 '밑줄/괄호'이다. 이 유형 역시 기존 시험에서도 많이 볼 수 있었던 유형으로, 2025년부터 전환된 시험에서도 난이도나 형식 모두 기존의 시험과 크게 다르지 않다.

이 유형은 보통 길지 않은 글을 제시하고 글 안에 있는 밑줄이나 괄호를 활용하여 문제를 구성하는 유형이다. 일반적으로 '괄호' 유형은 글 속에 괄호를 비워 두고 괄호에 들어갈 단어나 문장 등을 묻거나, 지문 뒤에 이어질 내용이나 지문 앞에 올 내용을 묻는 경우가 많다. '밑줄' 유형은 밑줄 친 단어나 문장의 의미를 묻거나, 〈보기〉를 통해 문장을 주고 글 속에 문장이 들어갈 위치를 묻는 경우가 많다. 독해 유형 중 특별히 어려운 유형은 아니지만, 일부 괄호 안에 들어갈 단어나 문장에서 밑줄 친 부분이 의미하는 내용이 생소할 경우라든지, 선택지에 제시된 단어들이 미세한 의미 차이를 가지고 있는 경우에는 수험생 입장에서 까다롭게 느낄 수 있는 유형이다. 이 유형 역시 독해를 기반으로 하므로 독해 연습이 무엇보다 중요하다.

## STEP 2  독해방법 알아보기

공무원 국어 영역에서 '밑줄/괄호' 유형은 독해력 평가 유형이다. 따라서 무엇보다 글을 잘 읽는 것이 선행되어야 한다. 글을 잘 읽기 위한 방법은 앞에서 언급한 '주제 찾기' 유형의 접근법과 다르지 않다. 먼저 선택지를 잘 살펴보고 빈칸에 들어갈 단어 또는 밑줄의 의미가 될 선택지들을 점검한 후 글 전체 맥락을 읽어 나가되, 앞에서와 마찬가지로 잘 읽히지 않는 부분을 만났을 때는 연연하지 않고 건너뛰며 읽는다. 그리고 빈칸의 바로 앞과 뒤의 맥락(특히 바로 앞의 문장과 바로 뒤의 문장)을 특별히 잘 살펴보며 '그러나', '한편', '그리고'와 같은 접속어를 파악하여 먼저 확인했던 선택지들 중 빈칸에 들어가거나 밑줄의 의미로 쓰이기에 적절한 문장이나 단어를 선택하면 된다. 이 유형을 잘 풀기 위해서는 어떤 특별한 기술보다도 앞의 유형들처럼 맥락을 잃지 않고 읽어 나가는 연습이 중요하다.

● 괄호 안에 들어갈 문장으로 가장 적절한 것은?  2013 국가직 9급

> 힐링(Healing)은 사회적 압박과 스트레스 등으로 손상된 몸과 마음을 치유하는 방법을 포괄적으로 일컫는 말이다. 우리보다 먼저 힐링이 정착된 서구에서는 질병 치유의 대체 요법 또는 영적·심리적 치료 요법 등을 지칭하고 있다.
> 국내에서도 최근 힐링과 관련된 갖가지 상품이 유행하고 있다. 간단한 인터넷 검색을 통해 수천 가지의 상품을 확인할 수 있을 정도다. 종교적 명상, 자연 요법, 운동 요법 등 다양한 형태의 힐링 상품이 존재한다. <u>심지어 고가의 힐링 여행이나 힐링 주택 등의 상품들도 나오고 있다.</u> 그러나 (                                                      ) <u>우선 명상이나 기도 등을 통해 내면에 눈뜨고, 필라테스나 요가를 통해 육체적 건강을 회복하여 자신감을 얻는 것부터 출발할 수 있다.</u>

① 힐링이 먼저 정착된 서구의 힐링 상품들을 참고해야 할 것이다.
② 많은 돈을 들이지 않고서도 쉽게 할 수 있는 일부터 찾는 것이 좋을 것이다.
③ 이러한 상품들의 값이 터무니없이 비싸다고 느껴지지는 않을 것이다.
④ 자신을 진정으로 사랑하는 법을 알아야 할 것이다.

## STEP 3 　 대표 발문

- 빈칸에 들어갈 단어로 적절한 것은?
- 괄호 안에 공통적으로 들어갈 단어로 가장 적합한 것은?
- ㉠~㉡에 들어갈 적절한 단어를 순서대로 옳게 나열한 것은?
- 밑줄 친 부분에 들어갈 말로 가장 적절한 것은?
- 괄호 안에 들어갈 문장으로 가장 적절한 것은?
- ㉠~㉣ 중 다음 〈보기〉가 들어갈 자리로 가장 적절한 것은?
- 다음 중 (A)가 들어갈 위치로 가장 적절한 것은?
- (        ) 안에 들어갈 표현으로 가장 적절한 것은?
- ㉠~㉣ 중 밑줄 친 문장에서 강조하는 내용과 의미가 가장 가까운 것은?
- 밑줄 친 부분에 대한 풀이로 가장 적절한 것은?
- ㉠~㉣에서 온돌과 관련된 의미 중 나머지 셋과 거리가 가장 먼 것은?
- ㉠과 ㉡에 가장 알맞은 접속어는?
- 〈보기〉에 이어질 내용으로 가장 적절한 것은?
- 다음의 내용을 서론으로 하여 글을 쓸 때, 본론에 들어갈 내용으로 가장 적절하지 않은 것은?

---

| 정답해설 |

② '고가의 힐링 여행이나 힐링 주택 등의 상품들도 나오고 있다.'를 '그러나'로 연결하고 있으므로 '많은 돈을 들이지 않는 힐링'에 관한 내용이 나와야 한다. 따라서 '많은 돈을 들이지 않고서도 쉽게 할 수 있는 일부터 찾는 것이 좋을 것이다.'가 적절한 내용이다. 괄호 뒤 맥락을 보더라도 '명상', '기도' 등 모두 '많은 돈을 들이지 않는 힐링'과 관련된 예를 들고 있음을 알 수 있다.

| 정답 | ②

| 단권화 MEMO |

|정답해설|
② '~ 전통을 찾고 이를 계승하고자 한다면,'을 통해 '전통이란 어떤 것인가'에 이어 괄호 안에 '전통은 어떻게 계승되어 왔는가'가 들어가야 함을 알 수 있다.

|정답| ②

## STEP 4  기출문제 살펴보기

● 다음 글의 괄호 안에 들어갈 말로 가장 적절한 것은?    2014 지방직 9급

> 우리는 대체로 머리끝에서 발끝까지를 서양식(西洋式)으로 꾸미고 있다. "목은 잘라도 머리털은 못 자른다."라고 하던 구한말(舊韓末)의 비분강개(悲憤慷慨)를 잊은 지 오래다. 외양(外樣)뿐 아니라, 우리가 신봉(信奉)하는 종교(宗敎), 우리가 따르는 사상(思想), 우리가 즐기는 예술(藝術), 이 모든 것이 대체로 서양적(西洋的)인 것이다.
> 우리가 연구하는 학문(學問) 또한 예외가 아니다. 피와 뼈와 살을 조상(祖上)에게서 물려받았을 뿐, 문화(文化)라고 일컬을 수 있는 거의 모든 것이 서양(西洋)에서 받아들인 것들인 듯싶다. 이러한 현실(現實)을 앞에 놓고서 민족 문화(民族文化)의 전통(傳統)을 찾고 이를 계승(繼承)하고자 한다면, 이것은 편협(偏狹)한 배타주의(排他主義)나 국수주의(國粹主義)로 오인(誤認)되기에 알맞은 이야기가 될 것 같다.
> 그러면 민족 문화의 전통을 말하는 것이 반드시 보수적(保守的)이라는 명에를 메어야만 하는 것일까? 이 문제(問題)에 대한 올바른 해답(解答)을 얻기 위해서는, 전통이란 어떤 것이며, 또 (           )를 살펴보아야 할 것이다.

① 전통은 서구 문화와 어떤 관계를 맺고 있는가
② 전통은 어떻게 계승되어 왔는가
③ 전통은 앞으로 어떤 변화를 겪을 것인가
④ 전통은 서구 문화와 어떤 차이가 있는가

## STEP 5  수능형 문제 살펴보기

|정답해설|
④ ㉠의 앞부분에서 케인스는 인간의 행동은 합리성을 갖추기보다는 직관에 의존하기도 하고 충동에 좌우되기도 한다는 점을 제시하였다. 그러므로 ㉠에는 인간이 직관에 의해서 행동한다는 내용이 들어가는 것이 적절하다. 따라서 ④ '기업 투자는 이자율보다 기업가의 동물적 본능에 더 크게 영향을 받는다'이 들어가는 것이 적절하다.

|유형해설|
장문 독해 또한 단문 독해와 마찬가지로 글을 전반적으로 이해하면서 읽어 나가되, 괄호 앞 문장과 뒤 문장은 특별히 주의하여 읽어야 한다. ㉠의 앞 문장에서 제시하고 있는 '직관', '충동' 등의 단어를 통해 정답을 쉽게 찾아낼 수 있다.

|정답| ④

● 문맥상 ㉠에 들어갈 말로 적당한 것은?

> 날마다 언론에서는 주식 시장이나 부동산 시장의 움직임을 설명하면서 투자 심리에 대해 이야기하지만, 정작 경제학에서는 '심리'에 대해 그다지 가르쳐 주지 않는다. 이 때문에 2002년에 카네만이라는 심리학자에게 노벨 경제학상이 수여되었을 때 많은 이들이 의아해했던 것이 사실이다. 경제학과 심리학이 무슨 상관이란 말인가?
> 물론, 1930년대 세계 대공황의 시기에 등장하여 자유방임의 철학에 수정을 가했던 케인스의 경제학이 인간의 심리적 측면에 대한 성찰에 근거하고 있음은 잘 알려진 사실이다. 그러나 케인스는 인간의 심리 그 자체를 과학적으로 파고들었다기보다, 우리의 의사 결정은 늘 미래가 불확실한 상황에서 이루어진다는 점과 우리가 직면하는 불확실성은 확률적으로도 파악하기 힘든 것이 대부분이라는 점을 강조하였다. 앞으로 어떻게 될지 모르는 상황에서도 무엇인가를 선택할 수밖에 없는 것이 인간의 운명이기에 인간의 행동은 경제학에서 가정하는 합리성을 갖추기보다는 때로는 직관에 의존하기도 하고 때로는 충동에 좌우되기도 한다는 것이다. [           ㉠           ] 그의 생각은 경제학도들 사이에서 인간 심리의 중요성을 강조하는 경구로 회자되었을지언정 합리성을 전제로 한 경제학의 접근 방법을 바꾸어 놓는 데까지 나아가지는 못했다.
> 그런데 카네만과 같은 확률 인지 심리학자들의 연구는 경제학의 방법론을 바꾸는 계기를 마련하였다. 그들은 사람들이 확률에 대해 판단할 때에 '주관적 추론'에 의존하는 경향이 매우 크다는 사실을 알아냈다. 예를 들어, A가 B에 속할 확률을 판단할 때 실제 확률에 영향을 미치는 정보보다 A가 B를 얼마나 닮았는지에 더 영향을 받는다거나, A의 구체적인 예를 떠올리기 쉬울수록 A가 발생할 확률이 더 크다고 판단한다거나, 또한 새로운 정보가 추가됨에 따라 자신의 평가를 조정하지만 최종적인 추정 결과는 처음의 평가 쪽으로 기울기 쉬운 경향이 있다는 것 등이다. 이러한 주관적 추론은 편리한 인지 방법이지만, 체계적인 편향이나 심각한 오류를 낳기 쉽다.

이러한 성과에 기초하여 이들은 합리적인 인간 행동에 대한 기존의 인식을 비판하는 연구로 나아갔다. 그 가운데 하나가 이득에 관한 의사 결정과 손실에 관한 의사 결정 사이의 비일관성에 대한 연구이다. 이들은 매우 다양한 실험을 통해, 이득이 생기는 경우에는 사람들이 '위험(risk)'을 기피하지만, 손실을 보는 경우에는 위험을 선호하는 비일관성이 나타난다는 사실을 발견하였다. 이러한 행동은 이해할 만한 것이기는 해도 불확실한 상황에서의 합리적인 행동에 대한 가장 핵심적인 가정, 즉 위험에 대한 태도의 일관성과는 모순된다. 카네만 등은 이러한 실험 결과가 사람들이 위험을 싫어하는 것이 아니라 손실을 싫어하는 것임을 보여 준다고 해석하였다. 손실은 언제나 이득보다 더 크게 보인다는 것이다.

　　이러한 연구는 합리성에 대한 일정한 가정에 기초하여 사회 현상을 다루어 온 경제학으로 하여금 인간의 행동에 대한 가정보다는 그에 대한 관찰에서 출발할 것을 요구하는 것이라 하겠다. 과연 심리학이 경제학을 얼마나, 그리고 어떻게 바꾸어 놓을지 그 귀추가 기대된다.

① 투자 관리는 예술도 과학도 아니고 공학이라는
② 직관은 많은 것을 하지만, 모든 것을 하지는 않는다는
③ 시장에만 맡겨 둔다면 비참한 결과를 낳을 수 있을 것이라는
④ 기업 투자는 이자율보다 기업가의 동물적 본능에 더 크게 영향을 받는다는
⑤ 과학의 장점은 우리 인간을 미혹으로 이끄는 감정을 배제한다는 것이라는

## STEP 6　NCS 문제 살펴보기

● 다음 글의 빈칸에 들어갈 접속어로 가장 적절한 것을 고르면?

2020년 하반기 시행 국민건강보험공단 기출 복원

　　앞으로 민간에서 임용된 지방 자치 단체의 개방형 직위 임기제 공무원이 우수한 성과를 내면, 별도의 선발 시험 없이 임기를 연장할 수 있게 된다. 행정안전부는 이런 내용을 담은 '지방 자치 단체의 개방형 직위 및 공모 직위의 운영 등에 관한 규정' 개정안이 1일 국무 회의를 통과했다고 밝혔다.
　　기존에는 지자체 개방형 직위 공무원이 임용 후 5년이 지나면 업무 성과가 아무리 좋아도 임기 연장을 위해서는 다시 선발 시험에 응시해야 했다. (　　　　) 개정안은 개방형 직위에 임용된 민간 출신 임기제 공무원이 뛰어난 성과를 낸 경우 별도 선발 절차 없이 일정 기간 단위로 임기를 연장할 수 있도록 근거를 마련했다.
　　개정안은 또한 개방형 선발시험위원회에서 적격자가 1명뿐이라고 판단하면, 그대로 1명을 후보자로 추천할 수 있도록 했다. 기존에는 위원회에서 임용 후보자를 반드시 2명 이상 선발해 인사위원회에 추천해야 했다.
　　개정안은 이밖에 지자체별로 규정을 마련해 운영하던 선발시험위원회 제척·기피·회피 기준과 절차, 개의·의결 정족수 등을 명확하게 규정했다.
　　행안부 지방 자치 분권실장은 "지자체의 개방형 직위 민간인 채용 확대 추세와 개방형 임기제 공무원의 성과 창출을 고려했다"며, "개방형 공무원 임기 연장으로 우수한 민간 인재의 공직 유치와 근무 의욕 제고를 기대한다"고 말했다.

① 또한　　　　② 그리고　　　　③ 하지만　　　　④ 예를 들면

|정답해설|
③ 기존 규정에서 바뀐 사항을 설명하고 있으므로 반대되는 내용인 빈칸 앞의 문장과 뒤의 문장을 이어 주는 '하지만'이 들어가는 것이 가장 적절하다.

|오답해설|
① '또한'은 '어떤 것을 전제로 하고 그것과 같게'라는 의미로, 첨가 보충 관계를 나타낼 때 쓰는 접속어이다.
② '그리고'는 앞의 내용이 뒤의 내용과 같거나 유사한 내용으로 접속되는 순접 관계를 나타낼 때 쓰는 접속어이다.
④ '예를 들면'은 예시 관계를 나타낼 때 쓰는 접속어이다.

|정답| ③

개념 적용문제

# 04 밑줄/괄호 유형

## 2025 국가직 9급 대표 기출문제 분석

다음 글의 ㉠~㉣ 중 문맥상 지시 대상이 같은 것만으로 묶인 것은?

2025 국가직 9급

> 이집트 벽화에서 신, 파라오, 귀족은 특이한 모습으로 표현된다. 신체의 주요 부위를 이상적으로 보여줄 수 있도록 눈은 정면, 얼굴은 측면, 가슴은 정면, 발은 측면을 향하게 조합하여 그린 것이다. 이는 단일한 시점에서 대상을 표현한 것이 아니라 여러 시점에서 바라본 모습을 하나의 형상에 집약한 것이다. 이렇게 그려진 ㉠<u>그들</u>의 모습은 이상적인 부분끼리의 조합을 통해 완전하고 완벽하며 장중한 형상을 보여 주고자 한 의도의 결과이다. 그런데 벽화에 표현된 대상들 중 신, 파라오, 귀족과 같은 고귀한 존재는 이렇게 그려지고, 평범한 일반인은 곧잘 이런 방식과 관계없이 꽤 사실적으로 그려졌다. ㉡<u>그들</u>을 서로 다른 방식으로 표현하였다는 점은 이집트 미술이 특정한 이데올로기를 통해 양식화되어 있음을 선명하게 보여 준다.
> 이 이데올로기에 따르면, 신과 파라오, 나아가 귀족은 '존재하는 자'이고, 죽을 운명을 가진 평범한 사람들은 그저 '행위하는 자'이다. 평범한 사람들이 일하는 모습을 그릴 때 사실적으로, 그러니까 얼굴이 측면이면 가슴도 측면으로 자연스럽게 그리는 것은, 그들이 썩어 없어질 찰나의 인생을 살고 있기 때문이다. 그러기에 ㉢<u>그들</u>은 이 세상에서 실제로 행위하는 모습 그대로 그려진다. 반면 고귀한 존재는 삼라만상의 변화와 관계없이 영원한 세계의 이상을 반영한다. 그러기에 ㉣<u>그들</u>은 이상적 규범에 따라 불변의 양식으로 그려진다.
> 이렇게 같은 인간을 표현해도 위계에 따라 표현 방식을 달리한 것은 이집트 종교의 영향 때문이다. 이집트 종교는 수직적이고 이원적인 정신성에 그 토대를 두고 있다. 이런 이원론적인 정신성은 양식화된 이상주의적 미술로 표현되는 경향이 있다. 이집트의 벽화가 바로 그 대표적인 사례이다.

① ㉠, ㉣
② ㉡, ㉢
③ ㉠, ㉡, ㉣
④ ㉠, ㉢, ㉣

### 이렇게 학습하세요!

- 밑줄 근처에서 결정적 근거를 찾는 연습을 해 보세요.
- 밑줄/괄호 유형에 맞는 독해 접근법을 열심히 연습해 보세요.

다음 글의 ㉠~㉣ 중 문맥상 지시 대상이 같은 것만으로 묶인 것은?

이집트 벽화에서 신, 파라오, 귀족은 특이한 모습으로 표현된다. 신체의 주요 부위를 이상적으로 보여줄 수 있도록 눈은 정면, 얼굴은 측면, 가슴은 정면, 발은 측면을 향하게 조합하여 그린 것이다. 이는 단일한 시점에서 대상을 표현한 것이 아니라 여러 시점에서 바라본 모습을 하나의 형상에 집약한 것이다. 이렇게 그려진 ㉠ 그들의 모습은 이상적인 부분끼리의 조합을 통해 완전하고 완벽하며 장중한 형상을 보여 주고자 한 의도의 결과이다. 그런데 벽화에 표현된 대상들 중 신, 파라오, 귀족과 같은 고귀한 존재는 이렇게 그려지고, 평범한 일반인은 곧잘 이런 방식과 관계없이 꽤 사실적으로 그려졌다. ㉡ 그들을 서로 다른 방식으로 표현하였다는 점은 이집트 미술이 특정한 이데올로기를 통해 양식화되어 있음을 선명하게 보여 준다.

▶ 1문단: 신분에 따라 달리 표현된 이집트 벽화 속 인물들

이 이데올로기에 따르면, 신과 파라오, 나아가 귀족은 '존재하는 자'이고, 죽을 운명을 가진 평범한 사람들은 그저 '행위하는 자'이다. 평범한 사람들이 일하는 모습을 그릴 때 사실적으로, 그러니까 얼굴이 측면이면 가슴도 측면으로 자연스럽게 그리는 것은, 그들이 썩어 없어질 찰나의 인생을 살고 있기 때문이다. 그러기에 ㉢ 그들은 이 세상에서 실제로 행위하는 모습 그대로 그려진다. 반면 고귀한 존재는 삼라만상의 변화와 관계없이 영원한 세계의 이상을 반영한다. 그러기에 ㉣ 그들은 이상적 규범에 따라 불변의 양식으로 그려진다.

▶ 2문단: 이집트 벽화 속 인물과 이데올로기의 관련성

이렇게 같은 인간을 표현해도 위계에 따라 표현 방식을 달리한 것은 이집트 종교의 영향 대문이다. 이집트 종교는 수직적이고 이원적인 정신성에 그 토대를 두고 있다. 이런 이원론적인 정신성은 양식화된 이상주의적 미술로 표현되는 경향이 있다. 이집트의 벽화가 바로 그 대표적인 사례이다.

▶ 3문단: 이집트 벽화 속 인물과 종교와의 관련성

① ㉠, ㉣
➡ ㉠은 바로 뒤에 '이상적인 부분끼리의 조합'이라고 설명하고 있으므로 '신과 파라오, 귀족'과 관련됨을 알 수 있다.
㉡은 바로 뒤에 '서로 다른 방식으로 표현하였다'는 설명을 통해 '신과 파라오, 귀족'뿐만 아니라 '평범한 사람들'도 포함되는 표현임을 알 수 있다.
㉢은 바로 뒤에 '세상에서 실제로 행위하는 모습 그대도 그려진다'고 설명하고 있으므로 '평범한 사람들'과 관련됨을 알 수 있다.
㉣은 바로 뒤에 '이상적 규범에 따라 불변의 양식으로 그려진다'고 설명하고 있으므로 '신과 파라오, 귀족'과 관련됨을 알 수 있다.

✗ ㉡, ㉢
✗ ㉠, ㉡, ㉣
✗ ㉠, ㉢, ㉣

| 정답 | ①

## 01

**다음 글의 ㉠ ~ ㉢에 들어갈 말을 적절하게 나열한 것은?**

소설과 현실의 관계를 온당하게 살피기 위해서는 세계의 현실성, 문제의 현실성, 해결의 현실성을 구별해야 한다. 우리가 살고 있는 이 입체적인 시공간에서 특히 의미 있는 한 부분을 도려내어 서사의 무대로 삼을 경우 세계의 현실성이 확보된다. 그 세계 안의 인간이 자신을 둘러싼 세계와 고투하면서 당대의 공론장에서 기꺼이 논의해 볼 만한 의제를 산출해 낼 때 문제의 현실성이 확보된다. 한 사회가 완강하게 구조화하고 있는 '가능한 것'과 '불가능한 것'의 좌표를 흔들면서 특정한 선택지를 제출할 때 해결의 현실성이 확보된다. 최인훈의 「광장」은 밀실과 광장 사이에서 고뇌하는 주인공의 모습을 통해 '남(南)이냐 북(北)이냐'라는 민감한 주제를 격화된 이념 대립의 공론장에 던짐으로써 ㉠ 을 확보하였다. 작품의 시공간으로 당시 남한과 북한을 소설적 세계로 선택함으로써 동서 냉전 시대의 보편성과 한반도 분단체제의 특수성을 동시에 포괄할 수 있는 ㉡ 도 확보하였다. 「광장」에서 주인공이 남과 북 모두를 거부하고 자살을 선택하는 결말은 남북으로 상징되는 당대의 이원화된 이데올로기를 근저에서 흔들었다. 이로써 ㉢ 을 확보할 수 있었다.

|   | ㉠ | ㉡ | ㉢ |
|---|---|---|---|
| ① | 문제의 현실성 | 세계의 현실성 | 해결의 현실성 |
| ② | 문제의 현실성 | 해결의 현실성 | 세계의 현실성 |
| ③ | 세계의 현실성 | 문제의 현실성 | 해결의 현실성 |
| ④ | 세계의 현실성 | 해결의 현실성 | 문제의 현실성 |

## 02

**(가)와 (나)에 들어갈 말로 가장 적절한 것은?**

특정한 작업을 수행하기 위해 신체 근육의 특정 움직임을 조작하는 능력을 운동 능력이라고 한다. 언어에 관한 운동 능력은 '발음 능력'과 '필기 능력' 두 가지인데 모두 표현을 위한 능력이다.

말로 표현하기 위해서는 발음 능력이 필요한데, 이는 음성 기관을 움직여 원하는 음성을 만들어 내는 능력이다. 이 능력은 영·유아기에 수많은 시행착오와 꾸준한 훈련을 통해 습득된다. 이렇게 발음 능력을 습득하면 음성 기관의 움직임은 자동화되어 음성 기관의 어느 부분을 언제 어떻게 움직일지를 화자가 거의 의식하지 않는다. 우리가 모어에 없는 외국어 음성을 발음하기 어려운 이유는 (가) 있기 때문이다.

글로 표현하기 위해서는 필기 능력이 필요하다. 필기에서는 글자의 모양을 서로 구별되게 쓰는 것은 기본이고 그 수준을 넘어서서 쉽게 알아볼 수 있는 모양으로 잘 쓰는 것도 필요하다. 글씨를 쓰기 위해 손을 놀리는 것은 발음을 하기 위해 음성 기관을 움직이는 것에 비해 상당히 의식적이라 할 수 있다. 그렇지만 개인의 의지와 관계없이 필체가 꽤 일정하다는 사실은 손을 놀리는 데에 (나) 의미한다.

① (가): 음성 기관의 움직임이 모어의 음성에 맞게 자동화되어
   (나): 무의식적이고 자동적인 면이 있음을
② (가): 낯선 음성은 무의식적으로 발음하도록 훈련되어
   (나): 유아기에 수행한 훈련이 효과적이지 않음을
③ (가): 음성 기관의 움직임이 모어의 음성에 맞게 자동화되어
   (나): 유아기에 수행한 훈련이 효과적이지 않음을
④ (가): 낯선 음성은 무의식적으로 발음하도록 훈련되어
   (나): 무의식적이고 자동적인 면이 있음을

## 03

2022 국가직 9급

**다음 문장이 들어가기에 가장 적절한 곳을 ㉠~㉢에서 고르면?**

> 신분에 따라 문체를 고착화하는 것을 인정하지 않았던 것이다.

유럽이 교회로부터 정신적으로 해방된 것은 그리스와 로마의 고대 작가들에 대한 재발견을 통해서였다. ㉠ 그 이후 고대 작가들의 문체는 귀족 중심의 유럽 문화에서 모범으로 여겨졌다. ㉡ 이러한 상황은 대략 1770년대에 시작되는 낭만주의에서부터 변화하기 시작했다. ㉢ 이 낭만주의 시기에 평등과 민주주의를 꿈꿨던 신흥 시민계급은 문학에서 운문과 영웅적 운명을 귀족에게만 전속시키고 하층민에게는 산문과 우스꽝스러운 상황을 배정하는 전통 시학을 거부했다. ㉣ 고전 문학은 더 이상 문학의 규범이 아니었으며, 문학을 현실의 모방으로 인식하는 태도도 포기되었다.

① ㉠  ② ㉡  ③ ㉢  ④ ㉣

## 04

2019 국가직 9급

**다음 글에서 〈보기〉가 들어가기에 가장 적절한 곳은?**

― 보기 ―
아침 기도는 간략한 아침 뉴스로, 저녁 기도는 저녁 종합 뉴스로 바뀌었다.

철학자 헤겔이 주장했듯이, 삶을 인도하는 원천이자 권위의 시금석으로서의 종교를 뉴스가 대체할 때 사회는 근대화된다. 선진 경제에서 뉴스는 이제 최소한 예전에 신앙이 누리던 것과 동등한 권력의 지위를 차지한다. 뉴스 타전은 소름이 돋을 정도로 정확하게 교회의 시간 규범을 따른다. ( ㉠ ) 뉴스는 우리가 한때 신앙심을 품었을 때와 똑같은 공손한 마음을 간직하고 접근하기를 요구하기도 한다. ( ㉡ ) 우리 역시 뉴스에서 계시를 얻기 바란다. ( ㉢ ) 누가 착하고 누가 악한지 알기를 바라고, 고통을 헤아려 볼 수 있기를 바라며, 존재의 이치가 펼쳐지는 광경을 이해하길 희망한다. ( ㉣ ) 그리고 이 의식에 참여하길 거부하는 경우 이단이라는 비난을 받기도 한다.

① ㉠  ② ㉡  ③ ㉢  ④ ㉣

## 정답&해설

**01**                                                               정답 | ①

㉠ 문제의 현실성은 당대의 공론장에서 기꺼이 논의해 볼 만한 의제를 산출해 낼 때 확보된다고 설명하고 있다. 따라서 남이냐 북이냐라는 민감한 주제를 격화된 이념 대립의 공론장에 던진다고 언급하고 있으므로 ㉠에 들어갈 말은 '문제의 현실성'이 된다.

㉡ 세계의 현실성은 우리가 살고 있는 입체적인 시공간에서 특히 의미 있는 한 부분을 도려내어 서사의 무대로 삼을 경우 확보된다고 설명하고 있다. 따라서 작품의 시공간으로 당시 남한과 북한을 선택하고 동서 냉전 시대의 보편성과 한반도 분단 체제의 특수성을 포괄한다고 언급하고 있으므로 ㉡에 들어갈 말은 '세계의 현실성'이 된다.

㉢ 해결의 현실성은 한 사회가 완강하게 구조화하고 있는 가능한 것과 불가능한 것의 좌표를 흔들면서 특정한 선택지를 제출할 때 확보된다고 설명하고 있다. 따라서 주인공이 남과 북 모두를 거부하고 자살을 선택하여 이원화된 이데올로기를 근저에서 흔들었다고 언급하고 있으므로 ㉢에 들어갈 말은 '해결의 현실성'이 된다.

**02**                                                               정답 | ①

(가)의 앞부분을 보면 모어의 경우 '음성 기관의 어느 부분을 언제 어떻게 움직일지를 화자가 거의 의식하지 않는다.'라고 언급하며 '자동화'되어 있음을 설명하고 있다. 반면, 모어에 없는 외국어 음성은 발음하기 어렵다고 '자동화' 맥락 바로 뒤에서 설명하고 있으므로 이는 모어의 '자동화'와 관련이 있다고 볼 수 있다. 따라서 '음성 기관의 움직임이 모어의 음성에 맞게 자동화되어'가 (가)에 들어갈 말로 적절하다.

(나)의 앞부분을 보면 글씨를 쓰는 것은 상당히 의식적이라 할 수 있으나 '개인의 의지와 관계없이 필체가 꽤 일정하다는 사실'을 언급하고 있다. 따라서 (나)에는 '무의식적이고 자동적인 면이 있음을'이 들어가야 한다.

**03**                                                               정답 | ④

㉣의 앞 문장 '이 낭만주의 시기에 ~ 전통 시학을 거부했다.'는 주어진 문장 '신분에 따라 문체를 고착화하는 것을 인정하지 않았던 것이다.'의 구체적인 진술(상술)이므로 그 뒤에 일반화된 진술인 주어진 문장이 오는 것이 자연스럽다. 따라서 ㉣에 들어가야 한다.

**04**                                                               정답 | ①

㉠ 앞부분을 보면 뉴스 타전은 교회의 시간 규범을 따른다고 했으므로 뉴스와 시간 규범을 언급한 〈보기〉가 들어가기에 가장 적당한 곳은 ㉠이라는 것을 알 수 있다.

## 05

**(가)~(라)에 들어갈 말로 가장 적절한 것은?**

정철, 윤선도, 황진이, 이황, 이조년 그리고 무명씨. 우리말로 시조나 가사를 썼던 이들이다. 황진이는 말할 것도 없고 무명씨도 대부분 양반이 아니었겠지만 정철, 윤선도, 이황은 양반 중에 양반이었다. (가) 그들이 우리말로 작품을 썼던 걸 보면 양반들도 한글 쓰는 것을 즐겨 했다는 것을 부정할 수는 없다. (나) 허균이나 김만중은 한글로 소설까지 쓰지 않았던가. (다) 이들이 특별한 취향을 가진 소수의 양반이었다면 이야기는 달라진다. 우리말로 된 문학 작품을 만들겠다는 생각을 가진 특별한 양반들을 제외하고 대다수 양반들은 한문을 썼기 때문에 한글을 모를 수도 있었기 때문이다. 실학자 박지원이 당시 양반 사회를 풍자한 작품 『호질』은 한문으로 쓰여 있다. (라) 한 가지 분명한 것은 양반 대부분이 한글을 이해하지 못하는 상황이었다면 정철도 이황도 윤선도도 한글로 작품을 쓰지는 않았을 것이란 사실이다.

|   | (가) | (나) | (다) | (라) |
|---|---|---|---|---|
| ① | 그런데 | 게다가 | 그렇지만 | 그러나 |
| ② | 그런데 | 그리고 | 그래서 | 또는 |
| ③ | 그리고 | 그러나 | 하지만 | 즉 |
| ④ | 그래서 | 더구나 | 따라서 | 하지만 |

## 06

**밑줄 친 곳에 들어갈 말로 가장 적절한 것은?**

기자: _____

작가: 내가 작품을 쓰면서 취재에 상당한 시간을 할애했던 것은 작품이 가지고 있는 리얼리티를 살려 놓아야 독자들의 공감대를 넓힐 수 있다고 생각했기 때문이에요. 소설이 아무리 허구적 장르라 해도 사실성에 근거해야 비로소 생동감과 개연성을 확보하기에 습작 시절부터 취재를 우선시했지요. 전집에 실린 「○○기행」, 「○○를 찾아서」 같은 단편들도 거의 취재를 통해서 얻어 낸 자료를 가지고 쓴 작품들이에요. 그렇게 하고 나니 리얼리티가 살아나는 것을 느낄 수 있었고 작품이 힘을 얻을 수 있었지요. 그것은 분명 작가 수업에도 보탬이 됐고 공감을 얻는 데도 기여를 했다고 봐요.

① 선생님은 작품을 쓰면서 언제부터 취재를 하시는지요?
② 선생님의 이번 신작에서 리얼리티가 강조된 이유는 무엇인지요?
③ 선생님의 작품 중 독자들의 공감을 얻은 작품은 어떤 것들인지요?
④ 선생님이 작품 활동에서 취재에 주력하시는 이유가 무엇인지요?

## 07

**㉠에 들어갈 주장으로 가장 적절한 것은?**

경상 지역 방언을 쓰는 사람들은 대체로 'ㅓ'와 'ㅡ'를 구별하지 못한다. 이들은 '증표(證票)'나 '정표(情表)'를 구별하여 듣지 못할 뿐만 아니라 구별하여 발음하지 못하기 십상이다. 또 이들은 'ㅅ'과 'ㅆ'을 구별하지 못하는 경우가 많다. 따라서 이들은 '살밥을 많이 먹어서 쌀이 많이 쪘다'고 말하든 '쌀밥을 많이 먹어서 살이 많이 쪘다'고 말하든 쉽게 그 차이를 알지 못한다. 한편 평안도 및 전라도와 경상도의 일부에서는 'ㅗ'와 'ㅓ'를 제대로 분별해서 발음하지 않는 경우가 종종 있다. 평안도 사람들의 'ㅈ' 발음은 다른 지역의 'ㄷ' 발음과 매우 비슷하다. 이처럼 (　㉠　)

① 우리말에는 지역마다 다양한 소리가 있다.
② 우리말은 지역에 따라 다양한 표준 발음법이 있다.
③ 우리말에는 지역에 따라 구별되지 않는 소리가 있다.
④ 자음보다 모음을 변별하지 못하는 지역이 더 많이 있다.

## 08

**밑줄 친 부분과 가장 유사한 속성을 지닌 현대인의 삶의 태도는?**

근대 이후 인간들은 불안감과 고독감에서 벗어나기 위해 자신에게 주어진 자유로부터 도피하려는 경향을 보인다. 그 중 하나가 복종을 전제로 하는 권위주의적 양태이다. 이는 개인적 자아의 독립을 포기하고 자기 이외의 어떤 존재에 종속되고자 하는 것으로, 사라진 제1차적 속박 대신에 새로운 제2차적 속박을 추구하는 양상을 띤다. 이것은 때로 상대방을 자신에게 복종시킴으로써 심리적 안정과 만족을 얻으려는 형태로 나타나기도 한다. 일견 대립적으로 보이는 이 두 형태는 불안감과 고독감으로부터 벗어나기 위한 권위주의적 양상이라는 점에서는 동일한 것이다.

① 소속된 집단의 이익이나 정의보다는 개인의 이익이나 행복만을 추구하는 태도
② 집안에서 어떤 일을 결정할 때 부모나 어른의 의견보다는 아이들의 요구를 먼저 고려하는 태도
③ 어떤 상황에 대해 자신의 견해를 가지기보다는 언론 매체의 의견을 무비판적으로 수용하는 태도
④ 직업을 통해서 얻는 삶의 만족보다는 취미 활동을 통해서 얻는 삶의 즐거움을 더 중시하는 태도

## 정답&해설

**05** 정답 | ①

(가) 앞에서 정철, 윤선도, 이황은 양반이었음에도 우리말로 작품을 썼던 것을 알 수 있다. 따라서 (가)에는 '그런데'가 적절한 표현이 된다. 그리고 (나)의 뒤 문장 '한글로 소설까지 쓰지 않았던가.'를 통해 '게다가'가 (나)에 들어갈 적절한 표현임을 알 수 있다. 또한 '달라진다' 부분을 통해 (다)에는 '그렇지만'이 적절한 표현임을 알 수 있다. 마지막으로 (라) 앞부분 '한문으로 쓰여 있다.'와 (라) 뒷부분 '양반 대부분이 한글을 이해하지 ~ 사실이다.'를 통해 (라)에는 '그러나'가 적절한 표현임을 알 수 있다.

**06** 정답 | ④

'작가'는 허구적 장르인 소설도 사실성에 근거해야 한다고 생각하고 있고, 이를 위해 취재를 우선시하고 있다고 말하고 있다. 따라서 기자는 작가에게 '취재에 주력하는 이유가 무엇인지'를 물었을 것이다.

**07** 정답 | ③

경상 지역 방언을 쓰는 사람들이 대체로 'ㅓ'와 'ㅡ'를 구별하지 못하는 경우와, 평안도 및 전라도와 경상도의 일부에서 'ㅗ'와 'ㅓ'를 제대로 분별해서 발음하지 않는 경우, 평안도 사람들의 'ㅈ' 발음이 다른 지역의 'ㄷ' 발음과 매우 비슷한 사례를 제시하며 지역에 따라 특정 자음과 모음의 소리가 구별되지 않는 경우가 있음을 말하고 있다.

**08** 정답 | ③

제시된 글에서 '자신에게 주어진 자유로부터 도피하려는 경향'이란 개인적 자아의 독립을 포기하고 자기 이외의 존재에게 종속되고자 하는 것이라고 하였다. 언론 매체의 의견을 무비판적으로 수용하는 것은 개인의 생각을 포기하고 언론 매체의 의견에 종속되는 것이므로, 밑줄 친 예에 해당한다고 볼 수 있다.

## 09

**다음 글의 괄호 안에 들어갈 말로 가장 적절한 것은?**

> 베이징이나 시안 등지에서 볼 수 있는 중국의 유적들은 왜 그리도 클까? 이들 유적들은 크기만 한 것이 아니라 비인간적이라 할 만큼 권위적이다. 왜 그런가? 중국은 광대한 나라였다. 그러므로 그 넓은 나라를 효과적으로 통치하기 위해서는 천자로 대표되는 정치적 권위가 절실하게 요구되었다. 이 넓은 나라의 통일성을 유지하기 위해서는 예상되는 지방의 반란에 대비하고 중앙의 권위에 복종하지 않는 지방 세력가들을 다스릴 수 있는 무자비한 권력이 절대로 필요하였다. 그래서 중국의 황제는 천자로 불리었으며, 그 권위에는 누구든지 절대 복종할 것을 요구하였다. 그러므로 중국의 황제는 단순한 세속인이 아니라 일종의 신적인 존재이기도 하였다. 중국 황제의 절대 권위, 이것을 온 천하에 확실하게 보여 주지 않는다면 중국의 중심이 어디에 있는지 모를 것이며, 그러면 그 나라는 다시 분열된 여러 왕국으로 나뉘게 될 것이었다. 이런 이념으로 만들어진 중국의 정치적 유물들은 그 규모가 장대할 뿐 아니라 고도로 권위적인 것이 될 수밖에 없었다.
> 반면에 우리나라는 그렇게 광대한 나라는 아니었다. 그렇다고 해서 우리나라가 권위를 강조하지 않은 것은 아니었다. 그러한 사실은 조선 시대를 통해서도 잘 드러난다. 그러나 조선 시대의 왕들은 중국의 황제와 같은 권위를 ( ㉠ )할 수는 없었다. 두 나라의 사회 구조, 정치 이념, 자연 환경 등 모든 것이 다르기 때문이었다. 그로 인해 조선의 왕들은 주변의 정치 세력에 대하여 훨씬 더 ( ㉡ )이어야만 하였다. 더욱이 중국은 황토로 이루어진 광대한 평원 위에 도시를 만들 수밖에 없었지만, 우리는 높고 낮은 수많은 산으로 이루어진 지형을 이용하여 왕성을 건설할 수밖에 없었다. 이러한 차이점이 복합적으로 어울려 양국의 역사와 문화의 성격을 서로 다르게 만들었다. 큰 것이 선천적으로 잘나서도 아니며, 그렇다고 작은 것이 못나서도 아닌 것이다. 한중 양국은 각자의 ( ㉢ )에 따라 오랜 세월에 걸쳐 이처럼 서로 다른 문화를 발전시켜 온 것이다.

| | ㉠ | ㉡ | ㉢ |
|---|---|---|---|
| ① | 강조(强調) | 위압적(威壓的) | 전망(展望) |
| ② | 향유(享有) | 정략적(政略的) | 능력(能力) |
| ③ | 구축(構築) | 타협적(妥協的) | 필요(必要) |
| ④ | 행사(行使) | 당파적(黨派的) | 권고(勸告) |

## 10

**다음 글에 이어질 내용으로 부적합한 것은?**

> 인간은 흔히 자기 뇌의 10%도 쓰지 못하고 죽는다고 한다. 또 사람들은 천재 과학자인 아인슈타인조차 자기 뇌의 15% 이상을 쓰지 못했다는 말을 덧붙임으로써 이 말에 신빙성을 더한다. 이 주장을 처음 제기한 사람은 19세기 심리학자인 윌리엄 제임스로 추정된다. 그는 "보통 사람은 뇌의 10%를 사용하는데 천재는 15~20%를 사용한다."라고 말한 바 있다. 인류학자 마가렛 미드는 한발 더 나아가 그 비율이 10%가 아니라 6%라고 수정했다. 그러던 것이 1990년대에 와서는 인간이 두뇌를 단지 1% 이하로 활용하고 있다고 했다. 최근에는 인간의 두뇌 활용도가 단지 0.1%에 불과해서 자신의 재능을 사장시키고 있다는 연구 결과도 제기됐다.

① 인간의 두뇌가 가진 능력을 제대로 발휘하지 못하도록 하는 요소가 무엇인지 연구해야 한다.
② 어른들도 계속적인 연구와 노력을 통하여 자신의 능력을 충분히 발휘할 수 있도록 해야 한다.
③ 학교는 자라나는 학생이 재능을 발휘할 수 있도록 여건을 조성해 주어야 한다.
④ 인간의 두뇌 개발을 촉진시킬 수 있는 프로그램을 개발해야 한다.
⑤ 어린 시절부터 개성적인 인간으로 성장할 수 있도록 조기 교육을 실시해야 한다.

## 11

2013 서울시 9급

**다음 중 (A)가 들어갈 위치로 가장 적절한 것은?**

> (A) 일어난 일에 대한 묘사는 본 사람이 무엇을 중요하게 판단하고, 무엇에 흥미를 가졌느냐에 따라 크게 다르다.

> 기억이 착오를 일으키는 프로세스는 인상적인 사물을 받아들이는 단계부터 이미 시작된다. (가) 감각적인 지각의 대부분은 무의식중에 기록되고 오래 유지되지 않는다. (나) 대개는 수 시간 안에 사라져 버리며, 약간의 본질만이 남아 장기기억이 된다. 무엇이 남을지는 선택에 의해서이기도 하고, 그 사람의 견해에 따라서도 달라진다. (다) 분주하고 정신이 없는 장면을 보여 주고, 나중에 그 모습에 대해서 이야기하게 해 보자. (라) 어느 부분에 주목하고, 또 어떻게 그것을 해석했는지에 따라 즐겁기도 하고 무섭기도 하다. (마) 단순히 정신 사나운 장면으로만 보이는 경우도 있다. 기억이란 원래 일어난 일을 단순하게 기록하는 것이 아니다.

① (가)　　② (나)　　③ (다)
④ (라)　　⑤ (마)

## 12

**논지 전개상 괄호 안에 들어갈 말로 가장 적절한 것은?**

전통문화는 근대화의 과정에서 해체되는 것인가, 아니면 급격한 사회 변동의 과정에서도 유지될 수 있는 것인가? 전통문화의 연속성과 재창조는 왜 필요하며, 어떻게 이루어지는가? 외래문화의 토착화(土着化), 한국화(韓國化)는 사회 변동과 문화 변화의 과정에서 무엇을 의미하는가? 이상과 같은 의문들은 오늘날 한국 사회에서 논란의 대상이 되고 있으며, 입장에 따라 상당한 견해 차이도 드러내고 있다. 전통의 유지와 변화에 대한 견해 차이는 오늘날 한국 사회에서 단순하게 보수주의와 진보주의의 차이로 이해될 성질의 것이 아니다. 한국 사회의 근대화는 이미 한 세기의 역사를 가지고 있으며, 앞으로도 계속되어야 할 광범하고 심대(深大)한 사회 구조적 변동이다. 그렇기 때문에, 보수주의적 성향을 가진 사람들도 전통문화의 변질을 어느 정도 수긍하지 않을 수 없는가 하면, 사회 변동의 강력한 추진 세력 또한 문화적 전통의 확립을 주장하지 않을 수 없다. 또, 한국 사회에서 전통문화의 변화에 관한 논의는 단순히 외래문화이냐 전통문화이냐의 양자택일적인 문제가 될 수 없다는 것도 명백하다. 근대화는 전통문화의 연속성과 변화를 다 같이 필요로 하며, 외래문화의 수용과 그 토착화 등을 다 같이 요구하는 것이기 때문이다. 그러므로 전통을 계승하고 외래문화를 수용할 때에 무엇을 취하고 무엇을 버릴 것이냐 하는 문제도 단순히 문화의 보편성(普遍性)과 특수성(特殊性)이라고 하는 기준에서만 다룰 수 없다. 근대화라고 하는 사회 구조적 변동이 문화 변화를 결정지을 것이기 때문에, 전통문화의 변화 문제를 (                )에서 다루어 보는 분석이 매우 중요하리라고 생각한다.

① 보수주의의 시각
② 진보주의의 시각
③ 사회 변동의 시각
④ 보편성과 특수성의 시각

## 13

**(    ) 안에 들어갈 표현으로 가장 적절한 것은?**

서양인들은 동양인들에 비해 세상을 '덜 복잡한 곳'으로 파악하기 때문에 적은 수의 요인들만으로도 세상을 이해할 수 있다고 믿는다. 연구팀은 미국과 한국의 대학생들에게 어떤 사건을 간단히 요약하여 기술하고, 총 100여 개에 달하는 요인들을 제시해 준 다음 각 요인이 그 사건과 관련이 있는지 없는지 선택하게 했다. 그 결과, 한국 대학생들은 약 37%의 요인들만 그 사건과 관계없는 요인으로 판단했으나, 미국 대학생들은 55%에 이르는 요인들이 그 사건과 관계없다고 판단했다. 동양계 미국인 참가자들은 한국인과 미국인의 중간 정도에 해당하는 반응을 보였다. 연구팀은 '어떤 요인이 어떤 사건과 관계없다고 판단 내리기를 꺼리는 경향', 다시 말해 '(                )'이 종합주의적 사고와 관련이 있음을 발견했다.

① 무수히 많은 요인들이 어떤 사건에 관련되어 있다고 믿는 경향
② 인과론적으로 사건을 파악하려고 하는 경향
③ 세상을 덜 복잡한 곳으로 파악하고 관계를 판단하는 경향
④ 발생한 결과를 요인들로 미리 예측할 수 없다고 믿는 경향
⑤ 맥락이 중시되는 상황에서 맥락을 무시하려는 경향

## 14

2020 국가직 9급

**다음 글을 바탕으로 ㉠을 이해할 때 가장 적절한 것은?**

> 나는 ㉠'연극에서의 관객의 공감'에 대해 강연한 일이 있다. 나는 관객이 공감하는 것을 직접 보여 주려고 시도했다. 먼저 나는 자원자가 있으면 나와서 배우처럼 읽어 주기를 청했다. 그리고 청중에게는 연극의 관객이 되어 들어 달라고 했다. 한 사람이 앞으로 나왔다. 나는 그에게 아우슈비츠를 소재로 한 드라마의 한 장면이 적힌 종이를 건네주었다. 자원자가 종이를 받아들고 그것을 훑어볼 때 청중들은 어수선했다. 그런데 자원자의 입에서 떨어진 첫 대사는 끔찍한 내용이었다. 아우슈비츠에 관한 적나라한 증언은 너무나 충격적이어서 청중들은 완전히 압도되었다. 자원자는 청중들의 얼어붙은 듯한 침묵 속에서 낭독을 계속했다. 자원자의 낭독은 세련되지도 능숙하지도 않았다. 그러나 관객들의 열렬한 공감을 이끌어 냈다. 과거 역사가 현재의 관객들에게 생생하게 공감되었다.
> 
> 이것이 끝나고 이번에는 강연장에 함께 갔던 전문 배우에게 셰익스피어의 희곡 「헨리 5세」에서 발췌한 대사를 낭독해 달라고 부탁했다. 그 대본은 400년 전 아쟁쿠르 전투(백년전쟁 당시 벌어졌던 영국과 프랑스의 치열한 전투)에서 처참하게 사망한 자들의 명단과 그 숫자를 나열한 것이었다. 그는 셰익스피어의 위대한 희곡임을 알아보자 품위 있고 고풍스럽게 큰 목소리로 낭독했다. 그는 유려한 어조로 전쟁에서 희생된 이들의 이름을 읽어 내려 갔다. 그러나 청중들은 듣는 둥 마는 둥 했다. 갈수록 청중들은 낭독자 따위는 안중에도 없다는 듯이 행동했다. 그들에게 아쟁쿠르 전투는 공감할 수 없는 것으로 분리된 것 같아 보였다. 앞서의 경우와는 전혀 다른 반응이었다.

① 배우의 연기력이 관객의 공감을 좌우한다.
② 비참한 죽음을 다룬 비극적인 소재는 관객의 공감을 일으킨다.
③ 훌륭한 고전이라고 해서 항상 청중의 공감을 불러일으킬 수 있는 것은 아니다.
④ 현재와 가까운 역사적 사실을 극화했다고 해서 관객의 공감 가능성이 커지지는 않는다.

## 정답&해설

**12** 정답 | ③

'보수주의와 진보주의의 차이로 이해될 성질의 것이 아니다.', '보편성과 특수성이라고 하는 기준에서만 다룰 수 없다.', '사회 구조적 변동이 문화 변화를 결정지을 것이기 때문에' 등을 통해 빈칸에는 '사회 변동의 시각'이 들어가는 것이 적절한 표현임을 알 수 있다.

**13** 정답 | ①

제시된 글에서는 동양인들이 세상을 복잡한 곳으로 생각하고 각 요인들이 사건과 관련이 있다고 생각하며, '어떤 요인이 어떤 사건과 관계없다고 판단 내리기를 꺼리는 경향'이 있다고 말하고 있다. 따라서 맥락상 ① '무수히 많은 요인들이 어떤 사건에 관련되어 있다고 믿는 경향'이 동양인의 '종합주의적 사고'와 관련 있다고 할 수 있다.

**14** 정답 | ③

1문단에서 자원자가 아우슈비츠 소재 드라마를 낭독한 것은 관객들의 공감을 이끌어 냈지만, 2문단에서 전문 배우의 셰익스피어 희곡 낭독은 관객들의 공감을 이끌어 내지 못했다. 여기에서 알 수 있는 것은 관객의 공감과 감동은 훌륭한 고전이냐 아니냐 또는 화법에 전문성이 있느냐 없느냐와는 크게 관련이 없다는 것이다.

## 15

**다음 글의 빈칸에 들어갈 말로 적절하지 않은 것은?**

> 탄소배출권 거래제는 교토의정서 체제로부터 파생된 시장지향적 온실가스 감축을 위한 거래 체계라고 할 수 있다. 탄소배출권 거래제는 크게 배정된 허용량으로서 할당된 배출권인 '허용량 거래제'와 개별적 경제 주체가 기술혁신, 에너지 절약, 대체기술의 도입 등의 자발적 노력을 통해 추가로 획득한 배출권인 '크레딧 거래제'로 구분할 수 있다.
> 허용량 거래제는 중앙집권적인 주체(개별 국가, 유럽 연합과 같은 국가 연합 등)가 각 경제 주체에게 최대 배출 한도를 배정하고, 이를 상한으로 오염 물질의 배출을 허용하면서 배출 한도에 여력이 발생한 경우 한도를 초과하는 주체와 배출권의 거래를 허용하는 방식이다.
> 크레딧 거래제는 참여 국가나 기업이 어떠한 배출 저감 프로젝트에 대해 특별한 저감 노력을 하지 않았을 경우의 배출량을 기준으로, 추가적인 저감 노력을 통해 감축되는 배출량을 크레딧으로 인정하여 이 크레딧을 거래하도록 하는 방식이다.
> 따라서 두 방식은 (           )에 차이점이 있다고 할 수 있다.

① 거래제가 적용되는 범위에 따른 거래 주체
② 강제적이냐 자발적이냐에 따른 참여 방식
③ 저감되는 탄소의 효과에 따른 거래 비용
④ 거래 주체 간의 저감 여력이 상이함에 따른 이행 난이도

## 16

**다음 글의 빈칸에 들어갈 말로 가장 적절한 것은?**

> 공간 활용이 하나의 트렌드가 되면서 최근에 각광받는 아이템이 바로 프리미엄 독서실이다. 기존의 스터디룸이 번화가에 위치하여 회의나 토론, 팀 작업을 하는 공간의 임대 사업을 영위했다면, 몇 년 전부터 인기를 끌기 시작한 프리미엄 독서실은 주거 지역과 조금 더 인접한 곳에 자리 잡은 임대 사업이다. 과거의 독서실 사업이 수험생과 고시생을 대상으로 한 저가형 비즈니스 모델이었던 것과 달리, 현재의 프리미엄 독서실은 그 타깃 연령층을 조금 더 끌어올려 넓혔다. 자녀가 더 좋은 환경에서 공부하길 원하는 부모와 좀 더 쾌적한 환경에서 학습 또는 작업을 희망하는 직장인으로 영역을 넓히면서 과거보다 가격을 조금 더 높이 매길 수 있게 되었다.
> 과거 피시방 수익 모델의 핵심은 공간을 빌릴 유인을 제공하고 그에 따라 임대료를 받는 것이었다. 여기에서 온라인, 멀티플레이 게임의 확산으로 게임을 할 수 있는 장소가 바로 임대 유인이었고 그 급부로 받는 것이 시간당 임대료였음을 생각해 보면, (           ) 측면에서 피시방은 프리미엄 독서실과 차이가 없다.

① 마니아들을 대상으로 하여 상대적으로 가격 결정력을 높일 수 있다는
② 초기에 충분한 시설 투자를 바탕으로 수요를 유인하여 개별 공간을 임대한다는
③ 공간 임대 외 부가적 상품 판매를 통해 수요 증가와 수익 창출을 기대할 수 있다는
④ 끊임없는 시설 투자와 시설의 정기적인 재투자를 통해 높은 임대료를 기대할 수 있다는

## 17

(ㄱ)~(ㄹ) 중 〈보기〉가 들어가기에 적절한 곳은?

─┤ 보기 ├─
거짓 정보는 그 정보에 언급되는 당사자에게 명예 훼손, 모욕 등으로 인한 정신적 피해를 줄 수 있습니다.

최근 온라인상에 거짓 정보가 증가하면서 청소년들에게 미치는 부정적인 영향이 심각하다고 합니다. 우리 학교 홈페이지 자유 게시판인 '대나무숲'에도 거짓 정보를 만들어 게시하거나 유포하는 일들이 눈에 띄게 늘어 문제가 되고 있습니다. (ㄱ) 그리고 정보 수용자인 학생들에게는 사실과 거짓에 대한 판단을 어렵게 만들어 의사 결정에 혼란을 야기하고, 학교 구성원 간의 갈등을 부추겨 통합을 방해함으로써 정신적인 피해를 줄 수 있습니다.

학교 '대나무숲' 게시판에 거짓 정보가 증가하는 이유는 첫째, 거짓 정보를 만들어 게시하거나 유포하는 학생들이 자신의 행위가 누군가에게 피해를 줄 수 있는 범죄 행위임을 인식하지 못하기 때문입니다. (ㄴ) 둘째, 게시판을 이용하는 학생들이 정보의 진위 여부를 확인하는 습관과 올바른 정보를 만들어내는 능력이 부족하기 때문입니다. 셋째, '대나무숲' 게시판의 관리가 제대로 이루어지지 않기 때문입니다.

이를 해결하기 위해서는 먼저, 학생들이 거짓 정보를 만들어 게시하거나 유포하는 것이 범죄 행위임을 인식할 수 있도록 학생 자치회에서 지속적으로 캠페인을 실시해야 합니다. (ㄷ) 다음으로 학교에서 미디어 교육을 통해 학생들이 정보를 접했을 때 진위 여부를 확인하는 습관을 기를 수 있도록 해야 합니다. 마지막으로 게시판 관리를 강화하기 위해 '대나무숲'의 운영 규칙을 정비하고, '대나무숲 모니터링단'을 운영하여 게시물에 대한 모니터링을 실시해야 합니다. (ㄹ)

① (ㄱ)　② (ㄴ)　③ (ㄷ)　④ (ㄹ)

---

### 정답&해설

**15**　　　　　　　　　　　　　　　　　　정답 | ③

탄소 저감은 저감량에 따라 효용이 달라지므로 이는 두 거래 방식의 차이점으로 보기 어렵다. 또한 두 가지 거래 방식이 거래 비용(배출권의 구매 비용)에 미치는 영향은 제시문을 통해 알 수 없으므로 적절한 차이점이라고 할 수 없다.

|오답해설| ① 허용량 거래제는 국가나 기업 전체에 해당되나, 크레딧 거래제는 거래제에 참여하는 개별 기업에 한정된다는 차이점이 있다.
② 허용량 거래제는 최대 배출 한도가 배정된다는 점에서 강제적이며, 크레딧 거래제는 자발적이라는 차이점이 있다.
④ 허용량 거래제에 의한 저감은 의무적이므로 국가나 기업이 처한 상황에 따라 실행 난이도가 달라지며, 크레딧 거래제는 자발적 실행에 의한 것으로 배출권 거래제보다 용이하게 이루어질 수 있다.

**16**　　　　　　　　　　　　　　　　　　정답 | ②

프리미엄 독서실은 쾌적하고 좋은 공간을 제공함으로써 수익을 얻을 수 있는 아이템이고, 피시방은 게임을 하고자 하는 사람에게 게임을 할 수 있는 공간을 제공하여 수익을 창출하는 사업 모델이다. 즉 프리미엄 독서실과 피시방은 초기에 충분한 시설 투자를 하여 쾌적한 환경, 게임을 할 수 있는 환경을 조성하고 이를 바탕으로 수요를 유인하여 공간을 임대함으로써 수익을 창출한다는 점이 유사하다.

|오답해설| ① 프리미엄 독서실은 과거의 독서실에 비해 타깃 연령층을 넓힘으로써 가격을 좀 더 높이 매길 수 있게 되었다.
③ 제시된 글에서는 부가적 상품 판매에 대해 언급하지 않았다.
④ 제시된 글의 내용만으로는 시설 투자를 통해 프리미엄 독서실과 피시방이 높은 임대 수익을 거둘 수 있는지에 대해서 알 수 없다.

**17**　　　　　　　　　　　　　　　　　　정답 | ①

주어진 글은 거짓 정보가 주는 문제점에 대해 이야기하는 글이다. 이에 대한 내용은 지문의 2문단에서도 확인할 수 있다. '그리고'와 '학생들에게는'이라는 표현을 보았을 때, (ㄱ)에 들어가는 것이 가장 적절하다.

|오답해설| ② 대나무숲 게시단에 거짓 정보가 증가하는 이유를 설명하는 부분이다.
③④ 현재의 문제를 해결하기 위한 방법을 제시하고 있는 부분이다.

## 18

다음 글의 문맥을 통해 빈칸 ㉠, ㉡에 들어갈 내용이 바르게 짝 지어진 것을 고르면?

'노동'이란 사전적 의미로는 '사람이 생존에 필요한 물자를 얻기 위해 체력과 정신을 이용하여 일을 하는 것'이다. 기계적인 노동을 모두 노예에게 맡겼던 고대 그리스인들은 노동이란 정신을 야비하게 만들고 인간으로서 덕을 행할 수 없게 만드는 것으로 보았다. 아리스토텔레스는 "온전한 삶이란 노동과 여가가 분리된 삶이다. 인간은 여가를 얻기 위해 일을 한다."라고 했다. 고대 로마제국의 키케로는 "수공업자는 지저분한 일을 하기 때문에 고상한 것이라고는 만들어 낼 수가 없다."라고 말했다. 또한 그는 일용근로자와 같은 미숙련 노동자의 일은 '자유로운 사람의 존엄성을 해치고 더럽히는 일'이라고 간주했다. 이와 함께 그는 돈 때문에 하는 일은 인격을 타락시킨다며 상인, 대부업자, 세관원을 경멸했다. 고대 그리스의 여가는 기독교의 시대인 중세로 넘어오면서 명상, 신을 향한 정신 집중, 종교서 탐독과 그로부터 제기되는 물음에 대한 성찰, 경건한 찬양과 기도로 바뀌었다. 토마스 아퀴나스에게는 '활동적인 삶'보다는 '관조적인 삶'이 더 중요했고, 명상은 육체적인 노동보다 훨씬 월등한 것이었다. 중세에는 당시의 사회 질서에 따라 고된 부역에 동원된 농노와 높은 공납의 의무를 진 농민이 인구의 대다수를 차지했다. 그들의 노동과 삶은 민네와 전투에 모든 힘을 집중한 귀족들의 경우와는 사뭇 달랐다. 당시 몇 안 되는 교육기관으로서의 역할을 한 수도원은 이러한 상황을 신학으로 정당화했다. 신학에서 육체노동은 열등한 것이지만 종교적 의무로 간주되었고, 따라서 노동은 종교적 의무의 수행이라는 절대 목적하에 일반 민중에게 부과되었다. 하지만 이러한 상황은 영원히 지속될 수 없었다. 특히 수많은 도시에서 노동의 새로운 모범이 대두되기 시작했다. 유럽 전역에서 끊임없이 농민 봉기가 일어났다. 당시 부분 자립 도시에서 사는 일부 수공업자와 상인들이 근면함으로 막대한 부를 쌓을 수 있었다는 사실은 노동의 의미와 가치를 분명히 증명해 보여 주었다.

노동이라는 행위는 인류의 역사를 통해 계속되어 온 것이며 생존과 생활을 영위하기 위해서 반드시 필요한 일이나 전통적으로 육체노동이 정신노동보다 열등하다는 편견이 있었다. 마르크스는 이때까지 경시되어 왔던 노동의 의미를 규명하고 왜 노동이 철학적으로 경시될 수밖에 없는가를 이론적으로 밝혀낸다. 마르크스 이전에도 노동에 대한 ( ㉠ )이 있었으나, 마르크스 시대가 도래하면서 마르크스는 노동에 대한 ( ㉡ )을 시작한 것이다.

마르크스는 불변하는 인간 본성이 있다는 전제를 거부하였다. 그래서 그는 분석의 출발점을 인간의 사고나 본성이 아닌 인간이 실제로 살아가는 사회와 사회관계로 두었다. 그러므로 마르크스주의에서 인간에게 보편적으로 존재하는 것으로 인정되어지는 문제나 개념은 인간 사회라는 대상에서 추출한 것이다. 마르크스는 이러한 보편적 전제들의 출발점으로 '노동'을 상정한다. 노동은 인간의 본질이며 사회의 토대이다. 인간이 스스로 하나의 유적 존재가 되는 것은 바로 인간이 대상 세계를 상대로 노동한다는 사실에 있다. 이 생산을 통하여 자연은 그의 노동으로 그의 현실로 나타난다. 인간과 자연과의 관계에 있어서 그 양자를 연결해 주는 가장 기초적인 활동이라는 점에서 이 명제는 타당하다. 노동이 포괄하는 인간이 생존을 위한 모든 활동은 필연적으로 직접적으로나 간접적으로 자신이 서 있는 환경을 바꾸는 것이다. 그리고 이것은 변화의 방향에 대한 뚜렷한 목표가 있고 여기에 의지와 지적능력이 투여된다는 점에서 동물들과도 구별된다. 자연의 역사가 하나의 종이 생겨나고 멸종하는 것이라면, 노동의 관점에서 인간의 역사는 같은 종이 그 욕구를 충족하기 위해 조직하는 방법의 변동에 관한 것이 된다. 마르크스주의는 개인과 자연을 잇는 노동이라는 개념을 중요한 것으로 설정하는 순간부터 이미 다른 철학에 비해 보다 실천적인 것이었다. 그리고 그것의 분석 범주가 철저히 현실에 실재하는 관계에 대한 냉철한 분석에서 출발하면서 마르크스주의가 내포하는 의제들은 다시 현실에 대한 것으로 되돌아간다. 유물론은 사상의 기초와 새로운 세계관을 물질적 사회적 조건에서 나오는 결과로 이해함으로써 '존재가 사유를 규정한다.'는 유명한 명제를 낳았다. 의식을 변화시키라고 하는 요구는 결국 현존하는 세계에 대한 해석방식을 변화시키라는 요구, 즉 세계를 다른 방식으로 인식하라는 요구일 뿐이다. 그러므로 마르크스 주의에 있어 새로운 세계관은 새로운 상황하에서 나타날 수 있는 것이며 새로운 상황은 그 시대 모순하에서의 실천적 활동들에 의해 구축될 수 있는 것이다. 그리고 그 시대의 주요 모순이 투쟁하는 계급 사이의 모순인 한에서 그러한 변혁의 주체는 현실을 변화시키고자 하는 계급 자신이 된다. 개인의 인식에 있어서도 실천은 중요하다. 개인이 세계에 존재하는 모순을 느끼는 순간은 자신의 삶 속에서 실제로 그것과 마주칠 때이다. 그리고 그 모순이 심화되면 그것을 변화시키고자 하는 욕망을 느끼게 되고, 환경을 변화시키는 동시에 자기 자신 역시 변화된다. 여기서 이 두 변화를 연결하는 고리는 바로 혁명적 실천이다. 이러한 혁명적 실천은 그 모순이 사회 속에 광범위하게 잠재되어 있는 것일 경우 계급적 단위로 나타나게 된다. 지식인의 각성이 아니라 대중의 실천에서 새로운 세계로의 길을 찾는 것이다. 그것은 이전의 어떤 사상도 가지지 못했던 파괴력을 마르크스주의에 부여한다. 또한 실천에 대한 이러한 논의들은 마르크스주의에 대한 잘못된 이해를 바로잡는 것에도 도움을 준다. 마르크스는 변증법과 유물론을 통해 사회를 보다 객관화시키고 과학의 범주 안에서 관찰함으로써 자신의 이론에 설득력을 부여했다. 그래서 역사적으로 종종 그의 이론에 따라 자본주의가 내적 모순에 의해 저절로 무너질 것으로 보는 견해도 나타났다. 그러나 모순이 나타난 후 그것이 전개되는 과정에서 그 방향을 좌우하는 가장 중요한 요인은 혁명적 실천에 있다는 것이다.

|  | ㉠ | ㉡ |
|---|---|---|
| ① | 소극적인 투쟁 | 물리적인 저항 |
| ② | 소극적인 투쟁 | 적극적인 저항 |
| ③ | 물리적인 투쟁 | 소극적인 투쟁 |
| ④ | 물리적인 투쟁 | 이론적인 저항 |
| ⑤ | 이론적인 투쟁 | 적극적인 저항 |

## 19
**(ㄱ)~(ㄹ) 중 〈보기〉가 들어가기에 가장 적합한 곳은?**

┤ 보기 ├

　이는 은유가 단어에 국한된 것이 아니라 작품 전반에 걸쳐 관여하며, 은유의 본질이 이질적인 층위 간의 상호작용에서 발생하는 의미의 생산과 창조에 있음을 보여 준다.

　(ㄱ) '내 마음은 호수'로 대표되는 은유는 흔히 '마음=호수'라는 등식과 함께 원관념과 보조 관념이 유사성을 바탕으로 1:1로 대응되는 차원에서 언급되고 있다. (ㄴ) 하지만 이 구절은 단순히 '마음'을 '호수'로 대체한 것이 아니라, 시의 전체적인 맥락 속에서 '마음'과 '호수'가 상호작용하면서 사랑의 심리 상태와 관련한 새로운 의미를 생성하고 있다. (ㄷ) 이런 생성에 따라 다음 행인 '그대 노 저어 오오'도 실제가 아닌 은유적 의미로 읽히게 된다. (ㄹ)

① (ㄱ)　　　　　② (ㄴ)
③ (ㄷ)　　　　　④ (ㄹ)

---

## 정답&해설

### 18　　　　　　　　　　　　　　　　　정답 | ④
1문단은 중세 신학에서 육체노동은 열등한 것이지만 종교적 의무로 간주되면서 종교적 의무의 수행이라는 절대 목적하에 일반 민중에게 노동이 부과되었고, 당시 부분 자립 도시에서 사는 일부 수공업자와 상인들이 근면함으로 막대한 부를 쌓으며 유럽 전역에서 끊임없이 농민 봉기가 일어나기 시작했다고 언급하였다. 또한 2문단은 마르크스는 이때까지 경시되어 왔던 노동의 의미를 규명하고 왜 노동이 철학적으로 경시될 수밖에 없는가를 이론적으로 밝혀내고 있다고 언급하였다. 따라서 마르크스 이전에도 노동에 대한 '물리적인 투쟁'이 있었으나, 마르크스 시대가 도래하면서 마르크스는 노동에 대한 '이론적인 저항'을 시작한 것임을 알 수 있다.

### 19　　　　　　　　　　　　　　　　　정답 | ④
〈보기〉의 문장이 '이는'으로 시작하므로 글의 시작인 (ㄱ)에 오는 것은 적절하지 않다. 〈보기〉의 문장이 제시되기 전에 은유가 작품 전반으로 확대된다는 언급이 있어야 한다. 그러므로 작품 전체의 맥락으로 확대되는 내용이 언급되기 전인 (ㄴ) 역시 적절하지 않다. (ㄷ) 이후의 문장은 심리 상태와 관련한 새로운 의미를 생성하는 내용이며, (ㄴ) 뒤에 바로 이어지는 내용임을 알 수 있다. 따라서 〈보기〉의 문장이 (ㄷ)에 들어갈 수 없다. 은유가 작품 전반에 걸쳐 관여한다는 〈보기〉의 문장이 '다음 행'으로 은유적 의미가 전파된다는 (ㄹ) 직전의 진술과 부합한다는 점에서 (ㄹ)에 오는 것이 가장 바람직하다.

## 20
**다음 글의 ㉠에 대한 설명으로 가장 적절한 것은?**

우리 상법에 규정되어 있는 ㉠ 고지 의무는 법적으로 보험 가입자가 위험 정보를 보험사에게 제공하도록 구현된 제도이다. 보험 계약은 보험 가입자의 청약과 보험사의 승낙으로 성립된다. 보험 가입자는 반드시 계약을 체결하기 전에 '중요한 사항'을 알려야 하고, 이를 사실과 다르게 진술해서는 안 된다. 여기서 '중요한 사항'은 보험사가 보험 가입자의 청약에 대한 승낙을 결정하거나 차등적인 보험료를 책정하는 근거가 된다. 따라서 고지 의무는 결과적으로 다수의 사람들이 자신의 위험 정도에 상응하는 보험료보다 더 높은 보험료를 납부해야 하거나, 이를 이유로 아예 보험에 가입할 동기를 상실하게 되는 것을 방지한다.

보험 계약 체결 전 보험 가입자가 고의나 중대한 과실로 '중요한 사항'을 보험사에 알리지 않거나 사실과 다르게 알리면 고지 의무를 위반하게 된다. 이러한 경우에 우리 상법은 보험사에 계약 해지권을 부여한다. 보험사는 보험 사고가 발생하기 이전이나 이후에 상관없이 고지 의무 위반을 이유로 계약을 해지할 수 있고, 해지권 행사는 보험사의 일방적인 의사 표시로 가능하다. 해지를 하면 보험사는 보험금을 지급할 책임이 없게 되며, 이미 보험금을 지급했다면 그에 대한 반환을 청구할 수 있다. 일반적으로 법에서 의무를 위반하게 되면 위반한 자에게 그 의무를 이행하도록 강제하거나 손해 배상을 청구할 수 있는 것과 달리, 보험 가입자가 고지 의무를 위반했을 때에는 보험사가 해지권만 행사할 수 있다. 그런데 보험사의 계약 해지권이 제한되는 경우도 있다. 계약 당시에 보험사가 고지 의무 위반에 대한 사실을 알았거나 중대한 과실로 인해 알지 못한 경우에는 보험 가입자가 고지 의무를 위반했어도 보험사의 해지권은 배제된다. 이는 보험 가입자의 잘못보다 보험사의 잘못에 더 책임을 둔 것이라 할 수 있다. 또 보험사가 해지권을 행사할 수 있는 기간에도 일정한 제한을 두고 있는데, 이는 양자의 법률관계를 신속히 확정함으로써 보험 가입자가 불안정한 법적 상태에 장기간 놓여 있는 것을 방지하려는 것이다. 그러나 고지해야 할 '중요한 사항' 중 고지 의무 위반에 해당되는 사항이 보험 사고와 인과 관계가 없을 때에는 보험사는 보험금을 지급할 책임이 있다. 그렇지만 이때에도 해지권은 행사할 수 있다. 보험에서 고지 의무는 보험에 가입하려는 사람의 특성을 검증함으로써 다른 가입자에게 보험료가 부당하게 전가되는 것을 막는 기능을 한다. 이로써 사고의 위험에 따른 경제적 손실에 대비하고자 하는 보험 본연의 목적이 달성될 수 있다.

① 보험에 가입하기 전, 가입자가 고의로 중요한 사항을 알리지 않을 경우 위반하게 된다.
② 이를 위반하더라도 사고가 발생하기 전이라면 보험사가 해지권을 행사할 수 없다.
③ 사고 발생 이후 위반 사실이 확인될 경우, 위반 사항과 사고의 인과관계에 따라 해지권을 행사할 수 있을지가 결정된다.
④ 위반 사실을 확인한 이후, 보험사가 가입자에게 이행을 강제할 수 있다.

## 21
**(ㄱ)~(ㄹ) 중 〈보기〉가 들어가기에 가장 적절한 곳은?**

┤ 보기 ├

인간 중심적 사유에서는 육체가 이성적 활동을 방해한다고 본 것과 달리 니체는 자연의 활력이 분명하게 발현되는 육체를 중요시한 것이다.

인간 삶의 고양을 위해, 니체는 이성만을 중시했던 인간 중심적인 사고방식을 거부하고 상대적으로 경시되었던 인간의 육체에 주목하였다. (ㄱ) 그러나 이런 니체의 관점이 이성적 능력을 부정하는 것은 아니다. 니체는 이성과 육체를 이분법적으로 보는 관점을 거부하고 이성과 육체를 통합적으로 규정하는 '몸'이라는 개념을 제시한다. (ㄴ) 니체는 '몸'으로서의 인간에게 육체의 활동이 전제되지 않으면 이성적 활동이 불가능하다고 말하면서 육체의 중요성을 언급한다. (ㄷ) 동시에 '몸'을 '큰 이성'이라고 규정하고 인간 중심적 사고방식에서 강조하는 이성을 '작은 이성'이라고 규정하면서, '몸'이 단지 육체적 활동에만 국한된 개념이 아니라 이성적 활동까지 통합된 더 큰 개념이라는 것을 강조한다. 니체는 이러한 '몸' 개념을 통해서, 인간의 육체적 활동을 배제하고 이성적 활동만을 중시하는 편향성을 극복하여, 자연의 일부로서의 인간 육체의 활동이 지닌 활력을 다시 찾아 더 고양된 인간으로 나아갈 수 있다고 보았다. (ㄹ)

① (ㄱ)   ② (ㄴ)   ③ (ㄷ)   ④ (ㄹ)

## 22

**(ㄱ)~(ㄹ) 중 〈보기〉가 들어가기에 가장 적절한 곳은?**

─┤ 보기 ├─
일련의 상황이나 사건들 중 작가의 시선에 의해 특정한 부분이 부각되어 서술되는 것이다.

작가는 시간의 흐름에 따라 나타나는 모든 상황을 서술하지는 않는다. (ㄱ) 즉, 서사는 시간과 공간을 배경으로 하는 사건의 선택과 결합을 통해 구성된다. (ㄴ) 선택이란 시간과 공간을 분할한 후 의미 있는 부분을 선택하는 것을, 결합이란 이렇게 선택된 시간과 공간을 다양한 방식으로 연결하여 새롭게 사건을 구성하는 것을 의미한다. (ㄷ) 이렇게 서사는 다양한 사건 구성의 방식을 통해 인간의 문제를 총체적으로 파악하고자 하는 고민을 담고 있다. (ㄹ)

① (ㄱ)    ② (ㄴ)    ③ (ㄷ)    ④ (ㄹ)

## 23

**다음 글의 ㉠~㉢에 들어갈 말로 적절한 것은?**

전망 이론에서는 이러한 심리가 실제 선택 행동에 영향을 미치는 현상을 '틀 효과'로 설명한다. 이에 따르면 사람들은 여러 대안 중 하나를 선택할 때, 선택 상황이 자신에게 이득을 주는지, 손실을 주는지에 따라 전자를 '긍정적 틀'로, 후자를 '부정적 틀'로 인식한다. 그 결과 사람들은 긍정적 틀에서는 확실한 이득을 주는 대안을 선택하고, 부정적 틀에서는 불확실한 손실을 주는 대안을 선택한다. 불확실성을 '위험'이라 할 때, 불확실성을 피해 확실성을 추구하는 것은 '위험 회피 성향'에, 불확실성을 추구하는 것은 '위험 추구 성향'에 해당한다. ( ㉠ ) 사람들은 긍정적 틀에서는 ( ㉡ )을, 부정적 틀에서는 ( ㉢ )을 보인다고 할 수 있다.

| | ㉠ | ㉡ | ㉢ |
|---|---|---|---|
| ① | 따라서 | 위험 회피 성향 | 위험 추구 성향 |
| ② | 그러므로 | 위험 추구 성향 | 위험 회피 성향 |
| ③ | 그리고 | 위험 추구 성향 | 위험 회피 성향 |
| ④ | 그러나 | 위험 회피 성향 | 위험 추구 성향 |

---

### 정답&해설

**20**     정답 | ①

2문단을 통해 가입자가 보험사에게 중요한 사항을 고의 혹은 중대한 과실로 알리지 않을 경우 고지 의무를 위반하는 것임을 알 수 있다.

| 오답해설 | ② 2문단에서 가입자가 고지 의무를 위반할 경우 보험사는 사고 발생 여부와 상관없이 해지권을 행사할 수 있다고 설명한다.
③ 2문단을 통해 가입자가 고지 의무를 위반할 경우, 보험사는 해지권을 인과관계에 상관없이 행사할 수 있음을 알 수 있다.
④ 2문단의 '일반적으로 법에서 의무를 위반하게 되면 위반한 자에게 그 의무를 이행하도록 강제하거나 손해 배상을 청구할 수 있는 것과 달리, 보험 가입자가 고지 의무를 위반했을 때에는 보험사가 해지권만 행사'할 수 있다는 내용을 통해 알 수 있다.

**21**     정답 | ①

〈보기〉에 제시된 '인간 중심적 사유', '육체를 중요시한 것이다.'라는 표현 등이 가장 어울리는 곳은 제시된 글의 첫 문장 이후이다. 해당 문장에서는 니체가 인간 중심적인 사고방식을 거부하고, 당시에 일반적으로 경시하던 인간의 육체에 주목했다는 내용이 언급되고 있다. 그리고 (ㄱ) 이후에는 니체의 주장을 보완하는 설명이 이어진다. 또 〈보기〉의 문장에서 '육체가 이성적 활동을 방해'한다는 내용은 앞 문장에서 인간의 육체가 경시되었다는 사실의 이유가 될 수 있다. 그러므로 〈보기〉는 (ㄱ)에 들어가는 것이 가장 적절하다.

**22**     정답 | ①

〈보기〉의 특정한 부분을 부각시켜 서술한다는 내용과 (ㄱ) 앞 문장의 작가가 모든 상황을 서술하지도 않는다는 내용의 흐름이 자연스럽게 이어지고 있다.

| 오답해설 | ② 공간 배경과 시간 배경, 선택과 결합의 언급이 계속되는 것을 보았을 때, 〈보기〉가 들어가기에 적합하지 않다.
③ 사건의 구성이 (ㄷ) 앞 문장과 뒤 문장 모두 언급되고 있다. 〈보기〉가 들어가기에 적합하지 않다.
④ '이렇게'라는 표현과 함께 글의 내용을 마무리하는 문장이 (ㄹ) 앞에서 이미 제시되었다.

**23**     정답 | ①

㉠ 위험 추구 성향과 위험 회피 성향에 대한 설명 이후 사람들을 각 상황에 따라 분류하고 있다. 앞의 문장이 이후 문장의 근거가 되므로 '따라서' 혹은 '그러므로'가 적절하다.
㉡ 긍정적 틀에서는 확실한 이득을 주는 대안을 선택하므로 '위험 회피 성향'이 적절하다.
㉢ 부정적 틀에서는 불확실한 손실을 주는 대안을 선택하므로 '위험 추구 성향'이 적절하다.

# CHAPTER 05 전개 순서(배열) 유형

☐ 1회독   월   일
☐ 2회독   월   일
☐ 3회독   월   일
☐ 4회독   월   일
☐ 5회독   월   일

**교수님 코멘트 ▶** 전개 순서(배열) 유형은 기존 시험에서도 출제 빈도가 높았던 유형이다. 2025년부터 전환된 시험에서도 역시 출제된 바 있다.

## STEP 1 　 유형 분석하기

'전개 순서(배열)'는 일반적인 독해 비문학 유형으로 보기는 어렵지만 공무원 시험문제에서 쉽게 볼 수 있는 유형으로, 2025년 전환된 시험에서도 확인할 수 있는 유형이다.

주로 4~5개의 문장을 제시하고 그 순서를 바로잡게 하는 것이 일반적이다. 보통은 난도가 높지 않게 출제되는 경우가 많지만 일부 어렵게 출제되는 경우에는 수험생들이 시간적으로 고민을 많이 하게 하는 유형이다. 따라서 이 유형을 풀어 내는 원리를 학습하고 그와 관련된 문제를 최대한 많이 풀어 보며 이런 유형의 문제에 익숙해지는 것이 중요하다.

## STEP 2 　 독해방법 알아보기

### 1 문장의 상대적 위치 파악

'전개 순서(배열)' 유형을 잘 풀기 위한 첫 번째 방법은, 문장의 '상대적 위치'를 따져 보는 것이다. 즉, 글이 시작되는 첫 번째 문장을 찾는 것이다. 예를 들어, 아래와 같은 선택지가 있다고 가정해 보자.

> ① ㄱ - ㄷ - ㄴ - ㄹ　　② ㄱ - ㄹ - ㄷ - ㄴ
> ③ ㄷ - ㄱ - ㄴ - ㄹ　　④ ㄷ - ㄴ - ㄱ - ㄹ

첫 번째 문장이 될 수 있는 후보는 'ㄱ'이 아니면 'ㄷ'이다. 따라서 첫 번째 문장 후보가 정해졌으므로 다른 문장들은 순서에서 배제한다. 이렇게 첫 번째 문장의 후보를 추린 다음, 'ㄱ'과 'ㄷ'의 상대적 위치를 확인해야 한다. 상대적 위치는 'ㄱ'과 'ㄷ', 이 둘을 놓고 봤을 때 '조금이라도 앞에 올 수 있는 문장이 무엇인가?, 그 근거가 무엇인가?'의 대답을 통해 확인할 수 있다. 예를 들어, 'ㄱ' 문장이 '따라서 우리가 해야 할 일은 민족 문화를 보호하는 것이다.'라고 한다면 'ㄱ'은 첫 번째 문장이 될 수 없다. 그 이유는 '따라서' 때문이다. '따라서'라는 접속 부사의 사용은 'ㄱ' 문장 앞에 다른 문장이 필수적으로 있어야 함을 말해 준다. 하나의 예를 더 들어 보면 'ㄱ' 문장이 '도플러 효과란 파동을 발생시키는 파원과 그 파동을 관측하는 관측자 중 하나 이상이 운동하고 있을 때 발생하는 효과로……'이고, 'ㄴ' 문장이 '도플러 효과가 우리 실생활에 사용된 예를 들자면……'이라고 한다면 'ㄱ' 문장과 'ㄴ' 문장의 상대적 위치는 'ㄱ' 문장이 앞이 된다. 그 이유는 'ㄱ' 문장에서 '도플러 효과'를 정의하였기 때문에 'ㄴ' 문장에서 아무 부담 없이 '도플러 효과'라는 용어를 사용한 것이기 때문이다.

## 2 받는 표현인 문장 파악

'전개 순서(배열)' 유형을 잘 풀기 위한 두 번째 방법은, '받는 표현'을 잘 살펴보는 것이다. '받는 표현'이란 앞에 오는 문장의 내용을 뒤에 오는 문장이 받아서 표현해 주는 것을 말한다. 예를 들어, 아래 문장에서 밑줄 그은 부분이 '받는 표현'이다. 일반적으로 공무원 국어 '전개 순서(배열)' 문제는 받는 표현이 잘 드러나므로 받는 표현을 통해 앞 문장과 뒤 문장의 선후 관계를 파악할 수 있다.

> ① 철수는 어제 영희를 만나서 밥도 먹고 영화도 보고 산책도 하며 즐거운 시간을 보냈다.
> ② <u>데이트를 한</u> 철수는 집에 돌아와 부모님을 도와 청소도 하고 음식도 만들고 부모님 안마도 해 드렸다.
> ③ <u>오랜만에 효도를 한</u> 철수는 기분이 좋기도 했지만 그동안 부모님께 자신이 너무 무심했다는 생각이 들어 반성도 하였다.

● 다음 글의 전개 순서로 가장 자연스러운 것은?  2022 지방직 9급

> (가) 과거에는 고통만을 안겨 주었던 지정학적 조건이 이제는 희망의 조건이 되고 있습니다. 이제 한반도는 사람과 물자가 모여드는 동북아 물류와 금융, 비즈니스의 중심지가 될 것입니다. 우리가 주도해서 평화와 번영의 동북아 시대를 열어 나가야 합니다.
> (나) 100년 전 우리는 수난과 비극의 역사를 겪었습니다. 해양으로 나가려는 세력과 대륙으로 진출하려는 세력이 한반도를 가운데 놓고 싸움을 벌였습니다. 마침내 우리는 국권을 상실하는 아픔을 감수해야 했습니다.
> (다) 지금은 무력이 아니라 경제력이 국력을 좌우하는 시대입니다. 우리나라는 전쟁의 폐허를 극복하고 세계적인 경제 강국을 건설하고 있습니다. 우수한 인력과 세계 선두권의 정보화 기반을 갖추고 있습니다. 바다와 하늘과 땅을 연결하는 물류 기반도 손색이 없습니다.
> (라) 그 아픔은 분단으로 이어져서 오늘에 이르고 있습니다. 그 과정에서는 정의가 패배하고 기회주의가 득세하는 불행한 역사를 겪었습니다. 그러나 이제 우리에게도 새로운 희망의 시대가 열리고 있습니다. 세계의 변방으로 머물러 왔던 동북아시아가 북미·유럽 지역과 함께 세계 경제의 3대 축으로 떠오르고 있습니다.

① (가) - (나) - (다) - (라)
② (가) - (라) - (나) - (다)
③ (나) - (가) - (라) - (다)
④ (나) - (라) - (다) - (가)

|정답해설|
④ (가)는 고통을 주던 한반도의 지정학적 조건이 이제 희망의 조건이 되고 있다고 설명하며, 우리가 나아가야 할 길을 언급하고 있다. 반면, (나)는 수난과 비극의 역사를 겪었던 우리 민족을 언급하고 있으므로 맥락상 (나)가 먼저 와야 한다. (라)의 '그 아픔'은 (나)에 언급된 '아픔'과 이어지는 표현으로서, (라)는 불행한 역사를 겪었던 우리도 현재 세계 경제의 3대 축으로 떠오르고 있다는 언급을 하며 현재의 상황을 말하고 있다. 따라서 현재의 상황을 통해 나아가야 할 길을 제시하고 있는 (가)가 (라)보다 뒤에 와야 한다. (다) 역시 경제 강국을 건설하고 있는 우리의 상황을 언급하고 있으므로 (가)를 맨 뒤에 두고 '(나)-(라)-(다)-(가)'의 순서로 전개해야 한다.

|정답| ④

| 단권화 MEMO |

## STEP 3　대표 발문

• 다음 글의 전개 순서로 가장 자연스러운 것은?
• 다음 글을 문맥에 맞게 배열한 것은?
• 다음 글의 내용에 이어지는 순서로 가장 자연스러운 것은?

## STEP 4　기출문제 살펴보기

● **내용의 전개에 따라 바르게 배열한 것은?**　　2017 국가직 9급

(가) 사물은 저것 아닌 것이 없고, 또 이것 아닌 것이 없다. 이쪽에서 보면 모두가 저것, 저쪽에서 보면 모두가 이것이다.
(나) 그러므로 저것은 이것에서 생겨나고, 이것 또한 저것에서 비롯된다고 한다. 이것과 저것은 저 혜시(惠施)가 말하는 방생(方生)의 설이다.
(다) 그래서 성인(聖人)은 이런 상대적인 방법에 의하지 않고, 그것을 절대적인 자연의 조명(照明)에 비추어 본다. 그리고 커다란 긍정에 의존한다. 거기서는 이것이 저것이고 저것 또한 이것이다. 또 저것도 하나의 시비(是非)이고 이것도 하나의 시비이다. 과연 저것과 이것이 있다는 말인가. 과연 저것과 이것이 없다는 말인가.
(라) 그러나 그, 즉 혜시(惠施)도 말하듯이 삶이 있으면 반드시 죽음이 있고, 죽음이 있으면 반드시 삶이 있다. 역시 된다가 있으면 안 된다가 있고, 안 된다가 있으면 된다가 있다. 옳다에 의거하면 옳지 않다에 기대는 셈이 되고, 옳지 않다에 의거하면 옳다에 의지하는 셈이 된다.

① (가) - (나) - (다) - (라)
② (가) - (나) - (라) - (다)
③ (가) - (다) - (나) - (라)
④ (가) - (라) - (나) - (다)

| 정답해설 |
② 선택지를 통해 (가)가 가장 먼저 나옴을 알 수 있다. (나)와 (라)는 '혜시'로 연결되는데, (라)에서 '혜시도'의 조사 '도'를 통해 (나)가 (라)보다 우선함을 유추할 수 있다. (다)와 (라)는 '상대적인 방법'을 통해 연결되며, 문맥상 (라)가 (다)보다 우선함을 알 수 있다. 따라서 '(가)-(나)-(라)-(다)'의 순서로 배열해야 한다.

| 정답 | ②

## STEP 5　NCS 문제 살펴보기

● 주어진 글의 (가)~(마)를 글의 흐름에 따라 순서대로 바르게 나열한 것을 고르면?

2020 9월 시행 한국토지주택공사 기출 복원

(가) 1923년에 만들어진 디즈니는 애니메이션의 역사 그 자체다. 이 회사는 밝은 색감과 예쁘고 아름다운 캐릭터들을 사용해 누가 봐도 디즈니 영화라는 것을 쉽게 알 수 있도록 제작한다. 또한 항상 권선징악이라는 주제가 깔려 있어서 아이들을 키우는 부모들도 선호해 왔다. 심지어 디즈니의 영향으로 사람들의 관념이 달라지기도 하였는데, 단적인 예가 미키마우스 캐릭터이다. 기존에 생쥐는 징그러운 동물이라는 인식이 강했지만, 디즈니가 미키마우스라는 캐릭터로 귀엽게 그려 냄에 따라 미국인들의 생쥐에 대한 생각 자체를 긍정적으로 바꿔 놓은 것이다.

(나) 슈렉은 디즈니 주인공들과는 달리 못생겼고 냄새도 심하게 난다. 음식도 들쥐처럼 이상한 것들이다. 여주인공인 피오나는 예쁜 공주이긴 하지만 나쁜 마법에 걸려 밤이 되면 괴물로 변한다. 그런데 공주일 때보다 괴물일 때 마음이 더 예쁘다. 영화의 마지막 장면에서 피오나는 마법이 풀리자 예쁘장한 공주가 아닌 유쾌한 괴물의 모습으로 남는다. 이렇게 드림웍스는 '얼굴이 예쁘지 않아도 마음이 예쁜 것이 더 중요하다'라는 메시지를 담은 애니메이션을 만들며 대성공을 거뒀다.

(다) 이렇듯 디즈니라는 브랜드는 다른 어떤 애니메이션 회사도 넘볼 수 없는 최고의 위치를 수십 년간 지켜왔다. 수많은 애니메이션 회사들이 디즈니와 경쟁하려 했지만 큰 소득을 거두지 못했다. 아무리 더 예쁘고 재미있는 애니메이션 작품을 만들어 내놔도 소비자들은 '예쁘고 재밌는 만화영화는 역시 디즈니가 최고'라는 인식을 갖고 있었기 때문이다.

(라) 실제로 그때까지 디즈니 애니메이션에 등장한 '공주' 캐릭터만 해도 백설공주, 인어공주 등 12명에 달했고, 이들은 모두 예쁘고 착하며 좋은 남편을 만났다는 공통점이 있다. 심지어 그 남편들도 모두 훤칠하고 잘생겼다. 따라서 드림웍스는 예쁜 사람은 마음도 예쁘고, 날씬하고, 목소리도 꾀꼬리 같으며, 키도 크고, 노래도 잘해야 한다는 생각을 아이들에게 심어 줄 수 있다는 우려 하에 마음이 예쁘면 외모는 중요하지 않다는 메시지를 전달하고자 했다. 그래서 만든 것이 '슈렉'이라는 녹색 괴물이다.

(마) 하지만 2001년 '슈렉'이라는 작품으로 도전장을 던진 드림웍스는 역발상을 통해 디즈니의 아성을 무너뜨렸다. 물론 디즈니와 정반대로 하는 것 그 자체가 목적은 아니었다. 디즈니에서 일하던 일부 직원을 포함해 디즈니 스타일의 애니메이션에 불만을 가진 사람들이 모인 것이 시작이었다. 제프리 카첸버그를 비롯한 드림웍스 경영진은 디즈니의 캐릭터들이 다들 예쁘고 잘생겼기 때문에 의도하지 않게 사람들, 특히 아이들에게 잘못된 생각을 심어줄 수 있다고 보고 이를 고쳐 보자고 생각했다.

① (가) - (나) - (다) - (라) - (마)
② (가) - (다) - (라) - (나) - (마)
③ (가) - (다) - (마) - (라) - (나)
④ (마) - (가) - (나) - (다) - (라)
⑤ (마) - (라) - (다) - (가) - (나)

---

단권화 MEMO

| 정답해설 |
③ 선택지를 통해 (가) 또는 (마)가 가장 먼저 나옴을 알 수 있고, 이 중 (마)는 '하지만'으로 시작하므로 (가)가 도입부에 와야 한다. (가)는 애니메이션의 역사 그 자체로 여겨졌던 디즈니에 대해 소개하며 화제를 제시하고 있으므로 '이렇듯'이라는 부사어로 문단을 시작하며 디즈니에 대해 부연 설명하고 있는 (다)가 (가) 뒤에 오는 것이 적절하다. 그다음에는 드림웍스가 디즈니에 도전장을 내민 이유, 디즈니의 아성을 무너뜨린 전략 등을 구체적으로 설명한 뒤 그 의의를 제시하고 있는 (마), (라), (나)가 순서대로 오는 것이 자연스럽다.

| 정답 | ③

개념 적용문제

# 05 전개 순서(배열) 유형

## 2025 국가직 9급 대표 기출문제 분석

**(가)~(라)를 맥락에 맞추어 가장 적절하게 나열한 것은?**  2025 국가직 9급

> (가) 그 원리를 알려면 LCD와 OLED의 차이를 이해해야 한다. LCD는 다른 조명 장치의 도움을 받아 시각적 효과를 낸다. 다시 말해 스스로 빛을 내지 못한다는 것이다. 따라서 LCD는 화면 뒤에 빛을 공급하는 백라이트가 필요하다는 특성을 갖는다.
> (나) 자유롭게 말았다 펼 수 있는 '롤러블 TV'가 개발되었다. 평소에는 말거나 작게 접어서 간편하게 가지고 다니다가 필요할 때 펴서 사용하는 태블릿이나 노트북이 상용화될 날도 머지않았다. 기존에 우리가 생각하는 텔레비전 화면이나 모니터는 평평하고 딱딱한 것인데, 어떻게 접거나 말 수 있을까?
> (다) OLED 기술은 모양을 자유롭게 변형할 수 있는 모니터 개발을 가능하게 하였다. 딱딱한 유리 대신에 쉽게 휘어지는 특수 유리나 플라스틱을 이용함으로써 둥글게 말았다가 펼 수 있는 화면을 생산할 수 있게 된 것이다.
> (라) 반면 OLED는 화소 단위로 빛의 삼원색을 내는 유기 반도체로 구성되어 있어 스스로 빛을 낼 수 있다. OLED 제품은 화면 뒤에 백라이트를 설치할 필요가 없기 때문에 얇게 만들 수도 있고 특수 유리나 플라스틱으로 제작할 수도 있다.

① (나)-(가)-(다)-(라)
② (나)-(가)-(라)-(다)
③ (다)-(가)-(라)-(나)
④ (다)-(나)-(라)-(가)

### 이렇게 학습하세요!

- 지시 표현, 접속 표현, 대용 표현 등 연결 표지에 집중하며 문제를 풀어 보세요.
- 전개 순서 유형에 맞는 독해 접근법을 열심히 연습해 보세요.

### (가)~(라)를 맥락에 맞추어 가장 적절하게 나열한 것은?

(가) 그 원리를 알려면 LCD와 OLED의 차이를 이해해야 한다. LCD는 다른 조명 장치의 도움을 받아 시각적 효과를 낸다. 다시 말해 스스로 빛을 내지 못한다는 것이다. 따라서 LCD는 화면 뒤에 빛을 공급하는 백라이트가 필요하다는 특성을 갖는다.

*대응 표현 → (가)가 (나)의 뒤에 와야 함을 확실히 보여 주는 부분*

▶ (가): LCD 화면의 특징

(나) 자유롭게 말았다 펼 수 있는 '롤러블 TV'가 개발되었다. 평소에는 말거나 작게 접어서 간편하게 가지고 다니다가 필요할 때 펴서 사용하는 태블릿이나 노트북이 상용화될 날도 머지않았다. 기존에 우리가 생각하는 텔레비전 화면이나 모니터는 평평하고 딱딱한 것인데, 어떻게 접거나 말 수 있을까?

*글의 도입을 질문을 통해 제시하고 있다. 보통 글의 도입에서 하는 질문에 대한 답변이 글의 핵심 내용인 경우가 많다.*

▶ (나): 롤러블 TV가 가능한 이유

(다) OLED 기술은 모양을 자유롭게 변형할 수 있는 모니터 개발을 가능하게 하였다. 딱딱한 유리 대신에 쉽게 휘어지는 특수 유리나 플라스틱을 이용함으로써 둥글게 말았다가 펼 수 있는 화면을 생산할 수 있게 된 것이다.

*(나)에서 제시한 질문에 대한 최종 답변이 제시된 부분으로 글을 마무리하는 부분이다.*

▶ (다): OLED 기술의 발전에 따른 롤러블 TV의 개발

(라) 반면 OLED는 화소 단위로 빛의 삼원색을 내는 유기 반도체로 구성되어 있어 스스로 빛을 낼 수 있다. OLED 제품은 화면 뒤에

*(가)에서 제시한 LCD와 OLED의 차이와 관련된 부분이다.*
*(가)에서 LCD에 대해 설명하였으므로 (가) 바로 뒤에 (라)가 오는 것을 알 수 있다.*

백라이트를 설치할 필요가 없기 때문에 얇게 만들 수도 있고 특수 유리나 플라스틱으로 제작할 수도 있다.

▶ (라): OLED 화면의 특징

~~① (나)-(가)-(다)-(라)~~
② (나)-(가)-(라)-(다)

➡ 선택지의 조건상 (나) 또는 (다) 중 하나가 처음에 위치해야 한다. (나) 끝에 '텔레비전 화면이나 모니터는 평평하고 딱딱한 것인데 어떻게 접거나 말 수 있을까?'라고 묻고 있고 그에 대한 답변을 (다)를 통해 하고 있다는 것을 알 수 있다. 따라서 순서적으로 (나)가 먼저 와야 함을 알 수 있다. 그리고 (나) 다음은 (가)로 확정되고 (가) 다음은 (다)이거나 (라)가 된다. (가)에서 LCD와 OLED의 차이를 언급하고 먼저 LCD에 대해 설명하고 있다. 그러므로 (가) 뒤에는 OLED에 대해 설명하는 (라)가 와야 자연스럽다. 따라서 최종적으로 순서는 (나)-(가)-(라)-(다)가 되어야 한다.

~~③ (다)-(가)-(라)-(나)~~
~~④ (다)-(나)-(라)-(가)~~

| 정답 | ②

## 01

**(가)~(라)를 맥락에 맞추어 가장 적절하게 나열한 것은?**

(가) 다음으로 시청자의 마음을 사로잡을 수 있는 참신한 인물을 창조해야 한다. 특히 주인공은 장애를 만나 새로운 목표를 만들고, 그것을 이루는 과정에서 최종적으로 영웅이 된다. 시청자는 주인공이 목표를 이루는 데 적합한 인물로 변화를 거듭할 때 그에게 매료된다.

(나) 스토리텔링 전략에서 제일 먼저 해야 할 일이 로그라인을 만드는 것이다. 로그라인은 '장애, 목표, 변화, 영웅'이라는 네 가지 요소를 담아야 하며, 3분 이내로 압축적이어야 한다. 이를 통해 스토리의 목적과 방향이 마련된다.

(다) 이 같은 인물 창조의 과정에서 스토리의 주제가 만들어진다. '사랑과 소속감, 안전과 안정, 자유와 자발성, 권력과 책임, 즐거움과 재미, 인식과 이해'는 수천 년 동안 성별, 나이, 문화를 초월하여 두루 통용된 주제이다.

(라) 시청자가 드라마나 영화에 대해 시청 여부를 결정하는 데 걸리는 시간은 8초에 불과하다. 제작자는 이 짧은 시간 안에 시청자를 사로잡을 수 있는 스토리텔링 전략이 필요하다.

① (나) - (가) - (라) - (다)
② (나) - (다) - (가) - (라)
③ (라) - (나) - (가) - (다)
④ (라) - (나) - (다) - (가)

## 02

**다음 글을 논리적 순서에 맞게 배열한 것은?**

(가) 전쟁이라는 소용돌이 속에서 인물들은 인간성의 상실, 죽음의 체험, 공동체의 해체 등을 겪게 되는 것이다.

(나) 전후(戰後) 소설은 전쟁의 폭력성이 불러온 비극적 경험을 주로 형상화하고 있다.

(다) 특히 가족 공동체의 해체는 가족의 죽음이나 이산(離散)으로 발생한 경우가 많다.

(라) 이때 인물들은 정신적 상처와 아픔을 겪게 되지만, 이를 수용하고 극복하여 새롭게 성장하는 모습으로 그려진다.

① (나)-(다)-(가)-(라)
② (나)-(가)-(다)-(라)
③ (가)-(다)-(라)-(나)
④ (가)-(라)-(나)-(다)

## 03

**다음 글에서 (가)~(다)의 순서를 자연스럽게 배열한 것은?**

빅데이터가 부각된다는 것은 기업들이 빅데이터의 가치를 받아들이기 시작했다는 뜻이다. 여기에는 기업들이 데이터를 바라보는 시각이 변한 측면도 있다.

(가) 기업들은 고객이 판촉 활동에 어떻게 반응하고 평소에 어떻게 행동하며 사물에 대해 어떤 태도를 보이는지 알기 위해 많은 돈을 투자해 마케팅 조사를 해 왔다.

(나) 그런 상황에서 기업들은 SNS나 스마트폰 등 새로운 데이터 소스로부터 그러한 궁금증과 답답함을 해결할 수 있다는 것을 알게 되었다. 페이스북에 올리는 광고에 친구가 '좋아요'를 한 것에서 기업들은 궁금증과 답답함을 해결할 수 있다.

(다) 그런데 기업들의 그런 노력이 효과가 있는 경우도 있었으나 아쉬운 점도 많았다. 쉬운 예로, 기업들은 많은 광고비를 쓰지만 그 돈이 구체적으로 어느 부분에서 효과를 내는지는 알지 못했다.

결국 데이터가 있는 곳에서 기업들은 점점 더 고객의 취향에 집중할 수 있게 되었으며, 이에 따라 기업들은 소셜미디어의 빅데이터를 중요한 경영 수단으로 수용하기 시작한 것이다.

① (가) - (나) - (다)
② (가) - (다) - (나)
③ (나) - (가) - (다)
④ (다) - (나) - (가)

## 04

2022 국가직 9급

**다음 글의 전개 순서로 가장 자연스러운 것은?**

> (가) 이 기관을 잘 수리하여 정련하면 그 작동도 원활하게 될 것이요, 수리하지 아니하여 노둔해지면 그 작동도 막혀 버릴 것이니 이런 기관을 다스리지 아니하고야 어찌 그 사회를 고취하여 발달케 하리오.
> (나) 이러므로 말과 글은 한 사회가 조직되는 근본이요, 사회 경영의 목표와 지향을 발표하여 그 인민을 통합시키고 작동하게 하는 기관과 같다.
> (다) 말과 글이 없으면 어찌 그 뜻을 서로 통할 수 있으며, 그 뜻을 서로 통하지 못하면 어찌 그 인민들이 서로 이어져 번듯한 사회의 모습을 갖출 수 있으리오.
> (라) 그뿐 아니라 그 기관은 점점 녹슬고 상하여 필경은 쓸 수 없는 지경에 이를 것이니 그 사회가 어찌 유지될 수 있으리오. 반드시 패망을 면하지 못할지라.
> (마) 사회는 여러 사람이 그 뜻을 서로 통하고 그 힘을 서로 이어서 개인의 생활을 경영하고 보존하는 데에 서로 의지하는 인연의 한 단체라.
> — 주시경, 「대한국어문법 발문」에서 —

① (마) − (가) − (다) − (나) − (라)
② (마) − (가) − (라) − (다) − (나)
③ (마) − (다) − (가) − (라) − (나)
④ (마) − (다) − (나) − (가) − (라)

## 05

**다음 글을 문맥상 알맞은 순서로 배열한 것은?**

> (가) 증여는 당사자의 일방이 자기의 재산을 무상으로 상대방에게 줄 의사를 표시하고 상대방이 이를 승낙함으로써 성립하는 계약이다.
> (나) 유언자의 의사 표시만으로 유효하게 성립하고 의사 표시의 상대방이 필요 없다는 점에서 증여와 차이가 있다.
> (다) 증여자만 이행 의무를 진다는 점이 특징이다.
> (라) 유언은 유언자의 사망과 동시에 일정한 법률 효과를 발생시키려는 것을 목적으로 하는 계약이다.

① (가) − (나) − (다) − (라)
② (라) − (나) − (가) − (다)
③ (가) − (다) − (라) − (나)
④ (라) − (다) − (가) − (나)

## 정답&해설

**01** 정답 | ③

(라)에서 드라마 제작자가 시청자를 사로잡기 위해서는 스토리텔링 전략이 필요하다고 언급하고 있다. (나)에서는 스토리텔링 전략에서 해야 할 일을 언급하고 있으므로 순서상 (라)가 (나)보다 앞선 내용임을 알 수 있다. (가)에서는 '다음으로'라는 순서를 알려 주는 표현을 쓰며 스토리텔링 전략의 다음 순서를 설명하고 있다. 따라서 (나) 뒤에 (가)가 와야 함을 알 수 있다. 그리고 (가)에서 인물 창조를 해야 한다고 설명하고 있고 (다)에서는 '이같은'을 통해 인물 창조라는 표현을 받고 있으므로 (가) 뒤에 (다)가 와야 함을 알 수 있다. 따라서 최종 순서는 '(라)−(나)−(가)−(다)'이다.

**02** 정답 | ②

전후 소설이 비극적 경험을 주로 형상화하고, (가)에서는 그 형상화를 구체적으로 설명하고 있다. 때문에 이 앞에 형상화에 대한 언급이 있는 (나)가 오는 것이 좋다. 또한 (다)와 (라)는 '특히'와 'O 때'로 시작하기에 첫 문장으로 쓰이기에 적절하지 않다. (라)의 앞부분에는 아픔을 겪는 상황이 제시되어야 한다.
가족 공동체에 대한 추가 설명이 나오는 (다)는 (가) 이후에 나오는 것이 적절하다. 따라서 '(나) − (가) − (다) − (라)'의 순서로 전개되어야 한다.

**03** 정답 | ②

'기업들이 빅데이터의 가치를 받아들이기 시작했다는 뜻이다. 여기에는 기업들이 데이터를 바라보는 시각이 변한 측면도 있다.'에서 기업들이 기존의 방식과 현재 빅데이터를 바라보는 시각에 차이가 있음을 알 수 있다. 따라서 기존의 방식과 관련된 (가)가 먼저 나오고, '그런 노력'((가)의 내용)에 아쉬운 점이 많았다는 (다)가 이어져야 한다. 그리고 '그런 상황'((다)에서 예로 든 상황)에서 SNS나 스마트폰 등 새로운 데이터 소스로부터 궁금증과 답답함을 해결할 수 있다는 것을 알게 되었다는 (나)가 순차적으로 연결되어야 자연스럽다. 따라서 '(가) − (다) − (나)'의 순서로 전개되어야 한다.

**04** 정답 | ④

(마)에서 사회는 여러 사람이 그 뜻을 통하고 서로 의지하는 단체라고 설명하고 있다. (다)에서 그런 통함, 즉 뜻의 통함이 있으려면 말과 글이 필수적이라고 설명하고 있다. (나)에서 이런 말과 글은 인민을 통합시키고 작동하게 하는 기관과 같다고 말하고 있다. (가)에서 이 기관을 잘 수리하고 정련하여야 작동도 원활하게 되며 사회도 발달하게 된다고 언급하고 있다. (라)에서 그 기관을 잘 정리하지 못하면 필경 쓸 수 없는 지경에 이르게 되고 사회는 패망하게 된다고 언급하고 있다. 따라서 '(마) − (다) − (나) − (가) − (라)'의 순서로 전개되어야 한다.

**05** 정답 | ③

주어진 글은 증여와 유언에 대한 내용을 이야기하고 있는 글이다. (나)에서 증여와의 차이를 언급하는 것을 통해 증여가 먼저, 이후에 유언에 대한 이야기가 오는 것이 적절하다. (가)와 (라)는 각각 증여와 유언에 대한 정의이므로 증언과 유언의 이야기를 할 때에 각각 먼저 오는 것이 좋다. 그러므로 (가) 이후 (다)가, (라) 이후 (나)가 오는 것이 좋다. 따라서 '(가) − (다) − (라) − (나)'의 순서로 전개되어야 한다.

## 06

**다음 글의 전개 순서로 가장 자연스러운 것은?**

> ㄱ. 1700년대 중반에 이미 미국 이주민들의 평균 소득은 영국인들의 평균 소득을 넘어섰다.
> ㄴ. 그러나 미국은 사실 그러한 분야에서는 다른 산업 국가들에 비해 특별한 우위를 갖고 있지 않았다.
> ㄷ. 미국 이주민들의 평균 소득이 높아지게 된 배경에는 좋은 환경으로부터 비롯된 낙관성과 자신감이 있었다. 이후로도 다소 불안정하기는 했지만 미국인들의 소득은 계속해서 크게 증가했다.
> ㄹ. 대부분의 미국인들은 남북 전쟁 이후 급속히 경제가 성장한 이유를 농업적 환경뿐만 아니라 19세기의 과학적, 기술적 대전환, 기업가 정신과 규제가 없는 시장 경제 때문이라고 단순하게 생각하는 경향이 있다.
> ㅁ. 미국인들이 이처럼 초기 정착기에 풍요로움을 누릴 수 있었던 것은 비옥한 토지, 풍부한 천연자원, 흑인 노동력에 힘입은 농산물 수출 덕분이었다.

① ㄱ - ㄷ - ㅁ - ㄹ - ㄴ
② ㄱ - ㄹ - ㄷ - ㄴ - ㅁ
③ ㄹ - ㄴ - ㅁ - ㄱ - ㄷ
④ ㄹ - ㅁ - ㄴ - ㄷ - ㄱ

## 07

**다음 글의 전개 순서로 가장 자연스러운 것은?**

> (가) 상품 생산자, 즉 판매자는 화폐를 얻기 위해 자신의 상품을 시장에 내놓는다. 하지만 생산자가 만들어 낸 상품이 시장에 들어서서 다른 상품이나 화폐와 관계를 맺게 되면, 이제 그 상품은 주인에게 복종하기를 멈추고 자립적인 삶을 살아가게 된다.
> (나) 이처럼 상품이나 시장 법칙은 인간에 의해 산출된 것이지만, 이제 거꾸로 상품이나 시장 법칙이 인간을 지배하게 된다. 이때 인간 및 인간들 간의 관계가 소외되는 현상이 나타난다.
> (다) 상품은 그것을 만들어 낸 생산자의 분신이지만, 시장 안에서는 상품이 곧 독자적인 인격체가 된다. 사람이 주체가 아니라 상품이 주체가 된다.
> (라) 또한 사람들이 상품들을 생산하여 교환하는 과정에서 시장의 경제 법칙을 만들어 냈지만, 이제 거꾸로 상품들은 인간의 손을 떠나 시장 법칙에 따라 교환된다. 이런 시장 법칙의 지배 아래에서는 사람과 사람 간의 관계가 상품과 상품, 상품과 화폐 등 사물과 사물 간의 관계에 가려 보이지 않게 된다.

① (가) - (다) - (나) - (라)
② (가) - (다) - (라) - (나)
③ (다) - (라) - (가) - (나)
④ (다) - (라) - (나) - (가)

## 08

2014 지방직 7급

**(가)의 내용에 이어지는 순서로 가장 자연스러운 것은?**

(가) 근대 자유 민주주의는 역사적으로 민주주의의 특정한 형태로서 아테네에서 민주주의가 사라진 후 거의 2,000년이 지나서 역사의 무대에 등장하였다. 전체 서구 역사에서 볼 때 민주주의가 자유주의보다 먼저 출현했지만, 근대에 들어와서는 자유주의가 민주주의에 비해 200년이나 앞서 등장해서 그 후에 등장한 민주주의가 적응해야 하는 세계의 틀을 창조하였다. 곧 자유 민주주의는 기본적으로 자유주의가 설정한 한계 내에서 규정되고 구조화된 민주주의라고 말할 수 있다.

(나) 나아가 거의 모든 고전적 자유주의자들은, 여성은 남편이나 부친을 통해 정치적으로 대표됨으로써 그들의 이익을 보호할 수 있다는 논거하에 여성의 참정권을 부정하였다. 이처럼 자유주의자들은 참정권의 부여를 일정한 기준, 곧 재산 소유, 가장으로서의 지위 또는 공식적인 교육의 수준에 따라 제한하고자 했다.

(다) 따라서 로크는 묵시적 동의가 아니라 명시적 동의를 할 수 있는 유산 계급에게만 참정권을 인정했다. 또 프랑스 대혁명 기간 중에 제1차 국민 의회의 헌법 제정자들은 능동적 시민권과 수동적 시민권을 구분하고, 정치적 권리를 납세자에게만 인정하였다.

(라) 그러나 자유주의자들은 다음과 같은 이유에서 오랫동안 대중에게 참정권을 부여하는 보통 선거권을 도입하자는 민주주의자들의 요구에 대해 부정적이었다. 첫째, 그들은 대중이 대부분 가난한 사람들로 구성되어 있으며 부자와 사유재산제도 일반에 적대적이기 때문에 보통 선거권의 도입을 통해 대중의 지지를 받은 정치가가 정권을 잡게 되면, 부자의 재산을 몰수하여 가난한 자에게 분배하는 등 급진적인 경제 개혁을 실시하는 것을 두려워했다. 둘째로 그들은 대중이란 삶의 모든 영역에서 평등을 추구하기 때문에 그들이 권력을 잡게 되면 문화적 획일성·다양성에 대한 불관용 및 여론에 의한 전제 정치로 귀결될 것이라고 주장했다. 셋째, 자유주의자들은 투표권이란 합리성, 성찰 능력, 사회 정치적 사안에 대한 지식 등을 전제하며 따라서 그러한 자질들을 가진 자들에게 부여되어야 하는데, 대중은 그러한 자질을 결여하고 있기 때문에 그들에게 공공사를 맡길 수 없다고 주장했다.

① (나) - (다) - (라)
② (나) - (라) - (다)
③ (다) - (라) - (나)
④ (라) - (다) - (나)

## 정답&해설

### 06
정답 | ①

ㄱ은 1700년대에 대한 설명이고, ㄹ은 19세기 이후에 대한 설명이므로, 시기로 보면 ㄱ이 앞서는 것이 자연스럽다. ㄱ의 '미국 이주민들의 평균 소득은 영국인들의 평균 소득을 넘어섰다.'와 ㄷ의 '미국 이주민들의 평균 소득이 높아지게 된 배경에는'이 내용적으로 연결되므로 ㄱ 다음에는 ㄷ이 연결되어야 하는 것을 알 수 있다. ㄷ에서 평균 소득 증가 배경을 언급했으므로, 이에 대한 원인을 제시하는 ㅁ이 나오고, 남북 전쟁 이후 미국 경제 성장에 대한 내용인 ㄹ-ㄴ 순으로 이어지는 것이 자연스럽다. 따라서 정답은 'ㄱ-ㄷ-ㅁ-ㄹ-ㄴ'이다.

### 07
정답 | ②

(나)의 '이처럼'과 (라)의 '또한'을 통해 (나)와 (라)가 첫 번째 순서에 위치하기 어렵다는 것을 알 수 있다. (가)의 경우 상품 생산자가 상품을 시장에 내어놓는 상황이 나와 있고, (다)의 경우 상품이 시장에서 어떤 성격을 갖는지를 말하고 있으므로 맥락상 (가)가 처음에 와야 한다. (라)는 앞에 언급한 내용들과 다르지 않고 (나)는 인간 소외라는 새로운 이야기를 하고 있으므로 (나)가 (라) 뒤에 와야 한다. 따라서 '(가) - (다) - (라) - (나)'의 순서로 배열해야 한다.

### 08
정답 | ④

(나)는 '나아가 거의 모든 고전적 자유주의자들은'으로 내용을 시작함으로써 (가)에서 언급되지 않은 '고전적 자유주의자들'을 언급하고 있어 (가) 뒤에 오기 어색하다. (다) 또한 '참정권'을 이야기하므로 (가)의 바로 뒤에 이어지기 힘들다는 것을 알 수 있다. 따라서 두 번째 문단에는 (라)가 와야 하고, (라) 뒤에 (다), (나) 순으로 이어져야 한다. 따라서 (가) 뒤에 '(라) - (다) - (나)'가 이어지는 것이 적절하다.

## 09

다음 글을 문맥에 맞게 배열한 것은?

(가) 탈세, 특히 재계 거물들의 탈세는 국가 권력의 기초를 허무는 것으로, 심각한 반국가 행위로 다스리는 것이 옳다.
(나) 우리가 세금에 대해 일반적으로 갖는 인식은 '억울하게 뜯기는 돈'인 경우가 많고 그래서 탈세자들에게도 굉장히 관대하다.
(다) 특히 재계 인사들이 탈세를 했다는 소식에는 '고래가 물을 뿜었나 보다' 정도로 무덤덤하게 받아들일 때가 많다. 이러한 인식은 크게 잘못된 것이다.
(라) 병역을 기피한 자들과 똑같은 의미에서 '조세도피자'라고 부르는 것이 옳다.
(마) 그런 의미에서 이들을 '조세피난자'라고 불러서는 안 된다.

① (가) – (나) – (다) – (마) – (라)
② (나) – (다) – (가) – (마) – (라)
③ (나) – (가) – (다) – (라) – (마)
④ (나) – (가) – (마) – (다) – (라)
⑤ (가) – (나) – (다) – (라) – (마)

## 10

다음 글의 전개 순서로 가장 적절한 것은?

ㄱ. 도구의 발달은 기술의 발전으로 이어져 인간은 자연환경의 제약으로부터 벗어날 수 있게 되었다.
ㄴ. 그리하여 인간은 자연이 주는 혜택과 고난 속에서 자신의 의지에 따라 선택적으로 자연을 이용하고 극복하게 되었다.
ㄷ. 인류는 지혜가 발달하면서 점차 자연의 원리를 깨닫고 새로운 도구를 만들 줄 알게 되었다.
ㄹ. 필리핀의 고산 지대에서 농지가 부족한 자연환경을 극복하기 위해 계단처럼 논을 만들어 벼농사를 지은 것이 그 좋은 예이다.

① ㄱ – ㄷ – ㄴ – ㄹ
② ㄱ – ㄹ – ㄷ – ㄴ
③ ㄷ – ㄱ – ㄴ – ㄹ
④ ㄷ – ㄴ – ㄱ – ㄹ

## 11

다음 글의 (가)~(라)를 순서대로 바르게 배열한 것은?

(가) 뇌의 발달장애의 일종인 자폐증의 경우 대인관계에 문제가 있는 것이 특징이다. 특히 자폐증 환자의 일부에서 염색체의 유전자 배열이 중복되는 예가 있는 것으로 확인됐지만, 여전히 해명되지 않은 부분도 많다. 연구팀은 특수한 효소를 사용해 쥐의 염색체에서 자폐증 환자와 같은 모양으로 유전자를 재배열해 중복시킨 뒤 자폐증세를 나타내는 쥐를 만들어 냈다.
(나) 연구팀은 실험 결과 자폐증 쥐는 다른 쥐와 관계를 이루지 못한 채 고립상태를 유지하고, 똑같은 행동을 몇 차례나 반복하는 등 자폐증 환자에게서 보이는 특징적인 행동을 하게 된다고 밝혔다. 또 "자폐증 쥐의 탄생은 아직 초보 단계"라면서 "원인 유전자를 조사하고 사람의 자폐증 구조를 해명하기 위한 동물 모델로서 도움이 될 것"이라고 말했다. 이 같은 유전자의 특수한 조작기술을 이용할 경우 자폐증뿐 아니라 정신분열증 등 다른 정신질환 증상이 있는 쥐를 만드는 것도 가능할 것으로 보고 있다. 이렇듯 자폐증 쥐의 탄생으로 이 질병의 메커니즘을 규명하고 향후 새로운 치료 약을 생산하는 데 큰 도움이 될 것으로 기대되고 있다.
(다) 지금까지 자폐증은 뇌의 기능 일부에 장애 때문에 일어나는 것으로 알려져 있으나 근본적인 치료법은 개발되지 않았다. 그런데 지난 25일, 연구팀은 자폐증 환자에게서 나타나는 염색체 이상과 동일한 구조를 가진 쥐를 만들어 냈다고 발표했다. 연구 결과는 26일자 미국 과학잡지 '셀'에 게재되었다.
(라) 연구팀은 이어 자폐증 쥐가 있는 바구니에 정상 쥐를 넣어 실험했다. 자폐증 쥐는 낯선 쥐에게 가까이 가지 않았고 접근하는 시간도 일반 쥐보다 2배가량 늦었다. 또 두 마리의 쥐를 쳇바퀴에 넣고 뛰는 시간을 조사했더니 자폐증 쥐가 정상 쥐보다 약 1.5배가량 길었다.

① (가) – (나) – (다) – (라)
② (나) – (다) – (라) – (가)
③ (다) – (가) – (라) – (나)
④ (라) – (가) – (나) – (다)

## 12

**다음 글의 (가)~(라)를 순서에 맞게 배열한 것은?**

　공리주의는 일반적으로 어떤 행위의 옳고 그름이 공리에 따라, 즉 그 행위가 인간의 이익과 행복을 늘리는 데 결과적으로 얼마나 기여하는가에 따라 결정된다고 보는 이론이다. 이러한 공리주의는 인간이 자신과 더불어 다른 존재들의 이익과 행복을 공평하게 고려해야 한다는 것을 전제로 한다. 그리고 인간은 자신의 이익과 행복을 증진하려 하는데, 그러한 인간이 할 수 있는 행위들 중에서 인간의 최대 이익과 행복이라는 '최선의 결과'를 가져오는 행위를 옳은 행위로 본다. 공리주의는 이러한 최선의 결과를 본래적 가치로 여긴다. 이때 본래적 가치란 그 자체로서 지니는 가치를 의미하는데, 이는 다른 어떤 것을 위한 수단으로서의 가치인 도구적 가치와 상대되는 개념이다.

(가) 선호 공리주의는 쾌락뿐만 아니라 쾌락이 아닌 다른 것을 추구하기도 하는 인간의 행위가 개인의 선호를 반영한 것이고, 이런 선호의 실현이 곧 최선의 결과라고 설명함으로써 쾌락주의적 공리주의의 한계를 극복했다.

(나) 쾌락주의적 공리주의의 이런 한계를 극복하기 위해 등장한 이론이 선호 공리주의이다. 이 이론은 최선의 결과를 선호의 실현으로 본다. 여기에서 선호란 사람마다 원하는 것 혹은 실현하고자 하는 것을 말한다. 선호 공리주의에 따르면 도덕적으로 옳은 행위는 자신뿐 아니라, 그 행위가 영향을 미치는 모든 사람들 각자가 지닌 선호를 가장 많이 실현시키는 행위이다.

(다) 쾌락주의적 공리주의는 최선의 결과를 쾌락의 증진으로 보는 이론이다. 다시 말해 인간의 심리적 경험인 쾌락을 본래적 가치로 여기고 있는 것이다. 이 이론에 따르면 도덕적으로 옳은 행위는 자신뿐 아니라, 그 행위가 영향을 미치는 모든 인간들의 쾌락을 가장 많이 증진하는 행위이다. 그러나 쾌락주의적 공리주의는 인간이 어떤 행위를 선택할 때 쾌락만을 추구하는 것이 아니라 다른 것을 추구하기도 한다는 것을 설명하기 어렵다는 한계를 지닌다.

(라) 그런데 최선의 결과를 무엇으로 보느냐에 따라 공리주의는 크게 쾌락주의적 공리주의, 선호 공리주의, 이상 공리주의 등으로 나누어 볼 수 있다.

　하지만 선호 공리주의는 보편적인 관점에서 볼 때 비정상적인 욕구에 기반을 둔 선호의 실현과 정상적인 욕구에 기반을 둔 선호의 실현이 동일한 비중을 갖지 않는다는 점을 설명하기 어렵다는 한계를 지닌다.

① (가)-(다)-(라)-(나)　② (가)-(라)-(다)-(나)
③ (라)-(다)-(나)-(가)　④ (라)-(가)-(다)-(나)

## 13

**(가)~(라)를 알맞은 순서로 배열한 것은?**

(가) 열과 일에 대한 이러한 이해는 카르노의 이론에 대한 과학자들의 재검토로 이어졌다. 특히 톰슨은 칼로릭 이론에 입각한 카르노의 열기관에 대한 설명이 줄의 에너지 보존 법칙에 위배된다고 지적하였다. 카르노의 이론에 의하면, 열기관은 높은 온도에서 흡수한 열 전부를 낮은 온도로 방출하면서 일을 한다. 이것은 줄이 입증한 열과 일의 등가성과 에너지 보존 법칙에 어긋나는 것이어서 열의 실체가 칼로릭이라는 생각은 더 이상 유지될 수 없게 되었다. 하지만 열효율에 관한 카르노의 이론은 클라우지우스의 증명으로 유지될 수 있었다. 그는 카르노의 이론이 유지되지 않는다면 열은 저온에서 고온으로 흐르는 현상이 생길 수도 있을 것이라는 가정에서 출발하여, 열기관의 열효율은 열기관이 고온에서 열을 흡수하고 저온에 방출할 때의 두 작동 온도에만 관계된다는 카르노의 이론을 증명하였다.

(나) 열기관은 높은 온도의 열원에서 열을 흡수하고 낮은 온도의 대기와 같은 열기관 외부에 열을 방출하며 일을 하는 기관을 말하는데, 열효율은 열기관이 흡수한 열의 양 대비 한 일의 양으로 정의된다.

(다) 한편 1840년대에 줄(Joule)은 일정량의 열을 얻기 위해 필요한 각종 에너지의 양을 측정하는 실험을 행하였다. 대표적인 것이 열의 일당량 실험이었다. 이 실험은 열기관을 대상으로 한 것이 아니라, 추를 낙하시켜 물속의 날개바퀴를 회전시키는 실험이었다. 열의 양은 칼로리(calorie)로 표시되는데, 그는 역학적 에너지인 일이 열로 바뀌는 과정의 정밀한 실험을 통해 1kcal의 열을 얻기 위해서 필요한 일의 양인 열의 일당량을 측정하였다. 줄은 이렇게 일과 열은 형태만 다를 뿐 서로 전환이 가능한 물리량이므로 등가성을 갖는다는 것을 입증하였으며, 열과 일이 상호 전환될 때 열과 일의 에너지를 합한 양은 일정하게 보존된다는 사실을 알아내었다. 이후 열과 일뿐만 아니라 화학 에너지, 전기 에너지 등이 등가성을 가지며 상호 전환될 때에 에너지의 총량은 변하지 않는다는 에너지 보존 법칙이 입증되었다.

(라) 19세기 초에 카르노는 열기관의 열효율 문제를 칼로릭 이론에 기반을 두고 다루었다. 카르노는 물레방아와 같은 수력 기관에서 물이 높은 곳에서 낮은 곳으로 흐르면서 일을 할 때 물의 양과 한 일의 양의 비가 높이 차이에만 좌우되는 것에 주목하였다. 물이 높이 차에 의해 이동하는 것과 흡사하게 칼로릭도 고온에서 저온으로 이동하면서 일을 하게 되는데, 열기관의 열효율 역시 이러한 두 온도에만 의존한다는 것이었다.

① (라)-(다)-(나)-(가)
② (라)-(나)-(가)-(다)
③ (나)-(라)-(다)-(가)
④ (나)-(다)-(라)-(가)

## 14

2021 국가직 9급

**㉠~㉤의 전개 순서로 가장 자연스러운 것은?**

폭설, 즉 대설이란 많은 눈이 시간적, 공간적으로 집중되어 내리는 현상을 말한다.
㉠ 그런데 눈은 한 시간 안에 5cm 이상 쌓일 수 있어 순식간에 도심 교통을 마비시키는 위력을 가지고 있다.
㉡ 또한, 경보는 24시간 신적설이 20cm 이상 예상될 때이다.
㉢ 다만, 산지는 24시간 신적설이 30cm 이상 예상될 때 발령된다.
㉣ 이때 대설의 기준으로 주의보는 24시간 새로 쌓인 눈이 5cm 이상이 예상될 때이다.
㉤ 이뿐만 아니라 운송, 유통, 관광, 보험을 비롯한 서비스 업종과 사회 전반에 영향을 미친다.

① ㉠-㉤-㉡-㉢-㉣
② ㉠-㉣-㉤-㉢-㉡
③ ㉣-㉡-㉢-㉠-㉤
④ ㉣-㉠-㉤-㉢-㉡

## 15

다음 글의 (가)~(라)를 문맥상 순서에 맞게 배열한 것은?

최근 등장한 감각믿음 이론은 영화가 주는 감각 자극에 주목하여, 믿음을 '중심믿음'과 '감각믿음'으로 구분하였다. 중심믿음은 추론적 사고와 기억 등에 의해 만들어지는 믿음을, 감각믿음은 오로지 감각 경험에 의해 자동적으로 떠오르는 믿음을 말한다.

(가) 공포 영화를 보는 관객 역시 이러한 감각 경험에 의해 괴물의 존재를 경험하고 공포를 느끼는데, 이러한 감각 경험이 괴물은 허구적 대상이라는 인지적 판단에 의해 억제될 수 없다는 것이다.

(나) 또한 감각믿음 이론은 관객이 감각 경험에 의해 영화 속 괴물이 존재한다고 믿으면서도 괴물은 허구적 대상이라는 중심믿음이 있기 때문에 도망가거나 도움을 요청하지 않는 것이라고 설명하였다.

(다) 건물이 불타는 영화의 장면을 보면 '건물에 불이 났다.'라는 감각믿음이 자동적으로 생긴다는 것이다. 감각믿음 이론에서는 관객이 허구인 영화의 내용을 인지적으로는 사실이라고 믿지 않지만 감각 경험에 의해 사실이라고 믿고 감정 반응을 한다고 보았다.

(라) 허구의 감상과 그에 따른 감정 발생을 연구하는 학자들은 허구가 사실이 아님을 알면서도 그 허구에 대해 감정 반응을 보이는 인간의 행동을 설명하기 위한 고민을 계속하고 있다.

특히 공포 영화를 보는 관객의 공포가 인지적 경험과 감각적 경험의 통합에서 비롯된다는 최근의 논의는 영화 제작 시 공포를 주는 대상의 존재감이나 위협감이 어떻게 구성되어야 하는가를 말해주고 있다.

① (라) - (나) - (다) - (가)
② (라) - (가) - (나) - (다)
③ (다) - (가) - (나) - (라)
④ (다) - (나) - (가) - (라)

## 16

다음 글을 문맥상 올바른 순서로 나열한 것은?

(가) 고려 말 중앙 집권 체제의 약화와 왕권의 쇠퇴 속에서 조선 왕조를 세운 신흥 사대부들은 지주층이었기 때문에 노비 노동력이 필요했다. 그러나 이들은 강력한 중앙 집권 체제의 확립을 위해 국역(國役) 대상인 양인 계층의 폭을 넓히려 하였다. 따라서 노비가 꼭 있어야 하더라도 되도록 양인을 더 많이 확보하려는 것이 새 왕조가 추구한 국역 정책의 기본 방향이었다. 이처럼 국역 대상의 확보를 새 왕조 통치 체제의 발판으로 추구하면서, 법제적으로 모든 사회 구성원을 일단 양인과 천인으로 나누었다. 이들 사이에는 의무와 권리에서 차등이 있었는데 먼저 의무 면에서 양인 남자는 국역인 군역(軍役)과 요역(徭役)의 의무가 있었다. 이에 비해 천인은 군역에서 철저히 배제되었다.

(나) 조선을 양반 관료 사회라고 규정하듯이 양반은 정치·사회·경제면에서 갖가지 특권과 명예를 독점적으로 누리면서 그 아래인 중인·평민·천민과는 격을 달리했다. 이를 반상(班常)이라는 말로 표현한다. 반상은 곧 신분을 지배자와 피지배자로 나눈 것으로서, 반상의 반(班)에는 중인이 들어가지 않았지만 상(常)에는 평민부터 노비까지 포함되었다. 이러한 구분은 법적 구분과는 달리 사회 통념상으로 최고 신분인 양반의 지배자적 위치를 돋보이게 하려는 의식에서 생겼다고 하겠다.

(다) 그러나 이러한 양·천 구분은 국가의 법적 구분이었지, 실제 사회 구성은 좀 더 복잡했다. 양·천이라는 법적 구분 아래 사회 구성원은 상급 신분층인 양반 계층, 의관·역관과 같은 기술관이나 서얼 등의 중인 계층, 양인 중 수가 가장 많았던 평민 계층, 노비가 주류인 천민 계층으로 나뉘었다.

(라) 권리 면에서 양인과 천인은 신체와 생명의 보호와 같은 인간의 기본권을 공권력으로 보장받을 수 있는지에서 뚜렷이 차이가 났다. 천인인 노비는 재산으로 보아 매매·상속·양도·증여의 대상이 되었으며, 사는 곳을 옮길 자유가 없었다. 노비와 양인이 싸우면 노비가 한 등급 더 무거운 벌을 받는 것은 양·천 사이의 법적 지위의 차이를 잘 보여 준다. 그보다 권리면에서 양·천의 가장 분명한 차이는 관직 진출권이 있느냐는 것이었다. 양인 중에도 관직 진출권이 제한된 사람이 적지 않았으나 양인은 일단 관직 진출권이 있었다. 더러 노비가 국가에 큰 공로를 세워 정규 관직인 유품직(流品職)을 받기도 하였으나 이때는 반드시 양인이 되는 종량(從良) 절차를 먼저 밟아야 했다.

① (가)-(라)-(다)-(나)
② (다)-(나)-(가)-(라)
③ (라)-(가)-(다)-(나)
④ (라)-(나)-(다)-(가)

# CHAPTER 06 개요 수정/완성 유형

**교수님 코멘트 ▶** 개요 수정/완성 유형은 기존 시험에서는 출제 빈도가 별로 높지 않았던 유형이다. 그러나 2025년 전환된 시험부터는 출제 가능성이 매우 높을 것으로 예상된다.

## STEP 1    유형 분석하기

'개요 수정/완성' 유형은 기존에는 매 시험마다 고정적으로 출제되던 유형은 아니었지만 2025년 전환된 시험부터는 출제될 확률이 매우 높을 것으로 예상되는 유형이다.
본격적인 글쓰기에 앞서 생성한 내용들을 주제에 맞게 배치한 것을 '개요'라고 한다. 이 유형은 실제 개요의 예를 〈보기〉 등으로 제시하고 이를 수정, 보완, 완성하게 하는 경우가 일반적이다. 전체 주제와 각 항목들의 유기성을 잘 고려하여 문제를 풀어야 하며, 일반적으로 난도는 높지 않다. 다만, 단순하게 제시되는 개요가 아닌 복잡하게 제시되는 개요의 경우 수험생들이 시간적으로 어려움을 겪을 수 있다. 다른 유형과 마찬가지로 이 유형을 풀어 내는 원리를 학습하고 그와 관련된 문제를 최대한 많이 풀어 보며 이런 유형의 문제에 익숙해지는 것이 중요하다.

## STEP 2    독해방법 알아보기

'개요 수정/완성' 유형은 결과적으로 좋은 개요를 만들어 가는 과정을 묻는 문제들이다. 따라서 어떤 개요가 좋은 개요인지를 잘 기억해 두면 문제를 푸는 데 도움이 될 수 있다. 실제 기출 문제를 살펴보면 좋은 개요의 원리 틀 안에서 문제가 제시되는 것을 알 수 있다. 따라서 좋은 개요의 원리를 잘 학습하고 그와 관련된 문제를 최대한 많이 풀어 보는 것이 중요하다.

| 단권화 MEMO |

|정답해설|
④ 'Ⅱ-2'와의 관련성을 고려하면 '2-가', '2-다'에 대한 해결 방안이 '3-가', '3-나'에 제시되어 있으므로 '2-라. 자극적이고 중독적인 디지털 콘텐츠의 무분별한 유통'과 관련된 해결 방안이 ㉣에 제시되어야 한다. 그러므로 '디지털 기기의 사용 시간 제한'은 해결 방안으로 적절하지 않고, 디지털 콘텐츠의 무분별한 유통과 관련된 해결 방안이 제시되어야 한다.

|오답해설|
① '우울증', '정서 불안'은 디지털 중독의 폐해에 해당한다.
② 디지털 기기의 다양한 기능과 탁월한 이동성은 디지털 중독의 폐해와 관련이 없다.
③ '디지털 치매의 심화'는 디지털 중독에 영향을 미치는 요인이 아니라 디지털 중독의 폐해에 해당한다.

|정답| ④

● 다음은 '청소년의 디지털 중독의 폐해와 해결 방안'이라는 주제로 글을 쓰기 위한 개요이다. 수정·보완하기 위한 방안으로 적절하지 않은 것은?  2014 국가직 9급

> Ⅰ. 서론: 청소년 디지털 중독의 심각성
> Ⅱ. 본론:
>   1. 청소년 디지털 중독의 폐해 ········· ㉠
>     가. 타인과의 관계를 원활하게 하지 못하는 사회 부적응 야기
>     나. 다양한 기능과 탁월한 이동성을 가진 디지털 기기의 등장 ········· ㉡
>   2. 청소년 디지털 중독에 영향을 미치는 요인
>     가. 디지털 중독의 심각성에 대한 개인적, 사회적 인식 부족
>     나. 뇌의 기억 능력을 심각하게 퇴화시키는 디지털 치매의 심화 ········· ㉢
>     다. 신체 활동을 동반한 건전한 놀이를 위한 시간 및 프로그램의 부족
>     라. 자극적이고 중독적인 디지털 콘텐츠의 무분별한 유통
>   3. 청소년 디지털 중독을 해결하기 위한 방안
>     가. 디지털 중독의 심각성에 대한 교육과 홍보를 위한 전문기관 확대
>     나. 학교, 지역 사회 차원에서 신체 활동을 위한 시간 및 프로그램의 확대
>     다. (                    ) ········· ㉣
> Ⅲ. 결론: 청소년 디지털 중독을 줄이기 위한 개인적, 사회적 노력의 촉구

① ㉠의 하위 항목으로 '우울증이나 정서 불안 등의 심리적 질환 초래'를 추가한다.
② ㉡은 'Ⅱ-1'과 관련된 내용이 아니므로 삭제한다.
③ ㉢은 'Ⅱ-2'의 내용과 어울리지 않으므로, 'Ⅱ-1'의 하위 항목으로 옮긴다.
④ ㉣에는 'Ⅱ-2'와의 관련성을 고려하여 '청소년을 대상으로 디지털 기기의 사용 시간 제한'이라는 내용을 넣는다.

## STEP 3 　 대표 기출발문

• 글을 쓰기 위해 개요를 작성하였다. (　　)에 들어갈 내용으로 적절하지 않은 것은?
• ~ 주제로 글을 쓰기 위한 개요이다. 수정·보완하기 위한 방안으로 적절하지 않은 것은?
• 다음의 개요를 기초로 하여 글을 쓸 때 주제문으로 가장 적절한 것은?

## STEP 4  기출문제 살펴보기

● ㉠~㉣에 들어갈 말로 적절하지 않은 것은?

2021 지방직(= 서울시) 7급

```
제목: ○○ 청소기 관련 고객 만족도 제고 방안
Ⅰ. 고객 불만 현황
    1. ㉠
    2. 인터넷 고객 문의 접수 및 처리 지연
Ⅱ. ㉡
    1. 해외 공장에서 제작한 모터 품질 불량
    2. 인터넷 고객 지원 서비스 시스템의 잦은 오류
Ⅲ. ㉢
    1. 동종 제품 전량 회수 후 수리 또는 신제품으로 교환
    2. 고객 지원 서비스 시스템 최신화 및 관리 인력 충원
Ⅳ. ㉣
    1. 제품에 대한 고객 민원 해결 및 회사 이미지 제고
    2. 품질 결함 최소화를 위한 품질 관리 체계의 개선 방향
```

① ㉠: 소음 과다 및 흡입력 미흡
② ㉡: 고객 불만 발생의 원인
③ ㉢: 고객 지원 센터의 지원 인력 부족
④ ㉣: 기대 효과와 향후 과제

| 정답해설 |
③ ㉢의 하위 항목은 '고객 불만 해결 방안'과 관련된 내용들이다. 따라서 '고객 지원 센터의 지원 인력 부족'과는 관련이 없다.
| 오답해설 |
① ㉠의 '소음 과다 및 흡입력 미흡'은 '고객 불만 현황'에 해당한다.
② ㉡의 하위 항목은 '고객 불만 발생의 원인'과 관련된 내용인 것을 알 수 있다.
④ ㉣의 하위 항목은 고객 불만을 해결하였을 때 나타날 수 있는 '기대 효과와 향후 과제'와 관련된 내용인 것을 알 수 있다.
| 정답 | ③

● '교통사고의 원인과 대책'이라는 제목으로 글을 쓰기 위해 개요를 작성하였다. (    )에 들어갈 내용으로 적절하지 않은 것은?

2008 지방직 9급

```
Ⅰ. 서론: 문제의 제기
    1. 교통사고에 대한 언론 보도 현황
    2. 교통사고 사망자 수가 한국전쟁 사망자 수를 앞지름
Ⅱ. 본론 1: 교통사고의 원인
    1. 물리적 원인: (            )
    2. 심리적 원인: 공중도덕 의식 부족, 질서 의식 부족, 인명 경시 풍조
Ⅲ. 본론 2: 문제의 해결 방법
    1. 도로의 정비, 벌칙 강화
    2. 국민의 의식 개혁
Ⅳ. 결론: 요약 및 제언
```

① 비효율적인 교통행정 의사결정 구조
② 인구 증가로 인한 교통 수요 증가
③ 파손된 도로와 협소한 도로
④ 자가용의 증가로 인한 교통량 급증

| 정답해설 |
① 개요를 검토하면 이 글이 '문제 제기-원인-해결 방법'으로 조직된 글임을 알 수 있다. 즉, 서론은 문제 제기, 본론 1은 원인, 본론 2는 해결 방법을 제시하는 글이다. 그러므로 본론 1의 빈칸에는 본론 2의 도로 정비 등이 해결 방법이 될 수 있는 원인이 제시되어야 한다. 이런 측면에서 보면 ②③④는 물리적 원인이 될 수 있는 요인들이지만 '비효율적인 교통행정 의사결정 구조'는 행정적·제도적 원인에 해당하므로 빈칸에 들어갈 원인으로 적절하지 않다.
| 정답 | ①

개념 적용문제

# 06 개요 수정/완성 유형

## 2025 국가직 9급 대표 기출문제 분석

〈개요〉의 빈칸에 들어갈 내용으로 적절하지 <u>않은</u> 것은?

2025 국가직 9급

─┤ 개요 ├─
- 제목: 청소년 아르바이트의 실태와 노동 문제 개선 방안

Ⅰ. 청소년 아르바이트의 실태
  1. 열악한 노동 환경 및 복지 혜택 부족
  2. 임금 체불 및 최저 임금제 위반
  3. 사업장 내의 빈번한 폭언 및 폭행 발생

Ⅱ. 청소년 아르바이트의 노동 문제 발생 원인
  1. 청소년의 노동 환경에 대한 실효성 있는 제도 부족
  2. 노동 관계법에 관한 청소년 고용 업주의 인식 부족
  3. 청소년 노동자의 인권을 존중하지 않는 사회의 통념

Ⅲ. 청소년 아르바이트의 노동 문제 개선 방안
  _____

① 청소년의 노동 환경 개선을 위한 제도 정비
② 청소년 고용 업주에 대한 노동 관계법 교육과 지도 확대
③ 청소년 노동자의 인권 보호를 위한 사회적 교육 기관 설립
④ 청소년 고용 업체 규모 축소를 위한 정부의 지속적인 감독과 단속

### 이렇게 학습하세요!

- 주제와의 유기성을 항상 생각하세요.
- 원인/결과, 문제점/해결 방법 등 짝을 이루는 내용이 유기적인지를 생각해 보세요.
- 개요 수정/완성 유형에 맞는 독해 접근법을 열심히 연습해 보세요.

〈개요〉의 빈칸에 들어갈 내용으로 적절하지 않은 것은?

---
개요

- **제목**: 청소년 아르바이트의 실태와 노동 문제 개선 방안

Ⅰ. 청소년 아르바이트의 실태
   1. 열악한 노동 환경 및 복지 혜택 부족
   2. 임금 체불 및 최저 임금제 위반
   3. 사업장 내의 빈번한 폭언 및 폭행 발생

Ⅱ. 청소년 아르바이트의 노동 문제 발생 원인
   1. 청소년의 노동 환경에 대한 실효성 있는 제도 부족
   2. 노동 관계법에 관한 청소년 고용 업주의 인식 부족
   3. 청소년 노동자의 인권을 존중하지 않는 사회의 통념

Ⅲ. 청소년 아르바이트의 노동 문제 개선 방안
   문제점이나 문제의 원인과 그것의 해결 방안을 연결하여 생각해 보게 하는 문제는 개요 수정/완성에서 흔한 유형이다.
   항상 둘의 내용을 비교해 보며 문제를 풀어야 한다.

---

① 청소년의 노동 환경 개선을 위한 제도 정비
  → '청소년의 노동 환경 개선을 위한 제도 정비'는 문제 발생 원인 중 '청소년의 노동 환경에 대한 실효성 있는 제도 부족'과 관련된다.

② 청소년 고용 업주에 대한 노동 관계법 교육과 지도 확대
  → '청소년 고용 업주에 대한 노동 관계법 교육과 지도 확대'는 문제 발생 원인 중 '노동 관계법에 관한 청소년 고용 업주의 인식 부족'과 관련된다.

③ 청소년 노동자의 인권 보호를 위한 사회적 교육 기관 설립
  → '청소년 노동자의 인권 보호를 위한 사회적 교육 기관 설립'은 문제 발생 원인 중 '청소년 노동자의 인권을 존중하지 않는 사회의 통념'과 관련된다.

④ 청소년 고용 업체 규모 축소를 위한 정부의 지속적인 감독과 단속
  → 개요의 내용 중 개선 방향을 묻고 있으므로 발생 원인과 관련하여 생각해 보아야 한다. '청소년 고용 업체 규모 축소를 위한 정부의 지속적인 감독과 단속'과 관련한 문제 발생 원인은 개요에 제시되고 있지 않으므로 적절한 개선 방안으로 볼 수 없다.

| 정답 | ④

## 01

**〈지침〉에 따라 〈개요〉를 작성할 때 ㉠~㉣에 들어갈 내용으로 적절하지 않은 것은?**

― 지침 ―
- 서론은 중심 소재의 개념 정의와 문제 제기를 1개의 장으로 작성할 것.
- 본론은 제목에서 밝힌 내용을 2개의 장으로 구성하되 각 장의 하위 항목끼리 대응되도록 작성할 것.
- 결론은 기대 효과와 향후 과제를 1개의 장으로 작성할 것.

― 개요 ―
- 제목: 복지 사각지대의 발생 원인과 해소 방안
  Ⅰ. 서론
   1. 복지 사각지대의 정의
   2. ㉠
  Ⅱ. 복지 사각지대의 발생 원인
   1. ㉡
   2. 사회복지 담당 공무원의 인력 부족
  Ⅲ. 복지 사각지대의 해소 방안
   1. 사회적 변화를 반영하여 기존 복지 제도의 미비점 보완
   2. ㉢
  Ⅳ. 결론
   1. ㉣
   2. 복지 사각지대의 근본적이고 지속가능한 해소 방안 마련

① ㉠: 복지 사각지대의 발생에 따른 사회 문제의 증가
② ㉡: 사회적 변화를 반영하지 못한 기존 복지 제도의 한계
③ ㉢: 사회복지 업무 경감을 통한 공무원 직무 만족도 증대
④ ㉣: 복지 혜택의 범위 확장을 통한 사회 안전망 강화

## 02

**다음 글의 '동기화 단계 조직'에 따라 (가)~(마)를 배열한 것으로 가장 적절한 것은?**

설득하는 말하기의 메시지를 조직하는 방법으로 '동기화 단계 조직'이 있다. 이 방법의 세부 단계는 다음과 같다.
1단계: 주제에 대한 청자의 주의나 관심을 환기한다.
2단계: 특정 문제를 청자와 관련지어 설명함으로써 청자의 요구나 기대를 자극한다.
3단계: 해결 방안을 제시하여 청자의 이해와 만족을 유도한다.
4단계: 해결 방안이 청자에게 어떤 도움이 되는지 구체화한다.
5단계: 구체적인 행동의 내용과 방법을 제시하여 특정 행동을 요구한다.

(가) 지난주 제 친구는 일을 마친 후 자전거를 타고 집으로 돌아오다가 사고를 당해 머리를 다쳤습니다.
(나) 여러분이 자전거를 탈 때 헬멧을 착용하면 머리를 보호할 수 있습니다.
(다) 아마 여러분도 가끔 자전거를 타는 경우가 있을 것입니다. 그런데 매년 2천여 명이 자전거를 타다가 머리를 다쳐 고생한다고 합니다.
(라) 만약 자전거를 타는 모든 사람이 헬멧을 착용한다면 자전거 사고를 당해도 뇌손상을 비롯한 신체 피해를 75% 줄일 수 있습니다. 또 자전거 타기가 주는 즐거움과 편리함을 안전하게 누릴 수 있습니다.
(마) 자전거를 탈 때는 안전을 위해서 반드시 헬멧을 착용하시기 바랍니다.

① (가) ― (나) ― (다) ― (라) ― (마)
② (가) ― (다) ― (나) ― (라) ― (마)
③ (가) ― (다) ― (라) ― (나) ― (마)
④ (가) ― (라) ― (다) ― (나) ― (마)

## 03

2017 지방직 9급

**다음의 개요를 기초로 하여 글을 쓸 때, 주제문으로 가장 적절한 것은?**

> 서론: 최근의 수출 실적 부진 현상
> 본론: 수출 경쟁력의 실태 분석
>     1. 가격 경쟁력 요인
>       ㄱ. 제조 원가 상승
>       ㄴ. 고금리
>       ㄷ. 환율 불안정
>     2. 비가격 경쟁력 요인
>       ㄱ. 기업의 연구 개발 소홀
>       ㄴ. 품질 개선 부족
>       ㄷ. 판매 후 서비스 부족
>       ㄹ. 납기의 지연
> 결론: 분석 결과의 요약 및 수출 경쟁력 향상 방안 제시

① 정부가 수출 분야 산업을 적극 지원해야 한다.
② 내수 시장의 기반을 강화하는 데 역량을 모아야 한다.
③ 기업이 연구 개발비 투자를 늘리고 품질 향상에 많은 노력을 기울여야 한다.
④ 수출 경쟁력을 좌우하는 요인을 분석한 후 그에 맞는 방안을 마련해야 한다.

---

## 정답&해설

**01**    정답 | ③

지침에서 본론은 각 장의 하위 항목끼리 대응되도록 작성하라고 지시하고 있다. 따라서 ⓒ과 대응되어야 하는 항목은 'Ⅱ-2. 사회복지 담당 공무원의 인력 부족'이다. 이 항목에서 제시하고 있는 복지 사각지대의 발생 원인에 대한 해소 방안이 ⓒ에 들어갈 내용이 되는 것이다. 다라서 '사회복지 업무 경감을 통한 공무원 직무 만족도 증대'는 ⓒ에 들어갈 내용이 될 수 없음을 알 수 있다. 더군다나 '복지 사각지대의 발생 원인과 해소 방안'이 제목인 글에서 '공무원 직무 만족도 증대'는 관련이 없는 내용이다.

|오답해설| ① 지침에서 서론은 중심 소재의 개념 정의와 문제 제기를 하라고 지시하고 있다. 서론의 '1'이 '복지 사각지대의 정의'이므로 '2'는 '복지 사각지대의 발생에 따른 사회 문제의 증가'가 적절하다.
② 지침에서 본론은 각 장의 하위 항목끼리 대응되도록 작성하라고 지시하고 있다. ⓒ과 대응되어야 하는 항목은 'Ⅲ-1. 사회적 변화를 반영하여 기존 복지 제도의 미비점 보완'이다. 따라서 이와 관련하여 원인을 생각해 보면 '사회적 변화를 반영하지 못한 기존 복지 제도의 한계'는 적절한 내용이다.
④ 지침에서 결론은 기대 효과와 향후 과제를 제시하라고 지시하고 있다. 결론의 '2'의 내용이 향후 과제에 해당하므로 ⓔ은 '기대 효과'와 관련된 내용이어야 한다. 따라서 '복지 혜택의 범위 확장을 통한 사회 안전망 강화'는 적절한 내용이다.

**02**    정답 | ②

(가): 자기 친구의 일을 언급하며 주제에 대한 청자의 주의나 관심을 환기하고 있다.
(다): 청자가 자전거를 타는 경우를 언급하며 청자와의 관련성을 설명하고 있다.
(나): '헬멧'이라는 해결 방안을 청자와 관련하여 설명하고 있다.
(라): 뇌손상과 신체 피해를 75% 줄일 수 있다는 구체적 수치를 언급하며 청자에게 어떤 도움이 되는지를 구체화하고 있다.
(마): 자전거 탈 때는 꼭 헬멧을 쓰라는 특정 행동을 요구하고 있다.

**03**    정답 | ④

본론에서 '수출 경쟁력이 낮아진 원인'을 '가격 경쟁력 요인'과 '비가격 경쟁력 요인'으로 나누어 제시하였고, 이를 통해 결론에서 '수출 경쟁력 향상 방안'을 제시하고 있다. 주제문은 본론과 결론의 내용을 모두 포괄해야 하므로 '수출 경쟁력을 좌우하는 요인을 분석한 후 그에 맞는 방안을 마련해야 한다.'가 주제문으로 적절하다.

|오답해설| ① 정부의 지원에 대한 언급은 개요에 나타나 있지 않다.
② '내수 시장의 기반 강화'는 '수출 경쟁력 실태 분석'이나 '수출 경쟁력 향상'과 관련이 없다.
③ 비가격 경쟁력 요인에만 해당하는 내용이다. 즉, 일부 내용만을 반영하고 있어 주제문으로 적절하지 않다.

CHAPTER

# 07 문학 이론/비평 지문 유형

□ 1 회독  월   일
□ 2 회독  월   일
□ 3 회독  월   일
□ 4 회독  월   일
□ 5 회독  월   일

**교수님 코멘트 ▶** 문학 이론/비평 지문 유형은 기존 시험의 출제 범위였던 문학 문제를 대체하여 출제되는 유형이므로 2025년 전환된 시험부터 출제 비중이 매우 높을 것으로 예상된다.

단권화 MEMO

### STEP 1  유형 분석하기

'문학 이론/비평 지문' 유형은 문학에 관한 전반적인 설명이나 문학 작품에 대한 해설, 비평 등 문학을 내용으로 하는 글을 읽고 문제를 푸는 유형이다. 지문 속에 문학 작품 자체가 제시되지는 않고 작품을 설명하는 형식의 글만 제시된다. 이런 이유로 엄밀히 말하자면 문학 유형이라고 보기는 어렵고, 단순 독해 유형으로 보는 것이 적절하다. 문제 유형도 지문과 관련하여 일치/불일치를 묻거나 주제 등을 묻는 경우가 많고, 다른 비문학 유형으로 변형되어 출제될 때도 있다. 따라서 이 유형 역시 일반 독해 유형과 접근 방법이 크게 다르지 않다. 기존 기출문제에서도 문학을 소재로 다룰 뿐 앞서 제시한 여러 독해 비문학 문제로 많이 출제된 바 있다. 따라서 새로운 유형이라고 볼 수는 없다.

### STEP 2  독해방법 알아보기

'문학 이론/비평 지문' 유형을 위해 특별한 접근 방법을 익힐 필요는 없다. 물론 문학사나 주요 작품에 대한 배경 지식 등이 이런 유형의 문제를 푸는 데 도움이 될 수도 있겠지만, 문제에서 문학의 어떤 내용, 어떤 작품을 소재로 하여 설명할지 예상하기 어려우므로 이 문제 유형을 위해 문학사나 주요 작품을 정리하는 것은 매우 비효율적인 학습 방법이다. 따라서 앞서 언급한 독해 비문학 유형들의 공부법과 접근법을 바탕으로 공부하는 것이 좋다.

● 다음 글의 내용과 부합하지 않는 것은?　　　　　　　　　　　　2013 지방직 9급

　　소설 속에는 세 개의 욕망이 들끓고 있다. 하나는 소설가의 욕망이다. 소설가의 욕망은 세계를 변형시키려는 욕망이다. 소설가는 자기 욕망의 소리에 따라 세계를 자기 식으로 변모시키려고 애를 쓴다. 둘째 번의 욕망은 소설 속의 주인공들의 욕망이다. 소설 속의 인물들 역시 소설가의 욕망에 따라 혹은 그 욕망에 반대하여 자신의 욕망을 드러내고, 자신의 욕망에 따라 세계를 변형하려 한다. 주인공, 아니 인물들의 욕망은 서로 부딪쳐 다채로운 모습을 드러낸다. 마지막의 욕망은 소설을 읽는 독자의 욕망이다. 소설을 읽으면서 독자들은 소설 속의 인물들은 무슨 욕망에 시달리고 있는가를 무의식적으로 느끼고, 나아가 소설가의 욕망까지를 느낀다. 독자의 무의식적인 욕망은 그 욕망들과 부딪쳐 때로 소설 속의 인물들을 부인하기도 하고, 나아가 소설까지를 부인하기도 하며, 때로는 소설 속의 인물들에 빠져 그들을 모방하려 하기도 하고, 나아가 소설까지를 모방하려 한다. 그 과정에서 읽는 사람의 무의식 속에 숨어 있던 욕망은 그 욕망을 서서히 드러내, 자기가 세계를 어떻게 변형시키려 하는가를 깨닫게 한다. 소설 속의 인물들은 무엇 때문에 괴로워하는가, 그 괴로움은 나도 느낄 수 있는 것인가, 아니면 소설 속의 인물들은 왜 즐거워하는가, 그 즐거움에 나도 참여할 수 있는가, 그것들을 따지는 것이 독자가 자기의 욕망을 드러내는 양식이다.
　　　　　　　　　　　　　　　　　　　　　　　　　　　　　　　　　　　　　　　　　　　　　　　　　　　　　　　　　　　　　　　　　　　　　　　　　　　　　　　　　　　　　　　　　　　　　　　　　　　　　　　　　　　　　　　　　　　　　　　　- 김현, '소설은 왜 읽는가' 중에서 -

① 소설가는 자기의 욕망에 따라 세계를 변형시키고자 한다.
② 소설 속의 인물은 자신의 욕망을 소설가의 욕망에 일치시킨다.
③ 독자는 소설을 읽으면서 소설가의 욕망을 느낀다.
④ 독자는 소설을 통해 자신의 욕망을 깨닫게 된다.

| 정답해설 |
② '소설 속의 인물들 역시 소설가의 욕망에 따라 혹은 그 욕망에 반대하여 자신의 욕망을 드러내고, 자신의 욕망에 따라 세계를 변형하려 한다.'라고 하였으므로, 소설 속의 인물이 자신의 욕망을 소설가의 욕망에 일치시킨다고 볼 수 없다.
| 오답해설 |
① '소설가의 욕망은 세계를 변형시키려는 욕망이다.'에서 알 수 있다.
③ '소설을 읽으면서 독자들은 ~ 소설가의 욕망까지를 느낀다.'에서 알 수 있다.
④ '읽는 사람의 무의식 속에 숨어 있던 욕망은 ~ 깨닫게 한다.'에서 독자는 소설 속 인물과 작가의 욕망을 느끼고 평가하는 과정에서 자신의 욕망을 드러내게 되는 것을 알 수 있다.
| 정답 | ②

## STEP 3　　대표 발문

- 다음 글을 이해한 내용으로 가장 적절한 것은?
- 다음 글이 설명하는 내용과 일치하는 것은?

## STEP 4　　기출문제 살펴보기

● 괄호 안에 들어갈 알맞은 접속어를 순서대로 나열한 것은?　　　　　　　　　　2012 지방직 9급

　　각 시대는 그 시대의 특징을 나타내는 문학이 있다고 한다. 우리나라도 무릇 四千年이 넘는 생활의 역사를 가진 만큼 그 발전 시기마다 각각 특색을 가진 문학이 없을 수 없고, 문학이 있었다면 그 중추가 되는 것은 아무래도 시가문학이라고 볼 수밖에 없다. (　　　　) 대개 어느 민족을 막론하고 인간 사회가 성립하는 동시에 벌써 각자의 감정과 의사를 표시하려는 욕망이 생겼을 것이며, 삼라만상의 대자연은 자연 그 자체가 율동적이고 음악적이라고 할 수 있기 때문이다. 다시 말하면 인간이 생활하는 곳에는 자연적으로 시가가 발생하였다고 할 수 있다. (　　　　) 사람의 지혜가 트이고 비교적 언어의 사용이 능란해짐에 따라 종합 예술체의 한 부분으로 있었던 서정문학적 요소가 분화·독립되어 제요나 노동요 따위의 시가의 원형을 이루고 다시 이 집단적 가요는 개인적 서정시로 발전하여 갔으리라 추측된다. (　　　　) 다른 나라도 마찬가지이겠지만 우리 문학사상 시가의 지위는 상당히 중요한 몫을 지니고 있다.

① 왜냐하면 - 그리고 - 그러므로　　　② 그리고 - 왜냐하면 - 그러므로
③ 그러므로 - 그리고 - 왜냐하면　　　④ 왜냐하면 - 그러나 - 그럼에도 불구하고

| 정답해설 |
① 첫 번째 괄호를 포함하는 문장이 '~ 때문이다'로 끝나기 때문에 첫 번째 괄호에는 '왜냐하면'이 들어가야 한다. 두 번째 괄호를 포함하는 문장은 앞 문장의 시가 발전 양상을 이어서 서술하고 있으므로 두 번째 괄호에는 순접인 '그리고'가 들어가야 한다. 마지막으로 세 번째 괄호를 포함하는 문장은 앞의 내용에 대한 결론이므로 세 번째 괄호에는 '그러므로'가 들어가야 한다.
| 정답 | ①

개념 적용문제

# 07 문학 이론/비평 지문 유형

## 2025 국가직 9급 대표 기출문제 분석

**01**
다음 글을 이해한 내용으로 가장 적절한 것은?

2025 국가직 9급

> 20세기에 접어들면서 우리는 새로운 시대의 변화를 다양한 영역에서 확인할 수 있게 되었다. 문학 영역도 마찬가지였다. 이전과 뚜렷이 구별되는 유형과 성격의 문학작품이 등장하였고, 이에 따라 다양한 독자층이 새롭게 형성되었다. 20세기 초 우리나라의 문학 독자층은 흔히 두 가지로 구분되었다. 하나는 구활자본 고전소설과 일부 신소설의 독자인 '전통적 독자층'이고, 다른 하나는 이 시기 새롭게 등장하여 유행하기 시작한 대중소설, 번안소설, 신문 연재 통속소설을 즐겨 봤던 '근대적 대중 독자층'이다. 전통적 독자층에는 노동자와 농민, 양반, 부녀자 등이 속하고, 근대적 대중 독자층에는 도시 노동자, 학생, 신여성 등이 속했다.
> 
> 그런데 20세기 초 문학 독자층 중에는 전통과 근대의 두 범주에 귀속시키기 어려운 독자층도 존재했다. 이 시기 신문학의 순수 문학 작품, 일본을 비롯한 외국의 순수문학 소설 등을 향유했던 사람들이 바로 그들이다. 문자를 익숙하게 다루고 외국어를 지속적으로 습득한 지식인층은 근대적 대중 독자층과는 다른 문학적 향유 양상을 보여 주었던 것이다. 이들은 '엘리트 독자층'이라고 부를 수 있다.

① 근대적 대중 독자층에서 엘리트 독자층이 분화되어 나왔다.
② 20세기 초의 문학 독자층을 구분하는 기준은 신분과 학력이었다.
③ 엘리트 독자층에 속한 사람들은 우리나라 문학작품 외에도 외국 소설을 읽었다.
④ 근대적 대중 독자층에 속한 사람들은 전통적 독자층에 속한 사람들보다 경제적으로 부유했다.

### 이렇게 학습하세요!

- 문학 이론 공부는 거리를 두세요.
- 일반 독해 유형이라고 생각하시고 문제를 푸세요.
- 문학 이론/비평 지문 유형에 맞는 독해 접근법을 열심히 연습해 보세요.

# 01
**다음 글을 이해한 내용으로 가장 적절한 것은?**

20세기에 접어들면서 우리는 새로운 시대의 변화를 다양한 영역에서 확인할 수 있게 되었다. 문학 영역도 마찬가지였다. 이전과 뚜렷이 구별되는 유형과 성격의 문학작품이 등장하였고, 이에 따라 다양한 독자층이 새롭게 형성되었다. 20세기 초 우리나라의 문학 독자층은 흔히 두 가지로 구분되었다. 하나는 구활자본 고전소설과 일부 신소설의 독자인 '전통적 독자층'이고, 다른 하나는 이 시기 새롭게 등장하여 유행하기 시작한 대중소설, 번안소설, 신문 연재 통속소설을 즐겨 봤던 '근대적 대중 독자층'이다. 전통적 독자층에는 노동자와 농민, 양반, 부녀자 등이 속하고, 근대적 대중 독자층에는 도시 노동자, 학생, 신여성 등이 속했다.

▶ 1문단: 20세기 초 우리나라의 문학 독자층의 분류

그런데 20세기 초 문학 독자층 중에는 전통과 근대의 두 범주에 귀속시키기 어려운 독자층도 존재했다. 이 시기 신문학의 순수 문학 작품, 일본을 비롯한 외국의 순수문학 소설 등을 향유했던 사람들이 바로 그들이다. 문자를 익숙하게 다루고 외국어를 지속적으로 습득한 지식인층은 근대적 대중 독자층과는 다른 문학적 향유 양상을 보여 주었던 것이다. 이들은 '엘리트 독자층'이라고 부를 수 있다.

▶ 2문단: 기존의 독자층과 다른 모습을 보인 엘리트 독자층

✗ 근대적 대중 독자층에서 엘리트 독자층이 분화되어 나왔다.
→ 2문단의 '20세기 초 문학 독자층 중에는 전통과 근대의 두 범주에 귀속시키기 어려운 독자층도 존재했다'라는 언급을 통해 '근대적 대중 독자층에서 엘리트 독자층이 분화되어 나왔다'는 설명은 적절하지 않음을 알 수 있다.

✗ 20세기 초의 문학 독자층을 구분하는 기준은 신분과 학력이었다.
→ 1문단을 보면 전통적 독자층에는 '노동자, 농민, 양반, 부녀자'가 속해 있고 근대적 독자층에는 '도시 노동자, 학생, 신여성' 등이 속해 있다고 설명하고 있다. 따라서 이들을 나누는 기준이 신분과 학력이거나 경제적 부유함이라는 설명은 적절하지 않다.

③ 엘리트 독자층에 속한 사람들은 우리나라 문학작품 외에도 외국 소설을 읽었다.
→ 2문단의 '일본을 비롯한 외국의 순수문학 소설 등을 향유했던 사람들'이 언급되고 있고 이들이 '엘리트 독자층'에 해당하므로 맞는 설명이다.

✗ 근대적 대중 독자층에 속한 사람들은 전통적 독자층에 속한 사람들보다 경제적으로 부유했다.
→ 1문단을 보면 전통적 독자층에는 '노동자, 농민, 양반, 부녀자'가 속해 있고 근대적 독자층에는 '도시 노동자, 학생, 신여성' 등이 속해 있다고 설명하고 있다. 따라서 이들을 나누는 기준이 신분과 학력이거나 경제적 부유함이라는 설명은 적절하지 않다.

| 정답 | ③

## 02
**다음 글에서 추론한 내용으로 가장 적절한 것은?**

2025 국가직 9급

조선 시대 소설은 표기 문자에 따라 한자로 표기한 한문소설과 한글로 표기한 한글소설, 두 가지로 나뉜다. 한문소설은 중국에서 들여온 한문소설, 조선에서 창작한 한문소설, 조선의 한글소설을 번역한 한문소설로 나뉜다. 그리고 한글소설은 중국소설을 번역한 한글소설, 조선에서 창작한 한문소설을 번역한 한글소설, 조선에서 창작한 한글소설로 나뉜다. 조선 시대에 많은 한글소설이 창작되어 읽혔지만, 이를 저급한 오락물로 여겼던 당대의 지식인들은 한글소설을 외면했으므로 그에 관해 기록한 문헌을 거의 남기지 않았다. 반면에 이들은 한문소설, 특히 중국에서 들여온 한문소설을 즐겨 읽고 이에 관한 많은 기록을 남겼다.

중국에서 들여온 한문소설은 조선에서도 인쇄된 책으로 읽혔기 때문에 필사본이 거의 없다. 이와 대조적으로 조선에서 창작한 한문소설은 필사본으로 유통되었다. 조선의 필사본 소설은 뚜렷한 특징을 보이는데, 한문소설을 필사한 경우는 이본별 내용 차이가 거의 없는 반면 한글소설을 필사한 경우는 그렇지 않다는 점이다. 한글소설은 같은 제목의 소설이라도 내용이 상당히 다른 다양한 이본이 있었다. 이는 한문소설의 독자는 문자 그대로 독자였던 것에 비하여 한글소설의 독자는 독자이면서 이야기를 개작하는 작자이기도 했기 때문이다. 한자에 비해 한글은 익히기 쉽고 그만큼 쓰기도 편해서 한글소설의 필사자는 내용을 바꾸고 싶다는 의지가 있다면 쉽게 바꿀 수 있었다. 한글소설은 인쇄본이 아니라 필사본으로 많이 유통되었기 때문에 옮겨 쓰는 과정에서 다양한 이본이 생겨났다.

조선 시대 소설을 이해하는 데 있어서 소설을 표기한 문자는 무엇보다 중요하다. 표기 문자는 소설의 종류를 나누는 기준이 되었을 뿐만 아니라, 소설의 감상 및 유통, 이본 생산에 직접적인 영향을 미쳤다.

① 조선 시대의 소설은 한글소설보다 한문소설의 종류가 훨씬 다양했다.
② 조선 시대의 지식인들은 조선에서 창작한 한문소설을 저급한 오락물로 여겼다.
③ 한자로 필사할 때보다 한글로 필사할 때 필사자의 의견이 반영되어 개작되기 쉬웠다.
④ 조선의 필사본 소설 중 한문소설을 필사한 것은 소수였고 한글소설을 필사한 것이 대부분이었다.

## 02
**다음 글에서 추론한 내용으로 가장 적절한 것은?**

조선 시대 소설은 표기 문자에 따라 한자로 표기한 한문소설과 한글로 표기한 한글소설, 두 가지로 나뉜다. 한문소설은 중국에서 들어온 한문소설, 조선에서 창작한 한문소설, 조선의 한글소설을 번역한 한문소설로 나뉜다. 그리고 한글소설은 중국소설을 번역한 한글소설, 조선에서 창작한 한문소설을 번역한 한글소설, 조선에서 창작한 한글소설로 나뉜다. 조선 시대에 많은 한글소설이 창작되어 읽혔지만, 이를 저급한 오락물로 여겼던 당대의 지식인들은 한글소설을 외면했으므로 그에 관해 기록한 문헌을 거의 남기지 않았다. 반면에 이들은 한문소설, 특히 중국에서 들어온 한문소설을 즐겨 읽고 이에 관한 많은 기록을 남겼다.

▶ 1문단: 표기 문자와 방식에 따른 조선 시대 소설의 종류

중국에서 들어온 한문소설은 조선에서도 인쇄된 책으로 읽혔기 때문에 필사본이 거의 없다. 이와 대조적으로 조선에서 창작한 한문소설은 필사본으로 유통되었다. 조선의 필사본 소설은 뚜렷한 특징을 보이는데, 한문소설을 필사한 경우는 이본별 내용 차이가 거의 없는 반면 한글소설을 필사한 경우는 그렇지 않다는 점이다. 한글소설은 같은 제목의 소설이라도 내용이 상당히 다른 다양한 이본이 있었다. 이는 한문소설의 독자는 문자 그대로 독자였던 것에 비하여 한글소설의 독자는 독자이면서 이야기를 개작하는 작자이기도 했기 때문이다. 한자에 비해 한글은 익히기 쉽고 그만큼 쓰기도 편해서 한글소설의 필사자는 내용을 바꾸고 싶다는 의지가 있다면 쉽게 바꿀 수 있었다. 한글소설은 인쇄본이 아니라 필사본으로 많이 유통되었기 때문에 옮겨 쓰는 과정에서 다양한 이본이 생겨났다.

▶ 2문단: 조선에서 창작한 한문소설, 한글소설 필사본의 특징과 차이점

조선 시대 소설을 이해하는 데 있어서 소설을 표기한 문자는 무엇보다 중요하다. 표기 문자는 소설의 종류를 나누는 기준이 되었을 뿐만 아니라, 소설의 감상 및 유통, 이본 생산에 직접적인 영향을 미쳤다.

▶ 3문단: 소설을 올바로 이해하기 위한 표기 문자의 중요성

~~① 조선 시대의 소설은 한글소설보다 한문소설의 종류가 훨씬 다양했다.~~
➡ 조선 시대의 소설은 한글소설보다 한문소설의 종류가 훨씬 다양했다는 언급은 제시된 글에서 찾기 어렵다.

~~② 조선 시대의 지식인들은 조선에서 창작한 한문소설을 저급한 오락물로 여겼다.~~
➡ 1문단을 보면 '조선 시대에 많은 한글소설이 창작되어 읽혔지만 이를 저급한 오락물로 여겼건 강대의 지식들'이라고 설명하고 있다. 따라서 한문소설을 저급한 오락물로 여겼다는 설명은 적절하지 않다.

③ 한자로 필사할 때보다 한글로 필사할 때 필사자의 의견이 반영되어 개작되기 쉬웠다.
➡ 2문단을 보면 '한글소설의 필사자는 내용을 바꾸고 싶다는 의지가 있다면 쉽게 바꿀 수 있었다'라고 언급하고 있다. 따라서 한자로 필사할 때보다 한글로 필사할 때 필사자의 의견이 반영되어 개작되기 쉬웠다는 설명은 적절하다.

~~④ 조선의 필사본 소설 중 한문소설을 필사한 것은 소수였고 한글소설을 필사한 것이 대부분이었다.~~
➡ 2문단 시작 부분을 보면 '중국에서 들어온 한문소설은 조선에서도 인쇄된 책으로 읽혔기 때문에 필사본이 거의 없다. 이와 대조적으로 조선에서 창작한 한문소설은 필사본으로 유통되었다'라고 언급하고 있다. 따라서 한문소설 중 중국에서 들어온 것만 필사하는 경우가 소수였음을 알 수 있다.

| 정답 | ③

## 01

**다음 글을 이해한 내용으로 가장 적절한 것은?**

이육사의 시에는 시인의 길과 투사의 길을 동시에 걸었던 작가의 면모가 고스란히 담겨 있다. 가령, 「절정」은 크게 두 부분으로 나누어지는데, 투사가 처한 냉엄한 현실적 조건이 3개의 연에 걸쳐 먼저 제시된 후, 시인이 품고 있는 인간과 역사에 대한 희망이 마지막 연에 제시된다.

우선, 투사 이육사가 처한 상황은 대단히 위태로워 보인다. 그는 "매운 계절의 채찍에 갈겨 / 마침내 북방으로 휩쓸려" 왔고, "서릿발 칼날진 그 위에 서" 바라본 세상은 "하늘도 그만 지쳐 끝난 고원"이어서 가냘픈 희망을 품는 것조차 불가능해 보인다. 이러한 상황은 "한발 제겨 디딜 곳조차 없다"는 데에 이르러 극한에 도달하게 된다. 여기서 그는 더 이상 피할 수 없는 존재의 위기를 깨닫게 되는데, 이때 시인 이육사가 나서면서 시는 반전의 계기를 마련한다.

마지막 4연에서 시인은 3연까지 치달아 온 극한의 위기를 담담히 대면한 채, "이러매 눈감아 생각해" 보면서 현실을 새롭게 규정한다. 여기서 눈을 감는 행위는 외면이나 도피가 아니라 피할 수 없는 현실적 조건을 새롭게 반성함으로써 현실의 진정한 면모와 마주하려는 적극적인 행위로 읽힌다. 이는 다음 행, "겨울은 강철로 된 무지갠가보다"라는 시구로 이어지면서 현실에 대한 새로운 성찰로 마무리된다. 이 마지막 구절은 인간과 역사에 대한 희망을 놓지 않으려는 시인의 안간힘으로 보인다.

① 「절정」에는 투사가 처한 극한의 상황이 뚜렷한 계절의 변화로 드러난다.
② 「절정」에서 시인은 투사가 처한 현실적 조건을 외면하지 않고 새롭게 인식한다.
③ 「절정」은 시의 구성이 두 부분으로 나누어지면서 투사와 시인이 반목과 화해를 거듭한다.
④ 「절정」에는 냉엄한 현실에 절망하는 시인의 면모와 인간과 역사에 대한 희망을 놓지 않으려는 투사의 면모가 동시에 담겨 있다.

## 02

**다음 글을 이해한 내용으로 적절하지 않은 것은?**

고려 속요는 고려 시대 궁중에서 형성되어 조선 시대까지 궁중 연향(宴饗)에서 전승되어 불린 노래를 가리킨다. 고려 속요의 기원과 형성에는 민간의 노래가 관여되었다.

민간의 노래가 궁중 잔치의 노래로 사용된 연원은 중국의 오래된 시집인 『시경(詩經)』의 '풍(風)'에서 찾을 수 있다. '풍'에는 민간의 노래가 실려 있는데 사랑 노래가 대부분이다. '풍'에 실린 노래는 중국은 물론 고려와 조선의 궁중 잔치에서도 불렸다. 또한 조선의 궁중에서는 이를 참고하여 연향 악곡을 선정하였다.

남녀 간의 사랑 노래를 포함한 민간의 노래가 궁중악으로 수용될 수 있었던 까닭은 무엇일까? 왕을 정점으로 하는 통치 구조에서는 왕권을 공고히 하고 풍속을 교화(敎化)하는 수단이 필요했는데, 예법(禮法)과 음악도 중요한 역할을 하였다. 이때 그 과정에서 민중의 생활상을 진솔하게 반영한 노래 가운데 인륜의 차원으로 확장될 가능성이 있는 노래들은 통치 질서를 구현하기에 적합한 노래로 여겨져 궁중악으로 편입되었다. 특히 남녀 간의 사랑 노래는 그 화자와 대상이 '신하'와 '임금'의 구도로 치환되기 용이했기 때문에 궁중악으로 편입될 수 있었다. 이처럼 민간 가요의 궁중 악곡으로의 전환은 하층에서 상층으로의 편입·흡수 과정을 통해 상·하층이 노래를 함께 향유한 화합의 차원으로 볼 수 있다.

한편, 고려 속요와 『시경』의 '풍'은 공통점이 있지만 고려 속요는 '풍'과 구별되는 특성을 지니고 있기도 하다. 고려 속요는 민간의 사랑 노래가 궁중악으로 정제되어 편입되는 과정에서 변화를 겪기도 했다. 즉 작품의 특정 부분에 긴밀한 유기적 관계를 맺을 수 있는 형식적 장치를 마련하여 한 작품이 구성될 때 작품 전체에 통일성을 부여하는 기능을 더하였다. 그리고 궁중 연향을 고려한 것으로 보이는 특정한 부분이 덧붙여지기도 했다. 예컨대, 전체적으로 애틋한 그리움의 정서를 보이는 작품에 송축의 내용을 담거나 이별의 상황과 동떨어진 시어를 붙이기도 한다.

① 고려 속요는 조선 시대까지 궁중 연향에서 사용되었다.
② 『시경』의 '풍'은 조선의 궁중악에 영향을 주기도 하였다.
③ 『시경』의 '풍'에 실린 노래에는 민중의 삶이 반영되어 있다.
④ 『시경』의 '풍'과 고려 속요는 모두 상층 노래가 하층 문화에 영향을 준 결과물이다.

## 03

**다음 글을 읽고 이해한 내용으로 옳지 않은 것은?**

전쟁을 다룬 소설 중에는 실재했던 전쟁을 제재로 한 작품들이 있다. 이런 작품들은 허구를 매개로 실재했던 전쟁을 새롭게 조명하고 있다. 가령, 「박씨전」의 후반부는 청나라에게 패전했던 병자호란을 있는 그대로 받아들이고 싶지 않았던 조선 사람들의 욕망에 따라, 허구적 인물 박씨가 패전의 고통을 안겼던 실존 인물 용골대를 물리치는 장면을 중심으로 허구화되었다. 외적에 휘둘린 무능한 관군 탓에 병자호란 당시 여성은 전쟁의 큰 피해자였다. 「박씨전」에서는 이 비극적 체험을 재구성하여, 전화를 피하기 위한 장소인 피화당(避禍堂)에서 여성 인물과 적군이 전투를 벌이는 장면을 설정하고 있다. 이들 간의 대립 구도 하에서 전개되는 이야기는 조선 사람들의 슬픔을 위로하고 희생자를 추모함으로써 공동체로서의 연대감을 강화하였다. 한편, 「시장과 전장」은 한국전쟁이 남긴 상흔을 직시하고 이에 좌절하지 않으려던 작가의 의지가, 이념 간의 갈등에 노출되고 생존을 위해 몸부림치는 인물을 통해 허구화되었다. 이 소설에서는 전장을 재현하여 전쟁의 폭력에 노출된 개인의 연약함이 강조되고, 무고한 희생을 목도한 인물의 내면이 드러남으로써 개인의 존엄이 탐색되었다.

우리는 이런 작품들을 통해 전쟁의 성격을 탐색할 수 있다. 두 작품에서는 외적의 침략이나 이념 갈등과 같은 공동체 사이의 갈등이 드러나고 있다. 그런데 전쟁이 폭력적인 것은 이 과정에서 사람들이 죽기 때문만은 아니다. 전쟁의 명분은 폭력을 정당화하기에, 적의 죽음은 불가피한 것으로, 우리 편의 죽음은 불의한 적에 의한 희생으로 간주된다. 전쟁은 냉혹하게도 아군이나 적군 모두가 민간인의 죽음조차 외면하거나 자신의 명분에 따라 이를 이용하게 한다는 점에서 폭력성을 띠는 것이다. 두 작품에서 사람들이 죽는 장소가 군사들이 대치하는 전선만이 아니라는 점도 주목된다. 전쟁터란 전장과 후방, 가해자와 피해자가 구분되지 않는 혼돈의 현장이다. 이 혼돈 속에서 사람들은 고통받으면서도 생의 의지를 추구해야 한다는 점에서 전쟁은 비극성을 띤다. 이처럼, 전쟁의 허구화를 통해 우리는 전쟁에 대한 인식을 새롭게 할 수 있다.

① 실재했던 전쟁의 내용을 기반으로 만들어진 소설의 경우도 얼마든지 허구의 내용이 담겨 있을 수 있다.
② 「박씨전」은 조선 사람들의 슬픔을 위로하고 희생자를 추모하고자 한 소설이라는 의미를 갖는다.
③ 「시장과 전장」에서는 개인의 연약함이 강조되고 개인의 존엄이 탐색된다.
④ 전쟁 소설은 아군이나 적군 모두 피해자라는 의식 속에서 양쪽의 죽음을 모두 비극적으로 바라본다.

## 04

**다음 글을 읽고 추론한 내용으로 적절하지 않은 것은?**

우리나라 전기소설(傳奇小說)은 중국의 전기(傳奇)와 우리의 설화 등 다양한 서사 갈래의 영향을 받아 성립했다. 중국의 전기는 기이한 사건을 다채로운 문체로 엮은 서사 양식이다. 이는 당나라 문인들이 자신의 글솜씨가 담긴 작품집을 출세의 수단으로 삼았던 관습에서 유래했다. 기이한 사건은 흥미를 끌기 위한 소재로만 쓰여서, 서사 구조가 유기적이지 못했고 결말의 양상도 다양했다. 이에 비하면 우리의 전기소설에서 기이한 사건은 작가의 불우함을 위로하기 위한 창작 동기에 걸맞게 유기적으로 짜였다. 작가의 분신으로서 불우한 처지에 놓인 전기소설의 남주인공은 기이한 사건을 겪으면서 자신의 능력을 인정받고 위로받지만, 결국 비극적 종결을 맞이하는 전형성을 보인다. 이처럼 우리의 전기소설은 중국 전기의 영향을 받아 기이한 사건을 다루면서도, 비극적 종결을 통해 전기와 구별되는 독자성을 보인다.

우리 전기소설의 성립에는 민담과 전설 등 설화도 영향을 끼쳤다. 구전되던 설화를 기록하면서 작가의 역량이 발휘되었고, 이 과정에서 새로운 유형의 인물이 등장하여 전기소설의 갈래적 성격을 드러내었다. 전기소설 주인공의 특질은 다음과 같다. 첫째는 외로움이다. 주인공은 사회적으로 소외된 존재이거나 짝을 얻지 못한 상태에서 실의에 빠져 있는 존재이다. 외로운 주인공은 현실에서의 소외를 부당하다고 느껴 온갖 금기를 넘어선 사랑을 하거나 용궁과 같은 이계(異界)에 가기를 주저하지 않는다. 둘째는 내면성이다. 주인공은 풍부한 감성을 지녀서 외로움을 토로하거나 시를 자주 짓고 시를 통해 자신의 능력을 인정받거나 서로 소외감을 나누고 싶어 한다. 셋째는 소극성이다. 남주인공은 소심하고 나약한 존재로서 자신으로서는 받아들이기 어려운 상황이나 모순된 현실에 대해 적극적으로 저항하지는 않는다. 사랑에 몰두하거나 세상을 등지는 등 세상과 소통하지 않으려는 폐쇄성을 통해 모순된 현실에 대한 비극적 인식을 보여 줄 뿐이다. 이처럼 전기소설의 주인공은 서사 문학사에서 새로운 인물이었다. 이런 주인공을 내세운 작품들은 설화로부터 분기되어 '소설'로 접근하게 되었고 동시에 다른 작품들과 달리 '전기소설'로 구분되었다.

① 서사 구조가 유기적이지 못했던 당나라의 전기와 달리, 우리나라의 전기소설은 유기적 구조와 다양한 결말을 지녔겠군.
② 중국 문인들의 전기와 우리나라의 전기소설을 비교했을 때, 작가의 소망이 더 투영된 쪽은 우리나라의 전기소설이 되겠군.
③ 전기소설의 주인공의 유형은 이전부터 전형적으로 존재하던 인물이 아니었겠군.
④ 전기소설의 전형적 인물상은 주인공이 자신의 세상을 주저 없이 떠나는 행동에 개연성을 부여했겠군.

# CHAPTER 08 글/문단/문장 수정 유형

□ 1회독    월    일
□ 2회독    월    일
□ 3회독    월    일
□ 4회독    월    일
□ 5회독    월    일

**교수님 코멘트** ▶ 글/문단/문장 수정 유형은 기존 시험에서도 자주 출제되었던 유형이다. 2025년부터 전환된 시험에서도 역시 출제 비중이 매우 높을 것으로 예상된다.

## STEP 1    유형 분석하기

이 유형도 역시 기존 시험에서 자주 출제되던 유형이다. '글/문단/문장 수정' 유형의 문제는 크게 두 가지의 경우로 나누어 볼 수 있다. 첫째는 문법적 지식을 묻는 유형이다. 조사의 올바른 사용 여부, 이중 피동 등 어법적으로 잘못된 표현을 바로잡게 하는 유형이다. 이는 사실 비문학 영역이라기보다는 문법 영역으로 볼 수 있다. 둘째는 독해적 맥락을 묻는 유형이다. 글이 주어지고 글에 쓰인 문장들이 맥락에 비추어 적절한지를 묻는 것으로 글의 통일성, 일관성, 완결성과 관련하여 각 문장들의 쓰임이 올바른지를 살펴야 하는 유형이다. 물론 이 두 유형이 하나의 문제에 섞여 있는 경우도 있을 수 있다. 앞서 말한 두 유형 중 첫째 유형은 문법 지식의 학습을 통해 성장할 수 있는 영역이므로 이 책에서는 문법 영역에서 다루도록 하겠다. 여기서는 둘째 유형을 중심으로 설명하고자 한다.

## STEP 2    독해방법 알아보기

이 유형을 잘 해결하기 위해서는 글의 맥락을 잘 살펴야 한다. 글에 쓰인 각 문장들이 전체 주제에서 벗어나지는 않는지, 접속어 사용 등 연결이 자연스러운지, 주제를 뒷받침하는 내용들이 온전히 잘 제시되고 있는지 등 글을 전반적으로 잘 읽고 어색한 부분을 파악하는 연습을 해야 한다. 특히 통일성과 관련된 문제가 자주 출제되므로 항상 글 전체의 주제를 생각해 보고 각 문장이 주제와 밀접한 관련이 있는지를 명확히 살피며 문제를 푸는 연습을 해야 한다.

단권화 MEMO

| 단권화 MEMO

| 정답해설 |
② 소수의 교도관이 다수의 죄수를 통제한다는 맥락이므로 통제되는 대상은 '소수'가 아닌 '다수'가 맞는 표현이다.

| 오답해설 |
① 죄수들은 교도관을 볼 수 없으므로 교도관이 없을 때에도 교도관이 보고 있다는 공포감을 느끼게 된다. 따라서 '있을'이 아닌 '없을'이 맥락상 적절한 표현이다.
③ ㉢ 다음 문장에서 신변 노출 없이 자유롭게 표현할 수 있게 되었다는 내용이 있으므로 '익명성'이 적절한 표현이다.
④ 2문단은 시놉티콘의 시대에 대한 설명으로, 다수가 소수의 권력자를 동시에 감시할 수 있는 경우를 설명하고 있다. 따라서 감시하는 주체는 '특정인'이 아니라 '누구나'와 같은 다수로 보아야 한다.

| 정답 | ②

● ㉠~㉣의 고쳐쓰기로 적절하지 않은 것은?  2022 지방직(= 서울시) 9급

파놉티콘(panopticon)은 원형 평면의 중심에 감시탑을 설치해 놓고, 주변으로 빙 둘러서 죄수들의 방이 배치된 감시 시스템이다. 감시탑의 내부는 어둡게 되어 있는 반면 죄수들의 방은 밝아 교도관은 죄수를 볼 수 있지만, 죄수는 교도관을 바라볼 수 없다. 죄수가 잘못했을 때 교도관은 잘 보이는 곳에서 처벌을 가한다. 그렇게 수차례의 처벌이 있게 되면 죄수들은 실제로 교도관이 자리에 ㉠ 있을 때조차도 언제 처벌을 받을지 모르는 공포감에 의해서 스스로를 감시하게 된다. 이렇게 권력자에 의한 정보 독점 아래 ㉡ 다수가 통제된다는 점에서 파놉티콘의 디자인은 과거 사회 구조와 본질적으로 같았다.
현대사회는 다수가 소수의 권력자를 동시에 감시할 수 있는 시놉티콘(synopticon)의 시대가 되었다. 시놉티콘에 가장 크게 기여한 것은 인터넷의 ㉢ 동시성이다. 권력자에 대한 비판을 신변 노출 없이 자유롭게 표현할 수 있게 되었기 때문이다. 정보화 시대가 오면서 언론과 통신이 발달했고, ㉣ 특정인이 정보를 수용하고 생산하게 되었다. 그로 인해 사회에서 일어나는 일에 대한 비판적 인식 교류와 부정적 현실 고발 등 네티즌의 활동으로 권력자들을 감시하는 전환이 일어났다.

① ㉠을 '없을'로 고친다.
② ㉡을 '소수'로 고친다.
③ ㉢을 '익명성'으로 고친다.
④ ㉣을 '누구나가'로 고친다.

## STEP 3    대표 발문

• ㄱ~ㄹ의 고쳐쓰기로 적절하지 않은 것은?
• 어색한 곳을 찾아 수정하는 방안으로 가장 적절한 것은?

## STEP 4 기출문제 살펴보기

● ㉠~㉣ 중 어색한 곳을 찾아 수정하는 방안으로 가장 적절한 것은?　　　2023 지방직(= 서울시) 9급

> 　　조선 후기에 서학으로 불린 천주학은 '학(學)'이라는 말에서도 짐작할 수 있듯이 ㉠ 종교적인 관점에서보다 학문적인 관점에서 받아들여졌다. 당시의 유학자 중 서학 수용에 적극적인 이들까지도 서학을 무조건 따르자고 ㉡ 주장하지는 않았는데, 서학은 신봉의 대상이 아니라 분석의 대상이었기 때문이다. 그들은 조선 사회를 바로잡고 발전시키기 위해 새로운 학문과 지식이 필요하다고 생각했지만, 외부에서 유입된 사유 체계에는 양명학이나 고증학 등도 있어서 서학이 ㉢ 유일한 대안은 아니었다. 그들은 서학을 검토하며 어떤 부분은 수용했지만, 반대로 어떤 부분은 ㉣ 지향했다.

① ㉠: '학문적인 관점에서보다 종교적인 관점에서'로 수정한다.
② ㉡: '주장하였는데'로 수정한다.
③ ㉢: '유일한 대안이었다'로 수정한다.
④ ㉣: '지양했다'로 수정한다.

● 올바르고 자연스러운 글을 쓰려고 한다. 오류가 없는 것은?　　　2008년 국가직 9급

> 　　영어만 잘 하면 성공한다는 믿음에 온 나라가 야단법석이다. ㉠ 한 술 더 떠 일본을 따라 영어를 공용어로 하자는 주장이 만만찮게 들리고 있다. ㉡ 그러나 영어는 배워서 나쁠 것 없고 국제 경쟁력을 키우는 차원에서 반드시 배워야 한다. ㉢ 하지만 영어보다 더 중요한 것은 우리말이다. ㉣ 우리말을 제대로 세우지 않고 영어를 들여오는 일은 우리 개구리들을 돌보지 않은 채 황소개구리를 들여온 우를 또다시 범하게 된다.
>
> 　　　　　　　　　　　　　　　　　　　　― 최재천, '황소개구리와 우리말' ―

① ㉠　　　　　　　　　　② ㉡
③ ㉢　　　　　　　　　　④ ㉣

---

### 단권화 MEMO

|정답해설|
④ "어떤 부분은 수용했지만, 반대로 어떤 부분은" 뒤의 맥락에 해당하므로 '수용하지 않았다'와 관련이 있어야 한다. 따라서 '어떤 목표로 뜻이 쏠리어 향하다.'의 의미인 '지향하다'가 아닌 '더 높은 단계로 오르기 위하여 어떠한 것을 하지 아니하다.'의 의미인 '지양하다'를 쓰는 것이 적절하다.

|오답해설|
① '학(學)'이라는 말에서 짐작할 수 있다고 하였으므로 종교적인 관점보다는 학문적인 관점에서 받아들여졌음을 알 수 있다.
② 서학은 신봉의 대상이 아니라 분석의 대상이었다고 하였으므로 무조건 따르자고 주장하지는 않았다는 맥락이 적절하다.
③ 외부에서 유입된 사유 체계에는 양명학이나 고증학 등도 있었다고 하였으므로 유일한 대안은 아니라는 맥락이 적절하다.

|정답| ④


|오답해설|
㉠ 문맥상 '만만찮게'를 '드물지 않고 꽤 잦게'의 의미인 '심심찮게'로 바꿔야 한다.
㉡ 문맥상 앞 절을 긍정하는 내용이므로 서술어 '그러나'를 '물론' 정도로 바꿔야 한다.
㉣ '영어를 들여오는 일은'이 주어이므로 서술어 '범하게 된다'를 '범하게 되는 것이다'로 바꿔야 주어와 서술어가 바르게 호응한다.

|정답| ③

개념 적용문제

# 08 글/문단/문장 수정 유형

## 2025 국가직 9급 대표 기출문제 분석

**다음 글의 ㉠~㉣ 중 어색한 곳을 찾아 가장 적절하게 수정한 것은?**　　　　　　　　　　　2025 국가직 9급

> 　소리는 보통 귀로 듣는다고 생각한다. 그렇지만 앰프에서 강력한 저음이 흘러나오는 것을 듣고 몸이 흔들리는 것을 경험할 때, 우리는 소리를 몸으로 느낀다고 생각하기도 한다. 가청 주파수 대역의 하한인 20Hz보다 낮은 주파수의 진동이 발생하면 ㉠ <u>우리의 몸은 흔들리지만 귀로는 아무것도 듣지 못한다</u>. 우리는 이 들리지 않는 진동을 '초저주파음'이라고 부른다. ㉡ <u>귀에 들리지 않는 진동도 소리로 간주할 수 있다는 생각에서이다</u>.
> 　높은 주파수의 영역에서도 귀에 들리지 않는 진동이 있다. ㉢ <u>사람은 보통 20,000Hz 이상의 진동이 귀에 도달하면 소리로 인식한다</u>. 가청 주파수 대역의 상한을 넘겨서 더 높은 주파수의 진동이 발생하면 사람의 귀에 들리지 않는 것이다. 이때의 음파를 '초음파'라고 부른다.
> 　사람과 동물은 가청 주파수 대역이 다르다. 그래서 동물은 사람에게 들리지 않는 소리를 들을 수 있다. 예컨대 우리와 가까이 지내는 개의 경우, 가청 주파수 대역의 하한은 사람과 비슷하지만 50,000Hz의 진동까지 소리로 인식할 수 있다. 그래서 개는 사람이 듣지 못하는 기척을 알아차리기도 한다. 이는 개의 가청 주파수 대역이 ㉣ <u>사람의 가청 주파수 대역보다 넓기 때문이다</u>.

① ㉠: 우리의 몸이 흔들리지 않을 뿐 귀로는 저음을 들을 수 있다
② ㉡: 귀에 들리지 않는 진동은 소리로 간주할 수 없다는 생각에서이다
③ ㉢: 사람은 보통 20,000Hz 이상의 진동이 귀에 도달하면 소리로 인식하지 못한다
④ ㉣: 사람의 가청 주파수 대역보다 좁기 때문이다

### 이렇게 학습하세요!

- 수정 부분 앞뒤 맥락을 살피는 연습을 많이 하세요.
- 문장 수정과 관련하여 자주 출제되는 패턴을 익혀 두세요.
- 글/문단/문장 수정 유형에 맞는 독해 접근법을 열심히 연습해 보세요.

## 다음 글의 ㉠~㉣ 중 어색한 곳을 찾아 가장 적절하게 수정한 것은?

보통 맥락적인 수정을 묻는 경우가 많으므로 앞서 언급한 내용을 받는 대용 표현, 지시 표현, 접속 표현 등에 집중하며 읽을 필요가 있다. 특히 수정해야 한 부분의 바로 앞과 뒤 부분은 더욱 집중해야 한다.

---

소리는 보통 귀로 듣는다고 생각한다. 그렇지만 앰프에서 강력한 저음이 흘러나오는 것을 듣고 몸이 흔들리는 것을 경험할 때, 우리는 소리를 몸으로 느낀다고 생각하기도 한다. 가청 주파수 대역의 하한인 20Hz보다 낮은 주파수의 진동이 발생하면 ㉠ 우리의 몸은 흔들리지만 귀로는 아무것도 듣지 못한다. 우리는 이 들리지 않는 진동을 '초저주파음'이라고 부른다. ㉡ 귀에 들리지 않는 진동도 소리로 간주할 수 있다는 생각에서이다.
▶ 1문단: 귀에 들리지 않는 소리 초저주파음

높은 주파수의 영역에서도 귀에 들리지 않는 진동이 있다. ㉢ 사람은 보통 20,000Hz 이상의 진동이 귀에 도달하면 소리로 인식한다. 가청 주파수 대역의 상한을 넘겨서 더 높은 주파수의 진동이 발생하면 사람의 귀에 들리지 않는 것이다. 이때의 음파를 '초음파'라고 부른다.
▶ 2문단: 귀에 들리지 않는 소리 초음파

사람과 동물은 가청 주파수 대역이 다르다. 그래서 동물은 사람에게 들리지 않는 소리를 들을 수 있다. 예컨대 우리와 가까이 지내는 개의 경우, 가청 주파수 대역의 하한은 사람과 비슷하지만 50,000Hz의 진동까지 소리로 인식할 수 있다. 그래서 개는 사람이 듣지 못하는 기척을 알아차리기도 한다. 이는 개의 가청 주파수 대역이 ㉣ 사람의 가청 주파수 대역보다 넓기 때문이다.
▶ 3문단: 사람과 동물의 가청 주파수 대역의 차이

---

✗ ㉠: 우리의 몸이 흔들리지 않을 뿐 귀로는 저음을 들을 수 있다
→ ㉠ 뒤의 맥락을 보면 '우리는 이 들리지 않는 진동을'이라고 설명하고 있다. 따라서 수정하지 않고 그대로 두어야 맥락에 맞다.

✗ ㉡: 귀에 들리지 않는 진동은 소리로 간주할 수 없다는 생각에서이다
→ ㉡ 앞의 맥락을 보면 '초저주파음'이라고 설명하고 있다. '음'이라는 표현을 통해 '소리로 간주할 수 있다'는 맥락이 더 적절함을 알 수 있다.

③ ㉢: 사람은 보통 20,000Hz 이상의 진동이 귀에 도달하면 소리로 인식하지 못한다
→ ㉢ 앞의 맥락을 보면 '높은 주파수의 영역에서도 귀에 들리지 않는 진동이 있다'고 설명하고 있다. '사람은 보통 20,000Hz 이상의 진동이 귀에 도달하면 소리로 인식한다'가 아닌 '인식하지 못한다'가 와야 맥락에 맞다.

✗ ㉣: 사람의 가청 주파수 대역보다 좁기 때문이다
→ 2문단과 3문단을 보면 사람은 보통 20,000Hz까지의 소리를 인식하는 반면 개는 보통 50,000Hz까지도 소리로 인식한다고 설명하고 있다. 따라서 개의 가청 주파수 대역이 사람의 가청 주파수 대역보다 넓다는 것을 알 수 있다.

| 정답 | ③

## 01

**다음 글의 ㉠~㉣ 중 어색한 곳을 찾아 가장 적절하게 수정한 것은?**

　수명을 늘릴 수 있는 여러 방법 중 가장 좋은 방법은 노화 문제를 해결하는 것이다. 이 방법은 인간이 젊고 건강한 상태로 수명을 연장할 수 있다는 점에서 ㉠ 늙고 병든 상태에서 단순히 죽음의 시간을 지연시킨다는 기존 발상과 근본적으로 다르다. ㉡ 노화가 진행된 상태를 진행되기 전의 상태로 되돌린다거나 노화가 시작되기 전에 노화를 막는 장치가 개발된다면, 젊음을 유지한 채 수명을 늘리는 것은 충분히 가능하다.

　그러나 노화 문제와 관련된 현재까지의 연구는 초라하다. 이는 대부분 연구가 신약 개발의 방식으로만 진행되어 왔기 때문이다. 현재 기준에서는 질병 치료를 목적으로 개발한 신약만 승인받을 수 있는데, 식품의약국이 노화를 ㉢ 질병으로 본 탓에 노화를 멈추는 약은 승인받을 수 없었다. 노화를 질병으로 보더라도 해당 약들이 상용화되기까지는 아주 오랜 시간이 필요하다.

　그런데 노화 문제는 발전을 거듭하고 있는 인공지능 덕분에 신약 개발과는 다른 방식으로 극복될 수 있을지 모른다. 일반 사람들에 비해 ㉣ 노화가 더디게 진행되는 사람들의 유전자 자료를 데이터화하면 그들에게서 노화를 지연시키는 생리적 특징을 추출할 수 있는데, 이를 통해 유전자를 조작하는 방식으로 노화를 막을 수 있다.

① ㉠: 늙고 병든 상태에서 담담히 죽음의 시간을 기다린다
② ㉡: 노화가 진행되기 전의 신체를 노화가 진행된 신체
③ ㉢: 질병으로 보지 않은 탓에 노화를 멈추는 약은 승인받을 수 없었다.
④ ㉣: 노화가 더디게 진행되는 사람들의 유전자 자료를 데이터화하면 그들에게서 노화를 촉진

## 02

**〈보기〉를 근거로 판단할 때, ㉠~㉣ 중 적절하지 않은 것은?**

― 보기 ―

　통일성은 글의 내용이 하나의 주제로 긴밀하게 관련되는 특성을 말한다. 초고의 적절성을 평가할 때에는 글의 내용이 하나의 주제를 드러낼 수 있도록 선정되었는지, 그리고 중심 내용에 부합하는 하위 내용들로 선정되었는지를 검토한다.

　사람들은 대개 수학 과목이 어렵다고 한다. 하지만 나는 수학 시간이 재미있다. ㉠ 바로 수업을 재미있게 진행하시는 수학 선생님 덕분이다. 수학 선생님은 유머로 딱딱한 수학 시간을 웃음바다로 만들곤 한다. ㉡ 졸리는 오후 시간에 뜬금없이 외국으로 수학여행을 가자고 하여 분위기를 부드럽게 만든 후 어려운 수학 문제를 쉽게 설명한 적도 있다. 그래서 우리 학교에서는 수학 선생님의 인기가 시들 줄 모른다. ㉢ 그리고 수학 선생님의 아들이 수학을 굉장히 잘한다는 소문이 나 있다. ㉣ 내 수학 성적이 좋아진 것도 수학 선생님의 재미있는 수업 덕택이다.

① ㉠　　② ㉡　　③ ㉢　　④ ㉣

## 03

2016 국가직 9급

⊙~㉣을 고친 내용으로 적절하지 않은 것은?

> 자본주의 체제에서 모든 계층의 사람이 똑같이 많이 벌고 잘살기를 바랄 수는 없다. 어느 정도의 소득 격차는 경쟁을 유발하는 동기가 될 수 있다는 것을 부인할 수 없다. ⊙ 따라서 우리와 같은 양극화 현상의 심화 추세를 그대로 방치한 채 자연 치유되도록 기다릴 수만은 없다. 그동안 단편적인 대책이 나오기는 했으나 ⓒ 떡 먹은 입 쓸어 치듯 개선은 되지 않고 오히려 악화되어 가고 있음이 역력히 드러나고 있다.
> 과거의 실패를 거울삼아 저소득층 소득 향상을 통한 근본적인 빈부 격차 개선책을 제시하여 빈자에게 희망을 불어넣어야 한다. 그렇다고 고소득자와 대기업을 욕하거나 ⓒ 경원되어서는 안 된다. 무엇보다 기업 투자와 내수 경기를 일으키는 일이 긴요하다. 그래야 일자리가 생기고 서민 소득도 늘어나게 된다. ㉣ 또한 자본의 원활한 흐름을 위해 고소득층의 해외 소비 활동도 촉진해야 한다. 그리고 세제 개혁을 통한 재분배 정책을 추진할 필요가 있다. 세제만큼 유효한 재분배 정책 수단도 없다. 동시에 장기적인 관점에서 각 부문의 양극화 개선을 위해 경제 체질과 구조 개선을 서두르지 않으면 안 된다.

① ⊙ - 문맥에 맞도록 '그러나'로 수정한다.
② ⓒ - 의미가 통하도록 '아랫돌 빼서 윗돌 괴듯'으로 수정한다.
③ ⓒ - 어법에 맞도록 '경원을 사서는'으로 수정한다.
④ ㉣ - 문단의 통일성에 어긋나므로 삭제한다.

## 04

2017 지방직 9급 추가

**㉠~㉣의 고쳐 쓰기로 적절하지 않은 것은?**

> 봄이면 어김없이 나타나 우리를 괴롭히는 황사가 본래 나쁘기만 한 것은 아니었다. ㉠ 황사의 이동 경로는 매우 다양하다. 황사는 탄산칼슘, 마그네슘, 칼륨 등을 포함하고 있어 봄철의 산성비를 중화시켜 토양의 산성화를 막는 역할을 했다. 또 황사는 무기물을 포함하고 있어 해양 생물에게도 도움을 줬다. ㉡ 그리고 지금의 황사는 생태계에 심각한 해를 끼치는 애물단지가 되어 버렸다. 이처럼 황사가 재앙의 주범이 된 것은 인간의 환경 파괴 ㉢ 덕분이다.
> 현대의 황사는 각종 중금속을 포함하고 있는 독성 황사이다. 황사에 포함된 독성 물질 중 대표적인 것으로 다이옥신을 들 수 있다. 다이옥신은 발암 물질이며 기형아 출산을 일으킬 수도 있는 것이다. 이러한 독성 물질을 다수 포함하고 있는 ㉣ 황사를 과거보다 자주 발생하고 정도도 훨씬 심해지고 있어 문제이다.

① ㉠은 글의 논리적인 흐름을 방해하고 있으므로 삭제한다.
② ㉡은 앞뒤 내용을 자연스럽게 연결해 주지 못하므로 '그러므로'로 바꾼다.
③ ㉢은 어휘가 잘못 사용된 것이므로 '때문이다'로 고친다.
④ ㉣은 서술어와 호응하지 않으므로 '황사가'로 고친다.

## 05

2016 지방직 9급

**다음 글을 고쳐 쓰기 위한 생각으로 적절하지 않은 것은?**

> 창의적 사고는 기존의 사고방식을 ㉠ 돌파하는 데서 출발한다. 기본적으로 기존의 이론과 법칙을 비판적으로 살펴보고 자신만의 독창적 아이디어를 만들어 내는 일이 중요하다. ㉡ 그러나 이러한 창의적 사고가 단순히 개인의 독특함에서만 비롯되는 것은 아니다. 더욱 중요한 것은 창의적 사고가 사회적·문화적 환경과 적절한 교육을 통해 ㉢ 길러진다. 따라서 ㉣ 자신의 창의성을 계발하기 위해 주변의 사물을 비판적이고 새로운 시각으로 보는 노력을 게을리해서는 안 된다.

① ㉠: 단어의 쓰임이 어색하므로 '탈피하는'으로 고친다.
② ㉡: 앞뒤 문장을 자연스럽게 잇지 못하므로 '또한'으로 고친다.
③ ㉢: 주술 호응이 되지 않으므로 '길러진다는 점이다'로 고친다.
④ ㉣: 주장을 포괄하지 못하므로 '환경과 교육의 중요성'을 강조하는 내용으로 고친다.

---

## 정답&해설

### 04
정답 | ②

㉡ 앞뒤 문장은 서로 역접 관계를 보이고 있다. 따라서 '그러나'나 '하지만'이 들어가야 내용을 자연스럽게 연결해 줄 수 있다. '그러므로'는 앞과 뒤의 내용이 인과 관계가 형성될 때 사용하는 접속 부사이다.

| 오답해설 | ① ㉠ 앞과 뒤의 문장에서는 '황사의 좋은 점'에 대해 언급하고 있는데, ㉠은 이와 관련 없는 내용으로 글의 논리적 흐름을 방해하고 있다. 따라서 삭제하는 것이 좋다.
③ '덕분'은 '베풀어 준 은혜나 도움'을 의미하는 단어로 긍정적인 상황에 쓴다. 따라서 '어떤 일의 원인이나 까닭'의 의미를 가진 '때문'으로 바꾸는 것이 좋다. '때문이다'는 긍정적인 문장과 부정적인 문장 모두에서 사용이 가능하다.
④ 서술어 '발생하고'의 주어는 '황사'이다. 따라서 목적격 조사가 아닌 주격 조사를 써서 '황사가'로 고쳐야 한다.

### 05
정답 | ②

'그러나'를 중심으로 앞뒤 문장이 역접 관계를 나타내고 있다. 따라서 '그러나'의 사용은 적절하다. '또한'은 덧붙일 때 쓰는 말로 문맥상 어울리지 않는다.

| 오답해설 | ① '일정한 상태나 처지에서 완전히 벗어나다.'의 뜻을 지닌 '탈피하는'으로 고치는 것이 적절하다.
③ 주어 '더욱 중요한 것은'과 호응하는 서술어인 '길러진다는 점이다'로 고치는 것이 적절하다.
④ ㉣에는 글의 결론이자 필자의 궁극적인 주장이 제시되어야 한다. 따라서 '비판적 사고'가 아닌 '환경과 교육의 중요성'에 해당하는 내용이 와야 한다.

CHAPTER

# 09 화법 지문 유형

□ 1 회 독   월   일
□ 2 회 독   월   일
□ 3 회 독   월   일
□ 4 회 독   월   일
□ 5 회 독   월   일

**교수님 코멘트 ▶** 기존 시험에서도 다양한 종류의 화법 지문 유형 문제가 출제되었다. 2025년부터 전환된 시험에서도 다양한 화법 상황에 관한 문제들이 출제될 것으로 예상된다.

## STEP 1   유형 분석하기

'화법 지문' 유형은 독해 지문이 설명문이나 논설문 등과 같은 일반적인 형식의 글이 아니라 토론, 토의, 인터뷰, 발표 등 주로 대화 상황이 드러나는 글이다. 대화 상황을 제시하고 주제, 일치/불일치를 파악하게 하거나 대화해 나가는 방식을 묻는 문제 유형이 대부분이다. 지문이 대화 상황을 글로 적어 놓은 것이다 보니 일반적인 독해 유형에 비해 어렵지 않게 읽고 풀 수 있다. 기존 기출문제에서도 거의 빠지지 않고 매번 출제되었던 유형이고, 변경된 2025년 시험에서도 마찬가지로 자주 출제될 유형이라고 판단된다.

## STEP 2   독해방법 알아보기

'화법 지문' 유형도 일반적인 독해 유형과 마찬가지로 지문을 읽고 문제를 풀면 되는 유형이므로 지문을 잘 읽어 내는 것이 중요하다. 다만, 지문으로 일반적인 글의 형식이 아니라 다양한 대화 상황이 제시되므로 독해 과정이 다소 낯설 수 있다. 따라서 여러 대화 상황과 관련된 글과 문제들을 많이 접해 보는 것이 중요하다. 토론, 토의, 인터뷰, 발표 등 다양한 형식의 지문과 문제들을 읽어 보며 주로 어떤 포인트를 묻는지 익혀 두어야 한다. 그리고 각 대화 상황의 일반적인 흐름을 가볍게 정리해 보는 것도 도움이 될 수 있다. 예를 들어, 토론이나 회의의 일반적인 진행 과정을 가볍게 정리해 두면 관련된 형식의 지문을 읽어 나갈 때 도움이 될 수 있다. 다만, 지식적으로 정리한다는 생각보다는 대화의 흐름 정도만 가볍게 살핀다는 생각으로 정리해 보는 것이 효율적이다.

단권화 MEMO

| 단권화 MEMO |

● 다음 대화에 대한 설명으로 적절한 것은?

2021 지방직(= 서울시) 9급

> A: 지난번 제안서 프레젠테이션을 마친 후 "검토하고 연락드리겠습니다."라고 답변을 받았는데 아직 별다른 연락이 없어서 고민이에요.
> B: 어떤 연락을 기다리신다는 거예요?
> A: 해당 사업에 관하여 제 제안서를 승낙했다는 답변이잖아요. 그런데 후속 사업 진행을 위해 지금쯤 연락이 와야 할 텐데 싶어서요.
> B: 글쎄요. 보통 그런 상황에서는 완곡하게 거절하는 의사 표현이라 볼 수 있어요. 그리고 해당 고객이 제안서 내용은 정리가 잘되었지만, 요즘 같은 코로나 시기에는 이전과 동일한 사업적 효과가 있을지 궁금하다고 말한 것을 보면 알 수 있죠.
> A: 네, 기억납니다. 하지만 궁금하다고 말한 것이지 사업을 수용하지 않는다는 것은 아니지 않나요? 답변을 할 때도 굉장히 표정도 좋고 박수도 쳤는데 말이죠. 목소리도 부드러웠고요.

① A와 B는 고객의 답변에 대해 제안서 승낙이라는 의미로 동일하게 이해한다.
② A는 동일한 사업적 효과가 있을지 궁금하다는 표현을 제안한 사업에 대한 부정적 평가라고 판단한다.
③ B는 고객이 제안서에 의문을 제기한 내용을 근거로 고객의 답변에 대해 판단한다.
④ A는 비언어적 표현을 바탕으로 하여 고객의 답변을 제안서에 대한 완곡한 거절로 해석한다.

| 정답해설 |
③ B는 고객이 '동일한 사업적 효과가 있을지 궁금하다고 말한 것'을 근거로 고객의 답변이 완곡하게 거절하는 의사 표현이라고 판단하고 있다. 이는 B가 "보통 그런 상황에서는 완곡하게 거절하는 의사 표현이라 볼 수 있어요."라고 말한 부분에서 알 수 있다.

| 오답해설 |
① A는 고객의 답변을 부정적으로 보고 있지 않으므로 연락을 기다리고 있다. 반면, B는 고객의 답변을 완곡하게 거절하는 의사 표현으로 보고 있다. 즉, 제안서 승낙이라는 의미로 이해하고 있지 않다.
② A는 동일한 사업적 효과가 있을지 궁금하다는 고객의 말을 부정적 평가라고 판단하지 않고 있다.
④ A는 "표정도 좋고 박수도 ~ 부드러웠고요."와 같은 비언어적 표현을 근거로 고객의 답변을 완곡한 거절이 아닌 승낙으로 해석한다.

| 정답 | ③

## STEP 3　대표 발문

- 다음 대화에 나타난 말하기 방식을 설명한 것으로 가장 적절하지 않은 것은?
- 다음 대화에서 나타난 '지민'의 의사소통 방식으로 가장 적절한 것은?

## STEP 4　기출문제 살펴보기

● ㉠~㉣의 말하기 방식을 설명한 내용으로 가장 적절한 것은?　　2023 지방직(= 서울시) 9급

> 김 주무관: AI에 대한 국민 이해도를 높이기 위해 설명회를 개최할 필요가 있다고 생각해요.
> 최 주무관: ㉠ 저도 요즘 그 필요성을 절감하고 있어요.
> 김 주무관: ㉡ 그런데 어떻게 준비해야 효과적으로 전달할 수 있을지 고민이에요.
> 최 주무관: 설명회에 참여할 청중 분석이 먼저 되어야겠지요.
> 김 주무관: 청중이 주로 어떤 분야에 관심이 있는지 알면 준비할 때 유용하겠네요.
> 최 주무관: ㉢ 그럼 청중의 관심 분야를 파악하려면 청중의 특성 중에서 어떤 것들을 조사하면 좋을까요?
> 김 주무관: ㉣ 나이, 성별, 직업 등을 조사할까요?

① ㉠: 상대의 의견에 대해 공감을 표현하고 있다.
② ㉡: 정중한 표현을 사용하여 직접 질문하고 있다.
③ ㉢: 자신의 반대 의사를 우회적으로 드러내고 있다.
④ ㉣: 의문문을 통해 상대의 의견을 반박하고 있다.

● 토론자들의 주장을 가장 적절하게 분석한 것은?　　2016 지방직 9급

> 사회: 최근 보이스피싱 범죄가 모든 금융권으로 확산되면서 피해액이 늘어나고 있습니다. 이에 금융 당국이 은행에도 일부 보상 책임을 지게 하는 방안을 검토하는 것으로 알려지고 있습니다. 이에 대해 어떻게 생각하십니까?
> 영수: 개인들이 자신의 정보를 잘못 관리한 책임까지 은행에서 진다는 것은 문제가 있습니다. 도와드릴 수 있다면 좋겠지만, 은행 입장에서도 한계가 있는 부분이 있어 안타까울 뿐입니다.
> 민수: 소비자들이 자신의 개인 정보 관리에 다소 부주의함이 있다는 것은 인정합니다. 그러나 개인의 부주의를 얘기하는 것보다는 정부가 근본적인 해결책을 모색하는 것이 더욱 시급합니다.

① 영수와 달리, 민수는 보이스피싱 피해에 대한 책임을 소비자에게만 전가해서는 안 된다고 생각한다.
② 영수와 민수는 보이스피싱 범죄의 확산에 대한 일차적 책임이 은행과 정부에 있다고 생각한다.
③ 영수와 민수는 보이스피싱 범죄로 인한 피해를 방지하기 위해 은행에서 노력하고 있다고 생각한다.
④ 영수는 보이스피싱 범죄를 근본적으로 해결하기 위해 은행의 역할을, 민수는 정부의 역할을 강조한다.

---

단권화 MEMO

|정답해설|
① 설명회를 개최할 필요가 있다는 김 주무관의 발언에 대해 "저도 요즘 그 필요성을 절감하고 있어요."라고 최 주무관이 공감을 표현하고 있다.

|오답해설|
② 의문형이 아닌 '평서형'으로 표현(고민이에요)하고 있으므로 직접 질문하고 있는 것이 아님을 알 수 있다.
③ 청중의 관심 분야를 알면 유용하겠다는 김 주무관의 언급에 대해 청중의 관심 분야를 파악하기 위해 어떤 것을 조사해야 할지를 묻는 경우이므로 반대 의사를 표현하고 있다고 볼 수 없다.
④ 어떤 것을 조사하면 좋을지 묻는 최 주무관의 발화에 대해 김 주무관이 '나이, 성별, 직업' 등을 조사하자고 의문문의 형식으로 말하는 부분으로, 상대의 의견을 반박하는 것이 아니다.

|정답| ①

|정답해설|
① 영수는 보이스피싱 피해의 책임이 일차적으로 개인들에게 있다고 보고 있다. 민수는 개인들에게 책임이 있지만 정부 측의 근본적 해결책이 필요하다고 보고 있다. 따라서 '영수와 달리, 민수는 보이스피싱 피해에 대한 책임을 소비자에게만 전가해서는 안 된다고 생각한다.'라고 분석한 것은 적절하다.

|오답해설|
② 영수는 보이스피싱 범죄의 일차적 책임이 '개인'에게 있다고 보고 있다.
③ '은행에서 노력하고 있다.'라는 말은 영수와 민수 모두 언급하지 않았다.
④ 영수는 보이스피싱 범죄를 근본적으로 해결하기 위해 '은행'이 아닌 '개인'에게 그 책임을 돌리고 있다.

|정답| ①

개념 적용문제

# 09 화법 지문 유형

### 2025 국가직 9급 대표 기출문제 분석

**다음 대화를 분석한 내용으로 적절하지 않은 것은?**  2025 국가직 9급

> 보은: 기차가 달리고 있는 선로에 다섯 명의 인부가 일하고 있고, 그들에게 그 기차를 피할 시간적 여유는 없어. 그런데 스위치를 눌러서 선로를 변경하면 다섯 명의 인부 대신 다른 선로에 있는 한 사람이 죽게 돼. 이 선택의 딜레마 상황에서 너희들은 어떻게 할 거야?
> 소현: 이런 경우엔 행위에 따른 결과가 선택의 기준이 된다고 생각해. 그래서 나는 스위치를 눌러서 한 명이 죽더라도 다섯 명을 살리는 선택을 할 거야. 그건 결과적으로 봤을 때 불가피한 조치 아니겠어?
> 은주: 글쎄, 행위에 따른 결과보다 행위 자체의 도덕성을 기준에 두어야 하는 거 아니야? 행위 자체의 도덕성을 따진다면, 스위치를 눌러서 사람을 '죽이는 것'과 아무것도 하지 않고 '죽게 내버려 두는 것' 중에 당연히 살인에 해당하는 전자가 더 나쁘지.
> 보은: 나도 그렇게 생각해. 스위치를 누르면 살인이고, 누르지 않으면 방관일 텐데, 법적인 측면에서 보더라도 전자는 후자보다 무겁게 처벌되잖아. 게다가 생명의 가치는 수량화할 수 없으니 한 사람보다 다섯 사람이 가지는 생명의 가치가 더 크다고 말할 수 없어.
> 영민: 생명의 가치를 수량화할 수 없다는 데 원론적으로는 나도 동의해. 하지만 지금처럼 불가피한 선택의 상황에서 무엇보다 우선해야 할 것은 명확한 기준을 세우는 일이야. 나는 이 상황에서 어떻게 하면 죽는 사람의 수를 최소화하는가가 그 기준이 되어야 한다고 생각해.

① 스위치를 누르는 일을 살인으로 본다는 점에 대해 은주는 보은과 견해를 같이한다.
② 생명의 가치를 수량화할 수 없다는 점에 대해 영민은 원론적으로는 보은과 견해를 같이한다.
③ 선택의 딜레마 상황에서 소현은 행위에 따른 결과를, 은주는 행위 자체의 도덕성을 선택의 기준으로 삼는다.
④ 인명피해가 불가피한 선택의 상황에 놓인다면, 영민은 죽는 사람의 수를 최소화하는 선택을 하고, 소현은 그렇게 하지 않는다.

### 이렇게 학습하세요!

- 다양한 화법 상황과 관련된 문제를 많이 풀어 보세요.
- 지문에서 근거를 찾는 연습을 많이 해 보세요.
- 화법 지문 유형에 맞는 독해 접근법을 열심히 연습해 보세요.

**다음 대화를 분석한 내용으로 적절하지 않은 것은?**

> 보은: 기차가 달리고 있는 선로에 다섯 명의 인부가 일하고 있고, 그들에게 그 기차를 피할 시간적 여유는 없어. 그런데 스위치를 눌러서 선로를 변경하면 다섯 명의 인부 대신 다른 선로에 있는 한 사람이 죽게 돼. 이 선택의 딜레마 상황에서 너희들은 어떻게 할 거야? → 이 질문에 대한 답변이 답변자의 가치관과 관련되므로 질문 자체에 대한 이해가 중요하다.
>
> 소현: 이런 경우엔 행위에 따른 결과가 선택의 기준이 된다고 생각해. 그래서 나는 스위치를 눌러서 한 명이 죽더라도 다섯 명을 살리는 선택을 할 거야. 그건 결과적으로 봤을 때 불가피한 조치 아니겠어?
> 소현의 가치관이 제시되는 부분이다. 다른 사람과의 공통점, 차이점이 있을 수 있다.
>
> 은주: 글쎄, 행위에 따른 결과보다 행위 자체의 도덕성을 기준에 두어야 하는 거 아니야? 행위 자체의 도덕성을 따진다면, 스위치를 눌러서 사람을 '죽이는 것'과 아무것도 하지 않고 '죽게 내버려 두는 것' 중에 당연히 살인에 해당하는 전자가 더 나쁘지.
> 은주의 가치관이 제시되는 부분으로 역시나 다른 사람과의 공통점, 차이점이 있을 수 있다.
>
> 보은: 나도 그렇게 생각해. 스위치를 누르면 살인이고, 누르지 않으면 방관일 텐데, 법적인 측면에서 보더라도 전자는 후자보다 무겁게 처벌되잖아. 게다가 생명의 가치는 수량화할 수 없으니 한 사람보다 다섯 사람이 가지는 생명의 가치가 더 크다고 말할 수 없어.
> 보은은 은주의 가치관에 동의하고 있다.
> 다만, 둘의 가치관이 완전히 일치하는지 아니면 일부 차이가 있는지 등을 잘 살피며 글을 읽어야 한다
>
> 영민: 생명의 가치를 수량화할 수 없다는 데 원론적으로는 나도 동의해. 하지만 지금처럼 불가피한 선택의 상황에서 무엇보다 우선 해야 할 것은 명확한 기준을 세우는 일이야. 나는 이 상황에서 어떻게 하면 죽는 사람의 수를 최소화하는가가 그 기준이 되어야 한다고 생각해.
> 원론적으로 동의한다는 말은 보은의 의견과 일치하는 부분도 있지만 분명 차이가 있다는 의미이다.
> 그 차이점이 무엇인지를 잘 생각해 보며 글을 읽어야 한다.

① 스위치를 누르는 일을 살인으로 본다는 점에 대해 은주는 보은과 견해를 같이한다.
→ 은주와 보은 둘 다 스위치를 눌러서 사람을 죽이는 것과 아무것도 하지 않으며 방관하는 것을 구분하고 그중 전자가 더 나쁘다고 보고 있다.

② 생명의 가치를 수량화할 수 없다는 점에 대해 영민은 원론적으로는 보은과 견해를 같이한다.
→ 영민은 생명의 가치를 수량화할 수 없다는 데 원론적으로 동의한다고 말하고 있다.

③ 선택의 딜레마 상황에서 소현은 행위에 따른 결과를, 은주는 행위 자체의 도덕성을 선택의 기준으로 삼는다.
→ 소현은 결과가 선택의 기준이 된다고 언급하고 있고 은주는 행위 자체의 도덕성을 기준에 두어야 한다고 언급하고 있다.

④ 인명피해가 불가피한 선택의 상황에 놓인다면, 영민은 죽는 사람의 수를 최소화하는 선택을 하고, 소현은 그렇게 하지 않는다.
→ 영민은 죽는 사람의 수를 최소화해야 한다고 주장하고 있고, 소현 역시 한 명이 죽더라도 다섯 명을 살리는 선택을 할 것이라고 주장하고 있다. 따라서 둘 다 죽는 사람의 수를 최소화하는 선택을 하는 경우로 볼 수 있다.

| 정답 | ④

## 01

**다음 대화를 분석한 내용으로 가장 적절한 것은?**

갑: 전염병이 창궐했을 때 마스크를 착용하는 것은 당연한 일인데, 그것을 거부하는 사람이 있다니 도대체 이해가 안 돼.

을: 마스크 착용을 거부하는 사람들을 무조건 비난하지 말고 먼저 왜 그러는지 정확하게 이유를 파악하는 것이 필요해.

병: 그 사람들은 개인의 자유가 가장 존중받아야 하는 기본권이라고 생각하기 때문일 거야.

갑: 개인의 자유로운 선택이 타인의 생명을 위협한다면 기본권이라 하더라도 제한하는 것이 보편적 상식 아닐까?

병: 맞아. 개인이 모여 공동체를 이루는데 나의 자유만을 고집하면 결국 사회는 극단적 이기주의에 빠져 붕괴하고 말 거야.

을: 마스크를 쓰지 않는 행위를 윤리적 차원에서만 접근하지 말고, 문화적 차원에서도 고려할 필요가 있어. 어떤 사회에서는 얼굴을 가리는 것이 범죄자의 징표로 인식되기도 해.

① 화제에 대해 남들과 다른 측면에서 탐색하는 사람이 있다.
② 자신의 의견이 반박되자 질문을 던져 화제를 전환하는 사람이 있다.
③ 대화가 진행되면서 논점에 대한 찬반 입장이 바뀌는 사람이 있다.
④ 사례의 공통점을 종합하여 자신의 주장을 강화하는 사람이 있다.

## 02

**다음 토의에 대한 설명으로 적절하지 않은 것은?**

사회자: 오늘의 토의 주제는 '통일 시대의 남북한 언어가 나아갈 길'입니다. 먼저 최○○ 교수님께서 '남북한 언어 차이와 의사소통'이라는 제목으로 발표해 주시겠습니다.

최 교수: 남한과 북한의 말은 비슷하지만 다른 점이 있습니다. 남한과 북한의 어휘 차이가 대표적입니다. 남한과 북한의 어휘 차이를 분석한 결과, …(중략)… 앞으로도 남북한 언어 차이에 대한 연구가 지속되어야 합니다.

사회자: 이로써 최 교수님의 발표를 마치겠습니다. 다음은 정○○ 박사님의 '남북한 언어의 동질성 회복 방안'에 대한 발표가 있겠습니다.

정 박사: 앞으로 통일을 대비해 남북한 언어의 다른 점을 줄여 나가는 노력이 필요합니다. 실제로도 남한과 북한의 학자들로 구성된 '겨레말큰사전 편찬위원회'에서는 남북한 공통의 사전인 『겨레말큰사전』을 만들며 서로의 차이를 이해하고 받아들이기 위한 노력을 하고 있습니다.

…(중략)…

사회자: 그러면 질의응답이 있겠습니다. 시간상 간략하게 질문해 주시기 바랍니다.

청중 A: 두 분의 말씀 잘 들었습니다. 남북한 언어의 차이와 이를 극복하는 방안을 말씀하셨는데요. 그렇다면 통일 시대에 대비한 언어 정책에는 무엇이 있을까요?

① 학술적인 주제에 대해 발표 형식으로 진행되고 있다.
② 사회자는 발표자 간의 이견을 조정하여 의사결정을 유도하고 있다.
③ 발표자는 주제에 대한 자신의 견해를 밝혀 청중에게 정보를 제공하고 있다.
④ 청중 A는 발표자의 발표 내용을 확인하고 주제와 관련된 질문을 하고 있다.

## 03

**다음 진행자 'A'의 대화 진행 전략으로 적절하지 않은 것은?**

> A: 여러분, 안녕하세요? 한 지방 자치 단체가 의료 취약 계층을 위한 의약품 공급 정보망 구축 사업을 진행해 오고 있는데요. 오늘은 그 관계자 한 분을 모시고 말씀을 들어 보기로 하겠습니다. 과장님, 안녕하세요?
> B: 네, 안녕하세요.
> A: 의약품 공급 정보망이라는 말이 다소 생소한데 이게 무슨 말인가요?
> B: 네, 약국이나 제약 회사가 의약품을 저희에게 기탁하면, 이 약품을 필요한 사회 복지 시설이나 국내외 의료 봉사 단체에 무상으로 줄 수 있도록 연결하는 사이버상의 네트워크입니다.
> A: 그렇군요. 그동안 이 사업에 성과가 있었다면 그럴 만한 이유가 있을 텐데요, 이에 대해 말씀해 주세요.
> B: 그렇습니다. 약국이나 제약 회사에서는 판매되지 않은 의약품을 기탁하고 세금 혜택을 받습니다. 그리고 복지 시설이나 봉사 단체에서는 필요한 의약품을 무상으로 지원받을 수 있습니다.
> A: 그렇군요. 혹시 이 사업에 걸림돌은 없나요?
> B: 의약품을 의사의 처방에 따라서 주는 것이 아니라 수요자가 요구하면 주는 방식이어서 전문 의약품을 제공하는 과정에 어려움이 있습니다. 처방전 발급을 부탁할 수도 없고……
> A: 그러니까 앞으로 이런 문제를 해결하기 위한 제도 정비나 의료 전문가의 지원이 좀 더 필요하다는 말씀인 것 같군요. 끝으로 이 사업에 참여하려면 어떻게 해야 하나요?
> B: 그건 생각보다 쉽습니다. 저희 홈페이지에 접속하셔서 회원으로 가입하시면 기부하실 때나 받으실 때나 모두 쉽게 참여하실 수 있습니다.
> A: 네, 간편해서 좋군요. 모쪼록 이 의약품 공급 정보망 사업이 확대되어 국내외 의료 취약 계층에 많은 도움이 되기를 바랍니다. 감사합니다.

① 상대방의 말을 들었다는 반응을 보인다.
② 상대방의 대답에서 모순점을 찾아 논리적으로 대응한다.
③ 대화의 화제가 된 일을 홍보할 수 있는 대답을 유도한다.
④ 상대방의 말을 대화의 흐름에 맞게 해석하여 상대방의 말을 보충한다.

---

## 정답&해설

### 01
**정답 | ①**

'을'은 마스크를 쓰지 않는 행위를 윤리적 차원에서만 접근하지 말고, 문화적 차원에서도 고려할 필요가 있다고 말하였다. 따라서 화제에 대해 남들과 다른 측면에서 탐색하고 있다고 볼 수 있다.

|오답해설| ② '갑'이 자신의 의견이 반박되자 '보편적 상식 아닐까?'와 같이 질문을 던지고 있다. 하지만 화제를 전환한다고 볼 수는 없다.
③ 논점에 대한 찬반 입장이 바뀌는 사람은 찾기 어렵다.
④ 사례의 공통점을 종합하여 자신의 주장을 강화하는 사람은 찾기 어렵다.

### 02
**정답 | ②**

제시된 토의에서 사회자는 토의를 진행할 뿐 발표자 간의 이견을 조정하여 의사결정을 유도하고 있지는 않다.

|오답해설| ① '통일 시대의 남북한 언어가 나아갈 길'이라는 학술적인 주제에 대해 '최 교수'와 '정 박사'가 발표 형식으로 토의를 진행하고 있다.
③ 두 발표자는 주제에 대한 자신의 견해를 밝혀 청중에게 정보를 제공하고 있다.
④ "두 분의 말씀 잘 들었습니다. ~ 말씀하셨는데요."를 통해 청중 A가 발표 내용을 확인하였음을 알 수 있다. 또한 "통일 시대에 ~ 있을까요?"를 통해 주제와 관련된 질문을 하고 있음을 알 수 있다.

### 03
**정답 | ②**

'A'와 'B'의 대화에서 'A'가 상대방의 대답에서 모순점을 찾아 논리적으로 대응하는 부분은 찾기 어렵다.

|오답해설| ① "그렇군요.", "네, 간편해서 좋군요." 등에서 확인할 수 있다.
③ "이 사업에 참여하려면 어떻게 해야 하나요?" 등의 질문을 통해 대화의 화제가 된 일을 홍보할 수 있는 대답을 유도하고 있다.
④ "그러니까 앞으로 이런 ~ 좀 더 필요하다는 말씀인 것 같군요."를 통해 확인할 수 있다.

## 04

**토론자들의 말하기 방식에 대한 설명으로 적절한 것은?**

> 사회자: 학교 폭력 문제가 나날이 심각해지고 있습니다. 이와 관련해 오늘은 '학교 폭력을 방관한 학생에게도 책임을 물어야 한다'를 주제로 토론을 해 보도록 하겠습니다. 먼저 찬성 측 말씀해 주시죠.
> 찬성 측: 친구가 학교 폭력에 의해 희생되고 있는데도 자신에게 피해가 올까 두려워 아무런 조치를 취하지 않는 학생들이 많다고 합니다. 이러한 행동으로 인해 학교 폭력은 점점 확산되고 있습니다. 학교 폭력을 행하는 것을 목격했음에도 어떤 조치도 취하지 않은 것은 폭력에 대해 묵시적으로 동의한 것과 같습니다. 폭력을 직접 행사하는 행위뿐 아니라, 불의에 저항하지 않는 정의롭지 못한 행위에 대해서도 합당한 책임을 물어야 할 것입니다.
> 사회자: 다음으로 반대 측 의견 말씀해 주시죠.
> 반대 측: 특정 학생에게 폭력을 직접 행사해서 피해를 준 사실이 명백할 때에만 책임을 물을 수 있을 것입니다. 또한 사건에 대한 개입과 방관은 개인의 자율적 의지에 달린 문제이므로 외부에서 규제할 성질의 문제가 아닙니다.
> 사회자: 그럼 이번에는 반대 측부터 찬성 측에 대해 반론해 주시지요.
> 반대 측: 과연 누구까지를 학교 폭력의 방관자라고 규정지을 수 있을까요? 집에 가는 길에 우연히 폭력을 목격했을 경우, 자신의 친구로부터 폭력에 관련된 소문을 접했을 경우 등 방관자라고 규정하기에는 애매한 경우가 많습니다. 어떠한 행위를 처벌하려면 확고한 기준이 필요한데, 방관자의 범위부터 규정하기가 불명확하다고 볼 수 있습니다.
> 찬성 측: 불의를 방관한 행위에 대해 사회가 책임을 묻지 않는다면 이후로도 사람들은 아무런 죄책감 없이 불의를 모른 체하고 방관할 것입니다. 결국 이는 사회 전체의 건전성과 도덕성을 떨어뜨릴 것이고, 정의에 근거한 시민의 고발정신까지 약화시킬 것입니다.

① 찬성 측은 친숙한 상황을 빗대어 자신의 견해를 펼치고 있다.
② 찬성 측은 자신의 경험을 제시하여 논지를 보충하고 있다.
③ 반대 측은 윤리적 방법으로 해결책을 제시하고 있다.
④ 반대 측은 논제에 의문을 제기하여 주장을 강화하고 있다.

## 05

**다음 대담에 대한 설명으로 적절하지 않은 것은?**

> 진행자: 오늘은 우리의 전통 선박에 대해 재미있게 설명한 책인 『우리나라 배』에 대해 교수님과 이야기를 나눠 보겠습니다. 김 교수님, 우리나라 전통 선박에 담긴 선조들의 지혜를 설명한 책 내용이 참 흥미롭던데요, 구체적인 사례 하나만 소개해 주시겠습니까?
> 김 교수: 판옥선에 담긴 선조들의 지혜를 소개해 드릴까 합니다. 혹시 판옥선에 대해 들어 보셨나요?
> 진행자: 자세히는 모르지만 임진왜란 때 사용된 선박이라고 들었습니다.
> 김 교수: 네, 판옥선은 임진왜란 때 활약한 전투함인데, 우리나라 해양 환경에 적합한 평저 구조로 만들어졌습니다.
> 진행자: 아, 그렇군요. 교수님, 평저 구조가 무엇인지 말씀해 주시겠습니까?
> 김 교수: 네, 그건 밑부분이 넓고 평평하게 만든 구조입니다. 그 때문에 판옥선은 수심이 얕은 바다에서는 물론, 썰물 때에도 운항이 가능했죠. 또한 방향 전환도 쉽게 할 수 있었습니다.
> 진행자: 결국 섬이 많고 수심이 얕으면서 조수 간만의 차가 큰 우리나라 바다 환경에 적합한 구조라는 말씀이시군요?
> 김 교수: 네, 그렇습니다.
> 진행자: 선조들의 지혜가 참 대단합니다. 이런 특징을 가진 판옥선이 전투 상황에서는 얼마나 위력적이었는지 궁금한데, 더 설명해 주시겠습니까?

① 진행자는 김 교수에게 추가 설명을 요청하고 있다.
② 김 교수는 진행자의 의견에 동조하며 자신의 견해를 수정하고 있다.
③ 김 교수는 진행자의 부탁에 따라 소개할 내용을 선정하여 제시하고 있다.
④ 진행자는 김 교수의 설명을 듣고 자신의 이해가 맞는지 질문을 하고 있다.

## 06

2019 지방직 9급

**진행자의 말하기 방식에 대한 설명으로 적절하지 않은 것은?**

> 진행자: 안녕하십니까? 오늘은 고령자의 운전면허 자진 반납 제도에 대해 홍○○ 교수님 모시고 말씀 들어 보겠습니다.
> 홍 교수: 네, 반갑습니다.
> 진행자: 나와 주셔서 감사합니다. 우선 이 제도가 어떤 제도인가요?
> 홍 교수: 지자체마다 조금씩 다르기는 하지만 고령 운전자들이 운전면허를 자발적으로 반납하게 유도하여 고령 운전자에 의한 교통사고를 줄이고자 하는 제도입니다.
> 진행자: 고령 운전자에 의한 교통사고가 심각한가요? 뒷받침할 만한 자료가 있나요?
> 홍 교수: 네. 도로교통공단의 통계에 따르면, 전체 교통사고 대비 고령 운전자에 의한 교통사고 비율이 2014년에는 9.0%였으나 매년 조금씩 증가하여 2017년에는 12.3%를 차지하고 있습니다.
> 진행자: 그렇군요. 아무래도 고령화 사회로 진입하다 보니 전체 운전자 중에서 고령 운전자에 해당하는 비율이 늘었기 때문인 것 같은데요.
> 홍 교수: 네, 그렇습니다. 이전보다 차량 성능이 월등히 좋아진 점도 하나의 요인이 될 것입니다.
> 진행자: 그렇다고 해도 무작정 운전면허를 반납하라고만 할 수는 없을 테고, 뭔가 보완책이 있나요?
> 홍 교수: 네. 지자체마다 차이가 있지만 소정의 교통비를 지급함으로써 대중교통 이용을 권장하고 있습니다.
> 진행자: 취지 자체만으로는 긍정적으로 평가할 수 있을 것 같은데, 혹시 제도 시행상의 문제점은 없나요?
> 홍 교수: 일회성이 문제라고 생각합니다.
> 진행자: 아, 운전면허를 반납한 당시에만 교통비가 한 차례 지원된다는 말씀이군요.
> 홍 교수: 네. 이분들이 더이상 운전을 하지 않아도 이동권을 확보할 수 있도록 지속적인 지원이 이루어져야 이 제도가 효과를 얻을 수 있습니다.
> 진행자: 그에 더해 장기적으로는 고령자 친화적인 대중교통 인프라를 구축하는 일도 필요할 듯합니다. 교수님, 오늘 말씀 감사합니다.

① 상대방의 의견이 합리적이지 않음을 지적하며 인터뷰를 마무리 짓는다.
② 상대방이 인용한 통계 자료에 대해 자기 나름대로의 해석을 제시한다.
③ 상대방이 제시한 정보 이외에 추가적인 정보를 요구한다.
④ 상대방에게 해당 제도의 시행 배경에 대한 객관적인 근거를 요구한다.

## 07

**다음 글의 전개 방식에 대한 설명으로 적절하지 않은 것은?**

> 저는 저희 학교에서 열린 '△△시 청소년참여위원들과의 소통의 장'에 참여하면서 청소년참여위원회를 처음 알게 되었습니다. 그런데 그때 청소년 정책 및 사업에서 주체적인 역할을 하는 청소년참여위원들의 모습이 인상 깊었습니다. 그래서 청소년참여위원에 관심이 생겼는데 이번에 '△△시 청소년참여위원 모집 공고문'을 보고 지원하였습니다.
> 청소년참여위원이 갖춰야 할 중요한 자질은 창의적 능력과 소통 능력이라고 생각합니다. 저는 고등학교 1학년 때 학급 자치회장으로서 '마음을 전해요'라는 학급 프로그램을 운영한 경험이 있습니다. 교실에서 활용도가 낮았던 게시판에 평소 친구들에게 느낀 고마움을 정기적으로 적게 했습니다. 운영에 어려움도 있었지만, 교우 관계는 더욱 좋아졌고 학년 말에 실시한 설문 조사에서 70% 이상의 학생들이 이 프로그램이 매우 좋았다고 응답했습니다. 저는 창의적 능력이란 의미 있는 목적을 이루기 위해 변화를 만들어 내는 능력이라고 생각합니다. 청소년의 아이디어로 공동체의 의미 있는 변화를 이끌어 내는 청소년참여위원회 활동에서 저의 창의적 능력은 반드시 필요하다고 생각합니다. 또한 학생자치회 임원 활동은 저의 소통 능력을 신장시켰습니다. 처음에는 학생자치회 회의 중에 제 의견만 강조하다 보니 안건에 대한 합의점을 찾기 힘들었습니다. 이런 상황이 저의 태도에서 비롯되었다는 생각이 들어 깊이 반성하였습니다. 그 후 상대방의 의견을 경청하는 태도를 가지려고 노력한 결과 합의점을 원활하게 찾을 수 있었습니다. 이 과정에서 함양할 수 있었던 소통 능력은 많은 사람들과 대화하고 의견을 조율해 나가야 하는 청소년참여위원회 활동에서 핵심적인 자질이 될 것이라고 생각합니다.
> 제가 제안하는 △△시 청소년을 위한 정책 중 첫 번째는 '전공체험 프로그램'입니다. 현재 △△시에 있는 학교들에서 주로 진행되고 있는 진로 탐색 활동은 외부 기관과의 연계성이 부족하고 강의 위주로 구성되어 있어 진로 탐색이 충분히 이루어지지 못하고 있습니다. △△시와 대학이 협약을 맺고 내실 있는 전공체험 프로그램을 운영하는 사업은 학생들에게 충실한 진로 탐색의 기회를 줄 것이라 생각합니다. 두 번째로 △△시의 특색 있는 문화와 청소년을 이어 주는 '한마음 축제'를 제안합니다. 우리 시의 특색 있는 문화에 청소년들의 끼와 열정이 더해진 축제는 학업에 지친 청소년들의 삶에 활력을 불어넣어 주며 청소년들의 주체성을 함양할 수 있는 좋은 기회가 될 것이라 생각합니다.
> 제가 △△시 청소년참여위원이 된다면 저의 창의적 능력과 소통 능력을 바탕으로 청소년들의 목소리에 귀 기울이고, 그들의 의견이 반영된 정책 및 사업을 제안할 수 있도록 노력하겠습니다.

① 자신이 어떤 계기로 해당 공고에 지원하게 되었는지를 밝히고 있다.
② 경험을 기반으로 자신의 능력이 어떻게 도움이 될지를 설명하고 있다.
③ 기존에 시행 중인 정책이 지닌 미흡한 부분을 언급하고 그에 대한 대안을 제시하고 있다.
④ 전문가의 말을 인용하며 자신의 주장에 힘을 더하고 있다.

## 08

2023 지방직(= 서울시) 9급

**다음 대화를 분석한 내용으로 적절하지 않은 것은?**

> 은지: 최근 국민 건강 문제와 관련해 '설탕세' 부과 여부가 논란인데, 나는 설탕세를 부과해야 한다고 생각해. 그러면 당 함유 식품의 소비가 감소하게 되고, 비만이나 당뇨병 등의 질병이 예방되니까 국민 건강 증진에 도움이 되기 때문이야.
> 운용: 설탕세를 부과하면 당 소비가 감소한다고 믿을 만한 근거가 있니?
> 은지: 세계보건기구 보고서를 보면 당이 포함된 음료에 설탕세를 부과하면 이에 비례해 소비가 감소한다고 나와 있어.
> 재윤: 그건 나도 알아. 그런데 설탕세 부과가 질병을 예방한다는 것은 타당하지 않아. 여러 연구 결과를 보면 당 섭취와 질병 발생은 유의미한 상관관계가 없어.

① 은지는 첫 번째 발언에서 화제를 제시하고 있다.
② 운용은 은지의 주장에 반대하고 있다.
③ 은지는 두 번째 발언에서 자신의 주장에 대한 근거를 제시하고 있다.
④ 재윤은 은지가 제시한 주장의 근거를 부정하고 있다.

## 09

**다음 글에 대한 설명으로 적절하지 않은 것은?**

> 안녕하세요? 저는 미래기술연구 동아리 부장 □□□입니다. 얼마 전 동아리 담당 선생님으로부터 학교에서 올해 축제를 어떻게 운영할 것인지 고민하고 있다고 들었습니다. 그래서 저는 이전에 열린 축제의 형태가 아닌 메타버스를 활용한 새로운 형태의 학교 축제를 건의드립니다.
>
> 메타버스를 활용하면 실제 학교와 유사한 가상 공간 속에서 학생들이 가상 인물인 아바타로 다양한 활동을 수행할 수 있습니다. 제 주변 친구들은 메타버스에 관심이 많고, 이를 활용하여 학교 축제를 운영하는 것에 긍정적인 반응을 보이고 있습니다. 저는 중학생 때 메타버스 제작 체험을 해 본 적이 있는데, 이 경험이 학생들도 메타버스를 충분히 만들 수 있다는 생각을 하게 되었습니다.
>
> 메타버스로 학교 축제를 운영하는 것에 대해 비용 문제와 학생들의 저조한 참여를 걱정하실 수도 있습니다. 하지만 지난달 저희 동아리에서 전문가와의 만남 행사를 통해 메타버스를 만드는 활동을 해 본 결과 학생들이 제작에 참여하면 많은 비용이 들지 않는다는 것을 알게 되었습니다. 또한 이미 주변 학교에서 메타버스로 개최된 축제가 전교생의 큰 호응을 얻어 화제가 된 사례가 있습니다. 저희도 학생들의 참여를 이끌어 내기 위해 다양한 온라인 행사를 실시하여 메타버스 축제를 적극적으로 홍보할 계획입니다.
>
> 메타버스를 활용하여 축제를 운영하면 학생들이 시·공간의 제약 없이 자유롭게 만나 소통할 수 있습니다. 또한 메타버스에는 미래 사회의 핵심 기술들이 활용되어 있으므로, 학교 축제를 즐기면서 변화하는 미래 사회에 대응할 수 있는 역량도 기를 수 있습니다. 축제를 기대하는 학생들의 바람이 이루어질 수 있도록 건의를 수용해 주시면 좋겠습니다. 감사합니다.

① 건의하고 싶은 내용을 말하기에 앞서, 예상 독자가 알지 못할 수도 있는 용어를 설명하고 있다.
② 자신의 건의가 수용되었을 때에 대한 주변의 반응을 이야기하며 설득력을 높이고 있다.
③ 예상 독자가 우려할 만한 부분에 대해 미리 언급하며 건의한 내용의 실현 가능성을 부각시키고 있다.
④ 건의하는 내용과 관련된 자신의 경험을 이야기하며 글을 전개하고 있다.

---

## 정답&해설

### 07
**정답 | ④**

주어진 지문에서는 전문가의 말을 인용하지 않고 있다.

| 오답해설 | ① 1문단에서 자신이 왜, 어떤 이유로 지원하게 되었는지를 설명하고 있다.
② 2문단에서 자신이 겪었던 일들을 이야기하며 창의적 능력과 소통 능력이 해당 직무에 어떤 도움이 될지 설명하고 있다.
③ 3문단에서 현재 시행 중인 시의 정책의 문제를 이야기하고, 대학과의 협약 등 자신의 대안을 이야기하고 있다.

### 08
**정답 | ②**

운용은 은지에게 주장에 대한 근거를 요구하고 있을 뿐 은지의 주장에 반대하는 것은 아니다.

| 오답해설 | ① 은지는 첫 번째 발언에서 '설탕세' 부과 여부가 논란이라며 화제를 제시하고 있다.
③ 은지는 두 번째 발언에서 세계보건기구 보고서를 자신의 주장에 대한 근거로 제시하고 있다.
④ 당 함유 식품의 소비가 감소하면 비만이나 당뇨병 등의 질병이 예방된다는 근거에 대해 재윤은 당 섭취오· 질병 발생은 유의미한 상관관계가 없다고 반박하고 있다.

### 09
**정답 | ①**

제시된 글은 학교 축제에 메타버스를 활용하자는 내용을 담고 있다. 그러나 글 어디에도 '메타버스'가 무엇인지에 대한 설명은 없다.

| 오답해설 | ② 2문단의 '이를 활용하여 학교 축제를 운영하는 것에 긍정적인 반응을 보이고 있습니다'라는 표현을 통해 확인할 수 있다.
③ 3문단의 '비용 문제와 학생들의 저조한 참여를 걱정하실 수도 있습니다'라는 표현과 이어지는 내용들을 통해 확인할 수 있다.
④ 2문단의 '저는 중학생 때 메타버스 제작 체험을 해 본 적이 있는데'라는 표현을 통해 확인할 수 있다.

# CHAPTER 10 어휘 의미 파악 유형

☐ 1 회독    월    일
☐ 2 회독    월    일
☐ 3 회독    월    일
☐ 4 회독    월    일
☐ 5 회독    월    일

**교수님 코멘트 ▶** 어휘 의미 파악 유형은 기존 시험에서도 자주 출제되었던 유형이다. 2025년부터 전환된 시험에서는 매 시험마다 빠지지 않고 출제될 것으로 예상한다.

단권화 MEMO

### STEP 1  유형 분석하기

'어휘 의미 파악' 유형은 지문 속 밑줄 그어져 있는 단어의 의미를 파악하는 유형으로, 주로 다의어와 관련하여 출제되는 경향이 있다. 단어의 사전적 의미를 정확하게 파악하고 있는지를 묻는 유형이라기보다는 단어가 글의 맥락 속에서 대략적으로 어떤 의미를 가지고 있는지를 파악하게 하는 유형으로 보는 것이 맞다. 이 유형은 단독 문제로 출제되기도 하고 하나의 지문에 여러 문제가 세트형으로 제시될 때 다른 일반 유형의 문제들과 함께 출제되기도 한다. 또한 지문의 형식이 아닌 문장을 제시하고 문장 속 단어의 의미를 파악하게 하는 유형으로 출제되기도 한다. 기존에는 하나의 문장을 제시하는 유형으로 주로 출제되었지만, 앞으로 변경되는 시험에서는 세트형 문제에서 다른 일반 유형의 문제들과 함께 출제될 가능성이 높다.

### STEP 2  독해방법 알아보기

'어휘 의미 파악' 유형은 단어의 의미를 묻는 문제이므로 단어의 사전적 의미를 정확하게 알고 있다면 당연히 쉽게 풀 수 있을 것이다. 하지만 '가다'라는 단어 하나만 예를 들어 보더라도 사전상 그 의미가 너무도 다양하다는 것을 알 수 있다. 따라서 우리가 공부 과정에서 모든 단어의 사전적 의미를 미리 정확하게 암기하고 이를 바탕으로 문제를 푸는 것은 현실적으로 불가능하다. 따라서 이 유형은 어쩌면 단어에 대한 모국어적 느낌에 기대어 문제를 풀어야 하는 유형으로 볼 수 있다. 그리고 모국어적인 느낌을 보다 정확하게 판단하기 위해서는 밑줄 그어진 단어가 어떤 맥락에서 쓰인 것인지를 잘 살펴야 한다. 글의 맥락이라는 것은 결국 독해의 영역이다. 따라서 이 유형 역시 앞서 제시한 독해 영역들과 함께 독해 실력이 성장해야 하는 영역으로 볼 수 있다. 독해를 잘하는 연습, 그리고 글의 맥락에 비추어 단어의 의미를 파악하는 연습을 열심히 해야 한다.

● 다음 중 ㉠~㉢의 문맥적 의미와 다르게 사용된 것은?

2019 법원직 9급

고전은 왜 읽는가? 고전 속에는 오랜 세월을 견뎌 온 지혜가 살아 있다. 그때도 그랬고 지금도 그렇다. 고전은 시간을 타지 않는다. 아주 오래전에 쓰인 고전이 지금도 힘이 있는 것은 인간의 삶이 본질적으로 변한 적이 없기 때문이다. 사람은 누구나 태어나 성장하고, 늙고 병들어 죽는다. 자기 성취를 위해 애쓰고, 좋은 배우자를 얻어 경제적으로 넉넉한 삶을 누리며 살고 싶어 한다. 하지만 좋은 집과 많은 돈만으로 채워지지 않는 그 무엇이 있다. 사람이 태어나 이 세상에 왔다 간 보람을 어디서 찾을까?

연암 박지원 선생의 글 두 편에서 그 대답을 찾아본다. 먼저 '창애에게 답하다'[답창애(答蒼厓)]란 편지글에는 문득 눈이 뜨인, 앞을 못 보던 사람의 이야기가 나온다. 수십 년 동안 앞을 못 보며 살던 사람이 길 가던 도중에 갑자기 사물을 또렷이 볼 수 있게 되었다. 얼마나 놀라운 일인가? 늘 꿈꾸던 믿을 수 없는 일이 일어났다. 하지만 기쁨은 잠시, 앞을 못 보는 삶에 길들여져 있던 그는 한꺼번에 쏟아져 들어온 엄청난 정보를 도저히 처리할 능력이 없었다. 그는 갑자기 자기 집마저 찾지 못하는 바보가 되고 말았다. 답답하여 길에서 울며 서 있는 그에게 화담 선생은 도로 눈을 감고 지팡이에게 길을 물으라는 ㉠처방을 내려 준다.

또 '하룻밤에 아홉 번 강물을 건넌 이야기'[일야구도하기(一夜九渡河記)]에서는 황하를 건널 때 사람들이 하늘을 우러러 보는 이유를 설명했다. 거센 물결의 소용돌이를 직접 보면 그만 현기증이 나서 물에 빠지게 되기 때문이다. 그럼에도 물결 소리는 귀에 하나도 들리지 않는다. 눈에 보이는 것에 신경 쓸 겨를도 없는데 무슨 소리가 들리겠는가? 하지만 한밤중에 강물을 건널 때에는 온통 압도해 오는 물소리 때문에 모두들 공포에 덜덜 떨었다. 연암은 결국 눈과 귀는 전혀 믿을 것이 못 되고, 마음을 텅 비워 바깥 사물에 ㉡현혹되지 않는 것만 못하다고 결론을 맺는다.

이 두 이야기는 사실은 복잡한 정보화 사회를 살아가는 우리들이 귀담아들어야 할 내용이다. 사람들은 날마다 수없이 많은 정보를 받아들여 처리한다. 그런데 정보의 양이 감당할 수 없을 만큼 늘어나고 그 속에 진짜와 가짜가 뒤섞이게 되면, 갑자기 앞을 보게 된 그 사람처럼 제 집조차 못 찾거나, 정신을 똑바로 차린다는 것이 도리어 강물에 휩쓸리고 마는 결과를 낳는다. 앞을 못 보던 사람이 눈을 뜨는 것은 더없이 기쁘고 좋은 일이다. 위기 상황에서 정신을 똑바로 차리는 것은 언제나 중요하다. 하지만 그로 인해 자기 집을 잃고 미아가 되거나 더 큰 위험에 처하게 된다면, 차라리 눈과 귀를 믿지 않는 편이 더 나을지도 모른다.

한편, 길 가다가 문득 눈이 뜨인 그 사람은 앞으로도 계속 눈을 감고 지팡이에 의존해서 살아가야 하는 것일까? 한번 뜨인 눈을 다시 감을 수는 없다. 그의 문제는 길 가는 도중에 눈을 뜨는 바람에 제 집을 찾지 못하게 된 데서 생겼다. 그러니 지팡이를 짚고서라도 집을 찾는 것이 먼저다. 그다음에 눈을 똑바로 뜨고 제 집 대문 색깔과 골목의 위치를 잘 확인하고 나오면 된다. 그때부터는 지팡이가 전혀 필요 없다.

그 사람에게 눈을 도로 감으라는 것은 앞을 못 보던 예전의 삶으로 돌아가라는 것이 아니다. 주체적으로 판단하고 능동적으로 대처할 수 있는 상태를 유지하라는 말이다. 강물을 건널 때 물결을 보지 않으려고 하늘을 우러르고, 밤중에 강물 소리에 현혹되지 않아야 하는 것도 같은 이유이다. 변화는 그 다음에 온다. 길은 눈먼 사람만 잃고 헤매는 것이 아니다. 우리는 두 눈을 멀쩡히 뜨고도 날마다 길을 잃고 헤맨다. 운전자들은 차에 내비게이션을 달고도 길을 놓쳐 번번이 당황한다. 새로운 문제가 닥칠 때마다 여전히 혼란스럽다. 물결은 어디서나 밀려오고, 소음은 항상 마음을 어지럽힌다.

고전은 '창애에게 답하다'에 나오는 그 지팡이와 같다. 갑자기 길을 잃고 헤맬 때 길을 알려 준다. 지팡이가 있으면 길에서 계속 울며 서 있지 않아도 된다. 하지만 사람들은 일단 눈을 뜨고 나면 지팡이의 ㉢존재를 까맣게 잊는다. 그러고는 집을 못 찾겠다며 길에서 운다. 고전은 그러한 사람에게 길을 알려 주는 든든한 지팡이다. 뱃길을 잃고 캄캄한 밤바다를 헤매는 배에게 멀리서 방향을 일러 주는 듬직한 등댓불이다.

사물이 익숙해지면 지팡이는 필요 없다. 환한 대낮에는 등댓불이 없어도 괜찮다. 하지만 막 새롭게 눈을 뜬 사람에게는 지팡이가, 뱃길을 벗어나 밤바다를 헤매는 배에게는 등댓불의 도움이 절실하다. 우리는 길을 놓칠 때마다 고전을 통해 문제의 중심 위에 나를 다시 세워야 한다. 그러자면 긴 호흡으로 여러 분야의 고전들을 꾸준히 ㉣섭렵하는 성찰과 노력이 필요하다.

---

단권화 MEMO

|정답해설|
③ ㉢에서 쓰인 '존재'는 '현실에 실제로 있음.'의 의미이다. 반면 ③의 '존재'는 '다른 사람의 주목을 끌 만한 두드러진 품위나 처지.'를 의미한다.

|오답해설|
① '처방'은 '일정한 문제를 처리하는 방법.'을 의미한다.
② '현혹'은 '정신을 빼앗겨 해야 할 바를 잊어버림.'을 의미한다.
④ '섭렵'은 '많은 책을 널리 읽거나 여기저기 찾아다니며 경험함.'을 의미한다.

|정답| ③

단권화 MEMO

> 지금 당장 별 문제가 없어도 문제는 늘 다시 생겨난다. 밤중에 길 잃는 배는 항상 있게 마련이라 등대는 밤마다 불을 밝힌다. 평소 눈길조차 주지 않아도 고전은 늘 우리 곁을 지키고 있다. 삶이 문득 방향을 잃고 갈팡질팡할 때 고전의 힘은 눈먼 사람의 지팡이보다 더 큰 위력을 발휘한다. 어떤 상황에 놓이든지 당황하지 않고 침착하게 대응할 수 있으려면 평소에 생각의 힘을 든든하게 길러 놓지 않으면 안 된다. 다양한 고전을 늘 가까이에 두고 읽어야 하는 이유가 여기에 있다. 고전 속에서 현재 내가 처한 상황을 타개할 깨달음을 얻게 될 때의 그 기쁨은 말로 다 할 수가 없다. 고전에 대한 든든한 신뢰를 바탕으로 생활 속에서 고전을 늘 가까이하는 적극적인 태도가 필요하다.
>
> – 정민, 「고전으로 무너진 중심을 다시 세워라」 –

① 지구 온난화를 막기 위한 다양한 처방이 학계에서 논의되고 있다.
② 그녀는 쇼핑 호스트의 말에 현혹되어 필요도 없는 물건을 한가득 샀다.
③ 사회적으로 성공한 그녀는 이제 남이 함부로 할 수 없는 존재가 되었다.
④ 그는 우선 철학서 섭렵을 통해 정의에 대해 알고자 하였다.

## STEP 3  대표 발문

- 문맥상 ㄱ~ㄹ의 의미로 가장 적절하지 않은 것은?
- 다음 중 문맥상 ㄱ~ㄹ의 문맥적 의미와 다르게 사용된 것은?

## STEP 4  기출문제 살펴보기

● 문맥상 ㉠~㉣의 의미로 가장 적절하지 않은 것은?                    2023 법원직 9급

프레임(frame)은 영화와 사진 등의 시각 매체에서 화면 영역과 화면 밖의 영역을 구분하는 경계로서의 틀을 말한다. 카메라로 대상을 포착하는 행위는 현실의 특정한 부분만을 떼어내 프레임에 담는 것으로, 찍은 사람의 의도와 메시지를 ㉠내포한다. 그런데 문, 창, 기둥, 거울 등 주로 사각형이나 원형의 형태를 갖는 물체들을 이용하여 프레임 안에 또다른 프레임을 만드는 경우가 있다. 이런 기법을 '이중 프레이밍', 그리고 안에 있는 프레임을 '이차 프레임'이라 칭한다.

이차 프레임의 일반적인 기능은 크게 세 가지로 구분할 수 있다. 먼저, 화면 안의 인물이나 물체에 대한 시선 ㉡유도 기능이다. 대상을 틀로 에워싸기 때문에 시각적으로 강조하는 효과가 있으며, 대상이 작거나 구도의 중심에서 벗어나 있을 때도 존재감을 부각하기가 용이하다. 또한 프레임 내 프레임이 많을수록 화면이 다층적으로 되어, 자칫 밋밋해질 수 있는 화면에 깊이감과 입체감이 부여된다. 광고의 경우, 설득력을 높이기 위해 이차 프레임 안에 상품을 위치시켜 주목을 받게 하는 사례들이 있다.

다음으로, 이차 프레임은 작품의 주제나 내용을 암시하기도 한다. 이차 프레임은 시각적으로 내부의 대상을 외부와 분리하는데, 이는 곧잘 심리적 단절로 이어져 구속, 소외, 고립 따위를 ㉢환기한다. 그리고 이차 프레임 내부의 대상과 외부의 대상 사이에는 정서적 거리감이 조성되기도 한다. 어떤 영화들은 작중 인물을 문이나 창을 통해 반복적으로 보여 주면서, 그가 세상으로부터 격리된 상황을 암시하거나 불안감, 소외감 같은 인물의 내면을 시각화하기도 한다.

마지막으로, 이차 프레임은 '이야기 속 이야기'인 액자형 서사 구조를 지시하는 기능을 하기도 한다. 일례로, 어떤 영화는 작중 인물의 현실 이야기와 그의 상상에 따른 이야기로 구성되는데, 카메라는 이차 프레임으로 사용된 창을 비추어 한 이야기의 공간에서 다른 이야기의 공간으로 들어가거나 빠져 나온다.

그런데 현대에 이를수록 시각 매체의 작가들은 이차 프레임의 ㉣범례에서 벗어나는 시도들로 다양한 효과를 끌어내기도 한다. 가령 이차 프레임 내부 이미지의 형체를 식별하기 어렵게 함으로써 관객의 지각 행위를 방해하여, 강조의 기능을 무력한 것으로 만들거나 서사적 긴장을 유발하기도 한다. 또 문이나 창을 봉쇄함으로써 이차 프레임으로서의 기능을 상실시켜 공간이나 인물의 폐쇄성을 드러내기도 한다. 혹은 이차 프레임 내의 대상이 그 경계를 넘거나 파괴하도록 하여 호기심을 자극하고 대상의 운동성을 강조하는 효과를 낳는 사례도 있다.

① ㉠: 어떤 성질이나 뜻 따위를 속에 품음.
② ㉡: 사람이나 물건을 목적한 장소나 방향으로 이끎.
③ ㉢: 탁한 공기를 맑은 공기로 바꿈.
④ ㉣: 예시하여 모범으로 삼는 것

---

|정답해설|
③ 제시문의 맥락에서 ㉢ '환기'는 '주의나 여론, 생각 따위를 불러일으킴.'을 뜻한다.

|정답| ③

개념 적용문제

# 10 어휘 의미 파악 유형

## 2025 국가직 9급 대표 기출문제 분석

**01**
다음 글의 ㉠~㉢과 바꿔 쓸 수 있는 유사한 표현으로 적절하지 <u>않은</u> 것은?   2025 국가직 9급

> 동물이 신체의 내부 온도를 정상 범위 안에서 유지하는 과정을 '체온조절'이라고 한다. 체온조절을 위하여 동물은 신체 내부의 물질대사를 통해 열을 발생시키거나 외부 환경에서부터 열을 ㉠<u>획득한다</u>. 조류나 포유류는 체내의 물질대사에 의하여 생성된 열로 체온을 유지하기 때문에 '내온동물'이라고 부른다. 대부분의 내온동물은 외부 온도가 변화해도 안정적으로 체온을 유지한다. 추운 환경에 노출되어도 내온동물은 충분한 열을 생성해서 주변보다 더 따뜻하게 체온을 유지할 수 있다.
>
> 이와 달리 양서류나 많은 종류의 파충류와 어류는 열을 외부에서부터 획득하기 때문에 '외온동물'이라고 부른다. 외온동물은 체온조절을 위한 충분한 열을 생성하지는 않지만 그늘을 찾거나 햇볕을 쬐는 것과 같은 행동을 통해 체온을 ㉡<u>조절한다</u>. 외온동물은 열을 외부에서 얻기 때문에 체내의 물질대사를 통해 큰 에너지를 생성할 필요가 없어서 동일한 크기의 내온동물보다 먹이를 적게 섭취한다.
>
> 한편 체온의 안정성을 기준으로 동물을 '항온동물'과 '변온동물'로 ㉢<u>구분하기도</u> 한다. 주위 환경과 관계없이 비교적 일정한 체온을 유지하는 동물을 항온동물, 주위 환경에 따라서 체온이 변하는 동물을 변온동물이라고 부른다. 한때는 내온동물과 외온동물을 각각 항온동물과 변온동물이라고 부르기도 했다.
>
> 그런데 체온조절을 위해 열을 획득하는 방식과 체온의 안정성을 유지하는 것은 별개의 문제이다. 외온동물에 속하는 많은 종류의 해양 어류는 일정한 온도가 유지되는 물에서 ㉣<u>서식하기</u> 때문에 체온이 크게 변하지 않는다. 반대로 어떤 내온동물은 체온의 변화가 급격하게 일어나기도 한다. 예컨대 박쥐 중에는 겨울잠을 자면서 체온을 40℃나 떨어뜨리는 종류도 있다. 내온동물과 외온동물을 구분하는 방식과 항온동물과 변온동물을 구분하는 방식 사이에는 어떠한 상관관계도 없다.

① ㉠: 얻는다
② ㉡: 올린다
③ ㉢: 나누기도
④ ㉣: 살기

### 이렇게 학습하세요!

- 다의어의 사전적 의미에 너무 집착하지 말고 문맥 안에서의 뉘앙스를 파악하려고 노력해 보세요.
- 어휘 의미 파악 유형에 맞는 독해 접근법을 열심히 연습해 보세요.

# 01

**다음 글의 ⊙~@과 바꿔 쓸 수 있는 유사한 표현으로 적절하지 않은 것은?**

동물이 신체의 내부 온도를 정상 범위 안에서 유지하는 과정을 '체온조절'이라고 한다. 체온조절을 위하여 동물은 신체 내부의
<small>핵심 키워드의 정의가 제시된 부분으로, 흥미와 관심을 유발하거나 제시문을 이해하는 데 중요한 내용을 담고 있다.</small>
물질대사를 통해 열을 발생시키거나 외부 환경에서부터 열을 ⊙ 획득한다. 조류나 포유류는 체내의 물질대사에 의하여 생성된 열
<small>어휘 문제와 관련된 밑줄은 글을 읽는 과정 속에서
선택지와 바로 비교해 보며 시간 낭비를 줄이는 것이 중요하다.</small>
로 체온을 유지하기 때문에 '내온동물'이라고 부른다. 대부분의 내온동물은 외부 온도가 변화해도 안정적으로 체온을 유지한다. 추운

환경에 노출되어도 내온동물은 충분한 열을 생성해서 주변보다 더 따뜻하게 체온을 유지할 수 있다.

▶ 1문단: 내온동물의 특징

이와 달리 양서류나 많은 종류의 파충류와 어류는 열을 외부에서부터 획득하기 때문에 '외온동물'이라고 부른다. 외온동물은 체온
<small>내온동물과 대비되는 개념이 제시될 것을 예상할 수 있다.
두 개념의 비교, 대비가 제시되면 공통점, 차이점을 묻는 문제가 출제되는 경우가 많다.</small>
조절을 위한 충분한 열을 생성하지는 않지만 그늘을 찾거나 햇볕을 쬐는 것과 같은 행동을 통해 체온을 ⓒ 조절한다. 외온동물은
<small>내온동물과의 차이점</small>
열을 외부에서 얻기 때문에 체내의 물질대사를 통해 큰 에너지를 생성할 필요가 없어서 동일한 크기의 내온동물보다 먹이를 적게
<small>내온동물과의 차이점</small>
섭취한다.

▶ 2문단: 외온동물의 특징

한편 체온의 안정성을 기준으로 동물을 '항온동물'과 '변온동물'로 ⓒ 구분하기도 한다. 주위 환경과 관계없이 비교적 일정한 체온을
<small>기존의 내용에서 전환이 이뤄지는 부분    다시 대비되는 두 개념이 제시되고 있다. 둘의 공통점, 차이점에 집중하며 읽을 필요가 있다.</small>
유지하는 동물을 항온동물, 주위 환경에 따라서 체온이 변하는 동물을 변온동물이라고 부른다. 한때는 내온동물과 외온동물을 각
<small>현재의 상황과는 다름을 언급하고 있으므로 주의해야 한다.</small>
각 항온동물과 변온동물이라고 부르기도 했다.

▶ 3문단: 항온동물과 변온동물의 개념

그런데 체온조절을 위해 열을 획득하는 방식과 체온의 안정성을 유지하는 것은 별개의 문제이다. 외온동물에 속하는 많은 종류
<small>'한때'와는 다른 필자의 견해가 제시되고 있는 부분</small>
의 해양 어류는 일정한 온도가 유지되는 물에서 ⓔ 서식하기 때문에 체온이 크게 변하지 않는다. 반대로 어떤 내온동물은 체온의
변화가 급격하게 일어나기도 한다. 예컨대 박쥐 중에는 겨울잠을 자면서 체온을 40℃나 떨어뜨리는 종류도 있다. 내온동물과 외온
동물을 구분하는 방식과 항온동물과 변온동물을 구분하는 방식 사이에는 어떠한 상관관계도 없다.
<small>'한때'와는 다른 필자의 견해가 제시되고 있는 부분</small>

▶ 4문단: 내온동물, 외온동물과 항온동물, 변온동물의 차이점

---

① ⊙: 얻는다
  → 맥락상 '열을 획득한다'는 의미이므로 '얻는다'로 바꿔 쓸 수 있다.

❷ ⓒ: 올린다
  → 맥락상 '조절한다'는 체온을 올리는 경우와 낮추는 경우를 모두 포함한 단어이다. 따라서 '올린다'로 바꿔 쓸 수 없다.

③ ⓒ: 나누기도
  → 맥락상 '항온동물과 변온동물로 구분한다'는 의미이므로 '나누기도'로 바꿔 쓸 수 있다.

④ ⓔ: 살기
  → 맥락상 '해양 어류가 물에서 서식한다'의 의미이므로 '살기'로 바꿔 쓸 수 있다.

| 정답 | ②

## 02

**다음 글의 ㉠~㉣ 중 문맥상 (가)의 의미와 가장 가까운 것은?**

2025 국가직 9급

　조선 시대 소설은 표기 문자에 따라 한자로 ㉠ 표기한 한문소설과 한글로 표기한 한글소설, 두 가지로 나뉜다. 한문소설은 중국에서 들여온 한문소설, 조선에서 창작한 한문소설, 조선의 한글소설을 ㉡ 번역한 한문소설로 나뉜다. 그리고 한글소설은 중국소설을 번역한 한글소설, 조선에서 창작한 한문소설을 번역한 한글소설, 조선에서 창작한 한글소설로 나뉜다. 조선 시대에 많은 한글소설이 창작되어 읽혔지만, 이를 저급한 오락물로 여겼던 당대의 지식인들은 한글소설을 외면했으므로 그에 관해 ㉢ 기록한 문헌을 거의 남기지 않았다. 반면에 이들은 한문소설, 특히 중국에서 들여온 한문소설을 즐겨 읽고 이에 관한 많은 기록을 남겼다.

　중국에서 들여온 한문소설은 조선에서도 인쇄된 책으로 읽었기 때문에 필사본이 거의 없다. 이와 대조적으로 조선에서 창작한 한문소설은 필사본으로 유통되었다. 조선의 필사본 소설은 뚜렷한 특징을 보이는데, 한문소설을 ㉣ 필사한 경우는 이본별 내용 차이가 거의 없는 반면 한글소설을 필사한 경우는 그렇지 않다는 점이다. 한글소설은 같은 제목의 소설이라도 내용이 상당히 다른 다양한 이본이 있었다. 이는 한문소설의 독자는 문자 그대로 독자였던 것에 비하여 한글소설의 독자는 독자이면서 이야기를 개작하는 작자이기도 했기 때문이다. 한자에 비해 한글은 익히기 쉽고 그만큼 쓰기도 편해서 한글소설의 필사자는 내용을 바꾸고 싶다는 의지가 있다면 쉽게 바꿀 수 있었다. 한글소설은 인쇄본이 아니라 필사본으로 많이 유통되었기 때문에 (가) 옮겨 쓰는 과정에서 다양한 이본이 생겨났다.

　조선 시대 소설을 이해하는 데 있어서 소설을 표기한 문자는 무엇보다 중요하다. 표기 문자는 소설의 종류를 나누는 기준이 되었을 뿐만 아니라, 소설의 감상 및 유통, 이본 생산에 직접적인 영향을 미쳤다.

① ㉠
② ㉡
③ ㉢
④ ㉣

## 02

다음 글의 ㉠~㉣ 중 문맥상 (가)의 의미와 가장 가까운 것은?

조선 시대 소설은 표기 문자에 따라 한자로 ㉠ 표기한 한문소설과 한글로 표기한 한글소설, 두 가지로 나뉜다. 한문소설은 중국에서 들여온 한문소설, 조선에서 창작한 한문소설, 조선의 한글소설을 ㉡ 번역한 한문소설로 나뉜다. 그리고 한글소설은 중국소설을 번역한 한글소설, 조선에서 창작한 한문소설을 번역한 한글소설, 조선에서 창작한 한글소설로 나뉜다. 조선 시대에 많은 한글소설이 창작되어 읽혔지만, 이를 저급한 오락물로 여겼던 당대의 지식인들은 한글소설을 외면했으므로 그에 관해 ㉢ 기록한 문헌을 거의 남기지 않았다. 반면에 이들은 한문소설, 특히 중국에서 들여온 한문소설을 즐겨 읽고 이에 관한 많은 기록을 남겼다.

▶ 1문단: 표기 문자와 방식에 따른 조선 시대 소설의 종류

중국에서 들여온 한문소설은 조선에서도 인쇄된 책으로 읽혔기 때문에 필사본이 거의 없다. 이와 대조적으로 조선에서 창작한 한문소설은 필사본으로 유통되었다. 조선의 필사본 소설은 뚜렷한 특징을 보이는데, 한문소설을 ㉣ 필사한 경우는 이본별 내용 차이가 거의 없는 반면 한글소설을 필사한 경우는 그렇지 않다는 점이다. 한글소설은 같은 제목의 소설이라도 내용이 상당히 다른 다양한 이본이 있었다. 이는 한문소설의 독자는 문자 그대로 독자였던 것에 비하여 한글소설의 독자는 독자이면서 이야기를 개작하는 작자이기도 했기 때문이다. 한자에 비해 한글은 익히기 쉽고 그만큼 쓰기도 편해서 한글소설의 필사자는 내용을 바꾸고 싶다는 의지가 있다면 쉽게 바꿀 수 있었다. 한글소설은 인쇄본이 아니라 필사본으로 많이 유통되었기 때문에 (가) 옮겨 쓰는 과정에서 다양한 이본이 생겨났다.

▶ 2문단: 조선에서 창작한 한문소설, 한글소설 필사본의 특징과 차이점

조선 시대 소설을 이해하는 데 있어서 소설을 표기한 문자는 무엇보다 중요하다. 표기 문자는 소설의 종류를 나누는 기준이 되었을 뿐만 아니라, 소설의 감상 및 유통, 이본 생산에 직접적인 영향을 미쳤다.

▶ 3문단: 소설을 올바로 이해하기 위한 표기 문자의 중요성

 ㉠
 ㉡
 ㉢
④ ㉣

➡ '필사하다'는 '베끼어 쓰다'의 의미이므로 '옮겨 쓰는'과 의미가 가장 가까운 표현으로 볼 수 있다.

| 정답 | ④

## 01

**㉠~㉣과 바꿔 쓸 수 있는 유사한 표현으로 적절하지 않은 것은?**

　한국 신화에 보이는 신과 인간의 관계는 다른 나라의 신화와 ㉠ 견주어 볼 때 흥미롭다. 한국 신화에서 신은 인간과의 결합을 통해 결핍을 해소함으로써 완전한 존재가 되고, 인간은 신과의 결합을 통해 혼자 할 수 없었던 존재론적 상승을 이룬다.
　한국 건국신화에서 주인공인 신은 지상에 내려와 왕이 되고자 한다. 천상적 존재가 지상적 존재가 되기를 ㉡ 바라는 것인데, 인간들의 왕이 된 신은 인간 여성과의 결합을 통해 자식을 낳음으로써 결핍을 메운다. 무속신화에서는 인간이었던 주인공이 신과의 결합을 통해 신적 존재로 ㉢ 거듭나게 됨으로써 존재론적으로 상승하게 된다. 이처럼 한국 신화에서 신과 인간은 서로의 존재를 필요로 한다는 점에서 상호의존적이고 호혜적이다.
　다른 나라의 신화들은 신과 인간의 관계가 한국 신화와 달리 위계적이고 종속적이다. 히브리 신화에서 피조물인 인간은 자신을 창조한 유일신에 대해 원초적 부채감을 지니고 있으며, 신이 지상의 모든 일을 관장한다는 점에서 언제나 인간의 우위에 있다. 이러한 양상은 북유럽이나 바빌로니아 등에 ㉣ 퍼져 있는 신체 화생 신화에도 유사하게 나타난다. 신체 화생 신화는 신이 죽음을 맞게 된 후 그 신체가 해체되면서 인간 세계가 만들어지게 된다는 것인데, 신의 희생 덕분에 인간 세계가 만들어질 수 있었다는 점에서 인간은 신에게 철저히 종속되어 있다.

① ㉠: 비교해
② ㉡: 희망하는
③ ㉢: 복귀하게
④ ㉣: 분포되어

## 02

**문맥상 ㉠의 의미와 가장 가까운 것은?**

　'크로노토프'는 그리스어로 시간과 공간을 뜻하는 두 단어를 결합한 것으로, 시공간을 통합적으로 이해하기 위한 개념이다. 크로노토프의 관점에서 보면 고소설과 근대소설의 차이를 명확하게 파악할 수 있다.
　고소설에는 돌아가야 할 곳으로서의 원점이 존재한다. 그것은 영웅소설에서라면 중세의 인륜이 원형대로 보존된 세계이고, 가정소설에서라면 가장을 중심으로 가족 구성원들이 평화롭게 공존하는 가정이다. 고소설에서 주인공은 적대자에 의해 원점에서 분리되어 고난을 겪는다. 그들의 목표는 상실한 원점을 회복하는 것, 즉 그곳에서 향유했던 이상적 상태로 ㉠ 돌아가는 것이다. 주인공과 적대자 사이의 갈등이 전개되는 시간을 서사적 현재라 한다면, 주인공이 도달해야 할 종결점은 새로운 미래가 아니라 다시 도래할 과거로서의 미래이다. 이러한 시공간의 배열을 '회귀의 크로노토프'라고 한다.
　근대소설 「무정」은 회귀의 크로노토프를 부정한다. 이것은 주인공인 이형식과 박영채의 시간 경험을 통해 확인된다. 형식은 고아지만 이상적인 고향의 기억을 갖고 있다. 그것은 박 진사의 집에서 영채와 함께하던 때의 기억이다. 이는 영채도 마찬가지기에, 그들에게 박 진사의 집으로 표상되는 유년의 과거는 이상적 원점의 구실을 한다. 박 진사의 죽음은 그들에게 고향의 상실을 상징한다. 두 사람의 결합이 이상적 상태의 고향을 회복할 수 있는 유일한 방법이겠지만, 그들은 끝내 결합하지 못한다. 형식은 새 시대의 새 인물이 되어야 한다고 생각하며 과거로의 복귀를 거부한다.

① 전쟁은 연합군의 승리로 돌아갔다.
② 사과가 한 사람 앞에 두 개씩 돌아간다.
③ 그는 잃어버린 동심으로 돌아가고 싶었다.
④ 그녀는 자금이 잘 돌아가지 않는다며 걱정했다.

## 03

**2025 출제기조 전환 예시문제**

**문맥상 ㉠~㉢ 중 지시 대상이 같은 것만으로 묶인 것은?**

> 영국의 유명한 원형 석조물인 스톤헨지는 기원전 3,000년경 신석기시대에 세워졌다. 1960년대에 천문학자 호일이 스톤헨지가 일종의 연산장치라는 주장을 하였고, 이후 엔지니어인 톰은 태양과 달을 관찰하기 위한 정교한 기구라고 확신했다. 천문학자 호킨스는 스톤헨지의 모양이 태양과 달의 배열을 나타낸 것이라는 의견을 제시해 관심을 모았다.
> 그러나 고고학자 앳킨슨은 ㉠ 그들의 생각을 비난했다. 앳킨슨은 스톤헨지를 세운 사람들을 '야만인'으로 묘사하면서, ㉡ 이들은 호킨스의 주장과 달리 과학적 사고를 할 줄 모른다고 주장했다. 이에 호킨스를 옹호하는 학자들이 진화적 관점에서 앳킨슨을 비판하였다. ㉢ 이들은 신석기시대보다 훨씬 이전인 4만 년 전의 사람들도 신체적으로 우리와 동일했으며 지능 또한 우리보다 열등했다고 볼 근거가 없다고 주장했다.
> 하지만 스톤헨지의 건설자들이 포괄적인 의미에서 현대인과 같은 지능을 가졌다고 해도 과학적 사고와 기술적 지식을 가지지는 못했다. ㉣ 그들에게는 우리처럼 2,500년에 걸쳐 수학과 천문학의 지식이 보존되고 세대를 거쳐 전승되어 쌓인 방대하고 정교한 문자 기록이 없었다. 선사시대의 생각과 행동이 우리와 똑같은 식으로 전개되지 않았으리라는 점은 매우 중요하다. 지적 능력을 갖췄다고 해서 누구나 우리와 같은 동기와 관심, 개념적 틀을 가졌으리라고 생각하는 것은 잘못이다.

① ㉠, ㉢
② ㉡, ㉣
③ ㉠, ㉡, ㉢
④ ㉠, ㉡, ㉣

## 04

**2021 국가직 9급**

**㉠의 단어와 의미가 같은 것은?**

> 친구에게 줄 선물을 예쁜 포장지에 ㉠ 싼다.

① 사람들이 안채를 겹겹이 싸고 있다.
② 사람들은 봇짐을 싸고 산길로 향한다.
③ 아이는 몇 권의 책을 싼 보퉁이를 들고 있다.
④ 내일 학교에 가려면 책가방을 미리 싸 두어라.

---

## 정답&해설

### 01  정답 | ③

인간이었던 주인공이 신적 존재로 새롭게 시작하는 것이므로 '복귀하다'로 바꾸면 어색하다. '복귀하다'는 본디의 자리나 상태로 되돌아가다는 뜻이다.

|오답해설| 맥락상 '견주다'는 '비교하다'로, '바라다'는 '희망하다'로, '퍼지다'는 '분포되다'로 바꿔 쓸 수 있다.

### 02  정답 | ③

제시된 글에서 '돌아가다'는 '원래의 있던 곳으로 다시 가거나 다시 그 상태가 되다'의 의미이다. 따라서 문맥상 '그는 잃어버린 동심으로 돌아가고 싶었다.'에서 '돌아가다'가 같은 의미로 쓰였다.

|오답해설| ① '일이나 형편이 어떤 상태로 끝을 맺다'의 의미이다.
② '차례로 몫, 승리, 비난 따위가 개인이나 단체, 기구, 조직 따위의 차지가 되다'의 의미이다.
④ '돈이나 물건 따위의 유통이 원활하다'의 의미이다.

### 03  정답 | ②

문맥상 ㉠은 '호일, 톰, 호킨스'이고 ㉡은 '스톤헨지 건설 당시의 사람들'이다. 그리고 ㉢은 '호킨스를 옹호하는 학자들'이고, ㉣은 '스톤헨지 건설 당시의 사람들'이다. 따라서 지시 대상이 같은 것은 ㉡, ㉣이다.

### 04  정답 | ③

㉠의 '싸다'는 '물건을 안에 넣고 보이지 않게 씌워 가리거나 둘러 말다.'의 의미이다. 따라서 '책을 싼'의 '싸다'와 의미가 같다.

|오답해설| ① '어떤 물체의 주위를 가리거나 막다.'의 의미이다.
②④ '어떤 물건을 다른 곳으로 옮기기 좋게 상자나 가방 따위에 넣거나 종이나 천, 끈 따위를 이용해서 꾸리다.'의 의미이다.

## 05
2017 국가직 9급

**밑줄 친 말의 문맥적 의미가 같은 것은?**

> 고장 난 시계를 고치다.

① 부엌을 입식으로 고치다.
② 상호를 순우리말로 고치다.
③ 정비소에서 자동차를 고치다.
④ 국민 생활에 불편을 주는 낡은 법을 고치다.

## 06
2018년 지방직 9급

**밑줄 친 부분과 같은 의미로 사용된 것은?**

> 지도 위에 손가락을 짚어 가며 여행 계획을 설명하였다.

① 이마를 짚어 보니 열이 있었다.
② 그는 두 손으로 땅을 짚어야 했다.
③ 그들은 속을 짚어 낼 수가 없는 사람들이었다.
④ 시험 문제를 짚어 주었는데도 성적이 좋지 않다.

## 07
2019 서울시 9급

**〈보기〉의 밑줄 친 어휘들 가운데 문맥적 의미가 다른 하나는?**

> ─보기─
> 불문곡직하는 직설은 사람을 찌른다. 깜짝 놀라게 해서 제압하는 방식이다. 거기 비해 완곡함은 뜸을 들이면서 에두른다. 듣고 읽는 이가 비켜갈 틈을 준다. 그렇다고 완곡함이 곡필인 것도 아니다. 잘못된 길로 접어들도록 하는 게 아니라 화자와 독자의 교량이 이루어지는 공간을 준다. 곱씹어 볼 말이 사라지고 상상의 여지를 박탈하는 글이 군림하는 세상은 살풍경하다. 말과 글이 세상을 따라갈진대 세상을 갈아엎지 않고 말과 글이 세상과 함께 아름답기는 난망한 일인가. 아마 아닐 것이다. 막힐수록 옛것을 더듬으라고 했다. 물태와 인정이 극으로 나뉘는 세상에서 다산은 선인들이 왜 산을 바라보며 즐기되 그 흥취의 반을 항상 남겨 두는지 궁금했다. 그는 미인을 만났던 사람이 적어 놓은 글에서 그 까닭을 발견했다. 그가 본 글은 이러했다. '얼굴은 아름다웠으나 그 자태는 기록하지 않았다.'

① 틈
② 공간
③ 여지
④ 세상

## 08
2022년 법원직 9급

**밑줄 친 단어 ㉠~㉣의 사전적 의미로 가장 적절하지 않은 것은?**

> 기업은 다른 기업들과의 경쟁에서 이기고, 자신이 설정한 경영 목표를 달성하기 위해서 기업의 사업 내용과 목표 시장 범위를 결정하는데, 이를 기업전략이라고 한다. 즉 기업전략은 다양한 사업의 포트폴리오\*를 전사적(全社的) 차원에서 어떻게 ㉠구성하고 조정할 것인가를 결정하는, 즉 참여할 사업을 결정하는 것이라고 할 수 있다.
> 기업전략의 구체적 예로 기업 다각화 전략을 들 수 있다. 기업 다각화 전략은 한 기업이 복수의 산업 또는 시장에서 복수의 사업을 영위하기 위한 전략으로, 제품 다각화 전략, 지리적 시장 다각화 전략, 제품 시장 다각화 전략으로 크게 구분된다. 이는 다시 제품이나 판매 지역 측면에서 관련된 사업에 종사하는 관련 다각화와 관련이 없는 사업에 종사하는 비관련 다각화로 구분된다. 리처드 러멜트는 미국의 다각화 기업을 구분하며, 관련 사업에서 70% 이상의 매출을 올리는 기업을 관련 다각화 기업, 70% 미만의 매출을 올리는 기업을 비관련 다각화 기업으로 명명했다.
> 기업 다각화는 범위의 경제성을 창출함으로써 수익 증대에 ㉡기여한다. 범위의 경제성이란 하나의 기업이 동시에 복수의 사업 활동을 하는 것이, 복수의 기업이 단일의 사업 활동을 하는 것보다 총비용이 적고 효율적이라는 이론이다. 범위의 경제성은 한 기업이 여러 제품을 동시에 생산할 때, 투입되는 요소 중 공통적으로 투입되는 생산요소가 존재하기 때문에 투입 요소 비용이 적게 발생한다는 사실을 통해 설명된다.
> 또한 다각화된 기업은 기업 내부 시장을 활용함으로써 새로운 가치를 ㉢창출할 수 있다. 여러 사업부에서 나오는 자금을 통합하여 활용할 수 있는 내부 자본시장을 갖추었을 뿐 아니라 여러 사업부에서 훈련된 인력을 전출하여 활용할 수 있는 내부 노동시장도 갖추었기 때문이다. 새로운 인력을 채용하여 교육시키는 데 많은 시간과 비용이 들어감을 고려하면, 다각화된 기업은 신규 기업에 비해 훨씬 ㉣우월한 위치에서 경쟁할 수 있다.
>
> \*포트폴리오: 다양한 투자 대상에 분산하여 자금을 투입하여 운용하는 일.

① ㉠: 몇 가지 부분이나 요소들을 모아서 일정한 전체를 짜 이룸.
② ㉡: 도움이 되도록 이바지함.
③ ㉢: 사업 따위를 처음으로 이루어 시작함.
④ ㉣: 다른 것보다 나음.

## 09

2018 교육행정직 9급

**㉠~㉣과 바꿔 쓰기에 적절하지 않은 것은?**

> 빅데이터는 그 규모가 매우 큰 데이터를 말하는데, 이는 단순히 데이터의 양이 매우 많다는 것뿐 아니라 데이터의 복잡성이 매우 높다는 의미도 ㉠<u>내포되어</u> 있다. 데이터의 복잡성이 높다는 말은 데이터의 구성 항목이 많고 그 항목들의 연결 고리가 함께 ㉡<u>수록되어</u> 있다는 것을 의미한다. 데이터의 복잡성이 높으면 다양한 파생 정보를 끌어낼 수 있다. 데이터로부터 정보를 ㉢<u>추출할</u> 때에는, 구성 항목을 독립적으로 이용하기도 하고, 두 개 이상의 항목들의 연관성을 이용하기도 한다. 일반적으로 구성 항목이 많은 데이터는 한 번에 얻기 어렵다. 이런 경우에는, 따로 수집되었지만 연결 고리가 있는 여러 종류의 데이터들을 ㉣<u>연결하여</u> 사용한다.
> 가령 한 집단의 구성원의 몸무게와 키의 데이터가 있다면, 각 항목에 대한 구성원의 평균 몸무게, 평균 키 등의 정보뿐만 아니라 몸무게와 키의 관계를 이용해 평균 비만도 같은 파생 정보도 얻을 수 있다. 이때는 반드시 몸무게와 키의 값이 동일인의 것이어야 하는 연결 고리가 있어야 한다. 여기에다 구성원들의 교통 카드 이용 데이터를 따로 얻을 수 있다면, 이것을 교통 카드의 사용자 정보를 이용해 사용자의 몸무게와 키의 데이터를 연결할 수 있다. 이렇게 연결된 데이터 세트를 통해 비만도와 대중교통의 이용 빈도 간의 파생 정보를 추출할 수 있다. 연결할 수 있는 데이터가 많을수록 얻을 수 있는 파생 정보도 늘어난다.

① ㉠: 담겨
② ㉡: 들어
③ ㉢: 섞을
④ ㉣: 이어

---

## 정답&해설

### 05
**정답 | ③**

제시문의 '고치다'는 '고장이 나거나 못 쓰게 된 물건을 손질하여 제대로 되게 하다.'의 의미이다. '자동차를 고치다.'에서 '고치다'도 같은 의미로 쓰였다.

| 오답해설 | ① '본디의 것을 손질하여 다른 것이 되게 하다.'의 의미이다.
②④ '이름, 제도 따위를 바꾸다.'의 의미이다.

### 06
**정답 | ④**

제시문의 '짚어'는 '여럿 중에 하나를 꼭 집어 가리키다.'의 의미로 쓰였다. 이와 가장 유사한 의미로 쓰인 것은 ④이다.

| 오답해설 | ① '손으로 이마나 머리 따위를 가볍게 눌러 대다.'의 의미이다.
② '바닥이나 벽, 지팡이 따위에 몸을 의지하다.'의 의미이다.
③ '상황을 헤아려 어떠할 것으로 짐작하다.'의 의미이다.

### 07
**정답 | ④**

글쓴이는 '완곡함'이 듣고 읽는 이가 비켜갈 '틈'을 주고, 화자와 독자의 교행이 이루어지는 '공간'을 준다고 하였다. 또한 상상의 '여지'를 박탈하는 글이 군림하는 세상은 살풍경하다고 표현하였다. 이를 통해 '틈, 공간, 여지'는 '완곡함'이 주는 긍정적 의미임을 추론할 수 있다. 반면 '세상'은 물태와 인정이 극으로 나뉜다고 표현하여 '직설'과 유사한 특징을 지님을 알 수 있다. 따라서 문맥적 의미가 다른 것은 '세상'이다.

### 08
**정답 | ③**

㉢ '창출'의 사전적 의미는 '전에 없던 것을 처음으로 생각하여 지어내거나 만들어 냄.'이다. 참고로, '사업 따위를 처음으로 이루어 시작함.'을 의미하는 단어는 '창업'이다.

### 09
**정답 | ③**

'추출하다'는 전체 속에서 어떤 물건, 생각, 요소 따위를 뽑아내는 것을 의미하고, '섞다'는 두 가지 이상의 것을 한데 합치는 것을 의미한다. 따라서 ㉢ '추출할'을 '섞을'로 바꿔 쓰는 것은 적절하지 않다.

| 오답해설 | ① ㉠ 내포되다: 어떤 성질이나 뜻 따위가 속에 품어지다.
② ㉡ 수록되다: 어떤 자료가 찾아져 모여 기록되다.
④ ㉣ 연결하다: 사물과 사물 또는 현상과 현상이 서로 이어지거나 관계를 맺다.

CHAPTER

# 11 논리형 문제 유형

☐ 1 회 독   월   일
☐ 2 회 독   월   일
☐ 3 회 독   월   일
☐ 4 회 독   월   일
☐ 5 회 독   월   일

**교수님 코멘트** ▶ 논리형 문제 유형은 기존 시험에서는 보기 어려웠고, 2025년부터 전환된 시험에서 새롭게 출제된 유형이다. 앞으로 매 시험마다 빠지지 않고 출제될 것으로 예상한다.

단권화 MEMO

### STEP 1  유형 분석하기

'논리형 문제' 유형은 기존 시험에는 없던 것으로, 2025년부터 전환된 시험에서 새롭게 출제된 유형이다. 이는 흔히 논리 게임으로 불리는 유형으로, 명제가 주어지고 그 명제를 근거로 내용을 추론하거나 옳고 그름을 판단하거나 결론을 추론하게 하는 유형으로 주로 출제된다. 이 문제를 정확하게 이해하고 풀려면 형식논리학적 지식이 요구된다. 다만, 이 유형을 위해 형식논리학 자체를 심도 있게 공부하는 것은 비효율적일 것이다. 역, 이, 대우 등 형식논리학의 기초적인 내용 정도를 숙지하고, 이를 바탕으로 문제에 접근하는 연습을 해야 한다.

### STEP 2  독해방법 알아보기

형식논리학을 공부하는 것이 가장 정석적인 공부 방법이겠지만 이 유형만을 위해 방대하고 어려운 형식논리학을 공부하는 것은 매우 비효율적이다. 특히나 이 유형은 전문적인 형식논리학을 적용하는 문제들이라기보다는 단순히 역, 이, 대우 등 형식논리학의 기초적인 내용을 기반으로 풀어 나가는 유형이라고 볼 수 있다. 따라서 역, 이, 대우 등의 기초 개념을 숙지하고, 이 개념을 문제에 적용하는 연습을 많이 하는 것이 효율적이다. 몇몇 유형들이 반복 출제되는 경향이 있으므로 문제를 많이 풀며 연습하다 보면 문제 풀이 방식과 요령에 충분히 익숙해질 수 있다.

### STEP 3  대표 발문

- 다음 조건이 모두 참이라고 할 때 항상 옳은 것은?
- 다음 중 한 명은 반드시 거짓말을 한다고 할 때 반드시 참인 사람은?

## STEP 4  NCS 문제 살펴보기

● A~E 중 두 명이 회의에 참석하였고, 세 명은 회의에 참석하지 않았다. 다음 중 한 명은 반드시 거짓말을 하고, 나머지 네 명은 반드시 참을 말한다고 할 때, 회의에 참석한 사람을 고르면?

2021 5월 시행 한국전력공사 기출 변형

- A: B와 D 중 참석한 사람이 있어.
- B: C는 참석했어.
- C: 나는 참석하지 않았고, D는 참을 말하고 있어.
- D: 나는 참석하였고, E는 참석하지 않았어.
- E: 나는 참석하지 않았고, A도 참석하지 않았어.

① A, C　　　② A, D　　　③ B, D
④ B, E　　　⑤ D, E

|정답해설|

③ C는 D가 참을 말하고 있다고 하였으므로 C가 참이면 D도 참, C가 거짓이면 D도 거짓이다. 거짓을 말하는 사람은 1명이므로 C와 D 모두 반드시 참이어야 한다. C와 D가 참이면 C와 E는 참석하지 않았고, D는 참석하였다. 이에 따라 A와 E의 발언이 참, B의 발언은 거짓이므로 A도 참석하지 않았다. 이때 A, C, E가 참석하지 않았으므로 회의에 참석한 사람은 B, D이다.

|정답| ③

● 이번 주 월요일, 수요일, 금요일에 7명의 직원들이 나누어서 외근을 한다. 다음 〈조건〉에 따라 외근한다고 할 때, 항상 옳은 것을 고르면?

2021 5월 시행 한국전력공사 기출 변형

┤ 조건 ├
- 매일 1명 이상이 외근을 하고, 모두 1번씩 외근을 한다.
- 매 요일마다 외근하는 사람의 수는 다르다.
- 월요일에 외근을 하는 사람이 금요일에 외근하는 사람보다 많다.

① 월요일에 외근하는 사람의 수가 홀수이면 금요일에 외근하는 사람의 수는 짝수이다.
② 수요일에 외근하는 사람의 수가 2명이면 월요일에 외근하는 사람의 수는 1명이다.
③ 수요일에 외근하는 사람의 수는 홀수이다.
④ 금요일에 외근하는 사람의 수는 2명이다.
⑤ 수요일에 외근하는 사람의 수가 4명이면 금요일에 외근하는 사람의 수는 1명이다.

|정답해설|

⑤ 7명이 서로 다른 인원수로 외근을 하려면 반드시 4명, 2명, 1명으로 나뉘어 외근해야 한다. 월요일은 금요일보다 외근하는 사람이 많으므로 월요일은 반드시 2명 또는 4명이 외근한다. 월요일에 2명이 외근한다면 금요일에는 1명이 외근하고, 수요일에 4명이 외근한다. 월요일에 4명이 외근한다면 수요일 또는 금요일에 1명 또는 2명이 외근한다. 따라서 수요일에 외근하는 사람의 수가 4명이면 금요일에 외근하는 사람의 수는 1명이다.

|오답해설|

① 월요일에는 반드시 2명 또는 4명이 외근하므로 월요일에 외근하는 사람의 수가 홀수인 경우는 존재하지 않는다.
② 수요일에 외근하는 사람의 수가 2명이면 월요일에 외근하는 사람의 수는 4명, 금요일에 외근하는 사람의 수는 1명이다.
③ 수요일에 외근하는 사람의 수는 1명 또는 2명 또는 4명이므로 반드시 홀수라고 할 수 없다.
④ 금요일에 외근하는 사람의 수는 1명 또는 2명이므로 반드시 2명이라고 할 수 없다.

|정답| ⑤

| 단권화 MEMO |

| 정답해설 |
③ B의 왼쪽에는 과장이, 오른쪽에는 대리가 앉아 있으며, 과장들끼리는 이웃하여 앉아 있으므로 과장-과장-B-대리 순으로 앉아 있다. 차장은 부장과 마주 보고 있으므로 B는 부장이다. D는 차장이고, E의 오른쪽에 앉아 있으며, 2명의 대리 사이에 앉아 있다. 이때 남은 한 자리는 사원이다. 이를 정리하면 다음과 같다.

C는 과장과 마주 보고 있고, 양옆 사람의 직급이 같으므로 사원이 C가 되며, 사원은 A와 마주 보고 있고, F의 오른쪽에 앉아 있다. 이때 G는 자신과 직급이 같은 사람과 이웃하여 앉아 있으므로 G는 과장이다. 이에 따라 남은 대리가 H임을 알 수 있다. 이를 정리하면 다음과 같다.

따라서 부장의 왼쪽에 앉은 사람은 G 과장이고, 차장의 오른쪽에 앉은 사람은 H 대리이다.

| 정답 | ③

● 한국수자원공사에서 A~H까지 8명의 직원이 원탁에 둘러앉아 회의하고 있다. 직원의 직급과 인원 수는 부장 1명, 차장 1명, 과장 2명, 대리 3명, 사원 1명이고, 직원의 배치가 아래 〈조건〉과 같을 때, 다음 중 부장의 왼쪽에 앉은 사람과 차장의 오른쪽에 앉은 사람을 차례대로 나열한 것을 고르면?

2021 상반기 시행 한국수자원공사 기출 복원

┌ 조건 ┐
• 과장들끼리는 이웃하여 앉아 있다.
• D는 차장이고, E의 오른쪽에 앉아 있다.
• G는 자신과 직급이 같은 사람과 이웃하여 앉아 있다.
• 사원은 A와 마주 보고 있고, F의 오른쪽에 앉아 있다.
• B의 왼쪽에는 과장이 앉고, 오른쪽에는 대리가 앉아 있다.
• 차장은 부장과 마주 보고 있고, 2명의 대리 사이에 앉아 있다.
• C는 과장과 마주 보고 있고, 그의 양옆에는 직급이 같은 사람이 앉아 있다.

① A 대리, H 대리  ② F 과장, E 대리
③ G 과장, H 대리  ④ E 대리, C 사원

## STEP 5 　 논리형 이론

### 1 핵심 개념

(1) **논증:** 근거를 바탕으로 생각을 도출해 내는 사고 과정으로 전제와 결론으로 구성되어 있다.

① **전제 지시어:** ~이기 때문에, ~이므로 등
② **결론 지시어:** 그래서, 따라서, 그러므로 등
③ **연역 논증:** 전제가 참일 때 결론이 항상 참으로 도출되는 논증. 즉 전제가 참인데 결론이 거짓인 경우는 존재하지 않는다.
　예 모든 사람은 죽는다. → 소크라테스는 사람이다. → 소크라테스는 죽는다.
④ **귀납 논증:** 전제가 참이더라도 결론이 항상 참으로 도출되지는 못하는 논증. 전제가 참일 때 결론이 참일 수 있는 개연성이 있는 것이지 항상 참은 아니다. 그 개연성에 강약이 있을 뿐이다.
　예 A까마귀는 검다. → B까마귀는 검다. → 까마귀는 검다.

(2) **명제:** 참과 거짓을 판단할 수 있는 논리적 판단 내용
　예 고래는 포유류이다.

① **단순 명제:** 논리 연결사를 포함하지 않는 명제
　예 철수는 학생이다.
② **복합 명제:** 논리 연결사가 연결된 명제
　예 철수는 학생이고 영희는 선생이다.
③ **논리 연결사:** 단순 명제를 연결하여 복합 명제를 구성하게 하는 것으로 대표적 논리 연결사는 다음과 같다.
　㉠ ∧: 연언(그리고, 그런데, 그러나, 또한, 그럼에도 불구하고)
　　예 A∧B (A 그리고 B)
　㉡ ∨: 선언(또는, 혹은, 이거나)
　　예 A∨B (A 또는 B)

ⓒ →: 조건(만약 …이면 …이다)
  예 A→B (만약 A라면 B이다.)
ⓓ ↔: 쌍조건(만약 …이면 그리고 오직 그런 경우에만 …다)
  예 A↔B (만약 A라면 그리고 오직 그런 경우에만 B이다.)
ⓔ ~: 부정(…가 아니다, …는 거짓이다, …는 사실이 아니다)
  예 ~A(A는 사실이 아니다.)

④ 주 논리 연결사: 구조가 복잡한 복합 명제에서 크게 두 부분으로 나누었을 때 이를 논리적으로 연결해 주는 연결사 예 (A∨B)∧(A→B)

⑤ 복합 명제 진리표

| 단순 명제 | | 복합 명제 | | | | |
| --- | --- | --- | --- | --- | --- | --- |
| A | B | A∧B | A∨B | A→B | A↔B | ~A |
| T | T | T | T | T | T | F |
| T | F | F | T | F | F | F |
| F | T | F | T | T | F | T |
| F | F | F | F | T | T | T |

## 2 논리의 형식

### (1) 바른 논증 형식 1

① 전건 긍정: A→B / A / ∴ B
  예 만약 비가 온다면 땅이 젖을 것이다 / 비가 온다 / 따라서 땅이 젖을 것이다.

② 후건 부정: A→B / ~B / ∴ ~A
  예 만약 비가 온다면 땅이 젖을 것이다 / 땅이 젖지 않았다 / 따라서 비가 오지 않았을 것이다.

③ 가언 삼단 논법: A→B / B→C / ∴ A→C
  예 만약 비가 온다면 땅이 젖을 것이다 / 만약 땅이 젖는다면 길이 질퍽일 것이다 / 따라서 만약 비가 온다면 길이 질퍽일 것이다.

④ 연언지 단순화: A∧B / ∴ A
  예 철수는 공부도 잘하고 머리도 좋다 / 철수는 공부를 잘한다.

⑤ 연언화: A / B / ∴ A∧B
  예 철수는 공부를 잘한다 / 철수는 머리가 좋다 / 따라서 철수는 공부도 잘하고 머리도 좋다.

⑥ 선언지 제거: A∨B / ~A / ∴ B
  예 철수는 학생이거나 선생이다 / 철수는 학생이 아니다 / 따라서 철수는 선생이다.

### (2) 바른 논증 형식 2(대치 규칙)

① ~~A = A (이중 부정)
  예 철수가 학생이 아니라는 것은 거짓이다. = 철수는 학생이다.

② A∧B = B∧A (교환 법칙)
  예 철수는 학생이고 영희는 선생이다. = 영희는 선생이고 철수는 학생이다.

③ A∨B = B∨A (교환 법칙)
  예 철수는 학생이거나 영희는 선생이다. = 영희가 선생이거나 철수가 학생이다.

④ ~(A∧B) = ~A∨~B (드모르간 법칙)
  예 철수가 학생이고 영희가 선생이라는 것은 거짓이다. = 철수는 학생이 아니거나 영희가 선생이 아니다.

⑤ ~(A∨B) = ~A∧~B (드모르간 법칙)
- 예) 철수가 학생이거나 영희가 선생이라는 것은 거짓이다. = 철수는 학생이 아니고 영희가 선생이 아니다.

⑥ A → B = ~B → ~A (후건 부정, 대우 규칙)
- 예) 철수가 학생이면 영희가 선생이다. = 영희가 선생이 아니면 철수가 학생이 아니다.

⑦ A∧(B∨C) = (A∧B)∨(A∧C) (분배 법칙)
- 예) 철수가 학생이고 그리고 영희가 선생이거나 민수가 경찰이다. = 철수가 학생이고 영희가 선생이거나 철수가 학생이고 민수가 경찰이다.

⑧ A∨(B∧C) = (A∨B)∧(A∨C) (분배 법칙)
- 예) 철수가 학생이거나 또는 영희가 선생이고 민수가 경찰이다. = 철수가 학생이거나 영희가 선생이고 철수가 학생이거나 민수가 경찰이다.

### (3) 충분조건
어떤 명제가 성립하는 데 충분한 조건. '갑이면 을이다.'에서 '갑'은 '을'이 성립하는 데에 충분조건이다.
- 예) 철수가 학생이면 영희가 선생이다. / 철수가 학생이라는 것은 영희가 선생이라는 것의 충분조건이다.

### (4) 필요조건
어떤 명제가 성립하는 데 필요한 조건. 명제 'A이면 B이다.'가 성립할 때, A에 대하여 B를 이르는 말이다.
- 예) 철수가 학생이면 영희가 선생이다. / 영희가 선생이라는 것은 철수가 학생이라는 것의 필요조건이다.

### (5) 필요충분조건
어떤 명제가 성립하는 데 필요하고 충분한 조건. 두 개의 명제 'A이면 B이다.'와 'B이면 A이다.'가 모두 참일 때, A에 대한 B, B에 대한 A를 이르는 말로 명제 A와 명제 B가 근본적으로 같다는 뜻이다.
- 예) 수요는 공급의 필요충분조건이다. / 수요과 공급을 필요충분조건이라고 설명하고 이것이 참이라면 수요가 있어 공급이 있는 것이고 수요가 없으면 공급도 없다는 의미가 된다. 물론 그 반대의 설명도 성립한다.

### (6) 필요조건 주의 사항
조건문을 다음과 같이 표현할 수 있다. / 만약 A이면 B이다 = B일 때만 A라고 할 수 있다.
- 예) 철수가 인간이면 철수는 동물이다. = 철수가 동물일 때만 철수가 인간인 것이 성립할 수 있다.

### (7) 정언 논리
문장 단위로 구분하던 명제 논리를 더 세부적으로 구분하여 분석하는 논리
① **정언 명제**: 정언 논리에서 사용되는 명제로 명제 논리의 문장을 양화사, 주어, 술어, 연결사로 구분하여 제시하는 명제. (모든/어떤) A는 B(이다/아니다)'의 구성을 보인다. 이때 양화사는 전칭인 '모든'과 특칭인 '어떤'이 있으며 주어는 A이고 술어는 B이다. 그리고 연결사는 긍정인 '이다'와 부정인 '아니다'가 있다.
- 예) 명제 논리의 명제: 철수는 학생이다.
  - '철수는 학생이다'라는 문장 자체가 논리의 단위이다.
② **정언 논리의 명제**: 모든(양화사) 학생(주어)은 모범생(술어)이다(연결사)
  - 문장을 더 세부적으로 구분하여 분석하여 논리의 단위로 삼는다.

③ 정언 명제의 형식

| 형식 | 종류 | 특징 |
|---|---|---|
| 모든 A는 B이다.<br>-모든 학생은 모범생이다. | 전칭 긍정 | 주어 집합 전체가 술어 집합에 포함되어 있음 |
| 모든 A는 B가 아니다.<br>-모든 학생은 모범생이 아니다. | 전칭 부정 | 주어 집합 전체가 술어 집합에 포함되어 있지 않음 |
| 어떤 A는 B이다.<br>-어떤 학생은 모범생이다. | 특칭 긍정 | 주어 집합의 원소 중 한 개 또는 그 이상의 원소가 술어 집합에 포함되어 있음 |
| 어떤 A는 B가 아니다.<br>-어떤 학생은 모범생이 아니다. | 특칭 부정 | 주어 집합의 원소 중 한 개 또는 그 이상의 원소가 술어 집합에 포함되어 있지 않음 |

④ 정언 명제 주의점
  ㉠ 전칭 긍정이 참이라면 전칭 긍정에 특칭 긍정은 포함된 개념이고, 전칭 부정이 참이라면 전칭 부정에 특칭 부정도 포함된 개념이 된다.
    예 모든 학생은 모범생이다.(전칭 긍정) / 어떤 학생은 모범생이다(특칭 긍정)의 내용을 분석해 보면 모든 학생이 모범생이므로 학생에 포함된 어떤 학생 역시 모범생일 수밖에 없다.
  ㉡ 전칭 긍정과 전칭 부정이 참이라면 이를 조건문으로 바꿀 수 있다.
    예 모든 학생은 모범생이다.(전칭 긍정) / 만약 학생이면 모범생이다. (A → B)
       모든 학생은 모범생이 아니다.(전칭 부정) / 만약 학생이면 모범생이 아니다. (A → ~B)
  ㉢ 특칭 긍정과 특칭 부정이 참이라면 이를 연언문으로 바꿀 수 있다.
    예 어떤 학생은 모범생이다. / 학생이면서(이고) 모범생인 경우가 있다. (A∧B)
       어떤 학생은 모범생이 아니다. / 학생이면서(이고) 모범생이 아닌 경우가 있다. (A∧~B)

## (8) 바른 논증 형식 3
① 정언 논리 추론 규칙 1

  A → B = ~(A∧~B)

  예 모든 학생은 모범생이다. = 만약 학생이면 모범생이다. = 학생이면서 모범생이지 않은 경우는 존재하지 않는다.

② 정언 논리 추론 규칙 2

  A → ~B = ~(A∧B)

  예 모든 학생은 모범생이 아니다. = 만약 학생이면 모범생이 아니다. = 학생이면서 모범생인 경우는 존재하지 않는다.

## 3 오류의 유형

### (1) 형식적 오류

| 구분 | 개념 | 용례 |
|---|---|---|
| 순환 논증의 오류<br>(선결 문제 요구의 오류) | 증명해야 할 논제를 오히려 전제나 근거로 삼을 때 생기는 오류 | 공자의 말은 진리이다. 왜냐하면 그가 지은 책에 진리라고 적혀 있기 때문이다. |
| 자가당착의 오류<br>(비정합성의 오류) | 모순을 바탕으로 결론을 이끌어 낼 때 생기는 오류 | 무엇이든 뚫을 수 있는 창과 무엇이든 막을 수 있는 방패가 저에게 있습니다. |
| 전건 부정의 오류 | 전건(앞에서 언급된 조건)을 부정하며 후건(뒤에서 언급되는 귀결)의 부정을 결론으로 이끌어 낼 때 생기는 오류 | 만일 당신이 제주도에 있다면 당신은 국내에 있다. 하지만 당신은 제주도에 있지 않다. 따라서 당신은 국내에 없다. |
| 후건 긍정의 오류 | 후건(뒤에서 언급되는 귀결)을 긍정하며 전건(앞에서 언급된 조건)의 긍정을 결론으로 이끌어 낼 때 생기는 오류 | 만일 당신이 제주도에 있다면 당신은 국내에 있다. 당신은 국내에 있다. 따라서 당신은 제주도에 있다. |
| 선언지 긍정의 오류 | 배타성이 없는 두 개념만 존재하며 다른 가능성은 없을 것으로 판단하여 생기는 오류 | 그는 기독교 신자이든지 마르크스주의자일 것이다. 그런데 그는 기독교 신자이다. 따라서 그는 마르크스주의자가 아니다. |

### (2) 비형식적 오류
① 언어적 오류

| 구분 | 개념 | 용례 |
|---|---|---|
| 강조의 오류 | 문장에서 핵심이 아닌 부분을 잘못 강조하여 생기는 오류 | 어머니께서 친구를 때리지 말라고 하셨다. 따라서 친구가 아니면 때려도 괜찮을 것이다. |
| 애매어의 오류 | 다의어의 의미를 혼동하여 생기는 오류 | 모든 인간은 죄인이다. 따라서 모든 인간은 감옥에 가야 한다. |
| 애매문의 오류 | 문장의 중의성으로 인해 생기는 오류 | 아내는 나보다 컴퓨터를 더 좋아한다. |
| 은밀한 재정의의 오류 | 단어에 사전적 의미가 아닌 자의적 의미를 덧붙여 사용해서 생기는 오류 | 너의 여자 친구는 완벽해. 그러니 꼭 결혼해. |
| 범주의 오류 | 단어의 의미 범주를 잘못 판단하여 생기는 오류 | 선생님, 제 꿈은 교사가 아니라 국어 선생님입니다. |

② 심리적 오류

| 구분 | 개념 | 용례 |
|---|---|---|
| 원천 봉쇄의 오류<br>(우물에 독 뿌리기) | 반론이 될 수 있는 것에 부정적 의미를 부여하며 단정함으로써 상대의 반론을 원천적으로 봉쇄하는 오류 | 국격을 높이는 이 일에 동참하지 않는 사람은 매국노이다. |
| 공포에 호소하는 오류 | 공포나 힘을 이용해 자신의 주장을 받아들이게 하는 오류 | 선생님 말씀을 듣지 않아 발생하는 모든 것은 당신의 책임이다. |
| 대중에 호소하는 오류 | 대중의 선호나 인기를 이용하여 자신의 주장을 받아들이게 하는 오류 | 이 제품은 10만 명 이상이 사용한 제품으로 그 효과는 따로 검증할 필요가 없다. |
| 동정(연민)에 호소하는 오류 | 동정에 호소하여 자신의 주장을 받아들이게 하는 오류 | 제가 감옥에 간다면 어린 자식들은 길거리를 헤맬 것입니다. 제발 선처해 주세요. |
| 부적합한 권위에 호소하는 오류 | 논지와 관련이 없는 권위자의 견해를 통해 자신의 주장을 받아들이게 하는 오류 | 통계학계의 권위자인 김 박사님이 기역이 몸에 좋댔어. 오늘은 머리가 아프니 미역국을 먹어야겠어. |
| 인신공격의 오류 | 상대방의 과거의 행적, 직업, 인품 등을 문제 삼으며 상대방의 인격을 손상시킴으로써 자신의 주장을 받아들이게 하는 오류 | 그의 말은 믿을 게 못 된다. 왜냐하면 그는 전과자이기 때문이다. |
| 역공격의 오류<br>(피장파장의 오류) | 상대방도 비판의 대상이 됨을 지적하며 본인에 대한 비판을 모면할 때 생기는 오류 | 아버지도 어릴 적 공부를 못하셨다는데 그럼 내가 공부 못하는 것에 대해 아버지께서 지적하실 자격은 없지. |
| 정황에 호소하는 오류 | 개인적인 정황을 근거로 의견의 타당함을 주장할 때 생기는 오류 | 군대도 다녀오지 않은 사람이 극방부 장관이 되다니, 그의 정책은 신뢰할 수 없겠어. |

③ 자료적 오류

| 구분 | 개념 | 용례 |
|---|---|---|
| 무지에 호소하는 오류 | 반대되는 의견에 증거가 없음을 증거로 자신의 주장이 옳음을 말할 때 생기는 오류 | 외계인이 없다는 증거가 없기 때문에 외계인은 있다. |
| 우연의 오류 | 일반적일 때 통용되는 논리를 특수한 상황에 무리하게 적용시킴으로써 생기는 오류 | 모든 사람은 거주 이전의 자유가 있다. 따라서 재소자도 자신이 머물 고도소를 선택할 수 있게 해야 한다. |
| 성급한 일반화의 오류 | 제한된 상황이나 정보를 바탕으로 무리하게 일반화시키는 오류 | 그녀가 비싼 가방을 산 것을 보니 그녀는 사치가 심한 여자야. |
| 원인 오판의 오류<br>(잘못된 인과관계의 오류) | 우연히 일치한 사건에 대해 무리하게 인과관계를 대입함으로써 생기는 오류 | 돼지꿈을 꾸고 복권에 당첨되었다. |
| 의도 확대의 오류 | 상대방의 의도를 과하게 확대 해석함으로써 발생하는 오류 | 담배가 폐암을 유발한다는 것은 상식이야. 그런데도 철수가 담배를 피우는 건 폐암에 걸리고 싶은 것이 분명해. |
| 복합 질문의 오류 | 한 번에 여러 질문을 함으로써 상대방의 답변에서 부당하게 긍정이나 부정을 이끌어 내는 오류 | 너, 이제는 나쁜 짓을 하지 않을 거지?<br>⇨ 어떤 대답을 하든 과거에는 나쁜 짓을 했음을 인정할 수밖에 없다. |

| | | |
|---|---|---|
| 허수아비 공격의 오류 | 상대의 주장을 자신에게 유리하고 반박하기 쉬운 다른 논점(왜곡되고 과장된 논점)으로 이동해 그것을 반박함으로써 자신의 주장이 옳음을 말할 때 생기는 오류 | A: 올해 우리 독서부의 보조금이 삭감 됐습니다. 우리가 매월 했던 회식을 없애거나 축소하면 예산이 맞을 것 같습니다.<br>B: 난 네가 왜 항상 우리 부원들끼리 친목 도모하는 걸 막으려 드는지 이해할 수가 없어. |
| 흑백 논리의 오류 | 논의되는 대상이 둘밖에 없다고 판단하고, 문제 상황을 양극단으로만 구분하는 과정에서 발생하는 오류 | 너는 민주주의자가 아닌 것을 보니 공산주의자구나. |
| 논점 일탈의 오류 | 문제가 되고 있는 논점을 벗어나 논점과 관련성이 없는 주장을 하는 오류 | A: 어제 비가 오는데 우산 없이 학교에 갔어.<br>B: 맞아. 비가 왔으니까 올해 벼농사 참 잘될 거야. |
| 잘못된 유추의 오류<br>(기계적 유비 추리의 오류) | 두 대상의 본질적인 유사성이 아닌, 부분적인 유사성으로 나머지의 유사성을 무리하게 관련지음으로써 발생하는 오류 | 컴퓨터는 사람에 비유되곤 한다. 따라서 컴퓨터도 감정이 있을 것이다. |
| 분할의 오류 | 전체 또는 집합이 어떤 성질을 가지고 있기 때문에 그 부분 또는 원소도 그와 같은 성질을 가지고 있다고 추론하는 오류 | 김치는 맵다. 따라서 김치의 재료는 모두 맵다. |
| 결합의 오류 | 부분 또는 개별적인 원소들이 어떤 성질을 가지고 있다는 사실로부터 전체 또는 원소들의 집합도 그러한 성질을 가지고 있다고 추론하는 오류 | 좋은 언어들로만 짜인 시는 역시 좋은 시가 된다. |
| 발생학적 오류 | 대상의 기원이 가지고 있는 특성을 대상도 예외 없이 가지고 있을 것이라는 생각에서 발생되는 오류 | 이 말은 우리나라에서 가장 빨리 달리는 말이 될 거야. 왜냐하면 이 말의 어미가 우리나라에서 가장 빠른 말이거든. |

개념 적용문제

# 11 논리형 문제 유형

## 2025 국가직 9급 대표 기출문제 분석

**01**

**다음 대화의 빈칸에 들어갈 말로 가장 적절한 것은?**                           2025 국가직 9급

> 갑: 설명회는 다음 달 셋째 주 목요일이나 넷째 주 목요일에 개최해야 합니다.
> 을: 설명회를 ⬚⬚⬚⬚⬚⬚⬚⬚⬚⬚⬚⬚⬚⬚⬚⬚⬚⬚.
> 병: 설명회를 다음 달 셋째 주 목요일에 개최하면, 홍보 포스터 제작을 이번 주 안에 완료해야 합니다.
> 정: 여러분의 의견대로 하자면, 반드시 이번 주 안에 홍보 포스터 제작을 완료해야 하겠군요.

① 다음 달 넷째 주 목요일에 개최해야 합니다
② 다음 달 셋째 주 목요일에 개최할 수 없습니다
③ 다음 달 넷째 주 목요일에 개최할 수 없습니다
④ 다음 달 넷째 주 목요일에 개최하면, 이번 주 안에 홍보 포스터 제작을 완료하지 않아도 됩니다

### 이렇게 학습하세요!

- 논리 이론을 먼저 잘 학습하세요.
- 여러 유형의 문제를 풀어 보세요.
- 너무 어려운 문제에 연연하지 마세요.

# 01

**다음 대화의 빈칸에 들어갈 말로 가장 적절한 것은?**

갑: 설명회는 다음 달 셋째 주 목요일이나 넷째 주 목요일에 개최해야 합니다.

을: 설명회를 _____.

병: 설명회를 다음 달 셋째 주 목요일에 개최하면, 홍보 포스터 제작을 이번 주 안에 완료해야 합니다.

정: 여러분의 의견대로 하자면, 반드시 이번 주 안에 홍보 포스터 제작을 완료해야 하겠군요.

― 이번 주에 완료해야 한다는 것을 통해 설명회를 셋째 주 목요일에 개최해야 한다는 것을 알 수 있다.

① ~~다음 달 넷째 주 목요일에 개최해야 합니다~~
② ~~다음 달 셋째 주 목요일에 개최할 수 없습니다~~
③ 다음 달 넷째 주 목요일에 개최할 수 없습니다
   → 설명회는 셋째 주 목요일이나 넷째 주 목요일에 개최해야 한다. 그중 셋째 주 목요일에 개최하면 홍보 포스터 제작을 이번 주 안에 완료해야 한다. '정'이 '반드시 이번 주 안에 홍보 포스터 제작을 완료해야 한다'고 언급하고 있으므로 설명회 개최는 '넷째 주 목요일에 개최할 수 없다(셋째 주 목요일에 개최해야 함)'는 것을 알 수 있다.
④ ~~다음 달 넷째 주 목요일에 개최하면, 이번 주 안에 홍보 포스터 제작을 완료하지 않아도 됩니다~~

| 정답 | ③

## 02

**(가)~(다)를 전제로 할 때 빈칸에 들어갈 결론으로 가장 적절한 것은?**

2025 국가직 9급

> (가) 인공일반지능이 만들어지거나 인공지능 산업이 쇠퇴한다.
> (나) 인공일반지능이 만들어지면, 인간의 생활이 편리해지는 동시에 많은 사람이 직장을 잃는다.
> (다) 인공지능 산업이 쇠퇴하면, 많은 사람이 직장을 잃는 동시에 세계 경제가 침체된다.
> 따라서 _____.

① 세계 경제가 침체된다
② 인간의 생활이 편리해진다
③ 많은 사람이 직장을 잃는다
④ 인간의 생활이 편리해지고 세계 경제가 침체된다

## 03

**다음 진술이 모두 참일 때 반드시 참인 것은?**

2025 국가직 9급

> • 갑이 제주도 출장을 가면, 을은 제주도 출장을 가지 않는다.
> • 을이 제주도 출장을 가지 않으면, 병은 휴가를 내지 않는다.
> • 병이 휴가를 낸다.

① 갑이 제주도 출장을 가지 않는다.
② 을이 제주도 출장을 가지 않는다.
③ 갑이 제주도 출장을 가고 병은 휴가를 낸다.
④ 을이 제주도 출장을 가고 병은 휴가를 내지 않는다.

## 02

**(가)~(다)를 전제로 할 때 빈칸에 들어갈 결론으로 가장 적절한 것은?**

> (가) 인공일반지능이 만들어지거나 인공지능 산업이 쇠퇴한다.
> (나) 인공일반지능이 만들어지면, 인간의 생활이 편리해지는 동시에 많은 사람이 직장을 잃는다.
> (다) 인공지능 산업이 쇠퇴하면, 많은 사람이 직장을 잃는 동시에 세계 경제가 침체된다.
> 따라서 _____.

~~① 세계 경제가 침체된다~~
~~② 인간의 생활이 편리해진다~~
③ 많은 사람이 직장을 잃는다

→ (가)에서 인공일반지능이 만들어지거나 인공지능 산업이 쇠퇴한다고 언급하고 있다. 그때 (나)에서는 인공일반지능이 만들어지면 인간의 생활이 편리해지는 동시에 많은 사람들이 직장을 잃는다고 언급하고 있고 (다)에서는 인공지능 산업이 쇠퇴하면 많은 사람이 직장을 잃는 동시에 세계 경제가 침체된다고 언급하고 있다. 결국 (가)에서 설명한 것과 같이 인공일반지능이 만들어지거나 인공지능 산업이 쇠퇴할 것이므로 (나) 또는 (다)의 상황이 벌어질 수밖에 없다. 이때 (나)와 (다)의 공통점은 '많은 사람이 직장을 잃는다'는 것이므로 (나)의 상황이 벌어지든 (다)의 상황이 벌어지든 많은 사람이 직장을 잃게 될 것이다.

~~④ 인간의 생활이 편리해지고 세계 경제가 침체된다~~

| 정답 | ③

## 03

**다음 진술이 모두 참일 때 반드시 참인 것은?**

여러 조건을 제시하는 문제는 조건과 그 조건에 대한 대우를 연결하여 문제를 해결하도록 출제하는 경향이 강하다. 조건과 함께 대우를 미리 적어 놓으면 풀이 시간을 줄일 수 있다.

> • 갑이 제주도 출장을 가면, 을은 제주도 출장을 가지 않는다.
> • 을이 제주도 출장을 가지 않으면, 병은 휴가를 내지 않는다.
> • 병이 휴가를 낸다.

① 갑이 제주도 출장을 가지 않는다.

→ 진술들을 조건문과 대우로 바꿔 보면 다음과 같다.
  • 갑 제주도 → ~을 제주도 / 대우: 을 제주도 → ~갑 제주도
  • ~을 제주도 → ~병 휴가 / 대우: 병 휴가 → 을 제주도
  • 병 휴가
  따라서 '병 휴가 → 을 제주도 → ~갑 제주도'이므로 '갑은 제주도 출장을 가지 않는다'가 성립한다.

~~② 을이 제주도 출장을 가지 않는다.~~
~~③ 갑이 제주도 출장을 가고 병은 휴가를 낸다.~~
~~④ 을이 제주도 출장을 가고 병은 휴가를 내지 않는다.~~

| 정답 | ①

## 04
**다음 글의 논지를 강화하는 것으로 가장 적절한 것은?**

2025 국가직 9급

> A국은 도시 이외 지역의 초중고 교사가 부족하다. 이 상황을 심각하게 받아들인 A국 정부는 도시 이외 지역의 교사 충원율을 높이기 위해, 도시 이외 지역의 교사 연봉을 10% 인상하고 교사 양성 프로그램을 확대하는 정책을 제시했다. 하지만 이 정책은 근본적인 해결책이 되기 어렵다. 문제를 해결하기 위해서는, 단기간에 교사의 수를 늘리거나 교사의 연봉을 인상하기보다는 도시 이외의 지역에서 근무할 수 있는 충분한 교육 환경과 사회 기반 시설을 확보하는 것이 급선무이다. 현직 교사들뿐 아니라 교사를 지망하는 대학 졸업 예정자들 다수는 교육 환경과 사회 기반 시설이 열악한 도시 이외의 지역에서 일하기를 꺼리기 때문이다.

① A국은 정부의 교육 예산이 풍부해서 도시 이외 지역의 교육 환경과 도시의 교육 환경에 별 차이가 없다는 것이 밝혀졌다.
② A국에서 도시 이외의 지역에 근무하던 사회 초년생들이 연봉을 낮추어서라도 도시로 이직한 주된 이유는 교통 시설의 부족으로 밝혀졌다.
③ A국과 유사한 상황이었던 B국에서는 교사 연봉을 5% 인상한 후, 도시 이외 지역의 학생 1인당 교사 비율이 크게 증가했다.
④ A국과 유사한 상황이었던 C국에서는 교사 양성 프로그램을 확대한 이후에 도시뿐 아니라 도시 이외의 지역에서 교사의 수가 크게 증가했다.

## 04

**다음 글의 논지를 강화하는 것으로 가장 적절한 것은?**

핵심 논지를 파악하고 논지와 그것을 뒷받침하기 위해 제시하고 있는 여러 근거들의 논리적 관계를 잘 연결하며 글을 읽을 필요가 있다.

> A국은 도시 이외 지역의 초중고 교사가 부족하다. 이 상황을 심각하게 받아들인 A국 정부는 도시 이외 지역의 교사 충원율을 높이기 위해, 도시 이외 지역의 교사 연봉을 10% 인상하고 교사 양성 프로그램을 확대하는 정책을 제시했다. 하지만 이 정책은 근본적인 해결책이 되기 어렵다. 문제를 해결하기 위해서는, 단기간에 교사의 수를 늘리거나 교사의 연봉을 인상하기보다는 도시 이외의 지역에서 근무할 수 있는 충분한 교육 환경과 사회 기반 시설을 확보하는 것이 급선무이다. 현직 교사들뿐 아니라 교사를 지망하는 대학 졸업 예정자들 다수는 교육 환경과 사회 기반 시설이 열악한 도시 이외의 지역에서 일하기를 꺼리기 때문이다.
> 
> 핵심 논지

~~① A국은 정부의 교육 예산이 풍부해서 도시 이외 지역의 교육 환경과 도시의 교육 환경에 별 차이가 없다는 것이 밝혀졌다.~~
→ 이 글에서 도시와 도시 이외의 지역의 차이를 교육 환경과 사회 기반 시설의 차이로 보고 있으므로 A국의 경우 이들에 차이가 없다는 것이 밝혀졌다면 이 글의 논지를 약화한다고 볼 수 있다.

**②** A국에서 도시 이외의 지역에 근무하던 사회 초년생들이 연봉을 낮추어서라도 도시로 이직한 주된 이유는 교통 시설의 부족으로 밝혀졌다.
→ 글에서 교육 환경과 사회 기반 시설이 열악한 도시 이외의 지역에서 일하기를 꺼린다고 언급하고 있다. 따라서 도시 외의 지역에 근무하던 사회 초년생들이 연봉을 낮추어서라도 도시로 이직한 주된 이유로 교통 시설의 부족을 꼽는다면 이 글의 논지를 강화한다고 볼 수 있다.

~~③ A국과 유사한 상황이었던 B국에서는 교사 연봉을 5% 인상한 후, 도시 이외 지역의 학생 1인당 교사 비율이 크게 증가했다.~~
→ 이 글에서 교사 연봉 인상은 근본적인 해결책이 되기 어렵다고 지적하고 있다. 따라서 B국에서 교사 연봉을 인상한 후 도시 이외 지역의 학생 1인당 교사 비율이 크게 증가하였다면 이 글의 논지를 약화한다고 볼 수 있다.

~~④ A국과 유사한 상황이었던 C국에서는 교사 양성 프로그램을 확대한 이후에 도시뿐 아니라 도시 이외의 지역에서 교사의 수가 크게 증가했다.~~
→ 이 글에서 교사 양성 프로그램을 확대하는 정책은 근본적인 해결책이 되기 어렵다고 지적하고 있다. 따라서 C국에서 교사 양성 프로그램을 확대한 이후에 도시 이외의 지역에서 교사의 수가 크게 증가하였다면 이 글의 논지를 약화한다고 볼 수 있다.

| 정답 | ②

## 05

**다음 글의 (가)를 강화하는 것으로 가장 적절한 것은?**

쿤은 자연과학과 사회과학 모두를 포함하는 과학의 발전 단계를 세 시기로 구분한다. 패러다임을 한 번도 정립하지 못한 전정상과학 시기, 하나의 패러다임이 지배하는 정상과학 시기, 기존 패러다임이 새 패러다임으로 교체되는 과학혁명 시기가 그것이다. 패러다임은 모든 과학자에게 동일한 연구 방향 및 평가 기준을 따르게 하여, 연구의 효율성을 높이고 과학의 발전 단계를 성숙한 수준으로 올려놓는다. 한 번도 패러다임을 정립하지 못해 전정상과학 시기에 머물러 있는 과학 분야는 과학자 모두가 제각기 연구 활동을 한다. 과학의 발전 단계상 성숙한 수준에 도달하지 못한 것이다. 어떤 과학 분야라도 패러다임을 정립하면 정상과학 시기에 들어서게 되는데, 그 뒤에 다시 전정상과학 시기로 되돌아갈 수는 없다. 정상과학 시기는 언제나 과학혁명 시기로 이어지고, 과학혁명 시기는 언제나 정상과학 시기로 이어지기 때문이다. 정상과학 시기의 과학자는 동일한 패러다임에 따라, 과학혁명 시기의 과학자는 기존 패러다임 혹은 새 패러다임에 따라 과학 활동을 하기에 그 두 시기에 있는 과학 분야는 모두 성숙한 수준에 도달해 있는 것이다. 이 구분에 따를 때, (가) 일부 사회과학 분야는 과학의 발전 단계상 아직도 성숙한 수준에 도달하지 못했다는 것이 쿤의 진단이다.

① 패러다임이 교체된 적이 있지만 과학자들의 연구 방향 및 평가 기준이 동일한 사회과학 분야가 있다.
② 패러다임이 교체되는 중이고 과학자들의 연구 방향 및 평가 기준이 서로 다른 사회과학 분야가 있다.
③ 패러다임이 정립된 적이 있지만 과학자들의 연구 방향 및 평가 기준이 서로 다른 사회과학 분야가 있다.
④ 패러다임이 정립된 적이 없고 과학자들의 연구 방향 및 평가 기준이 서로 다른 사회과학 분야가 있다.

## 05

**다음 글의 (가)를 강화하는 것으로 가장 적절한 것은?**

> 쿤은 자연과학과 사회과학 모두를 포함하는 과학의 발전 단계를 세 시기로 구분한다. 패러다임을 한 번도 정립하지 못한 전정상과학 시기, 하나의 패러다임이 지배하는 정상과학 시기, 기존 패러다임이 새 패러다임으로 교체되는 과학혁명 시기가 그것이다. 패러다임은 모든 과학자에게 동일한 연구 방향 및 평가 기준을 따르게 하여, 연구의 효율성을 높이고 과학의 발전 단계를 성숙한 수준으로 올려놓는다. 한 번도 패러다임을 정립하지 못해 전정상과학 시기에 머물러 있는 과학 분야는 과학자 모두가 제각기 연구 활동을 한다. 과학의 발전 단계상 성숙한 수준에 도달하지 못한 것이다. 어떤 과학 분야라도 패러다임을 정립하면 정상과학 시기에 들어서게 되는데, 그 뒤에 다시 전정상과학 시기로 되돌아갈 수는 없다. 정상과학 시기는 언제나 과학혁명 시기로 이어지고, 과학혁명 시기는 언제나 정상과학 시기로 이어지기 때문이다. 정상과학 시기의 과학자는 동일한 패러다임에 따라, 과학혁명 시기의 과학자는 기존 패러다임 혹은 새 패러다임에 따라 과학 활동을 하기에 그 두 시기에 있는 과학 분야는 모두 성숙한 수준에 도달해 있는 것이다. 이 구분에 따를 때, (가) 일부 사회과학 분야는 과학의 발전 단계상 아직도 성숙한 수준에 도달하지 못했다는 것이 쿤의 진단이다.

~~①~~ 패러다임이 교체된 적이 있지만 과학자들의 연구 방향 및 평가 기준이 동일한 사회과학 분야가 있다.
→ 패러다임이 교체된 적이 있다면 적어도 '전정상과학 시기'와는 관련이 없다는 것을 알 수 있다.

~~②~~ 패러다임이 교체되는 중이고 과학자들의 연구 방향 및 평가 기준이 서로 다른 사회과학 분야가 있다.
→ 패러다임이 교체되는 중에 있다면 적어도 '전정상과학 시기'와는 관련이 없다는 것을 알 수 있다.

~~③~~ 패러다임이 정립된 적이 있지만 과학자들의 연구 방향 및 평가 기준이 서로 다른 사회과학 분야가 있다.
→ 패러다임이 정립된 적이 있다면 적어도 '전정상과학 시기'와는 관련이 없다는 것을 알 수 있다.

④ 패러다임이 정립된 적이 없고 과학자들의 연구 방향 및 평가 기준이 서로 다른 사회과학 분야가 있다.
→ 제시된 글에서 '전정상과학 시기'에 머물러 있는 과학 분야는 과학의 발전 단계상 성숙한 수준에 도달하지 못한 것이고 이 시기에는 과학자 모두가 제각기 연구 활동을 한다고 언급하고 있다. 따라서 (가)에서 사회과학 분야가 성숙한 수준에 도달하지 못하였다는 것은 사회과학 분야와 관련된 패러다임이 정립된 적이 없고 과학자들의 연구 방향 및 평가 기준이 서로 다른 사회과학 분야가 있다는 것을 의미한다고 볼 수 있다.

| 정답 | ④

## 01

**다음 진술이 모두 참일 때 반드시 참인 것은?**

- 오 주무관이 회의에 참석하면, 박 주무관도 참석한다.
- 박 주무관이 회의에 참석하면, 홍 주무관도 참석한다.
- 홍 주무관이 회의에 참석하지 않으면, 공 주무관도 참석하지 않는다.

① 공 주무관이 회의에 참석하면, 박 주무관도 참석한다.
② 오 주무관이 회의에 참석하면, 홍 주무관은 참석하지 않는다.
③ 박 주무관이 회의에 참석하지 않으면, 공 주무관은 참석한다.
④ 홍 주무관이 회의에 참석하지 않으면, 오 주무관도 참석하지 않는다.

## 02

**(가)와 (나)를 전제로 할 때 빈칸에 들어갈 결론으로 가장 적절한 것은?**

(가) 노인복지 문제에 관심이 있는 사람 중 일부는 일자리 문제에 관심이 있는 사람이 아니다.
(나) 공직에 관심이 있는 사람은 모두 일자리 문제에 관심이 있는 사람이다.
따라서 _____.

① 노인복지 문제에 관심이 있는 사람 중 일부는 공직에 관심이 있는 사람이 아니다
② 공직에 관심이 있는 사람 중 일부는 노인복지 문제에 관심이 있는 사람이 아니다
③ 공직에 관심이 있는 사람은 모두 노인복지 문제에 관심이 있는 사람이 아니다
④ 일자리 문제에 관심이 있지만 노인복지 문제에 관심이 없는 사람은 모두 공직에 관심이 있는 사람이 아니다

## 03

2025 출제기조 전환 예시문제

**다음 글의 밑줄 친 결론을 이끌어 내기 위해 추가해야 할 것은?**

> 문학을 좋아하는 사람은 모두 자연의 아름다움을 좋아하는 사람이다. 자연의 아름다움을 좋아하는 어떤 사람은 예술을 좋아하는 사람이다. 따라서 예술을 좋아하는 어떤 사람은 문학을 좋아하는 사람이다.

① 자연의 아름다움을 좋아하는 사람은 모두 문학을 좋아하는 사람이다.
② 문학을 좋아하는 어떤 사람은 자연의 아름다움을 좋아하는 사람이다.
③ 예술을 좋아하는 어떤 사람은 자연의 아름다움을 좋아하는 사람이다.
④ 예술을 좋아하지만 문학을 좋아하지 않는 사람은 모두 자연의 아름다움을 좋아하는 사람이다.

## 04

2015 경찰직 1차

**다음 〈보기〉는 어느 글의 명제이다. 이 명제에 대한 설명으로 가장 적절한 것은?**

── 보기 ──
> 교통 법규를 위반하는 사람은 엄벌에 처하는 것이 더 바람직하다.

① 주관적 가치 판단을 바탕으로 어떤 문제의 좋고 나쁨을 주장하는 명제이다.
② 당위성 여부를 바탕으로 어떤 행동 실현의 필요성을 주장하는 명제이다.
③ 객관적 근거를 바탕으로 사실의 진위(眞僞)를 판단하는 명제이다.
④ 감정적 호소를 바탕으로 행위의 실천을 촉구하는 명제이다.

---

# 정답&해설

## 01
정답 | ④

'A면 B이다.'라는 명제가 주어질 때 이 명제가 참이라면 'B가 아니면 A가 아니다.'라는 진술은 항상 참이 된다. 이처럼 후건을 부정하여 전건을 부정하는 것을 '대우'라고 한다. 명제가 참이라면 대우는 항상 참이 된다.
제시된 진술과 대우를 이용하여 조건을 정리해 보면 다음과 같다.
- 오 주무관이 회의에 참석하면, 박 주무관도 참석한다.
- 박 주무관이 회의에 참석하지 않으면, 오 주무관도 참석하지 않는다.
- 박 주무관이 회의에 참석하면, 홍 주무관도 참석한다.
- 홍 주무관이 회의에 참석하지 않으면, 박 주무관도 참석하지 않는다.
- 홍 주무관이 회의에 참석하지 않으면, 공 주무관도 참석하지 않는다.
- 공 주무관이 회의에 참석하면, 홍 주무관도 참석한다.

따라서 '홍 주무관이 회의에 참석하지 않으면, 박 주무관도 참석하지 않는다. 박 주무관이 회의에 참석하지 않으면 오 주무관도 참석하지 않는다.'는 것을 알 수 있다.

| 오답해설 | ① 공 주무관이 회의에 참석하면, 홍 주무관도 참석하는 것은 확실히 알 수 있다. 하지만 박 주무관이 참석하는지는 확실히 알 수 없다.
② 오 주무관이 회의에 참석하면, 박 주무관도 참석한다. 박 주무관이 회의에 참석하면 홍 주무관도 참석한다. 따라서 홍 주무관이 참석하지 않는다는 진술은 바르지 않다.
③ 박 주무관이 회의에 참석하면, 홍 주무관도 참석하는 것은 알 수 있다. 하지만 공 주무관이 참석하는지는 정확히 알 수 없다.

## 02
정답 | ①

(가)에서 '노인복지 문제에 관심이 있는 사람 중 일부는 일자리 문제에 관심이 있는 사람이 아니다.'라고 하였는데, 이 말은 노인복지 문제에 관심이 있는 사람 중 일자리 문제에 관심이 있는 사람도 있고 관심이 없는 사람도 있다는 의미가 성립한다. 그리고 (나)의 논리를 대우로 설명해 보면 '일자리 문제에 관심이 없는 사람은 모두 공직에 관심이 없는 사람이다'가 된다. 따라서 (가)와 (나) 두 논리를 결합하면 '노인복지 문제에 관심이 있는 사람 중 일부는 일자리 문제에 관심이 없다. → 일자리 문제에 관심이 없는 사람은 모두 공직에 관심이 없는 사람이다.'의 논리가 성립한다. 즉, 노인복지 문제에 관심이 있는 사람 중 일부는 공직에 관심이 있는 사람이 아니라는 것을 알 수 있다.

## 03
정답 | ①

지문에 의하면 문학을 좋아하는 사람은 모두 자연의 아름다움을 좋아하는 사람이다. 이에 대한 대우, 즉 '자연의 아름다움을 좋아하지 않는 사람은 문학을 좋아하지 않는 사람이다.'는 논리적으로 성립한다. 하지만 대우가 아닌 단순 역은 논리적으로 참으로 성립하지 않는다. 즉, '자연의 아름다움을 좋아하는 사람은 모두 문학을 좋아하는 사람이다.'가 성립하지 않는 것이다. 따라서 ①과 같이 '자연의 아름다움을 좋아하는 사람은 모두 문학을 좋아하는 사람이다.'의 논리를 추가하면 문학을 좋아하는 사람과 자연을 좋아하는 사람이 같은 사람임을 알 수 있게 된다. 따라서 자연의 아름다움을 좋아하는 일부 사람(어떤 사람)은 예술을 좋아하고 이때 자연을 좋아하는 일부 사람은 당연히 문학을 좋아하는 사람이 된다. 즉, 예술을 좋아하는 일부 사람(어떤 사람)은 문학을 좋아하는 사람이라는 논리가 성립하게 되는 것이다.

## 04
정답 | ①

〈보기〉의 내용은 교통 법규를 위반하는 사람은 엄벌에 처하는 것이 더 바람직하다는 가치를 표현하는 명제이다. 가치 명제에 대한 설명으로 적절한 것은 ①이다.

## 05

어느 회사의 직원 A~E가 인도네시아, 캐나다, 러시아에 출장을 가게 되었다. 다음 〈조건〉에 따라 출장을 간다고 할 때, 항상 옳은 것을 고르면?

|조건|
- 각 국가에는 1명 이상 2명 이하의 직원이 출장을 간다.
- 각 직원들은 한 국가에만 출장을 간다.
- 캐나다에는 인도네시아보다 적은 인원이 출장을 간다.
- A는 E와 같은 곳에 출장을 간다.
- B는 인도네시아에 출장을 간다.

① B는 C와 같은 곳에 출장을 간다.
② D는 러시아에 출장을 가지 않는다.
③ 러시아에는 1명이 출장을 간다.
④ A는 인도네시아에 출장을 간다.
⑤ E가 러시아에 출장을 가면 D는 인도네시아에 출장을 간다.

## 06

아래 〈보기〉의 명제가 모두 참일 때, 다음 중 항상 참인 명제를 고르면?

|보기|
- 모든 개발팀 직원은 영업팀에서 키가 가장 큰 직원보다 키가 크다.
- 어떤 인사팀 직원은 영업팀에서 키가 가장 큰 직원보다 키가 작다.
- 모든 영업팀 직원은 재무팀에서 키가 가장 큰 직원보다 키가 크다.

① 키가 가장 작은 개발팀 직원보다 키가 큰 재무팀 직원이 있다.
② 키가 가장 작은 인사팀 직원보다 키가 작은 재무팀 직원이 있다.
③ 어떤 개발팀 직원은 키가 가장 큰 인사팀 직원보다 키가 작다.
④ 어떤 인사팀 직원은 키가 가장 작은 개발팀 직원보다 키가 작다.

## 07

아래 〈보기〉의 명제가 모두 참일 때, 다음 중 항상 참인 명제를 고르면?

|보기|
- 짬뽕에 관심이 있는 사람은 야구에 관심이 있다.
- 자동차에 관심이 있는 사람은 짬뽕에 관심이 없다.
- 제주도에 관심이 있는 사람은 자동차에 관심이 없다.
- 야구에 관심이 있는 사람은 한국수자원공사에 관심이 있다.
- 한국수자원공사에 관심이 있는 사람은 제주도에 관심이 없다.

① 야구에 관심이 있는 사람은 자동차에 관심이 있다.
② 제주도에 관심이 있는 사람은 짬뽕에 관심이 없다.
③ 한국수자원공사에 관심이 없는 사람은 짬뽕에 관심이 있다.
④ 자동차에 관심이 없는 사람은 한국수자원공사에 관심이 있다.

## 08

다음 〈공고〉는 어느 회사의 채용공고 일부를 나타낸 것이다. 이를 바탕으로 항상 참인 명제를 〈보기〉에서 고르면?

┤ 공고 ├
- 모든 지원자는 적성검사를 치러야 합니다.
- 모든 신입사원 지원자는 자기소개서를 제출해야 합니다.
- 모든 경력사원 지원자는 이력서를 제출해야 합니다.
- 어떤 신입사원 지원자는 면접을 치릅니다.

┤ 보기 ├
㉠ 자기소개서를 제출하는 사람은 신입사원 지원자다.
㉡ 적성검사를 치르는 모든 사람은 면접도 치러야 한다.
㉢ 면접을 치르는 사람 중 자기소개서를 제출하는 사람이 있다.
㉣ 적성검사를 치르지 않은 사람은 신입사원 지원자가 아니다.

① ㉠, ㉡
② ㉠, ㉢
③ ㉡, ㉣
④ ㉢, ㉣

### 정답&해설

**05**      정답 | ②

각 국가에 1명 또는 2명이 출장을 가는데 캐나다에는 인도네시아보다 적은 인원이 출장을 간다면 캐나다에 1명, 인도네시아에 2명이 출장을 가고, 러시아에도 2명이 출장을 간다. B는 인도네시아에 출장을 간다고 하였으므로, 인도네시아에 출장을 갈 수 있는 사람은 B를 제외하고 1명, 캐나다에 출장을 갈 수 있는 사람은 1명, 러시아에 출장을 갈 수 있는 사람은 2명이다. A와 E는 같은 곳에 출장을 가므로 러시아에 출장을 간다. 따라서 C와 D는 각각 인도네시아 또는 캐나다에 출장을 간다.

|오답해설| ① B는 인도네시아, C는 캐나다에 출장을 가는 경우가 존재한다.
③ 러시아에는 2명이 출장을 간다.
④ A와 E는 러시아에 출장을 간다.
⑤ E는 러시아에 출장을 가고, D는 인도네시아 또는 캐나다에 출장을 간다.

**06**      정답 | ④

첫 번째와 세 번째 명제를 통하여 키가 큰 순서대로 '개발팀 전원 → 영업팀 전원 → 재무팀 전원'의 관계가 성립하는 것을 알 수 있다. 또한, 어떤 인사팀 직원이 영업팀 직원 중 키가 가장 큰 직원보다 키가 작다고 하였다. 따라서 어떤 인사팀 직원은 키가 가장 작은 개발팀 직원보다 키가 작다.

|오답해설| ① 키가 가장 작은 개발팀 직원은 모든 재무팀 직원보다 키가 크다.
②③ 인사팀 전체에 대한 내용은 나와 있지 않아 인사팀과 재무팀 직원, 개발팀 직원과 인사팀은 비교할 수 없으므로 반드시 참이라고 말할 수 없다.

**07**      정답 | ②

〈보기〉의 명제와 대우명제를 간단히 나타내 보면 다음과 같다.
- 짬뽕 → 야구 / ~야구 → ~짬뽕
- 자동차 → ~짬뽕 / 짬뽕 → ~자동차
- 제주도 → ~자동차 / 자동차 → ~제주도
- 야구 → 수자원 / ~수자원 → ~야구
- 수자원 → ~제주도 / 제주도 → ~수자원

따라서 '제주도 → ~수자원 → ~야구 → ~짬뽕'이므로 제주도에 관심이 있는 사람은 짬뽕에 관심이 없다.

|오답해설| ①④ 〈보기〉의 명제만으로는 참·거짓을 판단할 수 없다.
③ '~수자원 → ~야구 → ~짬뽕'이므로 거짓인 명제이다.

**08**      정답 | ④

㉢ 면접을 치르는 사람 중 신입사원 지원자가 존재한다. 모든 신입사원 지원자는 자기소개서를 제출해야 하므로 면접을 치르는 사람 중 자기소개서를 제출하는 사람은 반드시 존재한다.
㉣ 모든 지원자는 적성검사를 치러야 하므로, 적성검사를 치르지 않은 사람은 신입사원 지원자일 수 없다.

|오답해설| ㉠ 모든 신입사원 지원자는 자기소개서를 제출하지만, 명제의 역이 항상 참인지는 알 수 없다.
㉡ 모든 지원자는 적성검사를 치르지만, 적성검사를 치르는 모든 지원자가 면접도 치르는지는 알 수 없다.

## 09

2017 서울시 9급

다음 예문과 같은 유형의 논리적 오류가 나타난 것은?

> 이 식당은 요즘 SNS에서 굉장히 뜨고 있어. 그러니까 엄청 맛있을 거야.

① 이 식당 음식을 꼭 먹어 보도록 해. 만나는 사람들마다 이 집 이야기를 하는 걸 보니 맛이 괜찮은가 봐.
② 누구도 이 식당이 맛있다고 말한 사람은 없어. 그러니까 엄청 맛있는 집이란 소리지.
③ 여기는 유명한 개그맨이 맛있다고 한 식당이니까 당연히 맛있겠지. 그러니까 꼭 여기서 먹어야 해.
④ 이번에는 이 식당에서 밥을 먹자. 내가 얼마나 여기서 먹어 보고 싶었는지 몰라. 꼭 한번 오게 되기를 간절히 바랐어.

## 10

어느 회사의 기획팀에서 준비 중인 교육기획 서류 일체를 분실하는 상황이 발생하였다. 기획팀장은 다섯 명의 팀원 중 한 명이 이 서류를 분실하였다는 정보를 확인하였고, 팀원들에게 분실한 사람을 물은 결과가 다음 〈보기〉와 같다. 팀원 다섯 명 중 한 명만 참말을 하였고, 나머지 네 명은 거짓말을 하였을 때, 다음 중 참말을 한 직원과 서류를 분실한 직원을 차례로 나열한 것을 고르면?

―| 보기 |―
• 김 과장: 서류를 분실한 사람은 이 과장입니다.
• 이 과장: 서류를 분실한 사람은 최 주임입니다.
• 박 대리: 저는 서류를 분실하지 않았습니다.
• 최 주임: 이 과장이 거짓말을 하고 있습니다.
• 정 사원: 제가 서류를 분실하였습니다.

① 이 과장 – 최 주임
② 박 대리 – 정 사원
③ 최 주임 – 박 대리
④ 최 주임 – 정 사원

## 11

2008 선관위 7급

다음 중 글의 줄거리를 구성하는 방식이 특수화의 순서에 따라 이루어진 것은?

(가) 주제: 존댓말은 변하나 없어지지 않는다.
　1. 들머리
　2. 존댓말은 변한다.
　3. 존댓말은 없어지지 않는다.
　　1) 존댓말의 사회적 기능
　　2) 사회적 기능의 영원성
　4. 마무리

(나) 1. 나라 일은 우리 모두의 일이다.
　2. 나라 일을 알고 관심을 가져야 한다.
　3. 나라의 모든 잘잘못은 공개적으로 논의되어야 한다.
　4. 최선의 의견들이 교류되어야 한다.
　5. 언로가 막히는 것은 혈맥이 막히는 것이다.
　주제: (결론) 언론 자유는 민주주의의 심장이다.

(다) 주제: 예술적 지식의 사회적 유용성
　1. 교양을 높임
　2. 정서를 순화함
　3. 생활을 즐겁게 함
　4. 예술 문화의 발전

(라) 주제: 여성의 취업 여건은 향상되고 있다.
　1. 1) 직장 여성에 대한 편견
　　2) 그것은 감소될 추세
　2. 1) 여성의 생리적 불리점
　　2) 의지력과 지적 능력으로 극복
　3. 1) 여성의 사업상 여행의 어려움
　　2) 점차 극복되고 있음
　4. 1) 여성의 사무 능력 부족
　　2) 여성 특유의 분야 선택으로 극복

① (가)　　② (나)
③ (다)　　④ (라)

## 12

2018 서울시 9급

〈보기〉와 같은 유형의 논리적 오류에 해당하는 것은?

| 보기 |
| --- |
| 네가 내게 한 약속을 지키지 않은 것은 곧 나를 사랑하지 않는다는 증거야. |

① 항상 보면 이등병들이 말썽이더라.
② 내 부탁을 거절하다니, 넌 나를 싫어하는구나.
③ 김 씨는 참말만 하는 사람이다. 왜냐하면 그는 거짓말을 하지 않는 사람이기 때문이다.
④ 거짓말을 하는 것은 죄악이다. 그러므로 의사가 환자에게 거짓말을 하는 것은 당연히 죄악이다.

## 정답&해설

**09**  정답 | ①

예문은 SNS에서 굉장히 뜨고 있다는 표현을 함으로써 대중의 선호나 인기를 이용해 자신의 주장을 받아들이게 하고 있다. 이는 '대중에 호소하는 오류'이다. ① 역시 대중의 선호나 인기를 근거로 이야기하고 있으므로 대중에 호소하는 오류이다.

|오답해설| ② 흑백 논리의 오류이다.
③ 부적합한 권위에 호소하는 오류이다.
④ 동정에 호소하는 오류이다.

**10**  정답 | ③

팀원 다섯 명 중 한 명만 참말을 하고 나머지 네 명은 모두 거짓말을 하고 있다고 하였다. 그리고 최 주임은 이 과장이 거짓말을 하고 있다고 하였으므로 최 주임이 참말을 한 경우 이 과장이 거짓말을 한 것이 되고, 최 주임이 거짓말을 한 경우 이 과장이 참말을 한 것이 된다. 이에 따라 두 경우로 나누어 보면 다음과 같다.

1) 최 주임이 참말을 한 경우

| 구분 | 참/거짓 | 서류를 분실한 직원 |
| --- | --- | --- |
| 김 과장 | 거짓말 | 이 과장 × |
| 이 과장 | 거짓말 | 최 주임 × |
| 박 대리 | 거짓말 | 박 대리 ○ |
| 최 주임 | 참말 | - |
| 정 사원 | 거짓말 | 정 사원 × |

2) 최 주임이 거짓말을 한 경우

| 구분 | 참/거짓 | 서류를 분실한 직원 |
| --- | --- | --- |
| 김 과장 | 거짓말 | 이 과장 × |
| 이 과장 | 참말 | 최 주임 ○ |
| 박 대리 | 거짓말 | 박 대리 ○ |
| 최 주임 | 거짓말 | - |
| 정 사원 | 거짓말 | 정 사원 × |

최 주임이 참말을 했을 경우에는 서류를 분실한 직원이 박 대리가 되고, 최 주임이 거짓말을 했을 경우에는 서류를 분실한 직원은 최 주임과 박 대리 두 명이 된다. 제시된 조건에서 다섯 명의 팀원 중 서류를 분실한 사람은 한 명이라고 하였으므로 참말을 한 사람은 최 주임이다. 따라서 참말을 한 직원과 서류를 분실한 직원을 차례대로 나열하면 '최 주임 - 박 대리'이다.

**11**  정답 | ③

'특수화'란 일반적 사항의 제시로부터 특수한 사항을 서술해 가는 연역적 구성 방법이다. (다)는 '예술적 지식의 사회적 유용성'이라는 일반적 사항을 제시한 후 이것들이 '교양, 정서, 생활, 예술 문화'라는 특수한 사항에 어떻게 영향을 미치는지 서술해 가는 방식이므로 특수화의 구성 방식에 해당한다.

|오답해설| (가) '존댓말은 변한다. 존댓말은 없어지지 않는다.'라는 사실을 통해 '존댓말은 변하나 없어지지 않는다.'라는 결론을 내리고 있으므로 변증법적 구성을 보여 준다.
(나) 구체적 사실로부터 보편적 결론에 이르는 귀납적 구성을 보여 준다.
(라) 주제와 어긋나는 조건을 먼저 제시한 후, 주제와 일치하는 조건을 뒤에 제시하며 논박하고 있다.

**12**  정답 | ②

중립적인 논리를 인정하지 않고 편중된 사고를 해 나가는 논리적 오류는 흑백 논리의 오류이다. 〈보기〉는 약속을 지킬 경우 나를 사랑하는 것이 되고 약속을 지키지 않을 경우 나를 사랑하지 않는 것이 된다. 즉, 양극단으로만 구분하고 있으므로 흑백 논리의 오류이다. ②도 너 부탁을 들어주는 경우 나를 좋아하는 것이 되고 내 부탁을 거절할 경우 나를 싫어하는 것이 된다. 역시나 흑백 논리의 오류이다.

|오답해설| ① 성급한 일반화의 오류이다.
③ 순환 논증의 오류이다.
④ 우연의 오류이다.

에듀윌이
너를
지지할게
ENERGY

되고 싶은 사람의 모습에
자신의 현재의 모습을 투영하라.

– 에드거 게스트(Edgar Guest)

# PART II 이론 비문학

## 학습목표

| | |
|---|---|
| **CHAPTER 01**<br>작문 | ❶ 작문 이론 공부하기<br>❷ 작문의 실제 공부하기 |
| **CHAPTER 02**<br>화법 | ❶ 화법 이론 공부하기<br>❷ 화법의 실제 공부하기 |

# CHAPTER 01 작문

☐ 1회독  월  일
☐ 2회독  월  일
☐ 3회독  월  일
☐ 4회독  월  일
☐ 5회독  월  일

**교수님 코멘트▶** 작문 이론 자체가 시험에 출제되는 것은 아니므로 가볍게 학습하여도 좋은 부분이다.

> 단권화 MEMO

## 01 작문의 개념

### 1 개념
'작문'은 문자 언어를 사용하여 자신의 생각과 감정을 표현하는 의사소통 과정이자, 새로운 의미를 창조하는 과정이며 문제 해결 과정이다.

### 2 작문을 어려워하는 이유
① 말을 통한 상호 작용에 비해 글을 쓰는 상황에서 필자와 독자 간의 상호 작용이 직접적으로 이루어지기 어렵다.
② 말을 통한 상호 작용에 비해 글을 쓰는 상황에서 강조, 구별, 섬세한 감정 또는 미묘한 분위기 등을 표현하기 어렵다.
③ 말을 통한 상호 작용에 비해 글을 쓰는 상황에서 표현하고자 하는 대상 또는 사건에 대하여 구체적·단계적으로 세부 사항을 설명해야 한다.

> **더 알아보기** 작문을 바라보는 관점

| 구분 | 관점 | 절차 |
|---|---|---|
| 형식주의 작문 이론 | • 모범 텍스트가 존재하며, 이런 모범 텍스트를 생산하는 데 필요한 지식이 있다고 생각하는 관점<br>• 따라서 모범 텍스트와 관련한 객관적 지식을 추출하여 필자에게 제시해야 한다고 생각함 | 예비 작문하기 → 작문하기 → 다시 쓰기 |
| 인지주의 작문 이론 | • 작문 과정을 단순히 단계적 과정으로 바라보지 않고 동시적·상호 작용적으로 이루어지는 과정으로 판단하는 관점<br>• 따라서 작문 과정을 단계적 과정이 아니라 회귀적 과정으로 생각함 | 계획하기 → 작성하기 → 재고하기 → 조정하기<br>※ 단계에 관계없이 어느 과정으로든 회귀할 수 있음 |
| 사회구성주의 작문 이론 | • 작문을 필자 혼자만의 의미 구성이 아닌 공동체나 독자와의 의미 협상 과정이라고 생각하는 관점<br>• 인지주의 작문 이론이 확장된 관점 | |

## 02 글의 구성 요소

### 1 글의 구성

여러 개의 단어가 모여 '문장'이 되고, 여러 개의 문장이 모여 '문단'이 된다. 하나의 문단은 주요 내용을 담고 있는 주제문과 이를 뒷받침하는 문장들로 구성된다.

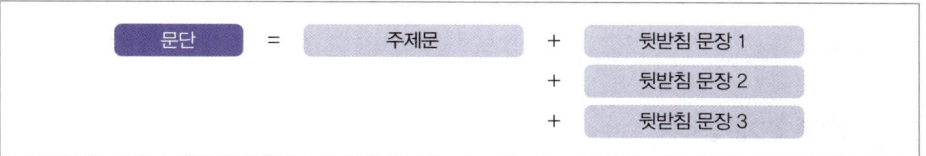

### 2 문단의 요건

| 구분 | 개념 | 용례 |
| --- | --- | --- |
| 통일성 | 글의 모든 내용은 하나의 주제로 통일되어야 함 | 학생은 공부를 열심히 해야 한다. 그래야 좋은 대학에 갈 수 있다. 물론 수면 시간도 충분해야 한다.<br>⇨ '학생은 공부를 열심히 해야 한다.'라는 주제에 수면 시간은 크게 관련이 없음. 따라서 밑줄 친 부분은 통일성을 위해 삭제하는 것이 자연스러움 |
| 일관성 | 글 속에 있는 단어, 문장, 문단의 연결이 논리적이고 자연스러워야 함 | 나는 배가 고팠다. 그러나 밥을 먹었다.<br>⇨ 문맥상 '그러나'로 문장과 문장을 연결하는 것이 자연스럽지 않음. 글의 일관성을 고려한다면 '그래서'로 바꾸는 것이 자연스러움 |
| 완결성 | 한 문단은 주제문과 주제문을 뒷받침하는 내용이 밀접하게 연결되어야 함 | 교실은 학생과 선생님이 함께하는 공간이다. 선생님은 교실에서 주로 수업을 하며 공간을 이용한다.<br>⇨ 교실은 학생과 선생님이 함께하는 공간이라고 하였는데 선생님과 관련한 내용만 언급하고 있음. 글의 완결성을 고려한다면 학생과 관련한 내용도 함께 언급하는 것이 자연스러움 |

### 3 문장과 문단의 연결 관계

| | |
| --- | --- |
| 도입 | 글의 시작 부분으로 집필 동기와 방향 제시, 독자의 흥미 유발 기능 |
| 전제 | 주지 앞에 위치하여 주지를 이끌어 낼 논리적 근거 |
| 부연 | 앞의 내용을 보충 설명하는 것 |
| 전환 | 글의 방향이 변화하는 것 |
| 상술 | 앞의 내용을 쉽고 구체적으로 제시하는 것 |
| 첨가 | 앞의 내용에 새로운 내용을 덧붙이는 것 |
| 발전 | 제기된 문제를 구체적으로 논의하는 것 |
| 해결 관계 | 문제 제시 + 해결 방안 제시 |
| 비판 관계 | 일반적 견해 + 견해에 대한 긍정 또는 부정 의견 제시 |
| 대조 관계 | 서로 상반되는 내용 연결 |
| 인과 관계 | 원인 제시 + 결과 제시 |
| 열거 관계 | 논지에 적합한 내용을 대등하게 제시하는 관계 |

단권화 MEMO

### 4 문단/글의 구성 방식

| 구성 | 종속 주제 + 뒷받침하는 세부 내용 <br> (소주제문)　　　(전개문) |
|---|---|
| 유형 | • 두괄식: 중심 문장 + 뒷받침 문장 <br> • 미괄식: 뒷받침 문장 + 중심 문장 <br> • 양괄식: 중심 문장 + 뒷받침 문장 + 중심 문장 <br> • 중괄식: 뒷받침 문장 + 중심 문장 + 뒷받침 문장 |

## 03 글의 전개 방식

### 1 정태적 범주

#### (1) 지정
몇 가지 사실 가운데 '무엇'에 해당하는 사실을 지적하여 알려 주는 방식으로, '그것은 무엇인가?', '그는 누구인가?' 등의 물음에 답하는 형식으로 설명하는 방법이다. 단순한 사실 확인이나 현상적 특징의 해명에 사용된다.

- 지금 공을 몰고 가는 사람이 호동이입니다.
- 내가 지금 손에 들고 있는 것은 국어 교과서이다.

#### (2) 정의
단어의 의미를 명확하게 하기 위해 개념의 범위를 한정하고 본질적 속성을 진술하는 방법이다. 정의는 정의되는 항(피정의항)과 정의하는 항(정의항)으로 이루어지며, 정의문은 유개념과 종개념, 종차 사이의 관계로 이루어진다. 두 개념이 포함 관계에 있을 때 넓은 개념이 유개념이고, 좁은 개념이 종개념이다. 그리고 종차는 같은 유개념 내에서 종개념이 다른 종개념과 구별되는 특징이다.

| 문학은 | 언어로 표현되는 | 예술이다. |
|---|---|---|
| 피정의항/종개념 | 정의항/종차 | 정의항/유개념 |

| 더 알아보기 | '정의'할 때의 유의점 |

| 유의점 | 용례 |
|---|---|
| ① 정의의 형식에 맞아야 함 | 문학은 예술이다. (×)<br>⇨ 기본 형식인 종차가 없음 |
| ② 종차를 막연한 표현이나 비유와 상징 등을 사용한 모호한 표현으로 나타내면 안 되고, 개념을 명확하게 드러낼 수 있어야 함 | 인생은 오랜 시간 달려야 하는 마라톤이다. (×)<br>⇨ 인생을 마라톤에 비유하고 있기 때문에 잘못된 정의임 |
| ③ 정의하고자 하는 대상이나 개념이 정의항에 되풀이되어서는 안 됨 | 신문 기사는 신문에 쓰인 기사이다. (×) |
| ④ 피정의항이 부정이 아닌 한, 정의항이 부정적 진술로 나타나서는 안 됨 | 학생은 공부를 끝낸 사람이 아니다. (×) |
| ⑤ 정의항이 대상에 대한 묘사나 해석이어서는 안 됨 | 인간은 사회를 구성하며 살아간다. (×) |
| ⑥ 정의항의 유개념은 피정의항의 종개념 바로 위의 것이어야 함 | 인간은 생각하는 생물이다. (×) |
| ⑦ 정의항의 종차는 피정의항만이 가지고 있는 본질적 속성을 반영해야 함 | 인간은 육식하는 동물이다. (×)<br>⇨ 인간 외에도 육식을 하는 동물이 많으므로 옳은 정의가 아님 |

### (3) 비교와 대조
두 대상 간의 비슷한 점에 주된 관심을 갖고 진술하는 방식을 '비교'라고 하고, 차이점에 주된 관심을 갖고 진술하는 방식을 '대조'라고 한다. 비교와 대조 모두 견주어 보는 대상의 위상이 같거나 비슷해야 한다.

> 여자와 소녀
>
> ⇨ '여자와 소녀'는 위상이 같지 않아 비교·대조의 대상으로 부자연스럽다. 여성과 남성, 소녀와 소년, 소녀와 성인 여성 등이 비교·대조의 대상으로 적합하다.

### (4) 유추
두 개의 특수한 대상에서 어떤 징표가 일치하고 있기 때문에 다른 징표도 일치할 것이라고 추정하며 진술하는 방법이다. 매우 생소한 개념이나 어렵고 복잡한 대상을 좀 더 친숙하고 단순한 개념이나 대상과 비교할 때 사용하는 방법으로, 비교보다는 비유에 가까운 진술 방법이다. 유추를 활용하기 위해서는 진술 대상과 유추 대상이 서로 다른 범주에 속하면서도 유사성이 있어야 하며, 두 대상의 성질이 일대일로 대응되어야 한다.

> 인생은 마라톤과 같다.

### (5) 분류와 구분
하위 항목을 상위 항목으로 묶어서 진술하는 방식을 '분류'라고 하고, 상위 항목을 하위 항목으로 나누어 진술하는 방식을 '구분'이라고 한다.

> • 분류: 신라의 향가, 고려의 속요, 조선의 시조는 내용으로 보아 모두 서정시에 속한다. 서정시는 서사시, 극시와 나란히 시의 한 장르를 이루고 있다.
> • 구분: 문학의 장르에는 시, 소설, 수필, 희곡, 평론이 있다. 시에는 다시 서정시, 서사시, 극시가 있으며, 자유시, 정형시로 나누기도 한다. 소설은 장편 소설, 중편 소설, 단편 소설이 있고, 고대 소설·현대 소설이 있으며, 가정 소설, 탐정 소설, 해양 소설, 순정 소설 등 다양하게 나눌 수 있다.

단권화 MEMO

'분류와 구분'은 다음의 조건을 충족해야 한다.

| 조건 | 용례 |
| --- | --- |
| 상위 항목은 빠짐없이 하위 항목을 포함해야 함 | 생물을 나누면 동물, 식물이 있다. ⇨ 미생물도 생물의 범주에 속하므로 적절하지 않음 |
| 분류와 구분의 기준은 오로지 하나여야 함 | 자동차의 종류에는 대형차, 중형차, 소형차, 외제차 등이 있다. ⇨ '차의 크기'라는 기준과 '제조된 곳'이라는 기준이 함께 적용되었으므로 적절하지 않음 |
| 분류와 구분의 각 항목들은 서로 대등해야 하고, 겹치지 않아야 함 | 학교에는 교사, 학생, 교직원이 있다. ⇨ 교직원은 교원(교사)과 사무직원을 포함하는 말이므로 적절하지 않음 |

### (6) 분석

대상, 개념 등을 부분이나 요소로 분해하는 것을 '분석'이라고 한다. 분석은 종합에 반대되는 개념이다.

- 분석: 나무 – 가지, 줄기, 껍질, 뿌리, 잎
- 분류: 나무 – 소나무, 감나무, 사과나무

### (7) 예시

세부적이고 구체적인 예를 들어 일반적 원리나 진술을 구체화하는 진술 방법이다. 일반적으로 예시는 '주지'를 뒷받침하는 역할을 한다.

### (8) 묘사

대상을 감각적으로 표현하고 기술적, 의도적으로 그려 나타내는 양식을 '묘사'라고 한다. 묘사는 주관성 개입 여부에 따라 객관적 묘사와 주관적 묘사로 구분할 수 있다.

| | |
| --- | --- |
| 객관적 묘사<br>(과학적 묘사, 설명적 묘사) | • 필자의 주관성을 최대한 배제하고, 눈에 보이는 대상이나 상황을 사실에 충실하게 묘사하는 방법<br>• 주로 과학 실험, 관찰 보고서, 논문 등에서 사용 |
| 주관적 묘사<br>(인상적 묘사, 문학적 묘사) | • 필자의 주관적 인상이나 느낌을 표현하는 방법<br>• 주로 문학 작품에서 사용 |

## 2 동태적 범주

### (1) 서사

사건이 진행되어 가는 과정이나 인물의 행동이 변화되어 가는 과정을 시간의 흐름에 따라 차례로 서술하는 방법이다. 즉, '시간의 흐름' 속에서 인물이 '무엇'을 했는가를 말하는 방식이다.

■ 서사의 3요소
- '행동, 시간, 의미'
- 즉, 서사는 시간의 흐름 속에서 인물이 하는 의미 있는 행동의 기록을 말한다.

> 나는 그날 그에게 돈 삼 원을 주었다. 그의 말대로 삼산 학교 앞에 가서 뻐젓이 참외 장사라도 해 보라고. 그리고 돈은 남지 못하면 돌려 오지 않아도 좋다 하였다. 그는 삼 원 돈에 덩실덩실 춤을 추다시피 뛰어나갔다. 그리고 그 이튿날, '선생님 잡수시라굽쇼.' 하고 나 없는 때 참외 세 개를 갖다 두고 갔다. 그러고는 온 여름 동안 그는 우리 집에 얼른하지 않았다. 들으니 참외 장사를 해 보긴 했는데 이내 장마가 들어 밑천만 까먹었고, 또 그 까짓 것보다 한 가지 놀라운 소식은 그의 아내가 달아났단 것이다.
>
> – 이태준, 「달밤」 –

### (2) 과정

어떤 결과에 도달하기 위한 점진적 변화나 단계적인 절차에 주안점을 두는 서술 방법이다. 서사가 '무엇'에 주안점을 둔다면, 과정은 '어떻게'에 주안점을 둔다. 과정은 주로 '정보 전달'을 목적으로 하는 글에서 사용된다.

> 오염된 물은 누가 청소하는가? 증발이나 증산 작용과 같은 물 자체의 순환과 분해자, 생산자가 그 역할을 한다. 태양열에 의해 액체인 물이 기체가 되고, 식물의 체내에 있던 수분이 기체가 되어 잎을 통해 발산된다. 이때 물은, 자기가 용해하여 가지고 있던 물질을 몽땅 그 자리에 둔 채 ― 깨끗이 청소된 채 ― 자기만 기화한다. 즉, 불순물을 포함하지 않은 순수한 수증기 상태가 되어 구름을 이룬다. 물론, 이때 공기 중의 먼지가 약간 섞이기는 한다. 구름은 다시 액화되어, 비의 형태로 땅 위에 내린다. 이 물은 지구상의 모든 생물의 세포에까지 흘러 들어가서 세포가 필요로 하는 것은 공급해 주고, 필요 없는 것은 세포 밖으로, 그리고 몸 밖으로 깨끗이 치워 준다.

### (3) 인과

어떤 결과를 가져오게 한 원인을 분석하거나 어떤 원인에 의해 결과적으로 초래된 현상을 분석하는 것을 말한다. 주로 어떤 결과를 가져오게 한 '원인(왜)'에 주안점을 둔다.

> 수도권에 대한 집중을 억제하고 국토의 불균형을 해소하는 것은 국가 차원의 당위적인 과제이다. 따라서 정부는 국토의 균형 발전을 목표로 지난 40년간 수도권의 인구와 산업의 집중을 억제하고 분산 정책을 지속적으로 추진하고 있다.

## 04 작문의 과정(순서)

### 1 계획하기

글의 목적과 독자를 고려하여 주제를 세우는 과정을 '계획하기'라고 한다.

| | |
|---|---|
| 글쓰기의 목적 구체화 | 필자가 쓰고자 하는 글이 정보를 전달하기 위함인지, 누군가를 설득하기 위함인지, 단순한 자기 표현인지 등을 생각하고 목적을 구체화해야 함 |
| 예상 독자의 요구 확인 | 독자의 연령, 성별, 가치관, 교육 수준 등 예상 독자가 처해 있는 구체적인 환경을 생각해야 함 |
| 명확한 주제 설정 | • 필자가 전달하고자 하는 생각을 명료화할 수 있는 주제를 설정해야 함<br>• 올바른 주제는 막연하지 않고 명확하게 글의 중심 생각과 사상을 드러낼 수 있어야 함<br>• 사회·문화적 배경, 장르의 특성 등을 고려해야 함 |
| 작문의 관습 | 띄어쓰기, 알맞은 문장 부호의 사용 등 보편적인 작문 관습을 지켜야 함 |

## 2 내용 생성하기

글의 재료가 되는 자료를 수집하고, 주제에 적합한 자료를 선별하는 과정을 '내용 생성하기'라고 한다.

자료는 다음의 조건을 충족해야 한다.
① 풍부하고 다양하되, 주제를 분명히 뒷받침할 수 있어야 한다.
② 독자의 관심을 끌 수 있고 객관적이고 구체적이어야 한다.

| | |
|---|---|
| 창의성 | 필자가 세운 글쓰기 목적에 맞는 창의적인 내용을 생성하기 위해 노력해야 함<br>예 브레인스토밍, 연상하기, 가상의 독자와 대화하기 등 |
| 자료 수집 | • 체계적인 방법을 통해 자료를 수집해야 함<br>• 주로 일반적인 것에서 구체적이고 전문적인 것으로, 쉬운 것에서 어려운 것 순으로 자료를 수집함<br>예 문헌, 전문가와 면담하기, 관찰 등 |

## 3 내용 조직하기

앞서 생성한 내용을 구조화하고 배열하는 과정을 '내용 조직하기'라고 한다.
① 일반적으로 3단 구조로 구성한다. 설명문의 경우는 '처음·가운데·끝'으로, 논설문의 경우는 '서론·본론·결론'으로 구성한다.
② 글 전체의 통일성, 일관성, 완결성을 고려한다.
③ 내용의 전개 원리에 따라 글의 중심 내용과 세부 내용을 전개하고 배열한다.
④ 일반적이고 모범적인 글의 구성 모형을 통해 글을 조직한다. 일반적이고 모범적인 글의 구성 모형을 활용하면 필자는 글쓰기에 도움을 받을 수 있고, 독자는 글의 내용을 예측하기 쉽다는 장점이 있다.

## 4 표현하기

조직된 내용을 목적과 절차에 따라 글로 표현하는 것을 '표현하기'라고 한다.
① 글 내용에 가장 적합한 어휘를 선택하며, 어법에 맞게 문장을 표현한다.
② 예상 독자를 고려하며 글을 쓴다.
③ 비유, 변화, 강조 등 여러 표현 기법을 상황에 맞게 사용한다.
④ 필자의 특성에 맞는 개성 있는 문체로 표현한다.
⑤ 그림, 도표 등을 상황에 맞게 사용한다.

---

**단권화 MEMO**

■ 글의 구성 모형

| | |
|---|---|
| 문제와 해결 | 문제점을 먼저 제시하고 해결 방안을 뒤에 제시 |
| 원인과 결과 | 원인을 먼저 제시하고 결과를 뒤에 제시 |
| 단계적 순서 | 상황, 과정, 움직임, 문제점 등을 순서대로 제시 |

■ 집필 순서

| | |
|---|---|
| 제목 정하기 | 글의 내용과 성격이 잘 드러나야 하며, 주제를 함축하고 전체 내용을 포괄해야 함 |
| 서두 쓰기 | 독자의 관심과 흥미를 끌 수 있어야 함 |
| 본문 쓰기 | 서두의 내용을 풀어서 제시 |
| 결말 쓰기 | 본문의 내용을 요약하고, 전망을 제시 |

## 5 고쳐쓰기

글의 목적에 적합한지 고려하여 문맥을 다듬고 표현을 수정하는 것을 '고쳐쓰기'라고 한다. 고쳐쓰기를 할 때에는 글 수준, 문단 수준, 문장 수준, 단어 수준에서 적절하지 않거나 잘못된 표현을 수정한다.

### (1) 글·문단·문장·단어 수준의 고쳐쓰기

| | |
|---|---|
| 글 수준 | • 전체 주제와 비교해 보며 중심 문단과 뒷받침 문단의 관계를 다시 살펴봄<br>• 제목, 소제목 등을 수정하며 불필요한 부분을 삭제하고 중요한 내용의 위치를 조정하는 등 글의 전체적인 부분에 집중함 |
| 문단 수준 | • 각 문단의 중심 내용에 맞게 중심 문장과 뒷받침 문장의 관계가 적절한지 살펴봄<br>• 문단의 길이 등을 수정함 |
| 문장 수준 | • 각 문장 성분들이 호응하는지, 접속어와 지시어 등은 적절한지 등을 살펴봄<br>• 모호한 문장을 수정함 |
| 단어 수준 | 띄어쓰기, 맞춤법 등이 적합한지 살펴보고 부적절한 단어를 적절한 단어로 교체함 |

### (2) 고쳐쓰기의 원칙

| | |
|---|---|
| 첨가의 원칙 | 표현의 상세화를 위해 부족한 부분이나 빠뜨린 부분을 보충 |
| 삭제의 원칙 | 표현의 긴장성 확보를 위해 불필요한 부분을 삭제 |
| 재구성의 원칙 | 논리적 완결성을 위해 문장이나 문단의 배열 순서를 바꿈 |

**더 알아보기** 문체*의 종류

| | |
|---|---|
| 간결체 | • 문장을 짧게 끊어 표현한 문체<br>• 간결체에는 마침표, 느낌표, 물음표 등이 자주 사용됨<br>• 긴장감과 선명한 인상을 줌 |
| 만연체 | • 문장을 길게 쓴 문체로, 쉼표가 자주 사용됨<br>• 정보를 충분히 전달할 수 있는 반면, 지루함을 줄 수도 있음 |
| 건조체 | • 꾸미는 말을 지양하고, 전달하려는 내용만을 쓴 문체<br>• 간결하게 핵심 내용을 파악할 수 있는 반면, 건조하고 딱딱한 느낌을 줄 수도 있음 |
| 화려체 | • 여러 가지 표현 방법과 꾸미는 말을 사용하여 글을 화려하게 쓴 문체<br>• 미묘하고 아름다운 정감을 표현하는 데 효과적 |
| 우유체 | • 부드럽고 온화하여 다정하게 느껴지는 문체<br>• 친밀감 형성이 가능 |
| 강건체 | • 굳세고 강하여 호소력이 느껴지는 문체<br>• 연설조의 논설문에서 자주 사용됨<br>• 호소력이 짙다는 특징을 지님 |
| 문어체 | 글에서만 쓰이는 점잖고 예스러운 문체 |
| 구어체 | 일상생활에서 쓰는 말을 사용한 문체 |

---

**단권화 MEMO**

■ 교정 전략

| | |
|---|---|
| 전체적<br>교정 전략 | • 교정이 단어나 문장 수준에 머무르지 않고 문단, 글 전체 수준에서 재조직하는 교정 전략<br>• 주로 능숙한 필자가 사용할 수 있는 전략 |
| 지엽적<br>교정 전략 | • 오타 수정 등 단어나 구절의 수정 수준에 머무르는 교정 전략<br>• 주로 미숙한 필자가 사용할 수 있는 전략 |

*문체
글이나 문장의 개성적 특색을 말한다.

## 05 작문의 실제

### 1 정보 전달

**(1) 설명문**

① 개념: 어떤 대상에 대하여 독자가 잘 모르거나 잘못 알고 있는 것을 쉽고 정확하게 이해할 수 있게 쓰는 글을 '설명문'이라고 한다.

② 특징
  ㉠ 객관적으로 서술하는 글이다.
  ㉡ 정확한 정보를 바탕으로 한 글이다.
  ㉢ 간결한 문장으로 표현한다.

③ 유의점
  ㉠ 설명의 대상이 명확하고 용어 사용이 정확해야 한다.
  ㉡ 부정확한 정보를 사용하지 않아야 한다.
  ㉢ 설명의 대상이나 내용에 따라 문단을 구분해야 한다.
  ㉣ 도표, 그림, 사진, 통계 자료 등의 보조 자료를 적절히 활용해야 한다.

④ 구성

| 머리말 | 대상을 밝히고, 글을 쓰는 이유와 목적을 밝힘 |
|---|---|
| 본문 | 대상을 구체적으로 설명 |
| 맺음말 | 본문에서 설명한 내용을 요약·마무리 |

**(2) 보고문**

① 개념: 연구, 조사, 실험, 답사, 행사 등의 과정이나 결과를 다른 사람에게 일정한 양식에 맞추어 전달하는 글을 '보고문'이라고 한다. 보고문은 수록한 내용에 따라 '연구 보고문, 여행 보고문, 조사 보고문, 관찰 보고문, 실험 보고문' 등으로 나뉜다.

② 특징
  ㉠ 객관적으로 서술하는 글이다.
  ㉡ 문제 해결의 성격을 보이는 글이다.

③ 유의점
  ㉠ 보고에 필요한 사진, 도표, 그림, 통계 등의 보충 자료, 참고 자료 등을 풍부하게 제시해야 한다.
  ㉡ 보고문의 주제, 작성 의의, 작성 동기, 필요성, 목적 등을 분명하게 제시해야 한다.
  ㉢ 실험, 답사, 관찰 등의 조사 대상, 조사 방법, 조사 기간, 장소, 참가자를 정확하게 밝혀야 한다.

ⓔ 조사 내용과 그 핵심을 육하원칙에 따라 밝혀야 한다.

### (3) 기사문
① 개념: 실제로 일어난 사건에 대한 정보를 보고 들은 대로 신문이나 잡지에 정확히 알리는 글을 '기사문'이라고 한다.
② 특징
　ⓐ 육하원칙의 형식을 갖춘 문장이 쓰인다.
　ⓑ 일반적으로 신속성이 중요한 글이다.
　ⓒ 객관적인 글이다.
　ⓓ 간결한 문장으로 표현한다.
③ 유의점
　ⓐ 기사 내용이 가치가 있어야 하고, 객관성, 정확성을 갖추어야 한다.
　ⓑ '표제 – 전문 – 본문'의 3단계 구성을 갖추어야 한다.
　ⓒ 육하원칙에 따라 써야 한다.
　ⓓ 어문 규범과 보도 윤리를 지켜야 한다.
④ 구성

| | |
|---|---|
| 표제 | • 헤드라인, 타이틀이라고도 함<br>• 기사 내용을 압축하여 제시함<br>• 정확성, 명료성, 긴장성을 지녀야 함 |
| 부제 | 표제를 보완하는 문구 |
| 전문 | 기사 내용을 육하원칙에 따라 요약한 문장 |
| 본문 | • 기사 내용을 자세히 서술한 부분<br>• 통일성과 일관성이 있어야 함 |
| 해설 | • 이해를 돕기 위해 덧붙인 보충 설명으로, 주관성이 드러나기도 함<br>• 생략되는 경우가 많음 |

## 2 설득

### (1) 논설문
① 개념: 독자가 공감할 수 있도록 자신의 주장을 논리적으로 쓰는 글을 '논설문'이라고 한다.
② 특징
　ⓐ 논리적이고 독창적인 글이다.
　ⓑ 정확한 근거를 바탕으로 쓰인 글이다.
　ⓒ 설득을 목적으로 하는 글이다.
③ 유의점
　ⓐ 논지가 선명하게 드러나야 한다.
　ⓑ 추론이 합리적이며, 설득력 있어야 한다.
　ⓒ 부적절한 인용, 모순, 비약 등이 없어야 한다.

④ 구성

| 서론 | • 글을 쓰는 동기, 문제 제기, 논제 제시<br>• 용어의 개념을 정리<br>• 독자의 흥미 유발 |
|---|---|
| 본론 | • 주장·의견을 내세우는 단계<br>• 주장을 입증하기 위해 과제에 대한 의견, 주장, 논거 제시, 논리적 반박, 해결 방법 제시 |
| 결론 | • 본론의 내용 요약·마무리<br>• 행동 촉구, 전망 제시, 새로운 과제 제시 |

### (2) 연설문
① 개념: 청중의 신념이나 태도에 변화를 주기 위해 청중 앞에서 연설할 내용을 적은 글을 '연설문'이라고 한다. 연설문은 목적에 따라 '정보 전달 연설문, 설득 연설문, 환담 연설문' 등으로 나뉜다.

② 특징
    ㉠ 낭독할 것을 전제하므로 구어체로 적는 경우가 많다.
    ㉡ 청중, 시간과 장소 등의 상황을 염두에 두고 쓴 글이다.

③ 유의점
    ㉠ 청중의 수준을 고려해야 한다.
    ㉡ 처음 부분에 청중의 주의를 환기하는 내용이 들어가야 한다.
    ㉢ 자신의 체험, 여러 사람의 예화를 풍부하게 활용해야 한다.
    ㉣ 끝부분은 핵심 내용을 강조하고 인상적으로 마무리해야 한다.

### (3) 광고문
① 개념: 상품, 각종 정보, 사업 내용 등을 여러 가지 매체를 통하여 널리 알리기 위해 쓰는 글을 '광고문'이라고 한다.

② 특징
    ㉠ 독자의 흥미를 끌 수 있는 글이다.
    ㉡ 욕구를 불러일으키고 실행하게 하는 글이다.
    ㉢ 오래 기억하게 만들 수 있는 글이다.

③ 유의점
    ㉠ 특정 계층에게 거부감을 주거나 반사회적, 반윤리적, 생명 경시적, 성차별적 표현 등이 없는지 살펴보아야 한다.
    ㉡ 광고 문안과 배경 사진, 그림이 잘 어울려야 한다.

## 3 자기 표현

### (1) 감상문
① 개념: 작품에 대한 자신의 생각이나 느낌을 쓴 글을 '감상문'이라고 한다.

② 특징
    ㉠ 감동을 오래 간직할 수 있는 글이다.
    ㉡ 감상의 결과물로서 형식이 자유로운 글이다.

③ 유의점
　㉠ 작품 감상의 동기가 잘 나타나야 한다.
　㉡ 작품에 대한 느낌이나 생각이 자세히 나타나야 한다.

**(2) 기행문**
① 개념: 여행을 하면서 보고 듣고 느끼고 생각한 바를 쓴 글을 '기행문'이라고 한다.
② 특징
　㉠ 실제 경험을 바탕으로 쓴 글이다.
　㉡ 여정·견문·감상의 세 요소로 구성된 글이다.
③ 유의점
　㉠ 여행의 동기, 감흥 등이 잘 나타나야 한다.
　㉡ 여정과 견문, 감상이 적절히 조화를 이루어야 한다.
　㉢ 자신만의 독특한 감상이 드러나야 한다.

### 4 편지(서간문)

① 개념: 자신의 용건을 상대방에게 알리고자 쓰는 글을 '편지'라고 한다.
② 특징
　㉠ 쓰는 이와 받는 이의 마음과 마음을 이어 주는 글이다.
　㉡ 말로 하기 어려운 생각을 전달하거나 대면 상황에서의 부담을 덜기에 적합한 글이다.
③ 유의점
　㉠ 받는 이가 오해할 만한 표현이 없어야 한다.
　㉡ 예의에 어긋나는 표현이 없어야 한다.

# 01 작문

## 01
2013 서울시 9급

**문단 (가)와 (나)의 내용상의 관계를 가장 잘 표현한 것은?**

> (가) 20세기 후반, 복잡한 시스템에 관한 연구에 몰두하던 일련의 물리학자들은 기존의 경제학 이론으로는 설명할 수 없었던 경제 현상을 이해하기 위해 물리적인 접근을 시도하기 시작했다. 보이지 않는 손과 시장의 균형, 완전한 합리성 등 신고전 경제학은 숨 막힐 정도로 정교하고 아름답지만, 불행히도 현실 경제는 왈라스나 애덤 스미스가 꿈꿨던 '한 치의 오차도 없이 맞물려 돌아가는 톱니바퀴'가 아니다. 물리학자들은 인간 세상의 불합리함과 혼잡함에 관심을 가지고 그것이 만들어 내는 패턴들과 열린 가능성에 주목했다.
>
> (나) 우리가 주류 경제학이라고 부르는 것은 왈라스 이후 체계가 잡힌 신고전 경제학을 말한다. 이 이론에 의하면, 모든 경제주체는 완전한 합리성으로 무장하고 있으며, 항상 최선의 선택을 하며, 자신의 효용이나 이윤을 최적화한다. 개별 경제주체의 공급곡선과 수요곡선을 합하면 시장에서의 공급곡선과 수요곡선이 얻어진다. 이 두 곡선이 만나는 점에서 가격과 판매량이 동시에 결정된다. 더 나아가 모든 주체가 합리적 판단을 하기 때문에 모든 시장은 동시에 균형에 이르게 된다.

① (가)보다 (나)가 경제공황을 더 잘 설명한다.
② (가)로부터 (나)가 필연적으로 도출된다.
③ (나)는 (가)의 한 부분에 대한 부연 설명이다.
④ (나)는 (가)를 수학적으로 다시 설명한 것이다.
⑤ (나)는 실제 상황을, (가)는 가정된 상황을 서술한 것이다.

## 02
2017 국가직 7급 추가채용

**다음 글과 논증 방식이 가장 가까운 것은?**

> 기존의 틀을 벗어나려면 새로운 가치가 필요하다. 운동선수가 뜀틀을 넘으려면 도약대가 있어야 하듯, 낡은 사고, 인습, 그리고 변화에 저항하는 틀을 뛰어넘기 위해서는 믿고 따를 분명한 디딤판이 필요하다. 또한, 기존의 틀을 벗어나려면 운동선수가 뜀틀을 향해 달려가는 것처럼 변화하고자 하는 의지도 필요하다. 도전하려는 의지가 수반될 때에 뜀틀 너머의 새로운 사회를 만날 수 있다.

① 미국 헌법은 미국 시민의 투표권을 보장한다. 미국 여성은 미국 시민이다. 그러므로 미국 헌법은 미국 여성의 투표권을 보장한다.

② 나는 유해한 모든 일을 피하려고 한다. 전자파가 유해하다는 것은 널리 알려진 사실이다. 전자레인지는 전자파를 방출하는 대표적인 기기이다. 따라서 나는 전자레인지 사용을 자제하려고 한다.

③ 전선을 통한 전기의 흐름은 도관을 통한 물의 흐름과 유사하다. 지름이 큰 도관은 지름이 작은 도관에 비해 많은 양의 물을 전달할 수 있다. 따라서 큰 지름의 전선은 작은 지름의 전선보다 많은 양의 전기를 전달할 수 있을 것이다.

④ 주말이면 동네에서 크고 작은 문화 행사를 한다. 박물관에는 다양한 문화재들이 항상 전시되어 있으며, 대학로의 소극장이나 예술의 전당 같은 문화 공간에서는 다양한 공연이 열리고 있다. 문화는 우리 생활 구석구석에 스며들어 있다.

## 03

2021 국가직 9급

**다음 글의 주된 서술 방식은?**

변지의가 천 리 길을 마다하지 않고 나를 찾아왔다. 내가 그 뜻을 물었더니, 문장 공부를 하기 위해 나를 찾아왔다고 했다. 때마침 이날 우리 아이들이 나무를 심었기에 그 나무를 가리켜 이렇게 말해 주었다.
"사람이 글을 쓰는 것은 나무에 꽃이 피는 것과 같다. 나무를 심는 사람은 가장 먼저 뿌리를 북돋우고 줄기를 바로잡는 일에 힘써야 한다. …(중략)… 나무의 뿌리를 북돋아 주듯 진실한 마음으로 온갖 정성을 쏟고, 줄기를 바로잡듯 부지런히 실천하며 수양하고, 진액이 오르듯 독서에 힘쓰고, 가지와 잎이 돋아나듯 널리 보고 들으며 두루 돌아다녀야 한다. 그렇게 해서 깨달은 것을 헤아려 표현한다면 그것이 바로 좋은 글이요, 사람들이 칭찬을 아끼지 않는 훌륭한 문장이 된다. 이것이야말로 참다운 문장이라고 할 수 있다."

① 서사
② 분류
③ 비유
④ 대조

## 04

2013 지방직 7급

**다음 글에서 보여 주는 설명 방식을 사용하고 있는 것은?**

지금 지구 상공에는 수많은 인공위성이 돌고 있다. 인공위성은 크게 군사용 위성과 평화용 위성으로 나뉜다. 첩보 위성, 위성 파괴 위성 등은 전자에 속하고, 통신 위성, 기상 관측 위성, 지구 자원 탐사 위성 등은 후자에 속한다.

① 동사는 주어의 동작이나 작용을 나타내는 반면, 형용사는 주어의 성질이나 상태를 나타낸다.
② 표준 발음법은 총칙, 자음과 모음, 음의 길이, 받침의 발음, 음의 동화, 경음화, 음의 첨가 등으로 이루어져 있다.
③ 여닫다, 우짖다, 검푸르다, 검붉다, 뛰놀다, 설익다, 부슬비 등은 일반적인 우리말의 통사적 구성 방법과 어긋나게 형성된 낱말의 예라 할 수 있다.
④ 자음은 조음 위치 및 조음 방법에 따라 다시 나뉜다. 양순음, 치조음, 경구개음, 연구개음, 후음 등은 조음 위치에 따라 자음을 하위 갈래로 나눈 것이고, 파열음, 파찰음, 마찰음, 비음, 유음 등은 조음 방법에 따라 자음을 하위 갈래로 나눈 것이다.

## 정답&해설

**01**     정답 | ③

문단 (가)는 기존의 신고전 경제학으로 설명할 수 없었던 경제 현상을 이해하기 위한 물리학자들의 물리적 접근에 대해 서술하고 있다. 반면, 문단 (나)는 (가)에서 말하는 '신고전 경제학'에 대해 설명하고 있다. 따라서 (나)는 (가)의 한 부분에 대한 부연 설명이다.

**02**     정답 | ③

제시문에는 사회 변혁을 운동선수가 뜀틀을 넘는 원리에 빗대어 설명하는 유추의 전개 방법이 사용되었다. 즉, 낯설고 생소한 내용을 친숙하고 쉬운 개념에 대응하여 진술하고 있다. ③은 전선을 통한 전기의 흐름과 도관을 통한 물의 흐름의 유사성을 바탕으로, 전선의 굵기에 따라 달라지는 전류량에 대해 진술하는 유추의 방법이 사용되었다.

|오답해설| ① 연역법이 사용되었다.
② 개인적 표현이기는 하나 연역법으로 볼 수 있다.
④ 귀납법이 사용되었다.

**03**     정답 | ③

제시문은 글을 쓰는 것을 '나무에 꽃이 피는 것'에 비유하여 설명하고 있다.

**04**     정답 | ④

제시문은 상위 항목(군사용 위성, 평화용 위성)을 하위 항목(첩보 위성, 통신 위성 등)으로 나누어 진술하는 '구분'의 설명 방식이 두드러진다. 이와 동일한 서술 방식이 사용된 것은 ④이다. ④는 상위 항목(조음 위치, 조음 방법)을 하위 항목(양순음, 파열음 등)으로 나누어 진술하고 있다.

|오답해설| ① 동사와 형용사의 차이점을 중심으로 설명하는 '대조'의 설명 방식을 사용하였다.
② 표준 발음법을 '총칙, 자음과 모음 등'의 구성 요소로 나누는 '분석'의 설명 방식을 사용하였다.
③ 우리말의 통사적 구성 방법과 어긋나게 형성된 낱말의 예를 들고 있으므로 '예시'의 설명 방식을 사용하였다.

## 05

**㉠~㉢에 들어갈 말로 맞는 것은?**

> 말하기의 중요한 목적 중에 하나가 설명이다. 설명은 청자가 모르는 사실을 알아듣기 쉽게 풀어서 말하는 것으로, 우리가 알아낸 정보를 전달하거나 지식 체계를 쉽게 이해시키고자 하는 경우에 사용된다. 설명의 방법에는 지정, 정의, ( ㉠ )와/과 ( ㉡ ), ( ㉢ )와/과 ( ㉣ ), 예시가 있다.
> 지정은 가장 단순한 설명의 방법으로 사물을 지적하듯이 말하기를 통하여 지적하는 방법이다. 정의는 어떤 용어나 단어의 뜻과 개념을 밝히는 것으로 충분한 지식을 가지고 있어야 정확한 정의를 내릴 수 있다. 어떠한 대상을 파악하고자 할 때 대상을 적절히 나누거나 묶어서 정리해야 하는데, 하위 개념을 상위 개념으로 묶어 가면서 설명하는 ( ㉠ )의 방법과 상위 개념을 하위 개념으로 나누어 가면서 설명하는 ( ㉡ )의 방법이 있다. 설명을 할 때에 서로 비슷비슷하여 구별이 어려운 개념에 대하여 그들 사이의 공통점이나 차이점을 지적하면 이해하기가 쉬운데, 둘 이상의 대상 사이의 유사점에 대하여 설명하는 일을 ( ㉢ )(이)라 하고, 그 차이점에 대하여 설명하는 일을 ( ㉣ )(이)라 한다. 이러한 방법을 통해서 말하게 되면 평이한 화제를 가지고도 개성 있는 말하기를 할 수 있게 된다. 예시는 어떤 개념이나 사물에 대한 이해를 돕기 위하여 이에 해당하는 예를 직접 보여 주거나 예를 들어 설명하는 것이다.

| | ㉠ | ㉡ | ㉢ | ㉣ |
|---|---|---|---|---|
| ① | 대조 | 비교 | 구분 | 분류 |
| ② | 비교 | 대조 | 분류 | 구분 |
| ③ | 분류 | 구분 | 비교 | 대조 |
| ④ | 구분 | 분류 | 대조 | 비교 |

## 06

**다음 중 아래 원칙에 부합하지 않는 설명은 어느 것인가?**

> 〈정보 보고서 작성 기본 10원칙〉
> (1) 결론을 먼저 서술
> (2) 정보의 조직화와 체계화
> (3) 보고서의 형태 이해
> (4) 적합한 언어 사용
> (5) 단어의 경제적 사용
> (6) 생각한 것을 분명하게 표현
> (7) 능동적 표현
> (8) 자기가 작성한 보고서를 스스로 편집
> (9) 정보 사용자의 수요를 분명히 알 것
> (10) 동료의 전문 지식과 경험 활용

① 정보 사용자는 보고서가 무엇을 말하려고 하는지를 빨리 알고 싶어 하므로 결론을 먼저 제시하는 것이 좋다.
② 보고 내용에 적합한 언어를 사용해야 하고, 최대한 이해가 가도록 전문적이고 자세한 설명을 제공한다.
③ 직접적이고 확실하게 의미를 전달하는 방식을 선택하며, 자신이 생각한 것이 분명하게 드러나도록 정리한다.
④ 정보 사용자가 알고 싶어 하는 것이 정확히 무엇인지를 끊임없이 생각하면서 기술해 나가야 한다.
⑤ 동료들의 조언을 받되 작성자가 수정을 반복해서 최상의 상태라고 판단했을 때 제출한다.

## 07
2017 서울시 9급

다음 문장들을 두괄식 문단으로 구성하고자 할 때, 문맥상 가장 먼저 와야 할 문장은?

> ㉠ 신라의 진평왕 때 눌최는 백제국의 공격을 받았을 때 병졸들에게, "봄날 온화한 기운에는 초목이 모두 번성하지만 겨울의 추위가 닥쳐오면 소나무와 잣나무는 늦도록 잎이 지지 않는다. ㉡ 이제 외로운 성은 원군도 없고 날로 더욱 위태로우니, 이것은 진실로 지사·의부가 절개를 다하고 이름을 드러낼 때이다."라고 훈시하였으며 분전하다가 죽었다. ㉢ 선비 정신은 의리 정신으로 표현되는 데서 그 강인성이 드러난다. ㉣ 죽죽(竹竹)도 대야성에서 백제 군사에 의하여 성이 함락될 때까지 항전하다가 항복을 권유받자, "나의 아버지가 나에게 죽죽이라 이름 지어 준 것이 내가 추운 겨울에도 잎이 지지 않으며 부러질지언정 굽힐 수 없도록 하려는 것이었다. 어찌 죽음을 두려워하여 살아서 항복할 수 있겠는가."라고 결의를 밝혔다.

① ㉠   ② ㉡
③ ㉢   ④ ㉣

## 08
2014 지방직 9급

다음은 연설문의 일부이다. 화자의 논지 전개 방식으로 가장 적절한 것은?

> 조금만 생각하면 우리의 환경을 위해 할 수 있는 일이 아주 많습니다. 먼저 조금 귀찮더라도 일회용 물품들을 사용하지 않도록 합시다. 우리가 잠깐 쓰고 버리는 일회용 물품들 중에는 앞으로 오백 년 동안 지구를 괴롭히게 되는 것도 있다고 합니다. 조금 귀찮겠지만 평소에 일회용 도시락과 종이컵을 사용하지 않는 것도 우리들이 어렵지 않게 지구를 보호할 수 있는 방법 가운데 하나라고 생각합니다.

① 문제 해결을 위한 사례를 제시하고 있다.
② 문제 해결을 위한 방법을 제시하고 있다.
③ 문제 해결을 위한 기존의 방법과는 다른 대안을 제시하고 있다.
④ 문제 해결을 위한 사례의 장단점을 분석하고 있다.

---

## 정답&해설

### 05  정답 | ③

㉠ 분류: 하위 항목을 상위 항목으로 묶어 가면서 진술하는 것을 말한다.
  예 신라의 향가, 고려의 속요, 조선의 시조는 내용으로 보아 모두 서정시에 속한다. 서정시는 서사시, 극시와 나란히 시의 한 장르를 이루고 있다.
㉡ 구분: 상위 항목을 하위 항목으로 나누어 진술하는 것을 말한다.
  예 문학의 장르에는 시, 소설, 수필, 희곡, 평론이 있다. 시에는 다시 서정시, 서사시, 극시가 있으며, 자유시, 정형시로 나누기도 한다. 소설은 장편 소설, 중편 소설, 단편 소설이 있고, 고대 소설·현대 소설이 있으며, 가정 소설, 탐정 소설, 해양 소설, 순정 소설 등 다양하다.
㉢ 비교: 넓은 의미와 좁은 의미로 나누어 볼 수 있다. 넓은 의미의 경우 '둘 또는 그 이상의 사물이나 현상을 견주어 서로 간의 유사점과 공통점, 차이점 따위를 밝히는 일'의 의미로 쓰인다. 즉, 공통점과 차이점을 모두 견주어 보는 것을 말한다. 반면, 좁은 의미의 경우 공통점을 중심으로 살펴보는 것을 말한다.
㉣ 대조: 둘 또는 그 이상의 사물이나 현상을 견주어 서로 간의 차이점 따위를 밝히는 것을 말한다.

### 06  정답 | ②

보고 내용에 적합한 언어를 사용하는 것은 (4)에 해당하나, 전문적이고 자세한 설명은 (5) '단어의 경제적 사용'에 어긋나며 (9) '정보 사용자의 수요를 분명히 알 것'에도 위배된다. 정보 사용자의 지식 수준 등을 고려하여 표현해야 하기 때문이다.

|오답해설| ① (1) '결론을 먼저 서술'에 부합한다.
③ (6) '생각한 것을 분명하게 표현'에 부합한다.
④ (9) '정보 사용자의 수요를 분명히 알 것'에 부합한다.
⑤ (8), (10)에 부합한다.

### 07  정답 | ③

주제, 주장 등 중심 문장을 앞에 배치하는 것이 두괄식 구성이다. 따라서 제시문의 내용 중 주제, 주장에 해당하는 부분을 찾으면 된다. 제시문을 살펴보면 '선비 정신은 의리 정신으로 표현되는 데서 그 강인성이 드러난다.'가 글 전체의 주제이고, 나머지는 그 예시를 들고 있는 부분들이다. 따라서 ㉢이 가장 앞에 와야 한다.

### 08  정답 | ②

제시문에서는 환경 보호를 위해 일회용 도시락과 종이컵 같은 일회용 물품들을 사용하지 않을 것을 주장하고 있다. 즉, 환경 보호를 위한 구체적 방법을 제시하고 있는 것이다.

|오답해설| ① 환경 보호를 위해 일회용 물품들을 사용하지 않고 생활할 수 있는 구체적인 사례는 제시하고 있지 않다.
③ 일회용품 사용을 하지 않는 것은 환경 보호를 위한 일반적 방법에 해당한다. 기존 방법과 다른 대안으로 볼 수 없다.
④ 문제 해결을 위한 방법은 제시되어 있으나 장단점에 대한 분석은 없다.

# CHAPTER 02 화법

- ☐ 1회독　월　일
- ☐ 2회독　월　일
- ☐ 3회독　월　일
- ☐ 4회독　월　일
- ☐ 5회독　월　일

**교수님 코멘트** ▶ 화법 이론과 관련된 문제가 출제될 가능성이 있다. 따라서 대표적인 화법 이론과 용어를 정리해 두어야 한다.

## 01 화법의 개념과 구성 요소

### 1 개념

인간이 자신의 생각을 말하고 상대방의 말을 듣는 과정을 통하여 서로의 지식, 의견, 감정 등을 공유하는 음성 언어 의사소통의 방법을 '화법'이라고 한다. 화법은 화자(말하는 이)와 청자(듣는 이)가 소통하여 협력적으로 의미를 구성하는 '상호 교섭 행위'이다.

### 2 구성 요소

#### (1) 화자(말하는 이)

담화에서 말을 하는 사람을 '화자'라고 한다. 화자의 사회적 위치, 주제에 대한 전문성, 인격은 말하는 '내용(메시지)의 신뢰성'에 영향을 미친다.

> "봄이 오면 환경광 또는 채광량이 늘기 때문에 2월보다는 양질의 수면을 취할 수 있다."면서 "남성보다는 여성이, 젊은 사람보다는 나이든 사람일수록 '2월 불면증'에 더 많이 시달리는 것으로 조사됐다."라고 설명했다.
> – 수면 전문가 –
>
> ⇨ 화자가 수면 전문가이기 때문에 위 내용을 더 신뢰할 수 있다. 만약, 위 말을 전문가가 아닌 일반인이 했다고 하면 과연 믿을 수 있을까?

#### (2) 청자(듣는 이)

담화에서 듣는 사람을 '청자'라고 한다. 담화는 화자의 일방적인 전달 행위가 아니라 청자 지향적인 행위이다. 그러므로 화자는 담화 수행 이전에 청자를 분석해야 하고, 담화 수행 중에는 청자의 반응을 지속적으로 관찰하여 담화를 역동적으로 수정해 나가야 한다.

> A 학생: 효과적인 학습법에 대한 자료나 통계가 아주 많아 몇 개만 골라내기가 어렵네. 이 자료들을 발표 시간에 다 발표할 수 있도록 잘 정리해야겠어. 이 엄청난 자료를 모두 인용하게 되면 반 친구들은 효과적인 학습법이 중요한 주제라는 것을 알 수 있을 거야.
> B 학생: 효과적인 학습법에 대한 자료가 매우 많지만 청중들은 나와 같은 또래의 학생들이니까 너무 전문적이고 방대한 자료는 이해하기 힘들 것 같아. 이 자료들은 간단히 언급한 후에 내가 실제로 사용해 보고 효과를 보았던 학습법을 중심으로 설명하면 반 친구들이 자신들도 해 볼 수 있는 학습법이라는 것을 알 수 있을 거야.
>
> ⇨ A와 B 학생은 효과적인 학습법을 주제로 한 발표를 계획하고 있다. 보다 내용에 충실하고 체계적인 것은 관련 자료와 통계를 풍부하게 인용하려 하는 A 학생의 발표이겠으나, 청중의 역량과 수준을 적절히 고려한 B 학생의 발표가 더 설득력이 있을 것이다.

---

**단권화 MEMO**

■ 발화와 담화
- 발화: 의사소통 과정에서 머릿속의 생각이 음성 언어로 나타난 것
- 담화: 화자와 청자가 주고받는 발화의 연속체

## 더 알아보기 | 청자

| 청자 분석 방법 | • 청자가 처한 상황과 맥락은 어떠한가?<br>  예) 청자가 속한 문화, 연령, 성별, 지적 수준 등<br>• 청자는 주제에 대하여 어느 정도 알고 있는가?<br>• 청자는 주제에 대하여 어떤 입장이나 태도를 취하고 있는가?<br>• 청자는 주제에 대하여 어떤 부분에 관심을 보이고 있는가?<br>• 청자의 정서적 상태는 어떠한가? |
|---|---|
| 청자의 관심과<br>흥미 유발 방법 | • 새롭고, 쉽고, 흥미로운 것을 화제로 선택하기<br>• 추상적인 내용보다 사례나 일화 등 구체적인 내용 활용하기<br>• 청자의 이익이나 필요성 강조하기<br>• 시청각 자료와 비언어적 메시지(몸짓, 표정 등)를 이용하기 |

### (3) 메시지(전언)

'메시지'는 담화에서 전달되는 내용을 의미한다. 메시지는 다음과 같이 구분할 수 있다.

| 언어적 메시지 | 일반적인 말이나 글로 자신의 생각이나 감정을 전달하는 메시지 |
|---|---|
| 준(반)언어적 메시지 | 주로 소리로 나타내는 억양, 어조, 강약, 높낮이 등을 통해 언어적 내용을 전달하는 메시지 |
| 비언어적 메시지 | 언어나 문자가 아니라 행동, 표정 등을 사용하여 언어적 내용을 전달하는 메시지 |

■ 메시지 제시에 따른 설득 효과
• 논리적으로 호소할 것인가, 감정적으로 호소할 것인가?
• 통계적 자료를 근거로 할 것인가, 개인적 경험을 근거로 할 것인가?

### (4) 장면(맥락)

'장면'은 담화가 이루어지는 모든 시간적, 공간적 상황과 분위기를 의미한다. 장면은 시공간 및 사회 문화적 맥락으로 구성되는데, 같은 말일지라도 어떤 장면에서 행해지느냐에 따라 의미가 달라지기도 하고 영향력이 달라지기도 한다.

| 시공간 맥락 | 미시적 상황, 쉽게 변함<br>예) 담화하는 장소, 시간 등 |
|---|---|
| 사회 문화적 맥락 | 거시적 맥락, 오랜 시간을 거쳐서 형성됨<br>예) 한국 문화, 미국 문화 등 |

## 02 화법의 이론

### 1 듣기 이론

#### (1) 추론적 듣기(예상하며 듣기)

언어적 표현, 준(반)언어적 표현, 비언어적 표현에 함축된 화자의 의도와 목적, 언급되지 않은 전제나 가정 등 생략된 내용을 파악하며 듣는 것을 말한다. 추론적 듣기는 상대의 행위를 예측하고 자신의 반응을 계획하는 데 반드시 필요한 사고 과정이다.

| 단권화 MEMO | |
|---|---|

### (2) 분석적 듣기(비판적 듣기, 따져 가며 듣기)
상대방이 하는 발화의 신뢰성, 타당성, 공정성 등을 따져 가며 듣는 것을 말한다.
① **신뢰성**: '정보나 출처가 믿을 만한 것인가?', '인정할 수 없는 권위에 호소하고 있지 않은가?' 등을 따져 보는 것을 말한다.
② **타당성**: '자료나 근거로부터 도출된 올바른 결론인가?', '현실이나 삶의 이치에 부합되는 내용인가?' 등을 따져 보는 것을 말한다.
③ **공정성**: '어느 한쪽으로 치우친 내용은 아닌가?', '진실이나 도리에 부합하는가?', '사회적 약자를 배려하고 있는가?' 등을 따져 보는 것을 말한다.

### (3) 공감적 듣기(들어주기)
상대의 말을 비판하지 않고 감정 이입의 차원에서 상대방의 생각이나 감정을 깊이 있게 이해하는 데 목적이 있는 듣기 방식을 말한다. 공감적 듣기의 핵심은 자신의 견해를 개입시키지 않고 상대방의 말을 듣는 '들어주기'에 있다. 공감적 듣기는 '소극적 들어주기'와 '적극적 들어주기'로 나눌 수 있다.

| 소극적 들어주기 | • 화자에게 관심을 표현하며, 화자가 이야기를 이어 나갈 수 있도록 맥락을 조절하며 듣는 방식<br>• 방법: 관심 표명, 화맥* 조절, 격려하기, 집중하기 |
|---|---|
| 적극적 들어주기 | • 화자의 말을 요약·정리하고 반영하며, 화자가 스스로 문제를 해결할 수 있도록 듣는 방식<br>• 방법: 요약하기, 반영하기 |

\* **화맥**
발화된 내용과 연관이 되는 맥락

## 2 말하기 이론

### (1) 공손성의 원리(정중 어법)
상대방에게 정중하지 않은 표현을 최소화하고 정중한 표현은 최대화해야 한다는 말하기 방식이다.

| 요령의 격률 | 청자의 관점 | 부담↓<br>이익↑ | • 상대방에게 부담이 되는 표현 최소화<br>• 상대방에게 혜택을 주는 표현 최대화 |
|---|---|---|---|
| 관용의 격률 | 화자의 관점 | 부담↑<br>이익↓ | • 화자 자신에게 부담을 주는 표현 최대화<br>• 화자 자신에게 혜택을 주는 표현 최소화 |
| 찬동의 격률 | 청자의 관점 | 비방↓<br>칭찬↑ | • 다른 사람에 대한 비방 최소화<br>• 다른 사람에 대한 칭찬 극대화 |
| 겸양의 격률 | 화자의 관점 | 비방↑<br>칭찬↓ | • 화자 자신에 대한 비방 극대화<br>• 화자 자신에 대한 칭찬 최소화 |
| 동의의 격률 | 청자+화자 | 일치점↑<br>다른 점↓ | • 화자 자신의 의견과 다른 사람의 의견 사이의 일치점을 극대화<br>• 화자 자신의 의견과 다른 사람의 의견 사이의 다른 점을 최소화 |

### (2) 협력의 원리
화자는 대화의 목적을 분명히 설정하고 그 목적 달성에 알맞은 말을 하며 결속성을 유지하여야 하고, 청자는 상대방의 말을 결속성이 있는 것으로 수용하고 받아들여야 한다는 말하기 방식이다.

| 양의 격률 | 대화의 목적에 필요한 만큼의 정보를 제공 |
|---|---|
| 질의 격률 | 타당한 근거를 들어 진실을 말함 |
| 관련성의 격률 | 대화의 목적이나 주제와 관련된 것을 말함 |
| 태도의 격률 | 모호성이나 중의성이 있는 표현을 사용하지 말고, 간결하고 조리 있게 말하되 언어 예절에 맞게 말함 |
| 대화 함축 | 고의적으로 협력의 원리를 위반하여 자신의 발화 의도를 간접적으로 표현하는 것 |

> **더 알아보기** 적절한 거리 유지의 원리
>
> 1. **개념**: 의사소통의 과정 중 상반되는 두 욕구(연관성의 욕구와 독립성의 욕구) 사이에서 균형을 유지하면서 최적의 거리를 유지할 수 있도록 노력하는 것을 말한다.
>    ① **연관성의 욕구**: 다른 사람과 관계를 맺고자 하는 욕구
>    ② **독립성의 욕구**: 누구에게도 자신의 개인적 영역을 침해받고 싶지 않은 욕구
> 2. **지침(미국의 언어학자 레이코프)**
>    ① 상대방과 거리를 유지하라.
>    ② 상대방에게 선택권을 주어라. 상대로 하여금 의견을 말하도록 유도하라.
>    ③ 항상 우호적인 태도를 견지하라.

## 03 화법의 실제

### 1 토의

### (1) 개념
'토의'란 어떤 공동의 문제에 대해 협력적 사고를 통해 최선의 해결책을 협의하는 담화 유형이다. 토의는 대화의 일종이지만 협력적 사고와 공통된 문제 해결에 중점 의미가 있다.

### (2) 특징
① 최선의 해결안을 모색하는 과정에서 소수의 의견을 존중한다.
② 민주적 과정을 거치며, 다수결이나 특정인의 주장에 치우치지 않는다.
③ 모두에게 공정한 발언 기회가 주어지며, 가능한 한 모든 안을 검토한다.

### (3) 종류
① 패널 토의(배심 토의)
  ㉠ 특정 문제에 특별한 관심이 있거나 전문가인 사람을 패널(배심원)로 뽑아 청중 앞에서 의견을 주고받으며 공동으로 진행하는 토의 방식이다.
  ㉡ '패널 토의'는 의견을 조정하는 수단으로 자주 쓰이며 정치적, 사회적, 시사적 문제를 주로 다룬다.
  ㉢ 배심원들의 토의가 끝난 뒤에 청중과 질의응답을 가진다.
  ㉣ 사회자는 주제에 대해 전문성이 있어야 한다.

> ■ 주제: 교통 체증의 해결 방안
> ■ 배심원: 김 국장(정부 대표), 윤 사장(사업가 대표), 박 변호사(시민 대표)
>
> 사회자: 우리나라의 교통 체증 문제는 매우 심각합니다. 이 문제에 대한 해결 방안을 마련하고자 여러 분야의 권위자를 모셨습니다. 각자의 의견을 말씀해 주십시오.
> 김 국장: 교통 체증은 도로는 그대로인데 자동차가 너무 빠른 속도로 늘어나기 때문에 일어나는 현상입니다. 승용차 십부제와 같은 방법을 모색해야 합니다.
> 윤 사장: 그것은 사업하는 사람 입장에서는 큰 불편입니다. 더욱이 영세한 사업자에게는 더욱 치명적입니다.
> 박 변호사: 버스 전용차로제가 효과적입니다. 이 제도가 실행되면 승용차를 가진 사람도 대중교통을 이용할 것입니다.
> …(중략)…
> 사회자: 버스 전용차로제에 대해서는 이의가 없으신 것 같습니다. 그렇다면 이 문제에 대해 청중분들의 질문을 받도록 하겠습니다.
> 청중1: 박 변호사님께 여쭙겠습니다. 승용차 함께 타기 같은 것을 추가하는 것은 어떻습니까?
> 박 변호사: 좋은 의견이라고 생각합니다. 다만…….
> …(중략)…
> 청중2: 김 국장님께 질문 드리겠습니다. 승용차 십부제에 참여하는 시민들에게 주차장 할증료 면제나 세금 감면 혜택을 주는 방안은 어떻습니까?
> 김 국장: 그 방안도 검토해 보았습니다. 다만 실효성에 의문이 있습니다.
> …(중략)…
> 사회자: 지금까지 교통 체증 해소에 대하여 논의해 보았습니다. 구체적 결론이 나오지는 않았지만, 함께 좋은 방안을 논의했다는 점에서 소기의 성과를 얻었다고 생각합니다.

② **심포지엄**
  ㉠ 3~5명의 전문가가 특정 주제에 대하여 강연식으로 발표하고 난 후, 청중의 질의에 응답하는 형식의 토의이다. 이때 토의자들 간의 의사 교환은 거의 이루어지지 않는다.
  ㉡ 심포지엄은 찬반을 가리는 것이 목적이 아니라 특정 주제에 대하여 여러 각도의 의견을 발표하는 것이 주된 목적이다.
  ㉢ 전문적이고 학술적인 내용일 때 활용하기 적합하다.
  ㉣ 사회자는 토의할 문제를 소개하고, 토의의 요점을 간략하게 정리해 청중의 이해를 돕는다.

> ■ 주제: 지구 온난화를 방지하기 위한 방안
> ■ 참가자: 사회자, 전문가 3인, 청중
>
> 사회자: 지구 온난화 방지를 위한 방안에 대하여 세 분의 전문가를 모시고 토의를 진행하도록 하겠습니다. 먼저 전문가1님이 나오셔서 말씀해 주시기 바랍니다.
> 전문가1: 근본적인 해결책은 각국이 화석 연료 사용을 대폭적으로 줄이는 것뿐입니다. 화석 연료량을 감소시키려면 제조 방법과 에너지의 효율적 사용이 절실히 필요합니다.
> …(중략)…
> 사회자: 전문가1님의 말씀 잘 들었습니다. 전문가1님의 의견은 지구 가족이라는 관점에서 많은 시사점을 주는 것 같습니다. 그럼 전문가2님의 말씀을 들어 보겠습니다.
> 전문가2: 저는 산림의 무분별한 벌목을 중지하는 것이 그 무엇보다 중요하다고 생각합니다. 세계적으로 볼 때 이산화탄소 배출의 4분의 1이 무분별한 벌목에 의한 것이기 때문입니다.
> …(중략)…
> 사회자: 네, 전문가2님의 의견 잘 들었습니다. 이산화탄소 문제의 해결에 대한 적절한 방안이었다고 생각합니다. 그럼 전문가3님의 의견을 들어 보겠습니다.
> 전문가3: 대체 에너지 개발이 결국 이산화탄소 문제를 해결하고 궁극적으로 지구 온난화를 해결하는 유일한 방안이라고 생각합니다. 실제로 각국은 대체 에너지 개발을 환경 문제 해결 방안과 국가 발전 전략으로 보고 사활을 걸고 대체 에너지를 개발 중입니다.
> …(중략)…

> 사회자: 전문가3님의 의견 잘 들었습니다. 궁극적인 환경 문제를 해결하기 위하여 친환경 대체 에너지 개발이 시급하다는 의견이셨습니다. 그럼 이제 세 분에게 질문을 받도록 하겠습니다. 질문 있으신 분은 손을 들어 발언권을 얻으신 후 간략히 질문해 주시기 바랍니다.
> 청중1: 전문가1님에게 묻겠습니다.
> …(중략)…
> 전문가1: (답변 생략)
> 청중2: 전문가2님에게 묻겠습니다.
> …(이하 생략)…

③ 포럼
　㉠ 공적인 문제에 대하여 공공의 장소에서 모여 직접 관련 있는 사람들이 공개적으로 토의하는 방식이다.
　㉡ 다른 토의 방식보다 비교적 청중의 참여가 자유로우며(처음부터 청중의 참여가 가능), 첨예한 갈등의 소지가 있는 문제에 대해서는 서면 질의를 받기도 한다.
　㉢ 사회자는 질의응답 규칙을 청중에게 미리 설명하고 질문 시간을 조정해야 한다. 또한 청중에게서 질문을 이끌어 낼 수 있는 능력이 있어야 하는 등 사회자의 역할이 매우 크다.

> ■ 주제: ○○ 도시 구조 개편 합리적인가?
> ■ 참가자: 사회자, 발표자(국장, 교수), 청중
> 사회자: 지금부터 '○○ 도시 구조 개편 합리적인가?'라는 주제를 놓고 토의를 시작하겠습니다. 이 문제에 대해 두 분의 발표자를 모시고 진행하겠습니다. 그럼 먼저 ○○시 도시개발 국장님이 말씀하시겠습니다.
> 국장: 이번에 발표한 도시 구조 개편은 국제화·개방화 시대를 맞이하여 꼭 필요한 조치입니다. 이것은 단순한 개발이 아닌 새로운 공간 구조의 개편이라고 할 수 있으며 기본 원칙은 다음과 같습니다.
> …(중략)…
> 사회자: 다음은 ○○대학교 도시개발학과 교수님을 모시고 말씀 듣겠습니다.
> 교수: 최근 발표된 ○○시의 도시 구조 개편은 많은 시민들로부터 의구심을 불러일으키고 있는 것이 사실입니다. 특히나 이 계획의 수립 과정에서 충분한 주민들의 의견 수렴이 되었는가에 대해 따져 보아야 합니다.
> …(중략)…
> 사회자: 지금까지 두 분의 말씀을 잘 들어 보았습니다. 그러면 지금부터 청중 분들과 질의응답 시간을 가지도록 하겠습니다.
> 　　　　(사회자가 질의 희망자 중 한 명을 선정한다.)
> 청중: 국장님께 질문 드리겠습니다. 이 도시 구조 개편은 국제화 시대에 꼭 필요하다고 말씀하셨는데요…….
> …(중략)…
> 국장: (답변 생략)
> 　　　　(이와 같은 방식으로 많은 청중이 발표자와 질의응답 시간을 갖는다.)
> 사회자: 네, 이제 어느 정도 이야기가 정리된 것 같습니다. ○○시 구조 개편은 시민들의 복지 향상과 국제화 대비에서는 필요하다는 의견이 대부분이었지만 그 과정에서 절차상의 문제점들을 많은 분들이 지적해 주셨습니다. 이 문제에 대해 시측의 합리적이고 효과적인 대응이 필요하다고 봅니다. 이상 포럼을 마치겠습니다.

④ 회의
　㉠ 공동으로 당면한 문제를 해결하기 위하여 두 사람 이상이 모여서 협의하여 의제를 채택하고, 참석자들의 동의를 얻어 의제와 관련된 사항을 결정하는 과정을 '회의'라고 한다.
　㉡ 회의는 중요한 의사 결정을 내리기 위한 수단이기 때문에 다른 토의에 비해 엄격한 절차가 있고, 이를 지키는 것이 매우 중요하다.

■ 회의 순서

| | |
|---|---|
| 도입 | 개회 선언과 경과 보고 → 의안 심의 시작 |
| 정보 교환 | 원 동의와 재청 → 의안 설명과 질의 |
| 의사 표시 | 토의 개시와 종결 |
| 결론 | 표결과 의안의 가결 |
| 정리 | 폐회 선언 |

| 단권화 MEMO | |
|---|---|
| | ■ 개회: 회원들이 착석하고 의장이 개회를 선언 |
| | ■ 인원 점검: 서기가 출석 인원을 정확히 세어 의장에게 보고 |
| | ■ 회의록 낭독: 서기가 전(前) 회의록 낭독 |
| | ■ 의안 심의 |
| | 의장: 의안 심의에 들어가겠습니다. 의안을 제출해 주십시오. |
| | 회원1: 의장님! |
| | 의장: 회원1 발언권 드리겠습니다. |
| | 회원1: 특별소비세 인하 방안에 대하여 동의합니다. |
| | 회원2: 재청*합니다. |
| | 의장: 회원2의 재청으로 성립되었습니다. 회원1은 나오셔서 보충 설명을 해 주십시오. |
| \*재청 | 회원1: (단상으로 나가서 설명한다.) |
| 이미 한 번 한 것을 다시 청한다는 의미이다. 재청은 의장의 발언권을 얻지 않아도 된다. | 의장: 이 안건에 대해 질문 받겠습니다. |
| | 회원3: (질의*한다.) |
| \*질의 | 의장: 토의 순서입니다. 이 의안에 대하여 다른 의견이 있으신 회원은 손을 들어 주십시오. |
| 질의는 제안자가 아니라 의장에게 한다. 의장은 질의가 종료되면 토의에 들어가도 좋은지 여부를 묻고, 회원들이 찬성하면 토의에 들어간다. | (이하 토의 진행) |
| | 의장: 이제 토의를 종결해도 되겠습니까? |
| | (의석에서 '좋습니다'라든가, 토의 종결 동의가 가결되면 토의는 종결된다.) |
| \*표결 | 의장: 그럼 표결*에 들어가겠습니다. 회원1의 의견에 찬성하시는 회원은 거수해 주시기 바랍니다. |
| 서기가 찬성자의 수를 헤아린 후 의장에게 보고한다. 표결 방법은 사전에 결정된다. | 의장: 회원1의 의견은 찬성 ○○표로 가결*되었습니다. |

| 더 알아보기 | 회의의 원칙 및 주요 용어 |
|---|---|
| 일 의제의 원칙 | 한 의제가 표결로 결정되기 전에는 다른 의제를 동시에 상정할 수 없음 |
| 일사부재의 원칙 | 일단 부결이나 의결된 의안은 그 회기 중에 다시 다루지 않음 |
| 회기불계속의 원칙 | 이번 회기에서 의결되지 못한 사항은 다음 회기에서 자동적으로 폐기 |
| 원 동의 | 제일 처음 나온 동의, 원안 |
| 보조 동의 | 원 동의를 보조하는 동의, 수정 동의 |
| 부수 동의 | 동의와 직접 관련되지 않은 호소와 요구 또는 원 동의에 덧달아 일어나는 제안 |
| 우선 동의 | 원 동의 심의 중 긴급한 사태가 발생하였을 경우의 동의 |

\*가결
회의에서 제출된 의안을 합당하다고 결정하는 것을 의미한다. 가결의 반의어는 '부결'이다.

■ '동의'의 처리 순서
우선 동의 → 부수 동의 → 보조 동의 → 원 동의

⑤ **원탁 토의**: 10명 내외의 소규모 집단이 상호 대등한 관계 속에서, 형식에 얽매이지 않고 정해진 주제에 대해 모든 참가자가 자유롭게 의견을 교환하는 형식이다. 토의의 가장 기본적인 형태로 본다.

⑥ **버즈(buzz) 토의**: 6·6 토의라고도 하는데, 6명씩으로 구성하여 6분간 토의한다는 의미로 소규모 집단이 길지 않은 시간 동안 토의를 하는 형태이다. 한 공간에서 여러 개의 소규모 집단이 각각 토의하므로 마치 벌집을 쑤셔 놓은 것처럼 윙윙거린다는 의미에서 버즈 토의라 한다.

## 2 토론

### (1) 개념
'토론'은 논제에 대하여 긍정 측과 부정 측이 논거를 들어 자신의 주장이 옳음을 내세우고 상대방의 주장이나 논거가 부당하다는 것을 명백하게 하는 화법의 한 형태이다.

### (2) 특징
① '토의'가 문제 해결을 위해 의견의 일치를 얻으려고 서로 협동하여 이야기하는 형식이라면, '토론'은 의견의 일치를 구하려는 점에서는 토의와 같지만 쟁점에 대하여 긍정과 부정으로 갈려서 대립을 전면에 드러낸다는 점에서는 토의와 다르다.
② 토론은 그 과정에서 대립하는 쟁점에 대하여 상대의 주장과 근거를 이해하게 되어 상호 이해의 폭을 넓히고 공감대의 기반을 확보하는 데 그 목적이 있다.
③ 정해진 순서와 절차를 따라야 하며, 상대방의 의견을 존중하는 태도를 가져야 한다.

### (3) 규칙
① 토론은 사회자, 토론자, 심사자, 청중의 구성원이 필요하다.
② 토론은 순서와 시간을 분명히 지켜야 하는 등의 규칙을 준수해야 한다.
③ 토론자는 입론, 교차조사, 반론 등 단계별 특성에 맞게 발언해야 한다.
④ 발언은 긍정 측에서 먼저 시작하며, 발언 시간 및 기회는 균등하게 배분해야 한다.
⑤ 토론의 유형에 따라 토론 과정에 '숙의 시간'을 사용할 수도 있다.

### (4) 논제
토론을 통해 해결하고자 하는 문제를 '논제'라고 한다.
① 논제의 성격
  ㉠ 토론의 논제는 긍정 측과 부정 측의 입장이 명확히 구분되어야 한다.
  ㉡ 토론의 논제는 '~한가?'와 같은 의문문이 아닌 '~해야 한다', '~이다'와 같은 평서문으로 진술되어야 한다.
  ㉢ 토론의 진술문은 단 하나의 쟁점만을 포함하고 있어야 하며, 긍정문이어야 한다.
② 논제의 진술
  ㉠ 토론의 논제는 현상을 바꾸는 쪽으로 정의되어야 하며, '입증의 부담'은 긍정 측에 있어야 한다. 즉, 현재 상태에 대한 변화를 주장해야 한다.
  ㉡ 반대하는 측은 '반박의 부담'을 지게 되는데, 부정하는 측은 상대방 주장의 일부만 논파해도 효과적인 논박을 한 것으로 간주할 수 있다.
③ 논제의 표현
토론의 논제에는 가치 판단이 배제된 중립적인 표현을 사용해야 한다. 논제에 사용된 용어 중에 개념이 명확하지 않아 오해의 소지가 있는 것은 토론 전에 수정하거나 대체해야 한다.

> • 전근대적인 사형 제도를 폐지해야 한다.
> • 불평등한 가산점 제도를 폐지해야 한다.
> ⇨ '전근대적인, 불평등한'이라는 비중립적인 표현을 삭제하거나 수정해야 한다.

④ 논제의 유형
  ㉠ **정책 논제**: 어떤 사안에 대한 구체적인 실행 방안이나 해결책에 대한 논제
  ㉡ **가치 논제**: 관점이나 시각을 달리하는 철학적인 논제
  ㉢ **사실 논제**: 객관적 증거를 통해 논리적인 사실 입증이 가능한 논제

### (5) 종류
① 고전적 토론(전통적 토론)
  ㉠ 어떤 논제에 대하여 찬성자 2명, 반대자 2명이 각각 한 조가 되어 각 2번씩 총 8번 발언하는 토론을 말한다. 반론은 '반대 측'이 먼저 한다.

---

■ 논제의 유형별 예
• 정책 논제: 길거리 흡연을 금지해야 한다.
• 가치 논제: 환경 보존이 개발보다 중요하다.
• 사실 논제: 유전자 조작 식품은 식량 문제 해결을 위해 필요하다.

| 단권화 MEMO |
| --- |

**＊입론**
의론하는 취지나 순서 따위의 체계를 세우는 것을 말한다.

**＊평결**
평론하거나 평가하여 결정하는 것을 말한다. 배심원 또는 청중이 거수나 투표로 정한다.

**＊공박**
남의 잘못을 몹시 따지고 공격하는 것을 말한다.

**＊논박**
어떤 주장이나 의견에 대하여 그 잘못된 점을 조리 있게 공격하여 말하는 것을 말한다.

    ⓒ 고전적 토론은 '입론＊(1찬-1반-2찬-2반)-반론(1반-1찬-2반-2찬)-평결＊'의 순서로 진행된다.

> ■ 논제: 유명인의 사생활 보장이 국민의 알 권리에 우선하여야 한다. (2013 국가직 9급 본문 활용)
>
> • 찬성 측 입론
>   입장:    국민의 알 권리보다 유명인의 사생활 보호가 우선
>   개념 정의: 유명인의 정의-사회적으로 널리 알려진 사람
>   근거:    사생활은 개인의 사적인 생활 영역과 그와 관련된 개인적 정보 등을 포함하는 개념이다. 사생활을 보장받을 최소한의 인권은 보장되어야 한다.
>
> • 반대 측 입론
>   공박＊:   사생활이라 하더라도 공공의 이익과 관련된 부분이 있을 수 있다.
>   입장:    유명인의 사생활보다 국민의 알 권리가 우선한다.
>   근거:    유명인은 그의 행동 하나하나가 사회에 큰 영향력을 행사한다. 유명인이 감추고 싶은 비밀이라도 공익을 위해 필요하다면 국민들이 알아야 한다.
>
> • 찬성 측 보강 입론
>   반박:    공익이라는 잣대는 사람마다 다르게 해석될 수 있다. 사생활은 무조건적 알 권리의 대상이 아니다.
>
> • 반대 측 보강 입론
>   논박＊:   유명인이라는 처지 자체가 사생활 보호를 상당 부분 불가능하게 한다. 그 나머지 경우에는 국민의 알 권리를 제약해서는 안 된다.
>
> • 반대 측 1차 반론
>   변호:    사회적 토론 과정을 통해서 얼마든지 합의에 도달할 수 있는 것이다. 공공의 이익에 비추어 유명인이 사적 영역에서 심각하게 잘못된 행동을 하였다면 국민들은 그것에 대해 알아야 하는 것이다.
>
> • 찬성 측 1차 반론
>   공박:    유명인들도 그러한 스트레스를 받지 않을 권리가 있다.
>   변호:    단순한 대중의 호기심과 국민의 알 권리를 엄격하게 구분해 달라.
>
> • 반대 측 2차 반론
>   반박:    그들의 사생활은 사실상 공적인 기능을 하는 경우가 적지 않다.
>   변호:    유명인은 유명인이라서 누리는 사회적·경제적 이익이 있는 만큼 그들의 사생활에서도 사회에 영향을 미칠 만한 행동에는 책임을 져야 한다. 그러므로 국민의 알 권리가 유명인의 사생활 보장보다 중요하다고 생각한다.
>
> • 찬성 측 2차 반론
>   변호:    인간은 누구나 인간다운 삶의 자유를 누릴 수 있어야 한다. 그 밖의 경우에는 사생활 보호가 우선되어야 한다.
>
>                                                            (이하 평결 진행)

② 직파식 토론
    ㉠ 어떤 논제에 대하여 찬성 측과 반대 측이 상대편을 논파하는 방식으로 이루어지는 토론으로, 고전적 토론과 유사하다. 단, 반론을 찬성 측이 먼저 한다는 점이 다르다.
    ⓒ 직파식 토론은 '입론(1찬-1반-2찬-2반)-반론(1찬-1반-2찬-2반)-평결'의 순서로 진행된다.

> ■ 논제: 고교 평준화 정책은 유지되어야 한다.
>
> • 입론
>   찬성: 고등학교 평준화 제도는 소위 명문 고등학교를 사라지게 하여 중학생의 과외 열풍을 잠재우는 데 효과를 가져왔습니다.
>   반대: 고교 평준화는 과외 열풍을 잠재우는 데는 효과를 보였지만 중등 교육의 하향 평준화를 가져왔다는 비판을 받고 있습니다. 현대 사회는 치열한 경쟁 사회라는 점과 국가 경쟁력 제고라는 차원에서 많은 문제점을 가지고 있다고 생각합니다.
>   찬성: 하향 평준화라고 하지만 그것은 객관적 기준이 없습니다. 대학 입시 성적이 실력을 보여 주는 것은 아니라고 생각합니다.

반대: 우리의 교육 열의에 비하면 고등학생들의 학업 성적이 좋지 못한 것은 사실입니다. 특히 영재 교육을 비롯한 수월성 교육에 부정적 영향이 막대합니다.
• 반론
　　찬성: 고교 평준화는 중학생들의 체력 향상에 도움을 주었습니다. 이러한 부분은 전인 교육이라는 점에서 상당히 긍정적 효과를 가져온 것입니다.
　　반대: 중학생들의 체력 향상과 고교 평준화 간에는 직접접인 인과 관계가 없다고 생각합니다. 고교 평준화는 학생들의 학교 선택권 침해를 가져왔다고 생각합니다.
　　찬성: 고교 평준화가 중학생들의 심리적·육체적 건강에 긍정적 영향을 주었다는 것은 인정해야 합니다.
　　반대: 정신적 건강은 개인의 가능성과 능력이 극대화되었을 때 가능한 것입니다. 고교 평준화는 개인의 가능성을 위축시킬 소지가 있습니다.
　　　　　　　　　　　　　　　　(이하 평결 진행)

③ **반대 신문식 토론**: 어떤 논제에 대하여 입론 단계에서 찬성자와 반대자가 바로 앞 상대방에게 반대 신문(질문)을 하여 상대방의 논지를 반박함으로써 승부를 가리는 토론 방식이다.

■ 논제: 조기 외국어 교육을 강화하여야 한다.
• 긍정 측 입론
　　찬성: 지금 세계화의 물결이 시대의 대세입니다. 따라서 어릴 때부터 외국어 교육을 강화하여 세계화에 대처할 수 있도록 해야 합니다. 외국어는 감수성이 예민한 어린 시절에 하는 것이 효과적입니다.
• 반대 신문
　　반대: 말이란 그 사람의 생각을 만드는 것입니다. 모국어로 사고가 확립되지 않은 어린 시기에 외국어를 교육하게 되면 그 사람의 민족적 주체성이 상실되는 것 아닙니까?
• 부정 측 입론
　　반대: 외국어 교육은 꼭 필요하지만 모국어 교육을 충분히 한 후에 실시해야 합니다. 조기 외국어 교육은 바람직하지 않습니다.
• 반대 신문
　　찬성: 세계화 시대에 대응하기 위해서는 외국어 능숙자가 많이 필요하지 않은가요? (이하 생략)

**더 알아보기** 　토의와 토론의 비교

| 구분 | | 토의 | 토론 |
| --- | --- | --- | --- |
| 공통점 | | 당면한 문제를 해결하기 위해 의견을 일치시키고자 함 | |
| 차이점 | 목적 | 당면한 문제에 대해 여러 사람의 의견을 모아 최선의 해결책을 찾고자 함 | 반드시 찬반 논의를 통해 문제를 해결하고자 함 |
| | 선해답 확보 여부 | 서로 협력하여 대담이나 회의를 통해서 해답을 얻으려는 화법 | 자신이 이미 가지고 있는 해답을 상대 측에게 납득시키려는 화법 |
| | 의견 대립 전제 여부 | 집단 사고의 일종 | 이미 의견 대립을 전제로 하고, 그 안에서 다음의 발전을 찾아내려는 변증법적인 사고 |
| | 확고부동한 규칙의 존재 여부 | 비교적 자유롭게 의논 | 일정한 규칙이 정해져 있는 논쟁 |
| | 흉금 터놓기의 중요성 | 흉금을 터놓지 않으면 합의에 이르기 어려움 | 흉금을 트든 트지 않든 관계가 없음. 통하는 것은 사실과 논리뿐임 |

## 3 협상

### (1) 개념
'협상'이란 이익과 관련된 갈등을 인식한 둘 이상의 주체들이 이를 해결할 의사를 가지고 모여서 합의에 이르기 위해 대안들을 조정하고 구성하는 공동 의사 결정 과정을 말한다. 협상은 상대방과 공통된 이해관계를 갖고 있으면서 동시에 상반된 이해관계에 처했을 때 합의를 보기 위해 밀고 당기는 대화이다.

### (2) 특징

협상은 근본적으로 '상호 의존성'을 지니게 되는데, 이러한 상호 의존성은 다시 '참가자 상호 의존성, 정보 상호 의존성, 결과 상호 의존성'으로 세분할 수 있다.

① 참가자 상호 의존성과 욕구 딜레마
  ㉠ 참가자 상호 의존성은 협상의 주체가 적어도 둘 이상이 되어야 함을 의미한다. 이는 반드시 다른 사람의 참여와 동의가 있어야 협상이 성립됨을 보여 준다.
  ㉡ 이로 인해 참가자 상호 의존성은 합의에 도달하고자 하는 '협력적 욕구'와 가능한 한 자신에게 유리한 합의를 이끌어 내고자 하는 '경쟁적 욕구'가 발생하게 된다.
  ㉢ 이러한 협력적 욕구와 경쟁적 욕구는 협상의 태도, 전략, 결과 등에 영향을 미치기 때문에 '경쟁적 협력자'와 같은 적절한 위치를 설정하여 '두 욕구 간에 균형을 유지'할 필요가 있다.

② 정보 상호 의존성과 신뢰 딜레마
  ㉠ 정보 상호 의존성은 우리 쪽과 상대 쪽이 제공하는 정보에 따라 협상이 시작되고 전개됨을 의미한다.
  ㉡ 이러한 정보 상호 의존성은 상대쪽의 말을 믿어야 할지, 믿지 말아야 할지를 고민하게 되는 '신뢰의 딜레마'를 발생시킨다. 상대쪽을 무조건 믿는 것은 언제나 이용당할 잠재적 위험을 가지게 되며, 전혀 신뢰하지 않으면 합의에 도달할 가능성이 낮아지게 된다.
  ㉢ 그러므로 협상의 당사자들은 서로가 주고받는 정보의 양과 질을 상대가 신뢰할 수 있도록 '점진적으로 개방하는 태도'가 필요하다.

③ 결과 상호 의존성과 목표 딜레마
  ㉠ 결과 상호 의존성은 우리 쪽과 상대 쪽 모두 합의에 동의해야 협상이 끝나게 됨을 의미한다.
  ㉡ 이러한 결과 상호 의존성은 우리 쪽에게 유리하지만 상대가 동의를 거절할 정도로 너무 일방적이지 않은 협상에 어떻게 도달하느냐의 문제인 '목표 딜레마'를 발생시킨다.
  ㉢ 이러한 목표 딜레마를 해결하기 위해 협상의 당사자들은 '명분을 수반한 실리' 또는 '실리를 수반한 명분'을 택함으로써 서로 간의 이해관계를 조정할 필요가 있다.

### (3) 종류

① 협상 참여 주체자의 수에 따른 구분

| 양자 협상 | 양 당사자 간의 협상 |
|---|---|
| 다자 협상 | 3인 이상으로 구성된 협상 |

■ 협상에 관련된 당사자가 많을수록 일반적으로 협상 과정이 순탄하지 않다.

② 협상 의제 수에 따른 구분

| 단일 의제 협상 | 협상의 의제 수가 한 개인 협상 |
|---|---|
| 다수 의제 협상 | 협상의 의제 수가 두 개 이상인 협상 |

■ 단일 의제 협상을 다수 의제 협상으로 전환시킴으로써 '통합적 합의', 즉 '윈-윈의 가능성'이 커질 수 있다.

③ 협상자의 힘에 의한 구분

| 대칭 협상 | 협상자들 간의 힘이 대등한 협상 |
|---|---|
| 비대칭 협상 | 어느 한쪽의 힘이 월등히 강하거나 약한 협상 |

■ 비대칭 협상의 경우 약자는 타협 가능한 하한선을 미리 결정해 놓을 필요가 있다. 왜냐하면 강자의 힘에 일방적으로 밀릴 수 있기 때문이다.

④ 협상 의사 결정권에 의한 구분

| 단층적 협상 | 협상 당사자가 협상 테이블에서 최종 결정을 내릴 수 있는 협상 |
|---|---|
| 복층적 협상 | 최종 결론을 내기 위해 조직이나 상급자의 승인이 필요한 협상 |

■ 복층적 협상의 경우 협상 과정과 합의가 일반적으로 더욱 어렵다.

## (4) 절차와 방법

| 1단계 | 상호 간의 협상 의제와 대안 확인 | 우리 쪽과 상대 쪽은 자신들에게 중요한 관심사가 무엇인지 확인하고 각 의제별 대안을 명확하게 설정할 필요가 있음 |
|---|---|---|
| 2단계 | 근원적 이해 차이 분석 | 상대 쪽의 협상 자원을 우리 쪽의 것과 꼼꼼히 비교·대조·분석하여 기본적인 관심사가 되는 근원적 이해에 대한 이해의 폭을 분명히 해 둘 필요가 있음 |
| 3단계 | 제안과 맞교환 | • 이해가 상충하는 문제를 해결하기 위해서는 창의적인 옵션을 창안할 필요가 있음<br>• 상대보다 먼저 제안을 하는 것이 협상에 유리함<br>• 제안은 합의 가능 영역을 벗어나서는 안 됨<br>• 하나의 제안보다는 복수 제안을 통해 맞교환하는 것이 효과적임<br>• 제안을 할 때는 객관적인 기준을 제시해야 함<br>• 제안은 가능한 한 상대의 고민을 덜어 주는 방향이어야 함 |
| 4단계 | 현 상태에서 최선의 해결책을 수락 혹은 거부 | • 협상의 수락, 거부 여부는 복안*에 의해 결정됨. 그러므로 복안보다 나은 제안은 수락하고 그에 미치지 않은 제안은 거부함<br>• 복안이 있다면 '양보점'도 정할 수 있음. 양보점이란 각 조건들을 비교하여 계량화한 것으로, 일반적으로 하한선으로 볼 수 있음 |
| 5단계 | 합의 이행 | 합의 이행은 주로 합의 계약서에 따르는데, 합의 계약서에는 우리 쪽이나 상대 쪽의 합리적인 요구가 충족되어야 하며, 이 계약을 수행하는 데 포함된 모든 사람의 권리와 책임을 명확하게 명시해야 함 |

*복안
협상이 결렬되어도 손해를 보지 않을 수 있는 대안(차선책)을 말한다.

## (5) 협상 전략

① **협상과 갈등**: 협상 과정에서 갈등은 필수 전제 조건이자, 협상을 성립시키는 상황적 조건이다. 이러한 갈등이 전통적 관점에서는 부정적으로 인식되었으나 최근에는 어느 정도의 갈등은 필수적이며 오히려 조직이나 집단을 역동적으로 만들어 준다고 보고 있다.

| 갈등 부정 집단 | 갈등 긍정 집단 |
|---|---|
| • 갈등을 하나로 봄<br>• 갈등을 문제로 봄<br>• 갈등을 회피하고 억누르고 참음<br>• 갈등은 본질적으로 파괴적이라고 봄<br>• 갈등에서 아무런 가치도 찾지 못함<br>• 갈등은 불안과 방어를 생산함<br>• 개개인은 승리하기 위해 노력함 | • 다양한 갈등의 유형을 인식함<br>• 갈등을 해결의 부분으로 봄<br>• 갈등을 찾고 격려함<br>• 갈등은 잠재적으로 건설적이라고 봄<br>• 갈등은 많은 가치를 가짐<br>• 갈등은 흥분과 흥미, 집중을 생성함<br>• 개개인은 문제를 해결하기 위해 노력함 |

② 갈등의 처리 전략

| 회피 전략 | 문제의 상황에서 도피하는 방법<br>⑩ '더 이상 그 문제는 꺼내지 마라.', '그 문제는 더 이상 중요하지 않다.'라고 말하는 것 |
|---|---|
| 힘의 전략 | 공격적인 자세로 상대를 굴복시키는 방법. 힘의 전략은 창의적인 옵션을 막아 버리고 상대로 하여금 불만을 지니게 하여 보복이나 복수의 가능성이 있음<br>⑩ '이 회사는 나의 것이고 나는 사장이다.'라고 말하는 것 |
| 타협 전략 | 갈등 상황에서 자신의 목표와 상대의 목표를 적당히 고려하는 전략. 타협 전략은 흔히 '계산적인 자세'를 취하는데, 지나칠 경우 오히려 협상이 방해를 받을 수 있음 |
| 약화 전략 | 갈등 상황을 지연시킴<br>⑩ '이 문제는 자료를 좀 더 검토한 뒤 논의하자.', '성급히 문제를 처리하지 말고 전문가의 의견을 우선 들어 보자.'라고 말하는 것 |
| 호혜 전략 | 상대와의 관계와 목표를 동시에 추구하는 유형. 상호 간에 '솔직하고 분명한 자세'를 가지고 문제를 해결함 |

## 4 면접

### (1) 개념
'면접'이란 기업 관계자와 입사 지원자 사이에 특별한 목적을 가지고 이루어지는 대화 또는 상호 작용이다. 채용환경의 변화에 따라 면접의 비중이 점차 커지고 있다.

### (2) 유형
① **비공개 면접**: 채용 설명회나 정보 수집을 위한 면접의 방식으로 인터뷰가 대표적인 유형이다.
② **공개 면접**: 면접 대상자의 수에 따라 단독 면접과 집단 면접으로 나뉘고, 면접 참여자의 수에 따라 일대일 면접, 일대다 면접, 다대다 면접 등으로 나뉜다.

### (3) 기법
① **프레젠테이션 면접**: 면접을 실시하기 전에 면접 주제와 텍스트 프레젠테이션 기자재를 지원자에게 제공하고 해당 주제에 대해 지원자들이 자신의 의견, 경험, 지식, 가치관 등을 발표하는 기법이다.
② **스트레스 면접**: 면접관들이 지원자들을 난처하게 하거나 스트레스를 주어 불편하게 만든 후에 어떻게 대응하는지 평가하는 기법이다. 자존심을 건드리는 돌발 질문이나, 수수께끼와 같은 퍼즐을 제시하거나 갑자기 침묵을 지키는 것 등이 있다.
③ **행동 중심 역량 면접**: 지원자가 특정 상황에서 어떻게 행동하는지 정보를 얻어 그것이 직무와 조직에 적합한지를 판단하는 기법이다. 이 기법은 과거의 어떤 행동이 미래의 어떤 행동을 예측할 수 있게 한다고 전제한다.

### (4) 절차
① 면접의 일반적 과정
　㉠ 면접하기

| | |
|---|---|
| 면접 전 준비 단계 | 목적에 비추어 핵심적인 질문 내용을 준비 |
| 본 면접 단계 | 질문들을 바탕으로 구체적 질문을 제시하고, 답변을 청취·기록 |
| 면접 후 단계 | 수집한 정보를 바탕으로 면접의 성과나 지원자에 대해 평가 |

　㉡ 면접 받기

| | |
|---|---|
| 면접 전 준비 단계 | 예상되는 질문들을 정리하고 예상 질문에 대해 정확하고 효과적인 답변 준비 |
| 본 면접 단계 | 질문의 의도를 파악하여 핵심적인 내용을 바탕으로 간결하고 효과적으로 답변 |
| 면접 후 단계 | 자신의 면접 결과에 대해서 스스로 점검하고 평가 |

② 면접 받기의 구체적 과정
　㉠ 면접 전 준비 단계

| | |
|---|---|
| 서류 전형 준비하기 | 이력서가 자신의 능력을 요약해서 보여 주는 서류라면, 자기소개서는 자신을 홍보하는 팸플릿이므로 인사 담당자의 관심을 끌 수 있게 각종 참고 서적을 활용하여 자기소개서 작성 연습하기 |
| 면접 준비하기 | • 본인이 어떤 소질과 성격, 비전을 가지고 있는지 파악<br>• 지원 회사와 업무에 대해 파악하고 얼굴 표정이나 시선과 같은 인상을 미리 준비 |

ⓒ 본 면접 단계

| 심리 압박 질문에 대비하기 | • 전환적 기술이 요구됨<br>• '실패에 대한 개요 → 실패를 통한 교훈 → 실패 이후의 성공과 성취' 순으로 대답하기<br>• 당황하거나 방어적인 태도를 보여서는 안 됨 |
|---|---|
| 능력 취재형 질문에 대비하기 | 지원자는 지원한 업무와 과거의 경험이 어떤 연관성을 보여 주며, 자신이 왜 그 업무에 적합한지를 명백하게 설명할 수 있어야 함 |
| 질문 유형에 맞추어 답하기 | • 폐쇄형 질문: 특정 사항에 대해 구체적으로 묻는 질문. 짧고 명확하게 답하는 것이 좋음<br>• 개방형 질문: 광범위하게 생각하고 진술할 수 있도록 묻는 질문. 가장 자신 있게 답할 수 있는 것으로 답하는 것이 좋음<br>• 보충 질문: 구체적인 답을 듣기 위해 추가로 하는 질문. 구체적으로 답하는 것이 좋음 |
| 딜레마 해결형, 열린 자유형 질문에 답변하기 | 인성과 성격을 알아보고자 하는 질문이 대부분이므로 자신의 성격에 대하여 꼼꼼히 정리해 두어야 함 |

ⓒ 면접 후 단계
- 서류 평가와 공백 기간 보완하기
- 면접 후의 추후 관리(자기 점검 및 보완)

**더 알아보기** 면접의 자기 평가 목록

| 평가 항목 | 체크 사항 |
|---|---|
| 1. 복장과 태도: 옷차림이나 동작이 어떠한가? | • 옷차림은 단정한가?<br>• 시선과 손발은 자세가 바른가?<br>• 호감을 주는 인상인가?<br>• 동작이 바르고 침착한가?<br>• 대답하는 태도가 착실한가? |
| 2. 표현력: 자신의 생각을 정확하고 알기 쉽게 남에게 설명하는가? | • 용어 사용이 적절한가?<br>• 간결하고 정확하게 표현하는가?<br>• 말하는 내용에 통일성이 있는가?<br>• 유창하게 말하는가?<br>• 목소리가 적당한가? |
| 3. 이해력: 상식과 지성을 갖추고 질문을 제대로 이해하고 판단하는가? | • 질문을 정확하게 이해했는가?<br>• 꾸준히 정보를 습득했는가?<br>• 직종에 대한 전문적 식견을 가지고 있는가? |
| 4. 개성과 적극성: 자진해서 일을 맡고, 보다 효과적으로 수행할 의지가 있는가? | • 남이 싫어하는 일도 자진하여 수행하는가?<br>• 어려움을 자기 노력으로 극복하는가?<br>• 패기가 있는가?<br>• 옳은 일을 행동으로 옮기는가? |
| 5. 믿음직함: 책임감이 강하고 성실하며, 신뢰할 수 있는 사람인가? | • 합리적으로 일을 처리하는가?<br>• 계획적으로 살아가는가?<br>• 한번 맡은 일을 끝까지 완수하는가?<br>• 교우 관계가 원만한가?<br>• 정서가 안정되어 있는가? |

단권화 MEMO

> 단권화 MEMO

## 5 발표

### (1) 개념
'발표'란 여러 사람 앞에서 자신의 생각이나 의견 또는 어떤 사실에 대해서 진술하는 말하기를 가리킨다. 발표는 수업 시간에 조사한 내용을 설명하거나 학회에서 연구 내용을 보고하거나 기업체에서 새로운 아이디어를 제안하는 등 정보 공유의 효과적인 수단으로 널리 사용되고 있다. 효과적인 발표를 위해서는 설명이나 설득 등 발표의 목적에 맞게 핵심적인 내용을 추출하는 '요약 능력'과 이를 논리적으로 구성하는 '내용 구성 능력', 시청각 자료를 활용하여 내용을 효과적으로 전달하는 '표현 능력'이 동시에 필요하다.

### (2) 발표의 준비 과정
효과적인 발표를 위해서는 발표의 목적, 청중, 장소를 분석하여 이에 따라 발표의 단계별 내용을 구성하는 준비 절차가 필요하다.

① 발표의 목적 분석

| 구분 | 정보 전달 | 설득 |
| --- | --- | --- |
| 도입부 | 배경지식을 활성화 | 흥미 유발, 청중과 공감대·신뢰감 조성 등 |
| 전개부 | 주제를 요점별로 명확히 제시 | 문제-해결 구조와 같은 효과적인 구성 |
| 정리부 | 앞서 언급한 내용의 정리, 청중의 이해와 기억을 위한 요약하기 | 청중의 심리를 변화시키기 위한 인상적인 결말 처리 |

② 청중 분석
  ㉠ 성별, 세대, 지역, 집단 등의 일반적 요인 분석
  ㉡ 청중의 요구, 지적 수준, 주제에 대한 사전 지식, 주제에 대한 입장, 개인적 관련성 등 분석

③ 장소 분석

| 물리적 시설 | 발표장의 크기, 좌석 배치 등 |
| --- | --- |
| 발표 장비 | 인터넷, 마이크, 컴퓨터, 빔 프로젝터 등 |
| 기타 사항 | 발표자가 서는 위치, 청중과의 거리, 스크린의 위치, 조명과 음향 시설 등 |

### (3) 발표의 내용 구성(일반적 구성 방법)
발표의 구성은 장황하지 않고 체계적이어야 하며, 시간이 부족하거나 남을 경우에 대비하여 예시 자료의 추가나 삭제, 청중에 대한 질문과 답변의 시간 안배를 사전에 계획할 필요가 있다.

① 도입부: 청중과의 관련성을 높이는 데 핵심이 있으며, 청중의 흥미와 동기를 유발해야 한다.

> **흥미와 동기 유발 전략**
> - 에피소드의 제시: 주제와 관련한 발표자의 개인적 경험
> - 주제를 함축하는 비유 사용
> - 청중의 상황과 유사한 사례 제시
> - 유명 인사의 말이나 유명한 책의 명구 등 인용구의 사용
> - 질문을 통해 청중의 주의 환기
> - 시사 문제의 제시, 강렬한 시각 자료의 사용, 가벼운 유머 등

② 전개부

| 정보 전달 | • 주제의 성격에 따라 시/공간적 구성, 비교/대조, 원인/결과 구성 등을 적절히 사용<br>• 핵심 정보를 효과적으로 드러낼 수 있는 방법을 선택하여 적절한 매체로 전달 |
|---|---|
| 설득 | • 주제를 문제/해결 구조로 제시하는 것이 바람직함<br>• 대안을 제시할 때는 복수의 대안을 제시하는 것이 효과적임<br>• 주장을 뒷받침할 수 있는 논거를 반드시 제시해야 함 |

③ 정리부
  ㉠ 발표의 전개부에서 다룬 내용을 간략히 정리하고 강조, 마무리한다.
  ㉡ 정리부에서는 이성적인 메시지보다는 감성적인 메시지를 활용할 필요가 있다.
  ㉢ 발표의 핵심을 대변할 수 있는 인용구를 활용한다.

(4) 표현과 전달
① 언어 표현
  ㉠ 언어 표현은 구체적이어야 한다. 추상적인 개념을 다루더라도 개인의 경험, 실제적인 사례 등을 사용하여 설명하는 것이 효과적이다.
  ㉡ 언어 표현은 단문을 사용하여 표현을 간명하게 해야 한다. 단문을 사용하되 문장과 문장 사이에 적절한 휴지를 두어 청중이 내용을 명확히 이해하고 따라올 수 있게 한다.
② 내용 연결 표현: 발표는 구두 의사소통이다. 따라서 청중에게 발표 내용이 어디쯤 가고 있는지, 다음에 나올 내용은 무엇인지 등을 수시로 알려 주어 길을 잃지 않게 도와야 한다.
  예 지금까지, 마지막으로, 첫 번째는 등
③ 비언어적 표현
  ㉠ 시선: 시선은 원고나 슬라이드 화면보다 청중을 향해야 한다.
  ㉡ 손동작/자세: 손동작은 역동적인 것이 좋지만, 지나친 동작은 청중의 집중을 방해할 수 있다. 자세는 편안히 하되 스크린 사용을 고려해야 한다.
  ㉢ 지시봉(포인터): 지시봉(포인터)은 가리키는 곳을 명확히 지시해야 한다.

(5) 시각 자료의 활용
시각 자료는 주제에 비추어 꼭 필요한 경우에 한하여 사용해야 하며, 시각 자료의 활용은 청중의 이해와 기억을 돕는 데 효과적이다. 대표적인 시각 자료는 다음과 같은 것들이 있다.

| 유형 | 주된 활용 방법과 사례 |
|---|---|
| 막대그래프 | 양이나 빈도 비교<br>예 은행별 이율, 컴퓨터 사용자 수, 지역별 판매고 |
| 선 그래프 | 시간에 따른 추세나 변화<br>예 연간 신규 가입자 수, 운동 수준에 따른 심박수, 연간 매월 판매 건수 |
| 원그래프 | 부분과 전체의 관계, 상대적 비율<br>예 부서별 프로젝트, 연령별 상품 호감도, 전 세계 대륙별 쌀 생산량 |

(6) 청중과의 상호 작용
① 청중의 흥미 유발
  ㉠ 청중의 흥미는 도입부뿐만 아니라 전개부와 결말부에서도 지속적으로 유지되어야 한다.
  ㉡ 이를 위해 발표 내용뿐 아니라 음성 표현, 비언어적 표현, 슬라이드 구성에서 청중의 흥미를 지속시키기 위해 노력해야 한다.

② 청중의 반응에 따른 대처

| 발표 내용이나 주제에 대해 발표자보다 많이 아는 청중에 대한 대처 | 갈등이나 신경전을 벌이지 말고, 그들을 발표에 자연스럽게 참여시키는 것이 좋음 |
|---|---|
| 발표를 듣고자 하는 의욕이 없는 청중에 대한 대처 | 청중에게 질문을 하여 참여를 유도하거나 최신의 뉴스를 인용하거나 인상적인 시각 자료 등을 활용하기 |
| 비우호적인 청중에 대한 대처 | • 청중에게 진심으로 감사를 표하기<br>• 청중과의 공통점을 찾고 그것을 강조하기<br>• 적당한 비언어적 전달 기술을 사용하기<br>• 초연하거나 거만하거나 저자세로 행동하면 안 됨 |

③ 질의응답 시 주의 사항
  ㉠ 질문에 확실하고 직접적으로 대답한다.
  ㉡ 마땅한 답변을 하기 힘들어도 불필요한 속임수를 쓰지 않는다.
  ㉢ 좋지 않은 질문이라도 존중한다. 다만, 질의응답의 기능에서 벗어나는 질문은 아예 받지 않는다.

## 6 연설

### (1) 개념
'연설'이란 다수의 청중을 대상으로 하여 정보를 전달하거나 설득하는 것을 목적으로 하는 공식적인 말하기의 한 형태이다. 연설은 사적인 상황이 아닌 공적인 상황에서 청중들에게 자신의 견해를 구두로 전달하는, 매우 의도적이며 목표 지향적인 의사소통 방식이다.

### (2) 구성 요소

| 연사 | • 말할 주제에 대하여 철저히 조사하고 자료들을 조직하며 청중의 요구와 특성을 고려해야 함<br>• 연사는 청중에게 주제에 대한 전문성을 보여 줄 필요가 있음<br>• 연사는 수용적이고 겸손한 태도를 가지되 적극성과 자신감을 보여 줄 필요가 있음 |
|---|---|
| 청중과 상황 | 청중의 태도와 지식 수준, 기대와 요구, 시간이나 장소, 청중의 규모와 자리 배치, 청중이 중시하는 관습과 규칙을 사전에 고려해야 함 |
| 메시지 | 메시지는 체계적으로 선정되고 조직되어야 하며, 준언어적·비언어적 메시지의 전달에도 각별히 유의해야 함 |

### (3) 유형

| 정보 전달 연설 | • 정보 전달 연설은 강의나 강연 등과 같이 청중에게 유익한 지식과 정보를 제공하기 위한 목적으로 이루어짐<br>• 정보 전달 연설은 주제를 체계적으로 조직하고, 적절한 용어를 선택하며, 명확한 개념을 효과적으로 제시해야 함<br>• 추상적인 용어는 구체적인 사례를 제시하고, 난해한 내용은 반복과 증거 자료를 통해 알기 쉽게 설명함 |
|---|---|
| 설득 연설 | • 설득 연설은 청중의 신념이나 태도, 행동 등을 변화시키기 위한 목적으로 행해짐<br>• 설득 연설은 청중을 잘 분석하고 적절하게 대처하는 것이 무엇보다 중요함 |
| 환담 연설 | • 환담 연설은 만찬이나 연회에서 화자가 청중을 즐겁게 하기 위해 행해짐<br>• 환담 연설에서는 시기적으로 적절한 유머나 재치를 활용하는 것이 효과적임<br>• 유머를 사용할 때에는 청중을 당황시키거나 불편하게 하지 않도록 너무 천박해서는 안 되며, 타인에게 상처를 주는 내용은 지양해야 함 |

## (4) 과정과 절차

① 연설의 주제 설정 시 유의점
  ㉠ 주제 설정은 화자가 연설을 하고자 하는 목적과 관련이 깊다. 그러므로 자신이 '왜' 연설을 하는지, '목표'는 무엇인지를 명확히 해야 한다.
  ㉡ 청중의 기대에 부합하는 흥미롭고 가치 있는 주제여야 한다.
  ㉢ 말하는 상황과 분위기에 적절해야 한다.
  ㉣ 주어진 시간 내에 다룰 수 있는 것이어야 한다.
  ㉤ 평소 자신이 경험했거나 잘 알고 있는 내용이어야 한다.

② 말하기 상황과 청자 분석

| 말하기 상황의 분석 | • 물리적 상황 분석: 날짜와 시간, 장소와 분위기, 예상 참가자 수<br>• 전달 매체 분석: 마이크, OHP, 컴퓨터, 빔 프로젝터 등<br>※ 특히 주어진 시간 안에 연설을 마칠 수 있도록 시간 안배를 사전에 충분히 해 두어야 함 |
|---|---|
| 청자 분석하기 | • 청중의 일반적 특성: 연령, 성별, 사회 경제적 지위, 직업, 종교, 지역, 정치적 성향 등<br>※ 청중의 일반적 특성을 분석하여 피해야 할 내용과 강조해야 할 내용을 살필 수 있음<br>• 청중의 요구 분석: 청중의 기대, 배경지식 정도, 태도<br>※ 청중의 요구 분석은 청중의 흥미와 동기를 유발하고 유지시키는 데 중요한 역할을 함 |
| 자료 수집하기 | 자료 수집을 할 때는 화자 자신의 지식과 경험, 문헌 조사와 현장 조사, 각종 방송 자료 및 인터넷 조사 등을 활용할 수 있음 |

> **더 알아보기** 자료 수집의 유의점
> ① 이야기할 주제를 생생하게 뒷받침할 수 있어야 한다. (주제와의 통일성)
> ② 핵심적인 내용을 청중이 쉽게 이해하고 기억할 수 있어야 한다.
> ③ 청중의 지적 수준에 알맞은 것이어야 한다.
> ④ 청중의 흥미와 주목을 끌 수 있는 것이어야 한다.

③ 아이디어 조직하기(개요 작성하기)
  ㉠ 개요란 건축물의 설계도와 같은 것으로, 연설의 전체적인 흐름을 한눈에 파악할 수 있도록 얼개를 짜 놓은 것이다. 개요는 전체 연설의 구성과 주요 아이디어들 간의 관계를 표시한다.
  ㉡ 아이디어 조직 방법에는 시간적 순서에 의한 방법, 공간적 순서에 의한 방법, 논리적 순서에 의한 방법, 문제 해결식 조직 방법 등이 있다.

④ 연설문 작성하기

| 전문 원고 | • 연설의 내용을 모두 써서 완성한 원고<br>• 화자는 보고 읽기만 하면 되기 때문에 심리적 안정을 가질 수 있으나 자칫 연설이 단조로울 수 있다는 단점이 있음 |
|---|---|
| 표제어 원고 | • 연설의 중요한 내용만을 표시해서 완성한 원고<br>• 화자가 불안을 느낄 수 있으나 연설의 상황과 청중의 반응에 따라 유연성을 가질 수 있음 |

⑤ 예행연습하기
  ㉠ 가능하면 실제 연설 장소에서 캠코더를 활용하여 본인의 연설을 녹화한 다음, 점검·보완해야 할 부분을 집중적으로 연습한다.
  ㉡ 소리의 길이, 강약, 띄어 읽기, 속도, 성량, 표준 발음 등에 유의하여 연습하고, 거울을 보며 시선, 표정, 동작 등을 사전에 점검해 볼 필요가 있다.

■ **연설의 원고**
연설의 원고는 문어체가 아닌 구어체로 작성하는 것이 일반적이며, 간결하고 명료한 표현을 사용하는 것이 중요하다. 필요하다면 예상되는 청중의 반응을 기록해 둘 수도 있다.

## 개념 적용문제

# 02 화법

## 01
2019 국가직 9급

두 사람의 대화에 적용된 공감적 듣기의 방법이 아닌 것은?

> "수빈 씨, 나 처음 한 프레젠테이션인데 엉망이었어."
> "정말? 무슨 일이 있었는지 자세히 말해 봐."
> "너무 긴장해서 팀장님 질문에 대답을 못했어."
> "팀장님 질문에 대답을 못했구나. 처음 하는 프레젠테이션이라 정아 씨가 긴장을 많이 했나 보다."

① 수빈은 정아의 말에 자신이 주의 집중하고 있음을 보여 주고 있다.
② 수빈은 정아가 계속 말을 할 수 있도록 격려하고 있다.
③ 수빈은 정아의 혼란스러운 감정을 정아 스스로 정리하게끔 도와주고 있다.
④ 수빈은 정아의 말을 자신의 처지로 바꾸어 의미를 재구성하고 있다.

## 02
2017 교육행정직 9급

'손님'의 말에 나타난 공손성 원리로 가장 적절한 것은?

> 손님: 바쁘실 텐데 초대해 주셔서 감사합니다. 음식이 참 맛있네요. 요리 솜씨가 이렇게 좋으시니 정말 두렵습니다.
> 주인: 뭘요. 과찬이세요. 맛있게 드셨다니 감사합니다.

① 상대방에 대한 비난을 최소화하고 칭찬의 표현을 최대화한다.
② 상대방에 대한 부담은 최소화하고 혜택의 표현을 최대화한다.
③ 자신에 대한 혜택은 최소화하고 부담의 표현을 최대화한다.
④ 자신에 대한 칭찬은 최소화하고 비난의 표현을 최대화한다.

## 03
2016 국가직 9급

다음 글을 근거로 할 때, 〈보기〉의 대화에서 ⓒ의 대답이 갖는 특징으로 적절하지 않은 것은?

> 그라이스(Grice)는 원활한 대화 진행을 위한 요건으로 네 가지의 '협력의 원리'를 제시한 바 있다. 첫째, 주고받는 대화의 목적에 필요한 만큼만 정보를 제공하고 필요 이상의 정보를 제공하지 말라는 양의 격률이다. 둘째, 진실한 정보만을 제공하도록 노력하고 증거가 불충분한 것은 말하지 말라는 질의 격률이다. 셋째, 해당 대화 맥락과 관련되는 말을 하라는 관련성의 격률이다. 넷째, 모호하거나 중의적인 표현을 피하고 간결하고 조리 있게 말하라는 태도의 격률이다. 그러나 모종의 효과를 위해 이 네 가지의 격률을 위배하는 일은 일상 대화에서 빈번하게 이루어지는데, 일반적으로 언중들은 그것을 자연스럽게 받아들일 뿐 아니라 때에 따라서는 협력의 원리를 지키는 것이 예의에 어긋난 경우도 많다.

┤ 보기 ├

대화(1) ㉠: 체중이 얼마나 되니?
　　　　 ⓒ: 55kg인데 키에 비해 가벼운 편입니다.
대화(2) ㉠: 얼마 전 시민 운동회가 있었다며?
　　　　 ⓒ: 응. 백 미터 달리기에서 비행기보다 빠른 사람을 봤어.
대화(3) ㉠: 너 몇 살이니?
　　　　 ⓒ: 형이 열일곱 살이고, 저는 열다섯 살이지요.
대화(4) ㉠: 점심은 뭐 먹을래?
　　　　 ⓒ: 생각해 보고 마음 내키는 대로요.

① 대화(1): 관련성의 격률을 위배하였다.
② 대화(2): 질의 격률을 위배하였다.
③ 대화(3): 양의 격률을 위배하였다.
④ 대화(4): 태도의 격률을 위배하였다.

## 04

2021 국가직 9급

㉠~㉣은 '공손하게 말하기'에 대한 설명이다. ㉠~㉣을 적용한 B의 대답으로 적절하지 않은 것은?

> ㉠ 자신을 상대방에게 낮추어 겸손하게 말해야 한다.
> ㉡ 상대방의 처지를 고려하여 상대방이 부담을 갖지 않도록 말해야 한다.
> ㉢ 상대방이 관용을 베풀 수 있도록 문제를 자신의 탓으로 돌려 말해야 한다.
> ㉣ 상대방의 의견에서 동의하는 부분을 찾아 인정해 준 다음에 자신의 의견을 말해야 한다.

① ㉠ A: "이번에 제출한 디자인 시안 정말 멋있었어."
   B: "아닙니다. 아직도 여러모로 부족한 부분이 많습니다."

② ㉡ A: "미안해요. 생각보다 길이 많이 막혀서 늦었어요."
   B: "괜찮아요. 쇼핑하면서 기다리니 시간 가는 줄 몰랐어요."

③ ㉢ A: "혹시 내가 설명한 내용이 이해 가니?"
   B: "네 목소리가 작아서 내용이 잘 안 들렸는데 다시 한 번 크게 말해 줄래?"

④ ㉣ A: "가원아, 경희 생일 선물로 귀걸이를 사 주는 것은 어때?"
   B: "그거 좋은 생각이네. 하지만 경희의 취향을 우리가 잘 모르니까 귀걸이 대신 책을 선물하는 게 어떨까?"

## 정답 & 해설

**01** 정답 | ④

수빈은 정아의 말을 요약, 정리, 재진술하고 있을 뿐, 자신의 처지로 바꾸어 의미를 재구성하고 있지는 않다.

|오답해설| ① 수빈은 정아가 한 말을 요약, 정리하여 재진술하고 있다. 이는 상대방의 말에 집중해야만 할 수 있는 행동이다. 따라서 수빈은 정아의 말에 자신이 집중하고 있음을 보여 주고 있다.
② "정말? 무슨 일이 있었는지 자세히 말해 봐."를 통해 알 수 있다.
③ 정아가 프레젠테이션이 엉망이었다고 말하자 수빈은 자세히 말해 보라고 함으로써 정아의 혼란스러운 감정을 정아 스스로 정리하게끔 도와주고 있다.

**02** 정답 | ①

상대방에 대한 비난을 최소화하고 칭찬을 최대화하는 표현은 찬동의 격률(칭찬의 격률)이다. 제시문에서 손님은 주인의 음식 솜씨가 좋다고 칭찬을 하고 있으므로 찬동의 격률을 실천하고 있다.

|오답해설| ② '요령의 격률'에 대한 설명이다.
③ '관용의 격률'에 대한 설명이다.
④ '겸양의 격률'에 대한 설명이다.

**03** 정답 | ①

필요 이상의 정보(키에 비해 가벼운 편)를 상대방에게 제공한 경우이므로 '양의 격률'을 위배하였다.

|오답해설| ② 진실이 아닌 정보를 상대방에게 제공한 경우이므로 '질의 격률'을 위배하였다.
③ 필요 이상의 정보(형이 열일곱 살)를 상대방에게 제공한 경우이므로 '양의 격률'을 위배하였다.
④ 모호하게 대답을 한 경우이므로 '태도의 격률'을 위배하였다.

**04** 정답 | ③

㉢은 문제를 '자신의 탓'으로 돌릴 것을 요구하고 있다. 하지만 'B'는 '네 목소리가 작아서 내용이 잘 안 들렸는데'라고 말하며 잘못을 'A'의 탓으로 돌리고 있다.

|오답해설| ① ㉠은 '겸손하게 말할 것'을 요구하고 있다. 'A'의 칭찬에 대해 'A'가 부담을 갖지 않도록 'B'는 '여러모로 부족한 부분이 많다.'라며 겸손하게 대답하고 있다.
② ㉡은 '상대방이 부담을 갖지 않도록 말할 것'을 요구하고 있다. 'B'는 늦어서 미안하다는 'A'에게 '쇼핑하면서 기다리니 시간 가는 줄 몰랐다.'며 'A'가 부담을 갖지 않도록 말하고 있다.
④ ㉣은 '동의하는 부분을 찾아 인정해 준 다음에 자신의 의견을 말할 것'을 요구하고 있다. 'B'는 'A'의 의견에 대해 '그거 좋은 생각이네.'라고 동의를 해 준 다음 '하지만~'이라면서 자신의 의견을 말하고 있다.

## 05

'샛강을 어떻게 살릴 수 있을까?'라는 주제에 대해 토의하고자 한다. 이에 대한 설명으로 적절하지 않은 것은?

> 토의는 어떤 공통된 문제에 대해 최선의 해결안을 얻기 위하여 여러 사람이 의논하는 말하기 양식이다. 패널 토의, 심포지엄 등이 그 대표적 예이다. ㉠패널 토의는 3~6인의 전문가들이 사회자의 진행에 따라, 일반 청중 앞에서 토의 문제에 대한 정보나 지식, 의견이나 견해 등을 자유롭게 주고받는 유형이다. 토의가 끝난 뒤에는 청중의 질문을 받고 그에 대해 토의자들이 답변하는 시간을 갖는다. 이 질의·응답 시간을 통해 청중들은 관련 문제를 보다 잘 이해하게 되고 점진적으로 해결 방안을 모색하게 된다. ㉡심포지엄은 전문가가 참여한다는 점, 청중과 질의·응답 시간을 갖는다는 점에서는 패널 토의와 그 형식이 비슷하다. 다만 전문가가 토의 문제의 하위 주제에 대해 서로 다른 관점에서 연설이나 강연의 형식으로 10분 정도 발표한다는 점에서는 차이가 있다.

① ㉠과 ㉡은 모두 '샛강 살리기'와 관련하여 전문가의 의견을 들은 이후, 질의·응답 시간을 갖는다.
② ㉠과 ㉡은 모두 '샛강을 어떻게 살릴 수 있을까?'라는 문제에 대해 최선의 해결책을 얻기 위함이 목적이다.
③ ㉡은 토의자가 샛강의 생태적 특성, 샛강 살리기의 경제적 효과 등의 하위 주제를 발표한다.
④ ㉠은 '샛강 살리기'에 대해 찬반 입장을 나누어 이야기한 후 절차에 따라 청중이 참여한다.

## 06

다음의 여러 조건에 가장 잘 맞는 토론 논제는?

> - 긍정 평서문으로 제시되어야 한다.
> - 찬성과 반대의 대립이 분명하게 나타나야 한다.
> - 쟁점이 하나여야 한다.
> - 찬성이나 반대 어느 한 편에 유리하게 작용하는 정서적 표현을 사용해서는 안 된다.

① 징병 제도는 유지해야 한다.
② 정보통신망법을 개선할 수는 없다.
③ 야만적인 두발 제한을 폐지해야 한다.
④ 내신 제도와 논술 시험을 개혁해야 한다.

## 정답 & 해설

**05** 정답 | ④

'토의'는 기본적으로 최선의 대안을 도출하기 위한 협의의 과정이다. 찬반 입장으로 구분하여 이야기하는 형태는 '토론'이다.

| 오답해설 | ① 패널 토의와 심포지엄은 모두 전문가가 참여하여 청중과 질의응답 시간을 갖는다.
② 패널 토의와 심포지엄은 모두 문제에 대해 최선의 해결책을 찾는 것을 목적으로 한다.
③ 심포지엄은 전문가가 토의 문제의 하위 주제에 대해 발표할 수 있다.

**06** 정답 | ①

| 오답해설 | ② 긍정 평서문이 아니다.
③ '야만적인'은 어느 한 편에 유리하게 작용하는 정서적 표현이다.
④ 쟁점이 하나가 아니고 둘이다.

에듀윌이 너를 지지할게

ENERGY

삶의 순간순간이
아름다운 마무리이며
새로운 시작이어야 한다.

– 법정 스님

**여러분의 작은 소리
에듀윌은 크게 듣겠습니다.**

본 교재에 대한 여러분의 목소리를 들려주세요.
공부하시면서 어려웠던 점, 궁금한 점,
칭찬하고 싶은 점, 개선할 점, 어떤 것이라도 좋습니다.

에듀윌은 여러분께서 나누어 주신 의견을
통해 끊임없이 발전하고 있습니다.

에듀윌 도서몰 book.eduwill.net
- 부가학습자료 및 정오표: 에듀윌 도서몰 → 도서자료실
- 교재 문의: 에듀윌 도서몰 → 문의하기 → 교재(내용, 출간) / 주문 및 배송

## 2026 에듀윌 9급공무원 기본서 국어 독해

| | |
|---|---|
| 발 행 일 | 2025년 6월 26일 초판 |
| 편 저 자 | 배영표 |
| 펴 낸 이 | 양형남 |
| 펴 낸 곳 | (주)에듀윌 |
| ISBN | 979-11-360-3764-0 |
| 등록번호 | 제25100-2002-000052호 |
| 주 소 | 08378 서울특별시 구로구 디지털로34길 55 코오롱싸이언스밸리 2차 3층 |

* 이 책의 무단 인용·전재·복제를 금합니다.

**www.eduwill.net**
대표전화 1600-6700

# 에듀윌에서 꿈을 이룬 합격생들의 진짜 합격스토리

에듀윌 강의·교재·학습시스템의 우수성을
합격으로 입증하였습니다!

김O범 지방직 9급 일반행정직 최종 합격

### 에듀윌의 체계적인 학습 관리 시스템 덕분에 합격!

에듀윌은 시스템도 체계적이고 학원도 좋았습니다. 저에게는 학원에서 진행하는 아케르 시스템이 큰 도움이 되었습니다. 아케르 시스템은 학원에 계시는 매니저님이 직접 1:1로 상담도 해주시고 학습 관리를 해주시는 시스템입니다. 제 담당 매니저님은 늘 진심으로 저와 함께 고민해주시고 제 건강이나 학습 상태도 상담해주시고, 전에 합격하신 선배님들이 어떤 식으로 학습을 진행했는지 조언해주셔서 많은 도움이 되었습니다. 수험생활에서 가장 힘든 것은 외로움과의 싸움이라고 생각하는데, 에듀윌 덕분에 주변에 제 편이 참 많다는 것을 느꼈고 공부하는 기간이 덜 힘들었던 것 같습니다.

이O민 지방교육청 교육행정직 9급 최종 합격

### 에듀윌만의 합리적인 가격과 시스템, 꼼꼼한 관리에 만족

에듀윌을 선택한 가장 큰 이유는 금액적인 부분입니다. 타사 패스보다 훨씬 저렴한 금액이라 금전적인 부분이 큰 부담인 수험생 입장에서는 가장 크게 다가오는 장점 중 하나라고 생각합니다. 또한 공통 교재를 사용한다는 점이 저에게는 큰 장점이었습니다. 각 커리큘럼별로 여러 교수님 수업을 들으며 공부할 수 있어서 저에게는 큰 장점이었습니다. 그리고 에듀윌 학원은 매니저님들께서 진심으로 수험생 한 명 한 명에게 관심을 가지고 꼼꼼히 관리해주신다는 점이 마음에 들어 등록하게 되었습니다. 실제로 제가 힘들거나 방향을 잃을 때마다 학원 학습 매니저님들과의 상담을 통해 잘 극복할 수 있었습니다.

전O준 국가직 9급 관세직 최종 합격

### 에듀윌은 공무원 합격으로 향하는 최고의 내비게이션

학교 특강 중에 현직 관세사 분께서 말씀해주신 관세직에 대한 간략한 정보만 가지고 에듀윌 학원을 방문하였습니다. 거기서 상담실장님과의 상담을 통해 관세직 공무원에 대해 자세히 알게 되었고 여기서 하면 합격할 것 같다는 확신이 들어 에듀윌과 함께 관세직만을 바라보고 관세직을 준비하였습니다. 흔들릴 때마다 에듀윌에 올라온 선배 합격자들의 합격수기를 읽으며 제가 합격수기를 쓰는 날을 상상을 했고, 학원의 매니저님과의 상담도 큰 도움이 되었습니다.

## 다음 합격의 주인공은 당신입니다!

더 많은 합격스토리

# 합격자 수 2,100% 수직 상승!
# 매년 놀라운 성장

에듀윌 공무원은 '합격자 수'라는 확실한 결과로 증명하며
지금도 기록을 만들어 가고 있습니다.

**합격자 수를 폭발적으로 증가시킨 합격패스**

| 합격 시 수강료 100% 환급 | + | 합격할 때까지 평생 수강 |

※ 환급내용은 상품페이지 참고. 상품은 변경될 수 있음.

* 2017/2022 에듀윌 공무원 과정 최종 환급자 수 기준

# 에듀윌 **직영학원**에서 합격을 수강하세요

언제나 질문 학습 매니저와 상담이 가능한 안내데스크

고품질 영상 및 음향 장비를 갖춘 최고의 강의실

재충전을 위한 카페 분위기의 아늑한 휴게실

에듀윌의 상징 노란색의 환한 학원 입구

**에듀윌 직영학원 대표전화**

| | | |
|---|---|---|
| 공인중개사 학원  02)815-0600 | 공무원 학원  02)6328-0600 | 편입 학원  02)6419-0600 |
| 주택관리사 학원  02)815-3388 | 소방 학원  02)6337-0600 | 부동산아카데미  02)6736-0600 |
| 전기기사 학원  02)6268-1400 | | |

공무원학원 바로가기

# 꿈을 현실로 만드는
# 에듀윌

DREAM

### 공무원 교육
- 선호도 1위, 신뢰도 1위! 브랜드만족도 1위!
- 합격자 수 2,100% 폭등시킨 독한 커리큘럼

### 자격증 교육
- 9년간 아무도 깨지 못한 기록 합격자 수 1위
- 가장 많은 합격자를 배출한 최고의 합격 시스템

### 직영학원
- 검증된 합격 프로그램과 강의
- 1:1 밀착 관리 및 컨설팅
- 호텔 수준의 학습 환경

### 종합출판
- 온라인서점 베스트셀러 1위!
- 출제위원급 전문 교수진이 직접 집필한 합격 교재

### 어학 교육
- 토익 베스트셀러 1위
- 토익 동영상 강의 무료 제공

### 콘텐츠 제휴 · B2B 교육
- 고객 맞춤형 위탁 교육 서비스 제공
- 기업, 기관, 대학 등 각 단체에 최적화된 고객 맞춤형 교육 및 제휴 서비스

### 부동산 아카데미
- 부동산 실무 교육 1위!
- 상위 1% 고소득 창업/취업 비법
- 부동산 실전 재테크 성공 비법

### 학점은행제
- 99%의 과목이수율
- 17년 연속 교육부 평가 인정 기관 선정

### 대학 편입
- 편입 교육 1위!
- 최대 200% 환급 상품 서비스

### 국비무료 교육
- '5년우수훈련기관' 선정
- K-디지털, 산대특 등 특화 훈련과정
- 원격국비교육원 오픈

**에듀윌 교육서비스** **공무원 교육** 9급공무원/소방공무원/계리직공무원 **자격증 교육** 공인중개사/주택관리사/손해평가사/감정평가사/노무사/전기기사/경비지도사/검정고시/소방설비기사/소방시설관리사/사회복지사1급/대기환경기사/수질환경기사/건축기사/토목기사/직업상담사/전기기능사/산업안전기사/건설안전기사/위험물산업기사/위험물기능사/유통관리사/물류관리사/행정사/한국사능력검정/한경TESAT/매경TEST/KBS한국어능력시험/실용글쓰기/IT자격증/국제무역사/무역영어 **어학 교육** 토익 교재/토익 동영상 강의 **세무/회계** 전산세무회계/ERP정보관리사/재경관리사 **대학 편입** 편입 영어·수학/연고대/의약대/경찰대/논술/면접 **직영학원** 공무원학원/소방학원/공인중개사 학원/주택관리사 학원/전기기사 학원/편입학원 **종합출판** 공무원·자격증 수험교재 및 단행본 **학점은행제** 교육부 평가인정기관 원격평생교육원(사회복지사2급/경영학/CPA) **콘텐츠 제휴·B2B 교육** 교육 콘텐츠 제휴/기업 맞춤 자격증 교육/대학취업역량 강화 **부동산 아카데미** 부동산 창업CEO/부동산 경매 마스터/부동산 컨설팅 **주택취업센터** 실무 특강/실무 아카데미 **국비무료 교육(국비교육원)** 전기기능사/전기(산업)기사/소방설비(산업)기사/IT(빅데이터/자바프로그램/파이썬)/게임그래픽/3D프린터/실내건축디자인/웹퍼블리셔/그래픽디자인/영상편집(유튜브) 디자인/온라인 쇼핑몰광고 및 제작(쿠팡, 스마트스토어)/전산세무회계/컴퓨터활용능력/ITQ/GTQ/직업상담사

교육문의 **1600-6700** www.eduwill.net

- 2022 소비자가 선택한 최고의 브랜드 공무원·자격증 교육 1위 (조선일보) • 2023 대한민국 브랜드만족도 공무원·자격증·취업·학원·편입·부동산 실무 교육 1위 (한경비즈니스)
- 2017/2022 에듀윌 공무원 과정 최종 환급자 수 기준 • 2023년 성인 자격증, 공무원 직영학원 기준 • YES24 공인중개사 부문, 2025 에듀윌 공인중개사 1차 단원별 기출문제집 민법 및 민사특별법(2025년 5월 월별 베스트) • 교보문고 취업/수험서 부문, 2020 에듀윌 농협은행 6급 NCS 직무능력평가+실전모의고사 4회 (2020년 1월 27일~2월 5일, 인터넷 주간 베스트) 그 외 다수
- YES24 컴퓨터활용능력 부문, 2024 컴퓨터활용능력 1급 필기 초단기끝장(2023년 10월 3~4주 주별 베스트) 그 외 다수 • YES24 신규 자격증 부문, 2024 에듀윌 데이터분석 준전문가 ADsP 2주끝장(2024년 4월 2주, 9월 5주 주별 베스트) • 인터파크 자격서/수험서 부문, 에듀윌 한국사능력검정시험 2주끝장 심화 (1, 2, 3급) (2020년 6~8월 월간 베스트) 그 외 다수 • YES24 국어 외국어 사전영어 토익/TOEIC 문제/모의고사 분야 베스트셀러 1위 (에듀윌 토익 READING RC 4주끝장 리딩 종합서, 2022년 9월 4주 주별 베스트) • 에듀윌 토익 교재 입문~실전 인강 무료 제공 (2022년 최신 강좌 기준/109강) • 2024년 종강반 중 모든 평가항목 정상 참여자 기준, 99% (평생교육원 기준) • 2008년~2024년까지 234만 누적수강학점으로 과목 운영 (평생교육원 기준)
- 에듀윌 국비교육원 구로센터 고용노동부 지정 '5년우수훈련기관' 선정 (2023~2027) • KRI 한국기록원 2016, 2017, 2019년 공인중개사 최다 합격자 배출 공식 인증 (2025년 현재까지 업계 최고 기록)